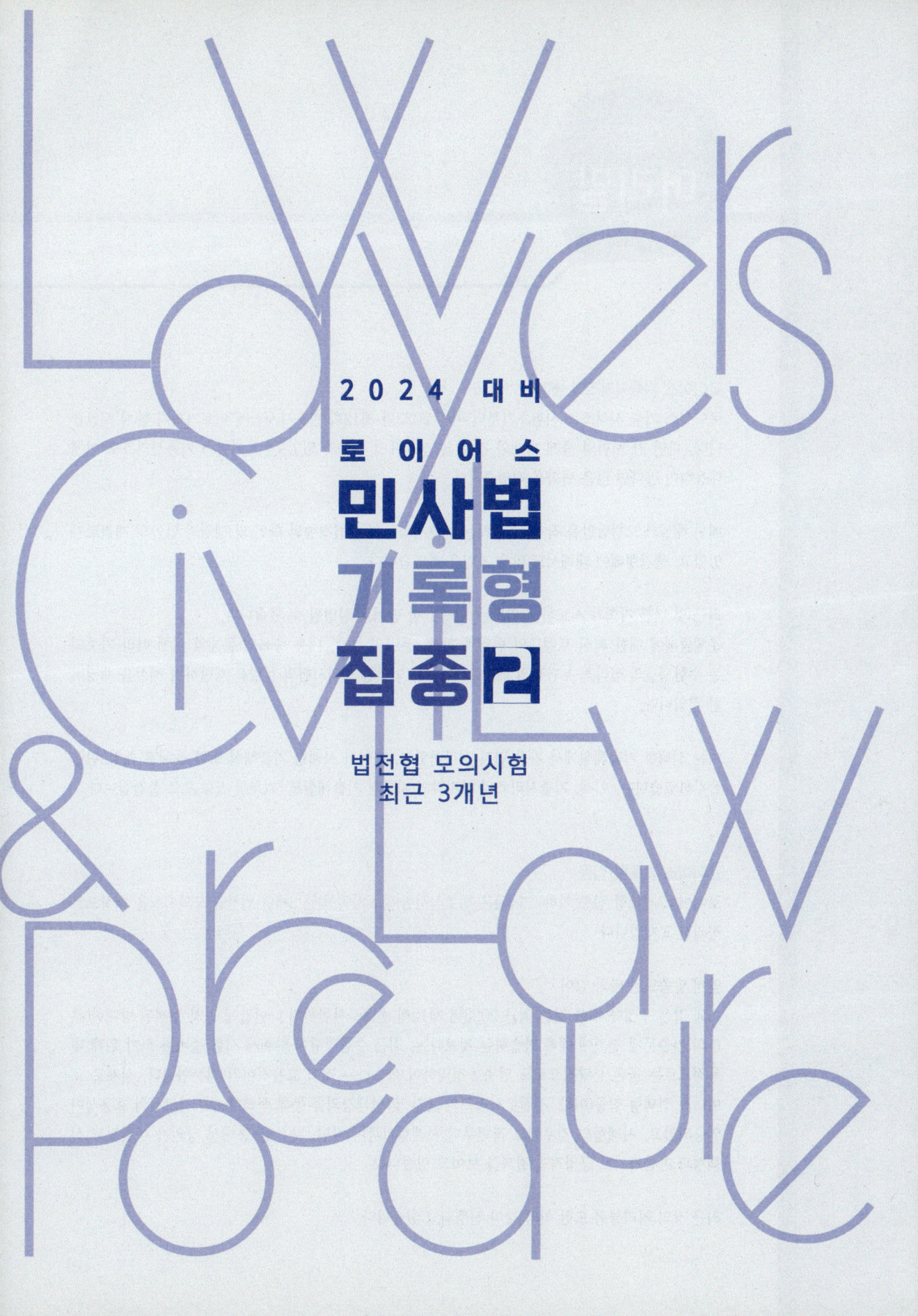

이 책의 머리말

로이어스 기출시리즈의 변화
로이어스 기출 시리즈는 시험초기부터 이번 2023년 제12회 변호사시험에 이르기까지 함께 해왔습니다. 다년 간 시험의 출제 형태와 경향 및 쟁점에서 변화가 있었듯, 로이어스 기출시리즈도 이에 대응하여 많다면 많은 변화를 겪었습니다.

매년 해설과 모범답안을 작성 해 주시는 변호사님들의 수험경향의 확인 및 쟁점과 답안의 재검토가 있었고, 출간형태에 대해서도 많은 고민을 하였습니다.

최근 몇 년간 저희가 시도한 키워드는 「집중」 한 단어로 설명될 수 있습니다.
문제출제에 대한 최신 트렌드의 반영과 함께, 분량의 문제, 내용 중복의 문제와 이에 따라 가중되는 수험생들의 심리적 부담감의 해결을 위하여, 법전협 모의시험의 분량을 제한하며 해설을 재정비한 것입니다.

이는 선택형 기출해설에서 가장 먼저 시작하였고, 이어서 사례형 기출해설 또한 올해로 개정2판을 출간하였습니다. 이제, 기출시리즈의 마지막인 기록형 기출해설도 「기록형 집중」으로 출간합니다.

로이어스 기록형 집중
로이어스 기록형 집중(이하 「기집」)은 변호사시험 전회차와 최근 3개년 법전협 모의시험을 대상으로 정리한 교재입니다.

앞서 말씀드린 바와 같이
이와 같은 구성을 취한 것은 최근 2023년 제12회 변호사시험까지 다년간에 걸쳐 누적된 방대한 분량의 기출문제 전체에 대해 학습하는 것보다는, 최근 수험경향에 맞춰서 시험 준비를 하기 위해 내용적으로는 물론 분량적으로도 압축·정리하여 학습하는 것이 효율적이기 때문입니다. 실제로 로이어스 선택형 집중(이하 「선집」) 시리즈의 출간 및 연계강의를 통해 선택형 수험서로서의 효용성이 입증되었고, 사례형의 경우에도 작년부터 사례형기출이 아닌 「사집」을 통해서 강의가 이뤄졌고 선택형과 마찬가지로 긍정적인 결과를 보이고 있습니다.

최근 강의 커리큘럼 또한 이와 같이 진행되고 있습니다.

문제와 해설을 한 권의 책으로
법전협 모의시험 수록범위를 최근 3개년으로 제한하였기에, 문제와 해설을 별도 분리하지 않고 합본하여 회차별로 구성하였습니다.
즉, 과목별로 1~2권으로 구성됩니다.

예를 들어 민사법의 경우 「민사법 기록형 집중 1 : 변호사시험」과 「민사법 기록형 집중 2 : 법전협모의시험」처럼 변호사시험 1권(문제+해설; 전회차), 법전협모의시험 1권(문제+해설; 최근 3개년)과 같이 구성됩니다.

「기답」시리즈와의 연계성
이번 「집중」시리즈로 변화된 구성을 취함에 따라 「기록 답부터 공부하기(이하 「기답」)와의 연계성이 더욱 높아질 것으로 보입니다. 「기답」시리즈가 법전협 모의시험 전회차를 대상으로 하여 쟁점별·서류별로 선별 정리한 교재이므로, 상호 교자학습을 통해 「집중」시리즈에 수록되지 않은 부분에 대한 불안과 부담 또한 일소될 수 있습니다.

변경된 판례와 법령의 정비
기록형의 경우 출제 당시의 법령 또는 문제에서 제시된 법령을 가지고 사안의 해결을 추출하게 되므로, 변경된 법령 또는 판례는 답안의 원안을 훼손하지 않고 부연 또는 각주로 첨언하였습니다.

앞으로도 「기록형 집중」시리즈가 기록형 답안 작성에 대한 부담을 줄이고, 효율적인 길잡이가 되도록 노력하겠습니다.

2023. 7.

이 책의 구성과 특징

신뢰 ① _ 공식인증 문제 사용

수록된 문제는 변호사시험 출제분을 비롯하여 법학전문대학원협의회에서 인증된 문제를 공식계약·사용함으로써 시중의 해설집에서 볼 수 있을 변형이나 각색을 지양하고, 문제 자체의 신뢰를 가질 수 있도록 하였습니다.

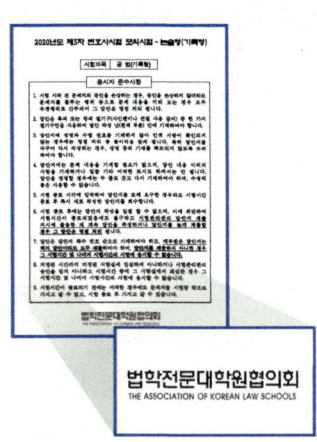

신뢰 ② _ 다년간 경력의 변호사들이 직접 작성한 답안

기록형 문제는, 형사법의 경우 변론요지서와 검토의견서, 민사법은 소장, 공법은 소장과 헌법소원심판청구서를 작성하는 구조를 가지고 있습니다.

이는 '이론'뿐만 아니라 '실무'적으로 어떤 부분이 문제되는지를 실제 법무법인 소속의 각 분야의 전문 변호사가 직접 작성한 서류를 통해 '정답 수준의 해설'을 제시하고 있으며, 직접 강의를 진행함으로써, 서류문제해결의 우위를 점할 수 있음은 물론, 실무적으로도 손색이 없도록 서비스되고 있습니다.

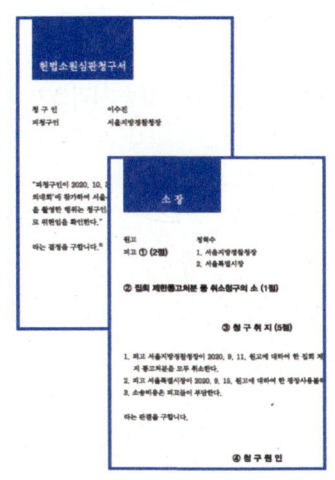

집중 _ 문제편·해설편 통합

별도로 문제편과 해설편을 분리하지 않고,
각 연도별 또는 회차별로 문제+해설 재배치하여
통합 1권으로 구성하여 집중적으로 학습할 수 있도록
하였습니다.

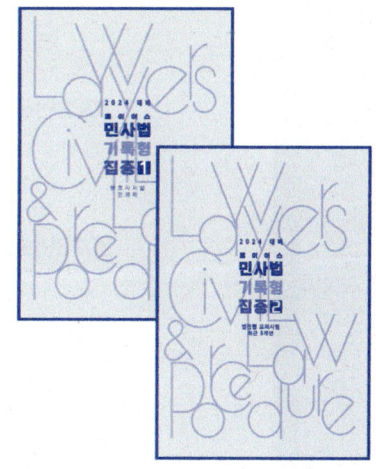

핵심 _ 해설 자체보다는 찾는 과정 중시

기록형 문제는 찾는 과정을 반복하는 것이 중요합니다.
'함정'과 '힌트'를 적합하게 발견하는 과정을 중시하기 때문에,
문제편에서는 문제를 수록하여 서류를 온전히 읽을 기회 제공,
해설편에서는 서류에 대한 Tip을 서류 분량만큼 제시하여
함정과 힌트를 얼마나 잘 찾았는지 확인하도록 하였습니다.

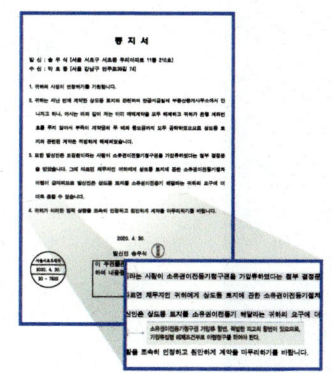

이 책의 목차

2022년도 제1차 법전협 모의시험 문제	…	1
문제해결 TIP	…	46
답안	…	74
2022년도 제2차 법전협 모의시험 문제	…	87
답안	…	130
2022년도 제3차 법전협 모의시험 문제	…	145
문제해결 TIP	…	188
답안	…	214
2021년도 제1차 법전협 모의시험 문제	…	229
문제해결 TIP	…	272
답안	…	292
2021년도 제2차 법전협 모의시험 문제	…	305
문제해결 TIP	…	346
답안	…	364
2021년도 제3차 법전협 모의시험 문제	…	377
문제해결 TIP	…	422
답안	…	452

2020년도 제1차 법전협 모의시험 문제	··· 465
문제해결 TIP	··· 502
답안	··· 524
2020년도 제2차 법전협 모의시험 문제	··· 537
문제해결 TIP	··· 578
답안	··· 602
2020년도 제3차 법전협 모의시험 문제	··· 617
문제해결 TIP	··· 652
답안	··· 674

기록 서류정리

문제에서 제시하는 기록지 유형(변호사시험)

	12	13	14	15	16	17	18	19	20	21	22	23
(의뢰인)상담일지	1	1	1	1	1	1	1	1	1	1	1	1
판결문 / 결정문	4	2	2	1	3	3		2	2	3	4	3
확정증명원 / 송달증명원	3	2	1	1		1	1	1	1	2	1	1
등기사항증명서	2	3	3	4	7	5	6	3	4	3	4	5
가족관계증명서 / 재적등본 / (혼인관계,기본)증명서 / 주민등록등본	2			2				2	1	6		1
(부동산)임대(전대)차계약서	1	1		1	1	1	1	1	4	1	1	1
(부동산)매매계약서 / 매매예약서		1	1	1	1	2	1	2	3			
(채권양도양수, 기타)계약서 / 약정서		2		3	1	3	2	1	1	2	4	1
우편물배달증명서	1			2		2						
(토지임대료/채무/사실)확인서 / (입금)확인증 / (정산)내역서	2		2				2	3			2	
이행촉구서 / 통지서 / 통고서 / 최고서 / 요구서 / 요청서 / 지시서 / 청구서	3	2	4	2	7	7	6	5	3	2	1	4
답변서 / 답신	1	3		4	4	2	3	3	1	7	4	6
정관 / 주주명부 / (주주총회)의사록		1					2			1		
각서 / 결의서 / 확약서 / 연대보증서		1	1	2		2	1			1	1	
어음 / (어음)공정증서		1			1							
내용증명 / 증명원				1	1			3	4	1	1	1
영수증 / 차용증 / 수령증 / (공제)증서		1				1	4	4	5	2	1	2
집행불능조서 / (화재현장)조사서 / 진술서		1								2		
합의서			2			1	1		1		1	
인수인계서 / 견적서 / 감정평가서 / 위임장		1	1							2		
토지대장 / 배당표 / 도면			1									1
화해조서 / 채무면제서 / 승낙서 / (건축)허가서 / 지급명령신청서			1	1				1		1		1
(사업자)등록증 / 자격증 / (재직)증명서					1		1	1				
공탁서 / 소장					1						1	
녹취록 / 사직서							2					

문제에서 제시하는 기록지 유형(법전협모의시험)

	12[2]	12[3]	13[1]	13[2]	13[3]	14[1]	14[2]	14[3]	15[1]	15[2]	15[3]	16[1]	16[2]	16[3]	17[1]	17[2]	17[3]	18[1]	18[2]	18[3]	19[1]	19[2]	19[3]	20[1]	20[2]	20[3]	21[1]	21[2]	21[3]	22[1]	22[2]	22[3]
(의뢰인)상담일지	1	1	1	1	1	1	1	1	1	1	1	1	1	1	1	1	1	1	1	1	1	1	1	1	1	1	1	1	1	1	1	1
판결문/결정문		1	3	1	1	1	1		4			3	1	1	3	5	2	3	1	7	4	1	5	2	3	1	2	4	5	2	5	6
확정증명원/송달증명원			3			1			2						1	4	1	2		1	3		4	1	2	1	2	3	2	2	2	6
등기사항증명서	3	1	1	1	1	2	2	3	3	3	3	2	2	3	1	2	5	4	7		3	5	2	1	5	3	3	3	2	5	2	3
가족관계증명서/제적등본/(혼인관계, 기본)증명서/주민등록등본	4					3		3		2	2	2			3	4	3				4	1		1		2			2	2	2	
(부동산)임대(전세)차계약서				1	1				2	1	1	1	1	1	1			2		1	1	1	2		3		2		1		2	
(부동산)매매계약서/매매예약서	2	2			1	1	1	2	1	1	1	2	2		1	1	1		2		4	1		1				1		1		
(채권양도증수, 기타)계약서/약정서			2	1		2				1	3		1	2		2	3	2	1	2		1			1	3	2	3	1	2		2
우편물배달증명서	1		2	4		1	1	3	2	1				1	2	2	1				1	4		1		1	2	1	1	1		2
(토지임대료/채무/사실)확인서/(입금)확인증/(정산)내역서	1	1	2	2		2	1	1	2	2	2	2	2	3	2		2	2		3	2	2			2	2	2			1	2	1
이행촉구서/통지서/통고서/최고서/요구서/요청서/지시서/청구서	1	1	3	1		4	2	8	7	7	1	6	6	4	3	2	5	3	4	1	5	5	3	6	1	3	2	1	5	3	2	6
답변서/답신/회신	1	1	1	3		3	1		1	3	2	5	6	6	5	4		7	13	1	2	7	3	1	7	3	1		6	5	5	6
정관/주주명부/(주주총회)의사록/(이사회)규정																1					1								1			
각서/결의서/확약서/연대보증서				1	2				1	1				1		1		1				1					1		2			
어음/(어음)공정증서															1				2			4										
내용증명/증명원	1			3												2			1					1	1	2						1
영수증/차용증/수령증/(공제)증서	2	3	3	3	1	2	4	2	3	1	1	1			1	2		1		1	1	2	2	2	2	2	2	1	4	3	5	1
집행불능조서/(화재현장)조사서/진술서		1					1			1					1			1			1								1	1	1	
합의서								1												1												
인수인계서/견적서/감정평가서/위임장	1							2		1									1	1				1	1		1				1	
토지대장/배당표/도면						1											1								2	1						
화해조서/채무면제서/승낙서/(건축)허가서/지급명령신청서		2																													1	
(사업자등록증/자격증/(재직)증명서						2	1	1	1		1						1		2	1			1		1		1	1	
공탁서/소장	1	1	2	1												2	1		3			1							1			
녹취록/사직서	1	1			1									1								1										

기록 서류정리

문제에서 요구하는 서류별 분류

	변호사시험											
	12	13	14	15	16	17	18	19	20	21	22	23
소장	○	○	○	○	○	○	○	○	○	○	○	○
답변서			○									
준비서면												
반소장												

	법전협모의시험																							
	12 [2]	12 [3]	13 [1]	13 [2]	13 [3]	14 [1]	14 [2]	14 [3]	15 [1]	15 [2]	15 [3]	16 [1]	16 [2]	16 [3]	17 [1]	17 [2]	17 [3]	18 [1]	18 [2]	18 [3]	19 [1]	19 [2]	19 [3]	20 [1]	20 [2]	20 [3]	21 [1]	21 [2]	21 [3]	22 [1]	22 [2]	22 [3]
소장	○		○		○	○	○	○	○	○	○	○	○	○	○	○	○	○	○	○	○	○	○	○	○	○	○	○	○	○	○	○
답변서				○																												
준비서면		○																														
반소장		○																														

민사법

기록형

2022년도 **제1차**
법전협 모의시험

문제

2022년도 제1차 변호사시험 모의시험 – 논술형(기록형)

| 시험과목 | 민사법(기록형) |

응시자 준수사항

1. 시험 시작 전 문제지의 봉인을 손상하는 경우, 봉인을 손상하지 않더라도 문제지를 들추는 행위 등으로 문제 내용을 미리 보는 경우 모두 부정행위로 간주되어 그 답안은 영점 처리 됩니다.

2. 답안은 흑색 또는 청색 필기구(사인펜이나 연필 사용 금지) 중 한 가지 필기구만을 사용하여 답안 작성 난(흰색 부분) 안에 기재하여야 합니다.

3. 답안지에 성명과 수험 번호를 기재하지 않아 인적 사항이 확인되지 않는 경우에는 영점 처리 등 불이익을 받게 됩니다. 특히 답안지를 바꾸어 다시 작성하는 경우, 성명 등의 기재를 빠뜨리지 않도록 유의하여야 합니다.

4. 답안지에는 문제 내용을 기재할 필요가 없으며, 답안 내용 이외의 사항을 기재하거나 밑줄 기타 어떠한 표시도 하여서는 안 됩니다. 답안을 정정할 경우에는 두 줄로 긋고 다시 기재하여야 하며, 수정액 등은 사용할 수 없습니다.

5. 시험 종료 시각에 임박하여 답안지를 교체 요구한 경우라도 시험시간 종료 후 즉시 새로 작성한 답안지를 회수합니다.

6. 시험 종료 후에는 답안지 작성을 일절 할 수 없으며, 이에 위반하여 시험시간이 종료되었음에도 불구하고 **시험관리관의 답안지 제출 지시에 불응한 채 계속 답안을 작성하거나 답안지를 늦게 제출할 경우 그 답안은 영점 처리** 됩니다.

7. 답안은 답안지 쪽수 번호 순으로 기재하여야 하고, **배부받은 답안지는 백지 답안이라도 모두 제출**하여야 하며, **답안지를 제출하지 아니한 경우 그 시험시간 및 나머지 시험시간의 시험에 응시할 수 없습니다.**

8. 지정된 시간까지 지정된 시험실에 입실하지 아니하거나 시험관리관의 승인을 얻지 아니하고 시험시간 중에 그 시험실에서 퇴실한 경우 그 시험시간 및 나머지 시험시간의 시험에 응시할 수 없습니다.

9. 시험시간이 종료되기 전에는 어떠한 경우에도 문제지를 시험장 밖으로 가지고 갈 수 없고, 시험 종료 후 가지고 갈 수 있습니다.

법학전문대학원협의회
THE ASSOCIATION OF KOREAN LAW SCHOOLS

【문　　제】

　귀하는 변호사 김소연으로서, 의뢰인 박수혁과의 상담을 통해 아래 【상담내용】과 같은 사실관계를 청취하고, 【의뢰인 희망사항】 기재사항에 관한 본안소송의 대리권을 수여받고, 첨부된 서류를 자료로 받았습니다.
　의뢰인을 위한 본안의 소를 제기하기 위한 소장을 작성하시오.

【작성요령】

1. 소장 작성일 및 소 제기일은 2022. 6. 23.로 하시오.
2. 일방 당사자가 여러 명인 경우 성명으로 특정하시오(예, '피고 홍길동').
3. 청구취지와 청구원인은 가급적 피고별로 나누어 기재하시오.
　　　　[이하의 작성요령은 실무의 기준과 다를 수 있음]
4. 1건의 공동소송으로 제기하되, 공동소송의 요건은 갖추어진 것으로 전제하고, 전속관할이 있는 청구가 있으면 반드시 그 관할법원에 소를 제기하며, (주관적이든 객관적이든) 예비적·선택적 병합청구는 하지 마시오.
5. 【의뢰인 희망사항】란에 기재된 희망사항에 부합하되, 현행법과 그 해석상 승소 가능한 최대한의 범위에서 청구하고, 소 각하나 청구기각 부분이 발생하지 않도록 하시오.
6. 첨부자료를 통하여 상대방이 명백히 의견을 밝히고 있어서 소송 중 방어방법으로 제출할 것으로 예상되는 법률상 주장이나 항변 중 이유 있다고 생각되는 부분은 청구에 미리 반영하고, 이유 없다고 판단되는 사항은 청구원인란을 통해 미리 반박하시오.
7. 【의뢰인 상담일지】와 첨부자료에 기재된 사실관계는 모두 사실에 부합한 것으로 보고(작성자의 의견에 해당하는 사항은 제외), 기재되지 않은 사실은 없는 것으로 전제하며, 첨부된 서류는 모두 진정하게 성립된 것으로 간주하시오.
8. <증명방법>과 <첨부서류>란 기재는 생략하고, 부동산의 표시는 아래 [목록(부동산의 표시)]을 소장 말미에 첨부함을 전제로 하여 작성하므로 소장 말미에 [목록(부동산의 표시)]을 기재하지 마시오.
9. 관련 증거자료를 제시하여 기술할 필요는 없습니다.
10. 기록상의 날짜가 공휴일인지 여부, 문서의 서식이 실제와 부합하는지 여부는 고려하지 마시오.

목   록 (부동산의 표시)
1. 서울 강남구 도곡동 30 잡종지 100㎡ 2. 서울 강남구 삼성로 3, 101동 1001호(대치동, 비룡아파트). 끝.

[참고자료]

각급 법원의 설치와 관할구역에 관한 법률(일부)

제4조(관할구역) 각급 법원의 관할구역은 다음 각 호의 구분에 따라 정한다. 다만, 지방법원 또는 그 지원의 관할구역에 시·군법원을 둔 경우 「법원조직법」 제34조 제1항 제1호 및 제2호의 사건에 관하여는 지방법원 또는 그 지원의 관할구역에서 해당 시·군법원의 관할구역을 제외한다.
  1. 각 고등법원·지방법원과 그 지원의 관할구역: 별표 3
  (이하 제2호 내지 제7호는 생략)

[별표3] 고등법원·지방법원과 그 지원의 관할구역(일부)

고등법원	지방법원	지 원	관할구역
서 울	서울중앙		서울특별시 종로구·중구·강남구·서초구·관악구·동작구
	서울동부		서울특별시 성동구·광진구·강동구·송파구
	서울남부		서울특별시 영등포구·강서구·양천구·구로구·금천구
	서울북부		서울특별시 동대문구·중랑구·성북구·도봉구·강북구·노원구
	서울서부		서울특별시 서대문구·마포구·은평구·용산구

의뢰인 상담일지

변호사 김 소 연 법률사무소
서울 서초구 서초대로 22길 123, 701호(서초동, 음성빌딩)
☎ : 02-535-3000, 팩스 : 02-535-3001, e-mail : ksy12@gmail.com

접수번호	2022-309	상담일시	2022. 5. 26.
상담인	박수혁 010-4863-9432	내방경위	지인소개

【상 담 내 용】

1. 서울 강남구 도곡동 토지 관련
   가. 박수혁은 양재혁이 최성규에 대하여 가지는 2021. 1. 5.자 대여금채권을 양수하였다.
   나. 박수혁이 채권양수 후 최성규의 재산을 조사해보니, 최성규가 채무초과 상태에서 유일한 부동산인 서울 강남구 도곡동 소재 토지에 관하여 이대원 앞으로 가등기를 설정하여 주었고, 그 후 이대수 앞으로 가등기가 이전되었음을 알게 되었다.

2. 서울 강남구 비룡아파트 관련
   가. 박수혁은 김민호와 사이에 매매대금을 10억 원으로 정하여 서울 강남구 소재 비룡아파트 101동 1001호에 관한 매매계약을 체결하였다.
   나. 김민호는 매매계약 체결 이후 저렴하게 매도한 것 같다고 불만을 이야기하였고, 박수혁은 김민호에게 알리지 않고 중도금 지급기일 전인 2022. 1. 20. 김민호의 계좌로 중도금을 입금하였다.
   다. 김민호는 2022. 1. 21. 박수혁의 일방적 입금에 항의하며 계약금의 배액을 줄 테니 계약을 해제하자고 하였고, 그 후 계약금의 배액인 1억 원을 공탁한 후 해제 통지를 하였다.
   라. 그 후 김민호는 박상현에게 위 아파트를 16억 원에 매도하였고, 이에 박수혁이 김민호에게 해제 통지를 하였다.

3. 주식회사 무한유통, 김인상에 대한 대여금 관련
   가. 박수혁은 주식회사 무한유통의 대표이사 김정만과 중학교 동창이다. 박수혁은 2015. 8. 1. 김정만이 대표이사로 있는 주식회사 무한유통, 위 회사에 이사로 근무하는 김인상에게 금 1억 원을 대여하였는데, 2016.

7. 31.까지 이자만 지급받았을 뿐 그 뒤로는 이자 내지 지연손해금이나 원금을 받지 못하였다. 박수혁은 위 대여금채권에 관하여 받아 둔 공정증서로 2021. 10. 2. 압류 및 추심명령을 신청하여 같은 달 9. 압류 및 추심명령을 받은 사실이 있다. 한편, 박수혁이 김인상과 금전거래를 한 것은 이번이 처음이며 그 뒤로 김인상의 신용을 의심하게 되어 추가로 금전거래를 한 적은 없다.

나. 그런데 주식회사 무한유통, 김인상은 자신의 채무가 모두 시효로 소멸하였다고 주장하며 지급을 거부하고 있다.

4. 필유건설 주식회사의 확인서 관련

가. 의뢰인의 부 박종철은 필유건설 주식회사 대표이사 조민성의 부탁을 받고 미래이앤씨 주식회사에 황복순, 김철준의 보증을 받아 7억 원을 대여하였다. 필유건설 주식회사 대표이사 조민성은 박종철에게 미래이앤씨 주식회사가 위 돈을 갚지 못하면 대신 갚는다는 보증서를 작성해 주었다.

나. 그런데 필유건설 주식회사는 이사회 결의 없이 보증서를 발급해 준 것이라면서 자기는 책임이 없다고 우기고 있다.

【의뢰인 희망사항】

1. 가능하다면 최성규에 대하여 양수금을 청구하고 싶고, 서울 강남구 도곡동 토지에 강제집행을 함에 있어 현재의 물적 부담을 없애는 사해행위취소와 이에 따른 원상회복청구를 하고 싶다.
2. 가능하다면 서울 강남구 비룡아파트 관련하여 김민호에게 지급한 대금을 반환받고 싶다. 가능하다면 김민호에게 위 아파트 매매계약과 관련하여 최대한의 손해배상을 받고 싶다.
3. 가능한 범위에서 주식회사 무한유통, 김인상에 대하여 청구할 수 있는 금원을 지급받고 싶다.
4. 필유건설 주식회사에 대하여 최대한의 범위에서 보증인으로서의 책임을 묻고 싶다. 황복순, 김철준은 어차피 돈이 없는 사람들이니 그들을 상대로 하는 청구는 원하지 않는다.

채권양도계약서

채권자(양도인) 양재혁
        서울 관악구 남부순환로24다길 32(봉천동)
채 무 자   최성규
        서울 용산구 한강대로98가길 28
채권양수인   박수혁
        서울 서초구 나루터로4길 28, 333동 807호(잠원동, 한신아파트)

 채권자(양도인)는 채무자에 대한 아래의 채권과 부대채권 일체를 양수인 박수혁에게 양도하기로 하고, 이를 확인하기 위하여 양도인과 양수인은 본 채권양도계약서를 작성한다.

- 아 래 -

1. 양재혁이 최성규에 대하여 가지는 2021. 1. 5.자 대여원리금 채권 일체

 첨부: 각서

          2022년 3월 1일

채권자(양도인) 양 재 혁 (인)
       서울 관악구 남부순환로24다길 32(봉천동)

채권양수인   박 수 혁 (인)
       서울 서초구 나루터로4길 28, 333동 807호(잠원동, 한신아파트)

각 서

양재혁(서울 관악구 남부순환로24다길 32(봉천동)) 귀하

차용인 : 최성규(550315-1274565), 서울 용산구 한강대로98가길 28

금 액 : 일금 4억 원
이 자 : 연 6%
변제일 : 2021. 6. 4.

차용인은 오늘 자로 귀하로부터 위와 같이 차용하기로 하고 위 돈을 지급받았으므로 변제기에 확실히 변제하겠음을 각서합니다.

2021. 1. 5.

차용인 최 성 규 (인)

채권양도통지서

채권의 표시
양재혁이 최성규에 대하여 가지는 2021. 1. 5.자 대여원리금 채권 일체

양도인 양재혁은 양수인 박수혁에게 위 채권을 양도하기로 하고 양수인은 이를 수락하였습니다.
따라서 귀하께서는 양수인 박수혁 씨에게 위 채권을 지급하여 주시기 바랍니다.

2022. 3. 6.

통지인 양재혁
     서울 관악구 남부순환로24다길 32(봉천동)

최성규 귀하
     서울 용산구 한강대로98가길 28

본 우편물은 2022-03-06
제2935호에 의하여
내용증명우편물로 발송하였음을 증명함
서울관악우체국장

보내는 사람			
서울용산 우체국			
773-11 접수국: 서울관악우체국			
받는 사람　 (배달증명서 재중)			
서울 관악구 남부순환로24다길 32(봉천동)			
양　　재　　혁　　귀하			

우 편 물 배 달 증 명 서

수취인의 주거 및 성명

　　서울 용산구 한강대로98가길 28

　　　　　　　　　　　최　　성　　규　　　귀하

접수국명	서울관악우체국	접수년월일	2022년 03월 06일
등기번호	제2935호	배달년월일	2022년 03월 10일
적　요	수취인과의 관계 　　　　본인　수령 　　최　　성　　규		서울용산 2022.03.28. 1018604 우 체 국

등기사항전부증명서(말소사항포함) - 토지

[토지] 서울특별시 강남구 도곡동 30   고유번호 1146-2000-177169

【 표 제 부 】 (토지의 표시)

표시번호	소재지번	지목	면적	등기원인 및 기타사항
1 (전 3)	서울특별시 강남구 도곡동 30	잡종지	100㎡	부동산등기법 제177조의6 제1항의 규정에 의하여 2003년 2월 17일 전산이기

【 갑 구 】 (소유권에 관한 사항)

순위번호	등기목적	접 수	등기원인	권리자 및 기타사항
1 (전 3)	소유권이전	2002년 5월 1일 제4390호	2002년 5월 1일 매매	소유자 최성규 550315-1274565 서울 용산구 갈월동 221
				부동산등기법 제177조의6 제1항의 규정에 의하여 2003년 2월 17일 전산이기
2	소유권이전청구권가등기	2021년 7월 1일 제3424호	2021년 7월 1일 매매예약	가등기권자 이대원 610225-1226145 서울 서초구 서운로 226, 202호 (서초동, 서초오피스텔)
2-1	2번소유권이전청구권의 이전	2021년 9월 7일 제6509호	2021년 9월 7일 계약인수	가등기권자 이대수 620331-1242671 서울 종로구 자하문로36길 16-14, 6동 622호(청운동, 청운벽산빌리지)

— 이 하 여 백 —

수수료 금 1,000원 영수함   관할등기소 서울중앙지방법원 등기국 / 발행등기소 법원행정처 등기정보중앙관리소

이 증명서는 등기기록의 내용과 틀림없음을 증명합니다.

서기 2022년 05월 01일

법원행정처 등기정보중앙관리소 전산운영책임관

*실선으로 그어진 부분은 말소사항을 표시함.   *등기기록에 기록된 사항이 없는 갑구 또는 을구는 생략함.

발행번호 00219405211494019OSLBO603943WOG16858151112   1/1   발급확인번호 QDHT-COHR-3758   발행일 2022/05/01

통고서에 대한 회신

발신인: 이대원(서울 서초구 서운로 226, 202호(서초동, 서초오피스텔))
　　　　이대수(서울 종로구 자하문로36길 16-14, 6동 622호(청운동, 청운벽산빌리지))
수신인: 박수혁(서울 서초구 나루터로4길 28, 333동 807호(잠원동, 한신아파트))

1. 귀하가 저희의 가등기를 문제 삼아 원래대로 돌려놓으라는 취지의 2022. 4. 20.자 통고서는 2022. 4. 24. 잘 받아보았습니다.
2. 형인 이대원이 가등기를 설정받고 나서 동생인 이대수에게 매매예약상의 지위를 넘겨주면서 가등기를 이전한 것을 왜 문제삼는지 저희는 알 수 없습니다.
3. 최성규가 이대원에게 가등기를 설정해 준 것은 2021년이고 귀하의 채권은 2022년에 성립되었으므로 귀하는 저희에게 어떠한 권리도 행사할 수 없다고 생각합니다. 부디 쓸데없이 소송을 벌이는 일을 삼가 주시기 바랍니다.

2022. 4. 28.

이대원　　　　　이대수

본 우편물은 2022-04-28
제6021호에 의하여
내용증명우편물로 발송하였음을 증명함
서울서초우체국장

독촉서에 대한 회신

발신인: 최성규(서울 용산구 한강대로98가길 28)

수신인: 박수혁(서울 서초구 나루터로4길 28, 333동 807호(잠원동, 한신아파트))

1. 귀하가 양수금의 지급을 독촉하며 소송 제기 예정임을 알리는 독촉서는 2022. 4. 24. 잘 받아보았습니다.
2. 제가 자금사정이 나아지는 대로 꼭 갚을 것입니다. 다만, 양재혁이 저에 대하여 소를 제기하여 이미 판결을 받았는데, 귀하까지 나설 이유가 있는지 의문입니다.

첨부: 판결문, 확정증명원

2022. 4. 27.

최성규 (인)

서울용산우체국
2022. 4. 27.
22 - 6622

본 우편물은 2022-04-27
제6622호에 의하여
내용증명우편물로 발송하였음을 증명함
서울용산우체국장

서울중앙지방법원

제27민사부

판 결

사　　건	2021가합524590 대여금
원　　고	양재혁
	서울 관악구 남부순환로24다길 32(봉천동)
피　　고	최성규
	서울 용산구 한강대로98가길 28
변론종결	2021. 11. 16.
판결선고	2021. 11. 30.

주　　문

1. 피고는 원고에게 4억 원 및 이에 대한 2021. 1. 5.부터 2021. 9. 30.까지는 연 6%, 그 다음날부터 다 갚는 날까지는 연 12%의 각 비율에 의한 돈을 지급하라.
2. 소송비용은 피고가 부담한다.
3. 제1항은 가집행할 수 있다.

청구취지

주문과 같다.

이　　유

원고가 이 사건 청구원인으로, 피고는 2021. 1. 5. 원고로부터 금 4억 원을 변제기 2021. 6. 4., 이자 연 6%로 정하여 차용하였다고 주장함에 대하여, 피고는 민사소송법 제150조에 따라 이를 자백한 것으로 본다.

위 인정사실에 의하면, 피고는 원고에게 차용금 4억 원 및 이에 대하여 차용일인 2021. 1. 5.부터 이 사건 소장부본 송달일임이 기록상 명백한 2021. 9. 30.까지는 약정에 따른 연 6%의 이자 내지 지연손해금을, 그 다음날부터 다 갚는 날까지는 소송촉진 등에 관한 특례법이 정한 연 12%의 비율에 의한 지연손해금을 지급할 의무가 있다. 따라서 원고의 이 사건 청구는 이유 있어 이를 인용하기로 하여 주문과 같이 판결한다.

재판장 판사 김현무 _____

판사 이청룡 _____

판사 정백호 _____

등 본 입 니 다
2021. 12. 23.
법원주사 박수홍

[서울중앙지방법원 법원주사 인]

확 정 증 명 원

사 건	2021가합524590 대여금
원 고	양재혁
피 고	최성규

위 당사자 간 귀원 2021가합524590 대여금 사건에 관하여 2021. 11. 30. 선고된 판결이 2021. 12. 22. 확정되었음을 증명하여 주시기 바랍니다.

2022. 4. 25.

신청인 피고 최성규 (인) 崔成

서울중앙지방법원 귀중

위 증명합니다
2022년 4월 25일
서울중앙지방법원
법원주사 박수홍

(서울중앙지방법원 법원주사 인)

등기사항전부증명서(말소사항 포함) - 집합건물

[집합건물]서울특별시 강남구 삼성로 3 비룡아파트 제101동 제10층 제1001호   고유번호 1234-1980-123456

【표 제 부】 (1동의 건물의 표시)

표시번호	접 수	소재지번	건물내역	등기원인 및 기타사항
~~1~~	~~1980년6월20일~~	~~서울특별시 강남구 대치동 11 비룡아파트 제101동~~	~~철근콘크리트조 슬래브지붕 14층 비룡아파트 제101동 1 내지 14층 각 1332.57㎡ 옥탑1, 2층 각 58.31㎡ 지하실 1124.17㎡~~	~~부동산등기법시행규칙부칙 제3조 제1항의 규정에 의하여 1998년 12월 11일 전산이기~~
2		서울특별시 강남구 대치동 11 비룡아파트 제101동 [도로명주소] 서울특별시 강남구 삼성로 3	철근콘크리트조 슬래브지붕 14층 비룡아파트 제101동 1 내지 14층 각 1332.57㎡ 옥탑1, 2층 각 58.31㎡ 지하실 1124.17㎡	도로명주소 2014년10월29일 등기

(대지권의 목적인 토지의 표시)

표시번호	소재지번	지목	면적	등기원인 및 기타사항
1	1. 서울특별시 강남구 대치동 11	대	49225.8㎡	1986년1월31일 부동산등기법시행규칙부칙 제3조 제1항의 규정에 의하여 2001년7월 14일 전산이기

── 이 하 여 백 ──

* 실선으로 그어진 부분은 말소사항을 표시함.   *등기기록에 기록된 사항이 없는 갑구 또는 을구는 생략함.

문서 하단의 바코드를 스캐너로 확인하거나 인터넷등기소(http://*****.go.kr)의 발급확인 메뉴에서 발급확인번호를 입력하여 위·변조 여부를 확인할 수 있습니다. 발급확인번호를 통한 확인은 발행일부터 3개월까지 5회에 한하여 가능합니다.

발행번호 12389234789102367836718937099   1/2   발급확인번호 AAIU-KPTF-0022   발행일 2022/05/01

[집합건물]서울특별시 강남구 삼성로 3 비룡아파트 제101동 제10층 제1001호   고유번호 1234-1980-123456

【표 제 부】   (전유부분의 건물의 표시)

표시번호	접 수	소재지번	건물내역	등기원인 및 기타사항
1 (전1)	1980년6월20일	제10층 제1001호	철근콘크리트조 124.18㎡	도면편철장 제5책35장
				부동산등기법시행규칙부칙 제3조 제1항의 규정에 의하여 1998년 12월 11일 전산이기

(대지권의 표시)

표시번호	소재지번	대지권비율	등기원인 및 기타사항
1 (전1)	1. 소유권대지권	49225.8분의 62.9	1980년6월20일 대지권 1980년6월20일

【갑   구】   (소유권에 관한 사항)

순위번호	등기목적	접 수	등기원인	권리자 및 기타사항
1 (전2)	소유권이전	1987년3월13일 제12345호	1987년3월13일 매매	소유자 김민호 520920-1330001 서울 강남구 대치동 11 비룡아파트 101동 1001호
				부동산등기법시행규칙부칙 제3조 제1항의 규정에 의하여 1998년 12월 11일 전산이기
2	소유권이전	2022년2월27일 제34345호	2022년2월24일 매매	소유자 박상현 720820-1226145 서울 서초구 반포로 25, 133동 1303호(반포동, 현대) 거래가액 금 1,600,000,000원

—— 이 하 여 백 ——

수수료 금 1,000원 영수함   관할등기소 서울중앙지방법원 등기국 / 발행등기소 법원행정처 등기정보중앙관리소

이 증명서는 등기기록의 내용과 틀림없음을 증명합니다.

서기 2022년 5월 1일

법원행정처 등기정보중앙관리소 전산운영책임관

* 실선으로 그어진 부분은 말소사항을 표시함.   *등기기록에 기록된 사항이 없는 갑구 또는 을구는 생략함.

문서 하단의 바코드를 스캐너로 확인하거나 인터넷등기소(http://*****.go.kr)의 발급확인 메뉴에서 발급확인번호를 입력하여 위·변조 여부를 확인할 수 있습니다. 발급확인번호를 통한 확인은 발행일부터 3개월까지 5회에 한하여 가능합니다.

발행번호 12389234789102367836718937099   2/2   발급확인번호 AAIU-KPTF-0022   발행일 2022/05/01

賣 買 契 約 書

매도인[김민호]과 매수인[박수혁]은 아래 아파트에 관하여 다음과 같이 합의하여 매매계약을 체결한다.

1. 부동산의 표시

소재지	서울 강남구 삼성로 3, 101동 1001호(대치동, 비룡아파트)
용도	주택

2. 계약내용

제1조 (매매대금) 위 부동산매매에 있어 매수인은 매매대금을 아래와 같이 지급함.

매매 대금	금 10億 　　　　원정 ₩ 1,000,000,000 원
계 약 금	₩ 50,000,000원정으로 정하고
중 도 금	₩350,000,000원정은 2022년 1월 24일 지급하며
잔 금	₩600,000,000원정은 2022년 3월 24일 지급함.

제2조 (동시이행 의무) 매도인은 매수인으로부터 매매 잔금을 수령함과 동시에, 매수인에게 소유권 이전등기에 필요한 모든 서류를 교부하고 이전등기신청에 협력하여야 하며 또한 위 부동산을 인도하여야 한다.

제3조 (해제권 등) 매수인이 매도인에게 중도금 지불 전에는, 매도인은 계약금의 배액을 상환하고 이 계약을 해제할 수 있으며, 매수인은 계약금을 포기하고 이 계약을 해제할 수 있다.

특약:
1. 중도금은 김민호의 계좌인 신한 110068234321로 입금한다.
2. 매도인이 계약을 위약하면 계약금의 배액을 변상하고, 매수인이 위약하면 계약금을 몰수한다.
3. 잔금지급과 이전등기에 필요한 서류의 교부는 잔금 지급일 오전 11시에 중개사무소(서울 강남구 삼성로 13 금마 부동산)에서 한다.

계약 당일 계약금 50,000,000원을 지급받았음을 확인함. 김민호 (인)

2021년 11월 25일

매 도 인	성명	김민호 　　　　(인)	주민등록번호	520920-1330001	
	주소	서울 강남구 삼성로 3 비룡아파트 101동 1001호			전화
매 수 인	성명	박수혁 　　　　(인)	주민등록번호	621228-1226125	
	주소	서울 서초구 나루터로4길 28, 333동 807호(잠원동, 한신아파트)			전화
입회인 공인중개사	성명	강길수 　　　　(인)	주민등록번호	510411-1353267	
	주소	서울 강남구 삼성로 13 금마 부동산			전화

신한은행 http://www.shinhan.com

인터넷뱅킹 이체확인증

입금일 : 2022. 1. 20.   시각 15:02:05   이용매체웹 인터넷 뱅킹

보내시는 분	박수혁	받으시는 분	김민호
출금계좌번호	신한 110-***-110011	입금계좌번호	신한 110068234321
타행처리번호		입금내역 (CMS코드)	
수수료		금액	350,000,000원
내통장 메모	김민호	받는(입금)통장 메모	박수혁

* 위의 내용이 정상적으로 이체되었음을 확인합니다.

통고서

발신인: 박수혁(서울 서초구 나루터로4길 28, 333동 807호(잠원동, 한신아파트))

수신인: 김민호(서울 강남구 영동대로 498, 308동 1107호(대치동, 금마아파트))

1. 귀하가 계약을 위반하여 2022. 2. 27. 비룡아파트 101동 1001호에 대한 소유권을 박상현에게 이전하였는데, 명백한 계약위반입니다. 이에 매매계약을 해제합니다. 귀하는 제가 지급한 계약금, 중도금을 반환해야 하며, 1001호의 시가가 16억 원이므로 이를 전제로 하여 손해배상을 하여야 합니다.
2. 조속히 귀하의 의무를 이행하기 바랍니다.

2022. 3. 10.

박 수 혁 (인)

서울서초우체국
2022. 3. 10.
22 - 4421

본 우편물은 2022-03-10
제4421호에 의하여
내용증명우편물로 발송하였음을 증명함
서울서초우체국장

통고서에 대한 회신

발신인: 김민호(서울 강남구 영동대로 498, 308동 1107호(대치동, 금마아파트))
수신인: 박수혁(서울 서초구 나루터로4길 28, 333동 807호(잠원동, 한신아파트))

1. 귀하가 제가 계약을 위반했다고 주장하며 해제 운운한 통고서는 2022. 3. 14. 잘 받아보았습니다.

2. 귀하가 아무런 통지 없이 일방적으로 3억 5천만 원을 입금하였는데, 저는 귀하의 행위를 인정할 수 없습니다. 이에 제가 2022. 1. 21. 귀하의 일방적 행동을 불쾌해 하면서 계약금의 배액을 줄 테니 계약을 해제하자고 하였고, 귀하가 저의 제안을 거절하자 2022. 1. 22. 계약금 배액을 공탁하며 귀하에게 전화를 걸어 "이제 계약은 없던 것이 되었다."고 알린 사실을 귀하도 잘 알고 있을 것입니다. 따라서 귀하의 주장은 전혀 받아들일 수 없음을 알려드립니다.

첨부: 공탁서, 사실확인서

2022. 4. 28.

김 민 호

본 우편물은 2022-04-28
제8821호에 의하여
내용증명우편물로 발송하였음을 증명함
서울강남우체국장

금전 공탁서(변제 등)

공탁번호	2022년 금 제345호	2022년 1월 22일 신청	법령조항	민법 제487조		
공탁자	성명 (상호, 명칭)	김민호	피공탁자	성명 (상호, 명칭)	박수혁	
	주민등록번호 (법인등록번호)	520920-1330001		주민등록번호 (법인등록번호)	621228-1226125	
	주소 (본점, 주사무소)	서울 강남구 삼성로 3, 101동 1001호(대치동, 비룡아파트)		주소 (본점, 주사무소)	서울 서초구 나루터로4길 28, 333동 807호(잠원동, 한신아파트)	
	전화번호	02-333-2233		전화번호		
공 탁 금 액	한글 일억 원 숫자 100,000,000원		보 관 은 행	신한은행 서초대로지점 법원출장소		
공탁원인사실	공탁자는 피공탁자에게 서울 강남구 삼성로 3 비룡아파트 101동 1001호에 대한 2021. 11. 25.자 매매계약에 따라 받은 계약금의 배액인 1억 원을 제공하고 매매계약을 해제하려고 하였으나, 피공탁자가 이를 수령하는 것을 거절하므로 그 변제를 위하여 공탁함.					
비고(첨부서류 등)	매매계약서 1통 (첨부 생략)			☐ 계좌납입신청		

1. 공탁으로 인하여 소멸하는 질권, 전세권 또는 저당권
2. 반대급부 내용

위와 같이 신청합니다.   대리인 주소
                                              전화번호
    공탁자 성명 김민호 (서명)[印]   성명   인(서명)

위 공탁을 수리합니다.
공탁금을 2022년 1월 22일까지 위 보관은행의 공탁관 계좌에 납입하시기 바랍니다.
위 납입기일까지 공탁금을 납입하지 않을 때는 이 공탁 수리결정의 효력이 상실됩니다.
                    2022년   1월   22일
            서울중앙지방법원   공탁관 김만출 [印]

(영수증) 위 공탁금이 납입되었음을 증명합니다.
                    2022년   1월   22일
                                    신한은행 서초대로지점 법원출장소
        공탁금 보관은행(공탁관)   지점장대리 정구준 [印]

※ 1. 서명 또는 날인을 하되, 대리인이 공탁할 때에는 대리인의 성명, 주소(자격자대리인은 사무소)를 기재하고 대리인이 서명 또는 날인하여야 합니다. 전자공탁시스템을 이용하여 공탁하는 경우에는 날인 또는 서명은 공인인증서에 의한 전자서명 방식으로 합니다.
2. 공탁당사자가 국가 또는 지방자치단체인 경우에는 법인등록번호란에 '고유번호'를 기재하시기 바랍니다.
3. 공탁당사자가 국가인 경우 소관청도 기재하시기 바랍니다[예 : 대한민국(소관청 : ○○○)].
4. 피공탁자의 주소를 기재하는 경우에는 피공탁자의 주소를 소명하는 서면을 첨부하여야 하고, 피공탁자의 주소를 알 수 없는 경우에는 그 사유를 소명하는 서면을 첨부하여야 합니다.
5. 공탁통지서를 발송하여야 하는 경우, 공탁금을 납입할 때 우편료(피공탁자 수 × 1회 발송)도 납부하여야 합니다(공탁신청이 수리된 후 해당 공탁사건번호로 납부하여야 하며, 미리 예납할 수 없습니다).
6. 공탁금 회수청구권은 소멸시효 완성으로 국고에 귀속될 수 있습니다.
7. 공탁서는 재발급 되지 않으므로 잘 보관하시기 바랍니다.

사실확인서

저는 김민호와 박수혁 사이에 서울 강남구 삼성로 소재 비룡아파트 101동 1001호에 대하여 매매 중개를 시도했던 사람으로 금마부동산을 운영하고 있습니다. 김민호가 2021. 11. 25. 매매계약을 체결한 이후 너무 저렴하게 매도하였다고 저에게 불만을 이야기하였고, 김민호가 2022. 1. 22. 일억 원을 공탁한 후 제 부동산사무실에서 박수혁에게 전화를 하여 계약금 배액을 공탁하였으므로 매매계약이 해제되었다고 말하는 것을 옆에서 들었습니다.

저는 다른 매수인을 물색해 달라는 김민호의 부탁을 받아, 김민호와 박상현 사이의 매매를 중개하여 박상현이 위 아파트의 시가인 16억 원에 매수하였습니다.

모든 것이 원만하게 끝난 것으로 알고 있는데 이제 와서 문제가 제기되어 유감입니다. 아무튼 위와 같은 사실은 진실이며 증인으로 소환되는 경우 법정에서 이를 증언할 수 있음을 명백히 밝힙니다.

2022. 4. 10.

사실확인인 금마부동산 강길수 (인)

서울 강남구 삼성로 13 금마부동산

차용증서

1. 주식회사 무한유통과 김인상은 공동으로 회사운영자금을 위하여 100,000,000원을 차용함
2. 이자 월 1%(이자 월말 후불)
3. 변제기 2016. 7. 31.

2015. 8. 1.

차용인 : 1. 주식회사 무한유통 대표이사 김정만 (인)
　　　　　 서울 서초구 법조로 34, 502호(서초동, 상전빌딩)
　　　　 2. 김인상 (660209-1273157) (인)
　　　　　 서울 서초구 반포로 25, 125동 303호(반포동, 현대아파트)
대여인 : 박수혁 (인)
　　　　　 서울 서초구 나루터로4길 28, 333동 807호(잠원동, 한신아파트)

이행최고서

발신인: 박수혁(서울 서초구 나루터로4길 28, 333동 807호(잠원동, 한신아파트))

수신인: 주식회사 무한유통 대표이사 김정만(서울 서초구 법조로 34, 502호)

1. 귀하의 발전을 기원합니다.
2. 잘 아시겠지만 제가 2015. 8. 1. 회사운영자금을 위하여 금 1억 원을 빌려준 사실이 있습니다. 그런데 귀하가 변제기까지 이자를 꼬박꼬박 지급하다가 그 뒤로는 원금과 이자를 전혀 갚지 않고 있어 무척 답답한 상황입니다.
3. 부디 조속한 시일 내에 갚아주실 것을 요청합니다. 그렇지 않으면 본인은 법적 조치를 취할 수밖에 없음을 양지하시기 바랍니다.

2021. 6. 14.

박 수 혁 (인)

본 우편물은 2021-06-14
제3865호에 의하여
내용증명우편물로 발송하였음을 증명함
서울관악우체국장

서 울 중 앙 지 방 법 원
결 정

사　　건　　2021타채34777　채권압류 및 추심명령
채 권 자　　박수혁
　　　　　　서울 서초구 나루터로4길 28, 333동 807호(잠원동, 한신아파트)
채 무 자　　주식회사 무한유통
　　　　　　서울 서초구 법조로 34, 502호(서초동, 상천빌딩)
　　　　　　대표이사 김정만
제3채무자　　이은우
　　　　　　서울 광진구 구의3로 357, 101호

주 문

채무자의 제3채무자에 대한 별지 기재 채권을 압류한다.
제3채무자는 채무자에 대하여 위 채권을 지급하여서는 아니 된다.
채무자는 위 채권의 처분과 영수를 하여서는 아니 된다.
채권자는 위 압류한 채권을 추심할 수 있다.

청 구 금 액

금 1억 원(공증인가 다란합동법률사무소 증서 2015년 제1245호에 의한 대여금) 및 이에 대한 지연손해금

이 유

채권자가 위 청구금액을 변제받기 위하여 공증인가 다란합동법률사무소 증서 2015년 제1245호 공정증서의 집행력 있는 정본에 기하여 한 이 사건 신청은 이유 있으므로 주문과 같이 결정한다.

2021. 10. 9.

사법보좌관　　이 선 택

정 본 입 니 다
2021. 10. 9.
법원주사 오상일

[서울중앙지방법원 법원주사 인]

압류할 채권의 표시

채무자가 2020. 5. 1. 임대차계약에 기하여 제3채무자에 대하여 가지는 서울 서초구 법조로 34, 502호(서초동, 상천빌딩)에 대한 금 120,000,000원의 임차보증금반환채권. 끝.

송 달 증 명 원

사 건   서울중앙지방법원 2021타채34777 채권압류 및 추심명령
채 권 자   박수혁
채 무 자   주식회사 무한유통
제3채무자   이은우
증명신청인   박수혁

위 사건에 관하여 아래와 같이 송달되었음을 증명합니다.

채무자 주식회사 무한유통   2021. 10. 26. 채권압류및추심명령정본 송달
제3채무자 이은우   2021. 10. 26. 채권압류및추심명령정본 송달. 끝.

2021. 11. 12.

서울중앙지방법원
법원주사 호상일   [서울중앙지방법원 법원주사 인]

등기사항전부증명서 (말소사항 포함) - 건물 [제출용]

[건물] 경기도 평택시 세교로 81　　　　　　　　　　　　　고유번호 1152-2017-531338

【 표 제 부 】　　(건물의 표시)

표시번호	접 수	소 재 지 번	건 물 내 역	등기원인 및 기타사항
1	2017년 9월 1일	경기도 평택시 세교로 81	시멘트 철근콘크리트조 슬래브지붕 2층 점포 1층 595㎡ 2층 560㎡	

【 갑 구 】　　(소유권에 관한 사항)

순위번호	등 기 목 적	접 수	등 기 원 인	권 리 자 및 기 타 사 항
1	소유권보존	2017년 9월 1일 제45234호		소유자 김인상 660209-1273157 　서울 서초구 반포로 25, 125동 303호(반포동, 현대아파트)
2	가압류	2021년 11월 5일 제90213호	2021년 11월 5일 서울중앙지방법원의 가압류결정 (2021카단235413)	청구금액 100,000,000원 채권자 박수혁 621228-1226125 　서울 서초구 나루터로4길 28, 333동 807호(잠원동, 한신아파트)

---- 이 하 여 백 ----

수수료 1,000원 영수함
관할등기소　수원지방법원 평택지원 등기과/ 발행등기소　법원행정처 등기정보중앙관리소

이 증명서는 등기기록의 내용과 틀림없음을 증명합니다.

서기 2022년 05월 01일

법원행정처 등기정보중앙관리소　　　전산운영책임관

*실선으로 그어진 부분은 말소사항을 표시함. *등기기록에 기록된 사항이 없는 갑구 또는 을구는 생략함. *증명서는 컬러 또는 흑백으로 출력 가능함.

[인터넷 발급] 문서 하단의 바코드를 스캐너로 확인하거나, 인터넷등기소(http://www.iros.go.kr)의 발급확인 메뉴에서 발급확인번호를 입력하여 위·변조 여부를 확인할 수 있습니다. 발급확인번호를 통한 확인은 발행일로부터 3개월까지 5회에 한하여 가능합니다.

발행번호 12389234789102367836718934082　1/1　발급확인번호 AAIK-VPTF-0012　발행일 2022/05/01

이행최고서에 대한 답신

발신인: 주식회사 무한유통 대표이사 김정만(서울 서초구 법조로 34, 502호)

수신인: 박수혁(서울 서초구 나루터로4길 28, 333동 807호(잠원동, 한신아파트))

1. 귀하의 댁내 두루 평안하기를 기원합니다.
2. 귀하가 보낸 2021. 6. 14. 이행최고서는 같은 달 16일 잘 받아 보았습니다. 귀하가 김인상씨에게는 이행최고서를 보내지 않고 저희 회사에만 이행최고서를 보낸 이유를 모르겠습니다.
3. 저희가 법률전문가에게 문의를 해 보니 귀하의 채권은 이미 시효로 소멸되어 더는 청구할 수 없다고 합니다. 김인상씨도 자신의 채무가 시효로 소멸하였다는 점을 귀하에게 명확히 말해달라고 하여 첨언하는 바입니다.

2022. 2. 14.

주식회사 무한유통 대표이사 김정만

본 우편물은 2022-02-14
제765호에 의하여
내용증명우편물로 발송하였음을 증명함
서울서초우체국장

등기번호	045565	등기사항전부증명서 (말소사항 포함 - 발췌)
등록번호	110111-0545563	

상 호	필유건설 주식회사	. . . 변경
		. . . 등기
본 점	서울 종로구 사직로7길 21, 201호(사직동, 고려빌딩)	. . . 변경
		. . . 등기

| 1주의 금액 | 금 5,000원 | . . . 변경 |
| | | . . . 등기 |

| 발행할 주식의 총수 | 4,000,000주 | . . . 변경 |
| | | . . . 등기 |

발행주식의 총수와 그 종류 및 각각의 수	자본의 총액	변경 연월일
		등기 연월일
발행주식의 총수 보통주식 4,000,0000주	금 20,000,000,000원	. . . 변경
		. . . 등기

목 적
1. 주거용 건물 건설업
2. (생략)
2013년 12월 30일 변경   2014년 1월 2일 등기

임원에 관한 사항
대표이사 조민성 410921-1******
2018년 07월 01일 취임   2018년 07월 01일 등기
2020년 07월 01일 사임   2020년 07월 01일 등기
대표이사 구자명 511101-1******
2020년 07월 01일 취임   2020년 07월 01일 등기

수수료 1,000원 영수함   발행등기소 법원행정처 등기정보중앙관리소

등기부 등본입니다.

서기 2021년   04월   04일

법원행정처 등기정보중앙관리소   전산운영책임관

----

* 음영이 포함되어 기재된 사항은 말소된 등기사항입니다.

[인터넷 발급] 문서 하단의 바코드를 스캐너로 확인하거나, 인터넷등기소(http://www.iros.go.kr)의 발급확인메뉴에서 발급확인번호를 입력하여 위·변조 여부를 확인할 수 있습니다.
발급확인번호를 통한 확인은 발행일부터 3개월까지 5회에 한하여 가능합니다.

발급확인번호 7731-CCTV-FSXZ

10501100581955306000310106212010B1EBBAB4C8C620 | 1000 | 발행일 : 2021/04/04   - 1/1 -

등기번호	121375
등록번호	111034-021366

등기사항전부증명서 (폐쇄사항)

상 호	미래이앤씨 주식회사	. . . 변경
		. . . 등기
본 점	서울 서초구 서초대로31길 101호(서초동, 명성빌딩)	. . . 변경
		. . . 등기

-중략-

임원에 관한 사항

대표이사 황복순 510916-2******
원인 취임
연 월 일 2017년 02월 01일   등기연월일 2017년 02월 02일

이사 소재선 550112-1******
원인 취임
연 월 일 2017년 02월 01일   등기연월일 2017년 02월 02일

이사 김철준 771009-1******
원인 취임
연 월 일 2017년 02월 01일   등기연월일 2017년 02월 02일

파산관재인 도진우 790918-1****** 서울 강남구 강남대로62길 34, 101호(역삼동, 가랑빌라)
2020년 3월 20일 서울중앙지방법원 2020하합106 선임결정
                                                      등기연월일 2020년 3월 22일

기 타 사 항

1.파산선고
2020년 3월 20일 서울중앙지방법원 2020하합106 파산선고
                                                      2020년 3월 22일 등기

1.이시파산폐지
2020년 5월 11일 서울중앙지방법원 2020하합106 비용부족으로 인한 파산폐지결정 확정
                                                      2020년 5월 13일 등기 동일폐쇄

수수료 1,000원 영수함   발행등기소 법원행정처 등기정보중앙관리소

등기부 등본입니다.

서기 2021년 06월 01일

법원행정처 등기정보중앙관리소   전산운영책임관

---

* 음영이 포함되어 기재된 사항은 말소된 등기사항입니다.

[인터넷 발급] 문서 하단의 바코드를 스캐너로 확인하거나, 인터넷등기소(http://www.iros.go.kr)의 발급확인메뉴에서 발급확인번호를 입력하여 위·변조 여부를 확인할 수 있습니다.
발급확인번호를 통한 확인은 발행일부터 3개월까지 5회에 한하여 가능합니다.

발급확인번호 9131-CMTV-FSXZ

약 정 서

한성건설 주식회사(대표이사 최종형)와 필유건설 주식회사(대표이사 조민성)는 다음과 같이 약정함.

1. 필유건설 주식회사 대표이사 조민성은 필유건설 대표이사로 취임하기 전에 한성건설 주식회사 대표이사로 재직하면서 서울시 종로구 공평동 123 지상 주상복합시설 신축사업의 수주를 추진하고 있었음을 확인함.
2. 위 신축사업 수주의 원활한 진행을 위하여 필유건설 주식회사가 위 신축사업의 수주를 추진하고, 한성건설 주식회사는 수주를 포기하며, 대신 한성건설 주식회사에 차후 공사에 관하여 일정한 지분을 인정해 주기로 약정함.
3. 구체적인 지분의 내용에 대하여는 추후에 별도로 합의함.

2018년 7월 5일

한성건설 주식회사 대표이사 최종형 (한성건설주식회사인)
서울 강남구 논현로 421(역삼동)

필유건설 주식회사 대표이사 조민성 (필유건설주식회사인)
서울 종로구 사직로7길 21, 201호(사직동, 고려빌딩)

협 약 서

필유건설 주식회사와 미래이앤씨 주식회사는 다음과 같이 약정한다.

1. 필유건설 주식회사와 미래이앤씨 주식회사는 서울 종로구 공평동 123 대지상에 시행되는 주상복합시설 신축사업의 수주를 위하여 공동으로 노력한다.
2. 필유건설 주식회사는 위 신축사업의 수주를 받으면 신축공사의 시공을 맡고, 미래이앤씨 주식회사는 사업시행의 대행을 맡기로 한다.
3. 미래이앤씨 주식회사는 서울 종로구 공평동 123 재건축조합과 사업시행대행계약을 체결하면 위 신축사업에 관하여 사업의 시행에 필요한 초기 사업자금을 조달하기로 한다.

2018년 8월 1일

필유건설 주식회사   대표이사   조민성
서울 종로구 사직로7길 21, 201호(사직동, 고려빌딩)

미래이앤씨 주식회사 대표이사 황복순
서울 서초구 서초대로31길 101호(서초동, 명성빌딩)

차용증서

1. 미래이앤씨 주식회사(대표이사 황복순)은 오늘자로 강동전기 사장 박종철로부터 금 7억 원을 무이자로 차용함.
2. 미래이앤씨 주식회사는 2019. 2. 28.까지 원금 7억 원을 변제하기로 함.

2018년 9월 1일

차용인   미래이앤씨 주식회사 대표이사 황복순
서울 서초구 서초대로31길 101호(서초동, 명성빌딩) (인: 주식회사 미래이앤씨)

위 보증함

황복순 (510916-2231427) (인: 黃福順)
서울 종로구 혜화로 1, 103동 401호(혜화동, 소담아파트)
김철준 (771009-1347123) (인: 金鐵俊)
서울 종로구 지봉로5길 20, 201동 109호(창신동, 조은아파트)

강동전기 사장 박종철 귀하

보증서

강동전기 박종철 귀하

본인은 필유건설 주식회사의 대표이사로서 다음과 같은 사항을 확인합니다.

1. 강동전기 박종철 사장님이 2018년 9월 1일자로 서울시 종로구 공평동 주상복합건물 신축공사의 사업자금으로 미래이앤씨 주식회사에 7억 원을 대여하였음을 확인함.
2. 미래이앤씨가 위 대여금을 원활히 변제하지 못할 경우 필유건설 주식회사는 위 대여금을 지급하기로 확인함.

2018년 10월 5일

위 확인인 필유건설 주식회사 대표이사 조민성 (필유건설주식회사인)
주소 서울 종로구 사직로7길 21, 201호(사직동, 고려빌딩)

사 업 자 등 록 증
(일반과세자)

등록번호: 306-28-94401

상 호 : 강동전기

성 명 : 박종철   주민등록번호 : 330304-1224125

개업 연월일 : 2014년 05월 01일

사업장소재지 : 경기도 평택시 진위면 가곡리 13

사업의 종류 : (업태) 건설업 (종목) 일반전기공사업

교 부 사 유 : 정정

공동 사업자 :

2017년 5월 2일

평택세무서장

필유건설 주식회사
서울 종로구 사직로7길 21, 201호(사직동, 고려빌딩)

수신자   박수혁
제 목   본사 질의에 대한 회신

---

1. 귀하의 사업이 번창하기를 기원합니다.
2. 귀하는 2021. 8. 10.자 질의서에서 귀하의 부친인 박종철(강동전기) 님이 서울시 종로구 공평동 주상복합건물 신축공사와 관련하여 당시 본사 대표이사인 조민성으로부터 부탁을 받고 미래이앤씨 주식회사에 7억 원을 대여하였고 대표이사가 보증서까지 써 주었으므로 본사에게 책임이 있다고 하면서 변제를 요구하였습니다.
3. 당사가 확인한 바에 따르면 전 대표이사 조민성씨가 귀하에게 보증서를 작성해 준 것은 사실이지만, 그 보증서는 전 대표이사가 본사의 이사회 결의 없이 단독으로 진행한 건으로 본사에게는 책임이 없다는 것이 본사 고문 변호사의 의견입니다.
4. 앞으로 이 문제로 본사를 상대로 하는 귀하의 모든 행위로 인해 본사에게 손해가 생길 경우 본사는 적극 대응할 예정이니 주지하시기 바랍니다.

첨부: 총무과장 성재윤(이사회 간사) 진술서, 필유건설 이사회 규정.

2021. 9. 2.

필유건설 주식회사
총무과장 전결

담당자   임형재   총무과장   김성진

시행 총무과 2021-   (2021-09-02)   접수
우 03028   서울시 종로구 사직로7길 21, 201호(사직동, 고려빌딩)
전화   전송   /공개

진술서

공평동 주상복합건설 사업과 관련하여 본인은 다음과 같이 진술합니다.

1. 본인은 필유건설 주식회사 총무과장으로서 재직하면서 2017년 1월 1일부터 2018년 12월 31일까지 필유건설 주식회사 이사회 간사로 재직하였습니다.

2. 필유건설 주식회사는 2013년 설립되어 2018년부터 현재까지 자산은 약 800억 원, 매출은 약 600억 원에 이르는 도급순위 400위권의 중견 건설업체입니다.

3. 본인 재직 중에 조민성 전 대표이사가 대표이사로 취임하였는데, 대표이사 취임 전에 한성건설 주식회사 대표이사로 있으면서 추진하던 종로구 공평동 주상복합 사업의 수주를 계속 추진하기로 하고 한성건설의 양해를 받았습니다.

4. 그 후 조민성 대표와 사업상 친분이 있던 미래이앤씨와 협약을 하여, 미래이앤씨가 시행대행을, 필유건설이 시공을 맡는 것으로 하여 협조하기로 하고 수주전에 돌입하였고, 결국 수주에 성공하였습니다. 미래이앤씨와 협약 당시 토지 매수대금과 이주비 등 초기 사업자금은 미래이앤씨가 조달하기로 하였으나, 미래이앤씨가 여기저기 알아보다가 결국 조민성 대표에게 사업자금의 대여를 요청하였고, 조민성 대표는 전기공사업을 하는 박종철 대표에게 나중에 하도급공사를 맡길 수 있으니 7억 원을 미래이앤씨에게 빌려달라고 부탁하였습니다.

5. 박종철 대표는 조민성 대표와는 전부터 사업관계로 친분이 있는 사이였던 것으로 기억합니다. 대여약정은 필유건설 대표이사 사무실에서 조민성 대표, 박종철 대표, 미래이앤씨 대표 황복순씨와 이사 김철준씨가 동석한 자리에서 이루어졌습니다.

6. 그로부터 한 달 후 박종철 대표는 아무래도 불안해서 조민성 대표에게 회사 차원의 보증서를 요구하였고, 이에 작성된 보증서가 박종철 대표에게 전달되었습니다.

7. 필유건설의 이사회 규정에 의하면 조민성 대표는 이사회 결의를 거쳐 보증을 하여야 하는데, 본인이 당시 이사회 의사록을 확인한 바에 의하면 그러한 내용의 이사회 결의는 없었습니다.

8. 미래이앤씨는 박종철 대표로부터 받은 돈으로 토지 매수대금 일부를 지급하는 등 사업을 진행하는 듯 보였으나, 재개발조합 내에서 싸움이 나서 조합장이 횡령으로 고소되고 미래이앤씨도 운영자금 부족으로 허덕이다가 결국 파산하였고, 필유건설도 2020년 6월경 사업을 포기하고 공평동 재개발조합과 사이의 공사계약을 합의 해지하였습니다.

9. 이상의 내용은 모두 사실이며, 법정에서 부르실 경우 증인으로 증언할 것임을 확인합니다.

2021년 9월 1일

진술인 성재윤 (인)

필유건설 주식회사 이사회 규정

제정 2013. 12. 20. 규정 제100호
개정 2016. 09. 23. 규정 제136호

제1조(목적)
이 규정은 필유건설 주식회사 이사회(이하 '이사회' 라 한다)의 구성과 운영에 관한 사항을 규정함을 목적으로 한다.

제2조(적용범위)
이사회에 관한 사항은 법령 또는 정관에 따로 정한 것을 제외하고는 이 규정에 의한다.

-중략-

제8조(부의사항)
① 이사회는 다음 각 호의 사항을 결의한다.
1. 주주총회 소집
2. 1억 원 이상의 자금도입 및 보증행위
3. 재무제표 및 영업보고서의 승인
4. 해산, 영업양도, 합병 등 조직의 중요한 변경
5. 전환사채 및 신주인수권부사채 발행사항의 결정
6. 정관의 변경

-이하 생략-

기 본 증 명 서 [폐쇄]

등록기준지	경주시 서부동 255	
구분	상 세 내 용	
작성	[가족관계등록부 작성일] 2008년 01월 01일 [작성사유] 가족관계의 등록 등에 관한 법률 부칙 제3조제1항	
폐쇄	[폐쇄일] 2020년 12월 10일 [폐쇄사유] 사망	

구분	성 명	출생연월일	주민등록번호	성별	본
본인	박종철(朴鐘哲)	1933년 03월 04일	330304-1224125	남	密陽

일반등록사항

구분	상 세 내 용
출생	[출생장소] 경상북도 경주시 동천동 859 [신고일] 1933년 03월 15일 [신고인] 부
혼인	[신고일] 1957년 01월 03일 [배우자] 정미주 [배우자의 주민등록번호] 341007-2261135 [처리관서] 서울특별시
사망	[사망일] 2020년 11월 01일 [사망장소] 서울특별시 강남구 언주로 211 (도곡동) 강남세브란스병원 [신고일] 2020년 12월 01일 [신고인] 자 박수혁

위 기본증명서는 가족관계등록부의 기록사항과 틀림없음을 증명합니다.

2022 년 3 월 15 일

서울특별시 관악구청장 (인)

가 족 관 계 증 명 서 [폐쇄]

등록기준지	경주시 서부동 255				
구분	성 명	출생연월일	주민등록번호	성별	본
본인	박종철(朴鐘哲) 사망	1933년03월04일	330304-1224125	남	密陽

가족사항					
배우자	정미주(鄭美珠)	1934년10월07일	341007-2261135	여	坡州
자녀	박수혁(朴秀赫)	1962년12월28일	621228-1226125	남	密陽
자녀	박지윤(朴知潤)	1967년06월07일	670607-2226235	여	密陽

위 가족관계증명서는 가족관계등록부의 기록사항과 틀림없음을 증명합니다.

2022 년   3 월   15 일

서울특별시 관악구청장 (인)

기록이면표지

확 인 : 법학전문대학원협의회

민사법 | 기록형

2022년도 **제1차**
법전협 모의시험

문제해결 TIP

기록 1면

【문 제】

귀하는 변호사 김소연으로서, 의뢰인 박수혁과의 상담을 통해 아래 【상담내용】과 같은 사실관계를 청취하고, 【의뢰인 희망사항】 기재사항에 관한 본안소송의 대리권을 수여받고, 첨부된 서류를 자료로 받았습니다.
의뢰인을 위한 본안의 소를 제기하기 위한 소장을 작성하시오.

【작성요령】

(작성기준일자로 소멸시효 및 제척기간의 기준시점이 된다.)

1. 소장 작성일 및 소 제기일은 2022. 6. 23.로 하시오.
2. 일방 당사자가 여러 명인 경우 성명으로 특정하시오(예, '피고 홍길동').
3. 청구취지와 청구원인은 가급적 피고별로 나누어 기재하시오.
   [이하의 작성요령은 실무의 기준과 다를 수 있음]
4. 1건의 공동소송으로 제기하되, 공동소송의 요건은 갖추어진 것으로 전제하고, 전속관할이 있는 청구가 있으면 반드시 그 관할법원에 소를 제기하며, (주관적이든 객관적이든) 예비적·선택적 병합청구는 하지 마시오.
5. 【의뢰인 희망사항】 란에 기재된 희망사항에 부합하되, 현행법과 그 해석상 승소 가능한 최대한의 범위에서 청구하고, 소 각하나 청구기각 부분이 발생하지 않도록 하시오.
6. 첨부자료를 통하여 상대방이 명백히 의견을 밝히고 있어서 소송 중 방어방법으로 제출할 것으로 예상되는 법률상 주장이나 항변 중 이유 있다고 생각되는 부분은 청구에 미리 반영하고, 이유 없다고 판단되는 사항은 청구원인란을 통해 미리 반박하시오.
7. 【의뢰인 상담일지】와 첨부자료에 기재된 사실관계는 모두 사실에 부합한 것으로 보고(작성자의 의견에 해당하는 사항은 제외), 기재되지 않은 사실은 없는 것으로 전제하며, 첨부된 서류는 모두 진정하게 성립된 것으로 간주하시오.
8. <증명방법>과 <첨부서류>란 기재는 생략하고, 부동산의 표시는 아래 [목록(부동산의 표시)]을 소장 말미에 첨부함을 전제로 하여 작성하므로 소장 말미에 [목록(부동산의 표시)]을 기재하지 마시오. (목록원용 지시.)
9. 관련 증거자료를 제시하여 기술할 필요는 없습니다.
10. 기록상의 날짜가 공휴일인지 여부, 문서의 서식이 실제와 부합하는지 여부는 고려하지 마시오.

의뢰인 상담일지

변호사 김 소 연 법률사무소
서울 서초구 서초대로 22길 123, 701호(서초동, 음성빌딩)
☎ : 02-535-3000, 팩스 : 02-535-3001, e-mail : ksy12@gmail.com

접수번호	2022-309	상담일시	2022. 5. 26.
상담인	박수혁 010-4863-9432	내방경위	지인소개

【상 담 내 용】

1. 서울 강남구 도곡동 토지 관련
 가. 박수혁은 양재혁이 최성규에 대하여 가지는 2021. 1. 5.자 대여금채권을 양수하였다. 〔양수한 채권을 피보전채권으로 한 사해행위취소청구를 제기하여야 함.〕
 나. 박수혁이 채권양수 후 최성규의 재산을 조사해보니, 최성규가 채무초과 상태에서 유일한 부동산인 서울 강남구 도곡동 소재 토지에 관하여 이대원 앞으로 가등기를 설정하여 주었고, 그 후 이대수 앞으로 가등기가 이전되었음을 알게 되었다. 〔사해행위취소에 따른 원상회복의 방법이 쟁점.〕

2. 서울 강남구 비룡아파트 관련
 가. 박수혁은 김민호와 사이에 매매대금을 10억 원으로 정하여 서울 강남구 소재 비룡아파트 101동 1001호에 관한 매매계약을 체결하였다.
 나. 김민호는 매매계약 체결 이후 저렴하게 매도한 것 같다고 불만을 이야기하였고, 박수혁은 김민호에게 알리지 않고 중도금 지급기일 전인 2022. 1. 20. 김민호의 계좌로 중도금을 입금하였다. 〔이행기전 이행의 착수.〕
 다. 김민호는 박수혁의 일방적 입금에 항의하며 계약금의 배액을 줄 테니 계약을 해제하자고 하였고, 그 후 계약금의 배액인 1억 원을 공탁한 후 해제 통지를 하였다. 〔이행의 착수 이후 해약금 해제로 효력이 없음.〕
 라. 그 후 김민호는 박상현에게 위 아파트를 16억 원에 매도하였고, 이에 박수혁이 김민호에게 해제 통지를 하였다. 〔이행불능에 기한 해제로 적법함.〕

3. 주식회사 무한유통, 김인상에 대한 대여금 관련 〔공동차주이고, 차주 중 1인이 상인임.〕
 가. 박수혁은 주식회사 무한유통의 대표이사 김정만과 중학교 동창이다. 박수혁은 2015. 8. 1. 김정만이 대표이사로 있는 주식회사 무한유통, 위 회사에 이사로 근무하는 김인상에게 금 1억 원을 대여하였는데, 2016.

7. 31.까지 이자만 지급받았을 뿐 그 뒤로는 이자 내지 지연손해금이나 원금을 받지 못하였다. 박수혁은 위 대여금채권에 관하여 받아 둔 공정증서로 2021. 10. 2. 압류 및 추심명령을 신청하여 같은 달 9. 압류 및 추심명령을 받은 사실이 있다. 한편, 박수혁이 김인상과 금전거래를 한 것은 이번이 처음이며 그 뒤로 김인상의 신용을 의심하게 되어 추가로 금전거래를 한 적은 없다. ······ 시효중단여부 확인필요.

나. 그런데 주식회사 무한유통, 김인상은 자신의 채무가 모두 시효로 소멸하였다고 주장하며 지급을 거부하고 있다. ······ 소멸시효 항변.

4. 필유건설 주식회사의 확인서 관련

가. 의뢰인의 부 박종철은 필유건설 주식회사 대표이사 조민성의 부탁을 받고 미래이앤씨 주식회사에 황복순, 김철준의 보증을 받아 7억 원을 대여하였다. 필유건설 주식회사 대표이사 조민성은 박종철에게 미래이앤씨 주식회사가 위 돈을 갚지 못하면 대신 갚는다는 보증서를 작성해 주었다.

나. 그런데 필유건설 주식회사는 이사회 결의 없이 보증서를 발급해 준 것이라면서 자기는 책임이 없다고 우기고 있다. ······ 대표이사의 전단행위.

【의뢰인 희망사항】

1. 가능하다면 최성규에 대하여 양수금을 청구하고 싶고, 서울 강남구 도곡동 토지에 강제집행을 함에 있어 현재의 물적 부담을 없애는 사해행위취소와 이에 따른 원상회복청구를 하고 싶다. ······ 사해행위 취소 및 원물반환을 지시함.
2. 가능하다면 서울 강남구 비룡아파트 관련하여 김민호에게 지급한 대금을 반환받고 싶다. 가능하다면 김민호에게 위 아파트 매매계약과 관련하여 최대한의 손해배상을 받고 싶다. ······ 해제에 따른 원상회복 및 손해배상 청구 지시.
3. 가능한 범위에서 주식회사 무한유통, 김인상에 대하여 청구할 수 있는 금원을 지급받고 싶다.
4. 필유건설 주식회사에 대하여 최대한의 범위에서 보증인으로서의 책임을 묻고 싶다. 황복순, 김철준은 어차피 돈이 없는 사람들이니 그들을 상대로 하는 청구는 원하지 않는다. ······ 필유건설에 대한 소제기만 지시함.

기록 6면

각 서

양재혁(서울 관악구 남부순환로24다길 32(봉천동)) 귀하

차용인 : 최성규(550315-1274565), 서울 용산구 한강대로98가길 28

금 액 : 일금 4억 원
이 자 : 연 6%
변제일 : 2021. 6. 4.

차용인은 오늘 자로 귀하로부터 위와 같이 차용하기로 하고 위 돈을 지급받았으므로 변제기에 확실히 변제하겠음을 각서합니다.

2021. 1. 5.   ● 피보전채권의 발생일자.

차용인 최 성 규 (인)

채권양도통지서

채권의 표시
양재혁이 최성규에 대하여 가지는 2021. 1. 5.자 대여원리금 채권 일체

양도인 양재혁은 양수인 박수혁에게 위 채권을 양도하기로 하고 양수인은 이를 수락하였습니다.
따라서 귀하께서는 양수인 박수혁 씨에게 위 채권을 지급하여 주시기 바랍니다.

2022. 3. 6.

 양도인의 채권양도통지로 적법함.

통지인 양재혁
      서울 관악구 남부순환로24다길 32(봉천동)

최성규 귀하
      서울 용산구 한강대로98가길 28

서울관악우체국
2022. 3. 6.
22 - 2935

본 우편물은 2022-03-06
제2935호에 의하여
내용증명우편물로 발송하였음을 증명함
서울관악우체국장

기록 8면

보내는 사람
　서울용산 우체국
　773-11　접수국: 서울관악우체국

　　　　　　　　받는 사람　（배달증명서 재중）
　　　　　　　　　서울 관악구 남부순환로24다길 32(봉천동)
　　　　　　　　　양　　재　　혁　　귀하

우 편 물 배 달 증 명 서

수취인의 주거 및 성명

　　서울 용산구 한강대로98가길 28

　　　　　　　　　최　　성　　규　　귀하

채권양도통지 도달일.

접수국명	서울관악우체국	접수년월일	2022년 03월 06일
등기번호	제2935호	배달년월일	2022년 03월 10일
적　요	수취인과의 관계　　　　본인　수령　　　　최　성　규		서울용산 2022.03.28. 1018604 우 체 국

등기사항전부증명서(말소사항포함) - 토지

[토지] 서울특별시 강남구 도곡동 30 고유번호 1146-2000-177169

【 표 제 부 】 (토지의 표시)

표시번호	소재지번	지목	면적	등기원인 및 기타사항
1 (전 3)	서울특별시 강남구 도곡동 30	잡종지	100㎡	부동산등기법 제177조의6 제1항의 규정에 의하여 2003년 2월 17일 전산이기

【 갑 구 】 (소유권에 관한 사항)

순위번호	등기목적	접 수	등기원인	권리자 및 기타사항
1 (전 3)	소유권이전	2002년 5월 1일 제4390호	2002년 5월 1일 매매	소유자 최성규 550315-1274565 서울 용산구 갈월동 221 부동산등기법 제177조의6 제1항의 규정에 의하여 2003년 2월 17일 전산이기
2	소유권이전청구권가등기	2021년 7월 1일 제3424호	2021년 7월 1일 매매예약	가등기권자 이대원 610225-1226145 서울 서초구 서운로 226, 202호 (서초동, 서초오피스텔)
2-1	2번소유권이전청구권의 이전	2021년 9월 7일 제6509호	2021년 9월 7일 계약인수	가등기권자 이대수 620331-1242671 서울 종로구 자하문로36길 16-14, 6동 622호(청운동, 청운벽산빌리지)

사해행위인 매매예약 체결 후 전득행위인 계약인수가 이루어짐.

— 이 하 여 백 —

수수료 금 1,000원 영수함 관할등기소 서울중앙지방법원 등기국 / 발행등기소 법원행정처 등기정보중앙관리소

이 증명서는 등기기록의 내용과 틀림없음을 증명합니다.

서기 2022년 05월 01일

법원행정처 등기정보중앙관리소 전산운영책임관

*실선으로 그어진 부분은 말소사항을 표시함.   *등기기록에 기록된 사항이 없는 갑구 또는 을구는 생략함.

기록 10면

통고서에 대한 회신

발신인: 이대원(서울 서초구 서운로 226, 202호(서초동, 서초오피스텔))
　　　　이대수(서울 종로구 자하문로36길 16-14, 6동 622호(청운동, 청운벽산빌리지))
수신인: 박수혁(서울 서초구 나루터로4길 28, 333동 807호(잠원동, 한신아파트))

1. 귀하가 저희의 가등기를 문제 삼아 원래대로 돌려놓으라는 취지의 2022. 4. 20.자 통고서는 2022. 4. 24. 잘 받아보았습니다.
2. 형인 이대원이 가등기를 설정받고 나서 동생인 이대수에게 매매예약상의 지위를 넘겨주면서 가등기를 이전한 것을 왜 문제삼는지 저희는 알 수 없습니다.
3. 최성규가 이대원에게 가등기를 설정해 준 것은 2021년이고 귀하의 채권은 2022년에 성립되었으므로 귀하는 저희에게 어떠한 권리도 행사할 수 없다고 생각합니다. 부디 쓸데없이 소송을 벌이는 일을 삼가 주시기 바랍니다.

 피보전채권이 없다는 취지의 주장.

2022. 4. 28.

이대원 (인)　이대수 (인)

본 우편물은 2022-04-28
제6021호에 의하여
내용증명우편물로 발송하였음을 증명함
서울서초우체국장

서울서초우체국
2022. 4. 28.
22 - 6021

독촉서에 대한 회신

발신인: 최성규(서울 용산구 한강대로98가길 28)

수신인: 박수혁(서울 서초구 나루터로4길 28, 333동 807호(잠원동, 한신아파트))

1. 귀하가 양수금의 지급을 독촉하며 소송 제기 예정임을 알리는 독촉서는 2022. 4. 24. 잘 받아보았습니다.
2. 제가 자금사정이 나아지는 대로 꼭 갚을 것입니다. 다만, 양재혁이 저에 대하여 소를 제기하여 이미 판결을 받았는데, 귀하까지 나설 이유가 있는지 의문입니다.

> 피보전채권에 대한 확정판결이 있고, 원고는 변론종결 후 승계인에 해당함. 따라서 피보전채권의 이행청구는 권리보호이익이 없음.

첨부: 판결문, 확정증명원

2022. 4. 27.

최성규

서울용산우체국
2022. 4. 27.
22 - 6622

본 우편물은 2022-04-27
제6622호에 의하여
내용증명우편물로 발송하였음을 증명함
서울용산우체국장

> 기록 12면

서울중앙지방법원
제 27 민사부
판 결

사　건	2021가합524590 대여금	
원　고	양재혁	
	서울 관악구 남부순환로24다길 32(봉천동)	
피　고	최성규	
	서울 용산구 한강대로98가길 28	
변론종결	2021. 11. 16.	
판결선고	2021. 11. 30.	

기판력의 표준시이고, 2022. 3. 1. 채권양도가 있었음.

주 문

1. 피고는 원고에게 4억 원 및 이에 대한 2021. 1. 5.부터 2021. 9. 30.까지는 연 6%, 그 다음날부터 다 갚는 날까지는 연 12%의 각 비율에 의한 돈을 지급하라.
2. 소송비용은 피고가 부담한다.
3. 제1항은 가집행할 수 있다.

청 구 취 지

주문과 같다.

이 유

확 정 증 명 원

사　　건　　2021가합524590 대여금

원　　고　　양재혁

피　　고　　최성규

위 당사자 간 귀원 2021가합524590 대여금 사건에 관하여 2021. 11. 30. 선고된 판결이 2021. 12. 22. 확정되었음을 증명하여 주시기 바랍니다.

> 2021. 12. 22. 기판력 발생.

2022. 4. 25.

신청인 피고 최성규 (인)

서울중앙지방법원 귀중

위 증명합니다
2022년 4월 25일
서울중앙지방법원
법원주사 박수홍

기록 16면

[집합건물]서울특별시 강남구 삼성로 3 비룡아파트 제101동 제10층 제1001호　　고유번호 1234-1980-123456

【표 제 부】　　(전유부분의 건물의 표시)

표시번호	접 수	소재지번	건물내역	등기원인 및 기타사항
1 (전1)	1980년6월20일	제10층 제1001호	철근콘크리트조 124.18㎡	도면편철장 제5책35장
				부동산등기법시행규칙부칙 제3조 제1항의 규정에 의하여 1998년 12월 11일 전산이기

(대지권의 표시)

표시번호	소재지번	대지권비율	등기원인 및 기타사항
1 (전1)	1. 소유권대지권	49225.8분의 62.9	1980년6월20일 대지권 1980년6월20일

【갑　　구】　　(소유권에 관한 사항)

순위번호	등기목적	접 수	등기원인	권리자 및 기타사항
1 (전2)	소유권이전	1987년3월13일 제12345호	1987년3월13일 매매	소유자 김민호 520920-1330001 서울 강남구 대치동 11 비룡아파트 101동 1001호
				부동산등기법시행규칙부칙 제3조 제1항의 규정에 의하여 1998년 12월 11일 전산이기
2	소유권이전	2022년2월27일 제34345호	2022년2월24일 매매	소유자 박상현 720820-1226145 서울 서초구 반포로 25, 133동 1303호(반포동, 현대) 거래가액 금 1,600,000,000원

―― 이 하 여 백 ――　　김민호에서 박상현으로 소유권이전등기가 경료됨.

수수료 금 1,000원 영수함　관할등기소 서울중앙지방법원 등기국 / 발행등기소 법원행정처 등기정보중앙관리소

이 증명서는 등기기록의 내용과 틀림없음을 증명합니다.
서기 2022년 5월 1일
법원행정처 등기정보중앙관리소 전산운영책임관

* 실선으로 그어진 부분은 말소사항을 표시함.　　*등기기록에 기록된 사항이 없는 갑구 또는 을구는 생략함.

문서 하단의 바코드를 스캐너로 확인하거나 인터넷등기소(http://*****.go.kr)의 발급확인 메뉴에서 발급확인번호를 입력하여 위·변조 여부를 확인할 수 있습니다. 발급확인번호를 통한 확인은 발행일부터 3개월까지 5회에 한하여 가능합니다.

발행번호 12389234789102367836718937099　2/2　발급확인번호 AAIU-KPTF-0022　발행일 2022/05/01

賣 買 契 約 書

매도인[김민호]과 매수인[박수혁]은 아래 아파트에 관하여 다음과 같이 합의하여 매매계약을 체결한다.

1. 부동산의 표시

소 재 지	서울 강남구 삼성로 3, 101동 1001호(대치동, 비룡아파트)
용도	주택

2. 계약내용

제1조 (매매대금) 위 부동산매매에 있어 매수인은 매매대금을 아래와 같이 지급함.

매매 대금	금 10億 원정 ₩ 1,000,000,000 원
계 약 금	₩ 50,000,000원정으로 정하고
중 도 금	₩350,000,000원정은 2022년 1월 24일 지급하며
잔 금	₩600,000,000원정은 2022년 3월 24일 지급함.

제2조 (동시이행 의무) 매도인은 매수인으로부터 매매 잔금을 수령함과 동시에, 매수인에게 소유권 이전등기에 필요한 모든 서류를 교부하고 이전등기신청에 협력하여야 하며 또한 위 부동산을 인도하여야 한다.

제3조 (해제권 등) 매수인이 매도인에게 중도금 지불 전에는, 매도인은 계약금의 배액을 상환하고 이 계약을 해제할 수 있으며, 매수인은 계약금을 포기하고 이 계약을 해제할 수 있다.

특약:
1. 중도금은 김민호의 계좌인 신한 110068234321로 입금한다.
2. 매도인이 계약을 위약하면 계약금의 배액을 변상하고, 매수인이 위약하면 계약금을 몰수한다. (위약금 약정.)
3. 잔금지급과 이전등기에 필요한 서류의 교부는 잔금 지급일 오전 11시에 중개사무소(서울 강남구 삼성로 13 금마 부동산)에서 한다.

계약 당일 계약금 50,000,000원을 지급받았음을 확인함. 김민호 (인)

2021년 11월 25일

매 도 인	성명	김민호 (인)	주민등록번호	520920-1330001	
	주소	서울 강남구 삼성로 3 비룡아파트 101동 1001호			전화
매 수 인	성명	박수혁 (인)	주민등록번호	621228-1226125	
	주소	서울 서초구 나루터로4길 28, 333동 807호(잠원동, 한신아파트)			전화
입 회 인 공인중개사	성명	강길수 (인)	주민등록번호	510411-1353267	
	주소	서울 강남구 삼성로 13 금마 부동산			전화

기록 18면

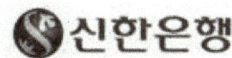

신한은행　　http://www.shinhan.com

인터넷뱅킹 이체확인증

입금일 : 2022. 1. 20.　시각 15:02:05　　이용매체웹 인터넷 뱅킹

보내시는 분	박수혁	받으시는 분	김민호
출금계좌번호	신한 110-***-110011	입금계좌번호	신한 110068234321
타행처리번호		입금내역 (CMS코드)	
수수료		금액	350,000,000원
내통장 메모	김민호	받는(입금)통장 메모	박수혁

* 위의 내용이 정상적으로 이체되었음을 확인합니다.

이행기 전 중도금입금.

> 기록 19면

통고서

발신인: 박수혁(서울 서초구 나루터로4길 28, 333동 807호(잠원동, 한신아파트))

수신인: 김민호(서울 강남구 영동대로 498, 308동 1107호(대치동, 금마아파트))

1. 귀하가 계약을 위반하여 2022. 2. 27. 비룡아파트 101동 1001호에 대한 소유권을 박상현에게 이전하였는데, 명백한 계약위반입니다. 이에 매매계약을 해제합니다. 귀하는 제가 지급한 계약금, 중도금을 반환해야 하며, 1001호의 시가가 16억 원이므로 이를 전제로 하여 손해배상을 하여야 합니다.
2. 조속히 귀하의 의무를 이행하기 바랍니다.

> 해제 및 이에 따른 원상회복과 손해배상청구.

2022. 3. 10.

박 수 혁 (인)

서울서초우체국
2022. 3. 10.
22 - 4421

본 우편물은 2022-03-10
제4421호에 의하여
내용증명우편물로 발송하였음을 증명함
서울서초우체국장

통고서에 대한 회신

발신인: 김민호(서울 강남구 영동대로 498, 308동 1107호(대치동, 금마아파트))

수신인: 박수혁(서울 서초구 나루터로4길 28, 333동 807호(잠원동, 한신아파트))

1. 귀하가 제가 계약을 위반했다고 주장하며 해제 운운한 통고서는 2022. 3. 14. 잘 받아보았습니다.

2. 귀하가 아무런 통지 없이 일방적으로 3억 5천만 원을 입금하였는데, 저는 귀하의 행위를 인정할 수 없습니다. 이에 제가 2022. 1. 21. 귀하의 일방적 행동을 불쾌해 하면서 계약금의 배액을 줄 테니 계약을 해제하자고 하였고, 귀하가 저의 제안을 거절하자 2022. 1. 22. 계약금 배액을 공탁하며 귀하에게 전화를 걸어 "이제 계약은 없던 것이 되었다."고 알린 사실을 귀하도 잘 알고 있을 것입니다. 따라서 귀하의 주장은 전혀 받아들일 수 없음을 알려드립니다.

> 해약금 해제 주장.

첨부: 공탁서, 사실확인서

2022. 4. 28.

김 민 호

본 우편물은 2022-04-28
제8821호에 의하여
내용증명우편물로 발송하였음을 증명함
서울강남우체국장

서울강남우체국
2022. 4. 28.
22 - 8821

금전 공탁서(변제 등)

공탁번호	2022년 금 제345호	2022년 1월 22일 신청		법령조항	민법 제487조
공탁자	성명 (상호, 명칭)	김민호	피공탁자	성명 (상호, 명칭)	박수혁
	주민등록번호 (법인등록번호)	520920-1330001		주민등록번호 (법인등록번호)	621228-1226125
	주 소 (본점, 주사무소)	서울 강남구 삼성로 3, 101동 1001호(대치동, 비룡아파트)		주 소 (본점, 주사무소)	서울 서초구 나루터로4길 28, 333동 807호(잠원동, 한신아파트)
	전화번호	02-333-2233		전화번호	
공탁금액	한글 일억 원 숫자 100,000,000원		보관은행	신한은행 서초대로지점 법원출장소	
공탁원인사실	공탁자는 피공탁자에게 서울 강남구 삼성로 3 비룡아파트 101동 1001호에 대한 2021. 11. 25.자 매매계약에 따라 받은 계약금의 배액인 1억 원을 제공하고 매매계약을 해제하려고 하였으나, 피공탁자가 이를 수령하는 것을 거절하므로 그 변제를 위하여 공탁함.				
비고(첨부서류 등)	매매계약서 1통 (첨부 생략)			☐ 계좌납입신청	

1. 공탁으로 인하여 소멸하는 질권, 전세권 또는 저당권
2. 반대급부 내용

위와 같이 신청합니다.   대리인 주소
                         전화번호
공탁자 성명 김민호 (인)   성명   인(서명)

위 공탁을 수리합니다.
공탁금을 2022년 1월 22일까지 위 보관은행의 공탁관 계좌에 납입하시기 바랍니다.
위 납입기일까지 공탁금을 납입하지 않을 때는 이 공탁 수리결정의 효력이 상실됩니다.

                 2022년 1월 22일   중도금 지급 이후의 계약금 배액 공탁.
     서울중앙지방법원   공탁관 김만출 (인)

(영수증) 위 공탁금이 납입되었음을 증명합니다.
                 2022년 1월 22일
     공탁금 보관은행(공탁관) 신한은행 서초대로지점 법원출장소
                            지점장대리 정구준 (인)

※ 1. 서명 또는 날인을 하되, 대리인이 공탁할 때에는 대리인의 성명, 주소(자격자대리인은 사무소)를 기재하고 대리인이 서명 또는 날인하여야 합니다. 전자공탁시스템을 이용하여 공탁하는 경우에는 날인 또는 서명은 공인인증서에 의한 전자서명 방식으로 합니다.
2. 공탁당사자가 국가 또는 지방자치단체인 경우에는 법인등록번호란에 '고유번호'를 기재하시기 바랍니다.
3. 공탁당사자가 국가인 경우 소관청도 기재하시기 바랍니다[예: 대한민국(소관청: ○○○)].
4. 피공탁자의 주소를 기재하는 경우에는 피공탁자의 주소를 소명하는 서면을 첨부하여야 하고, 피공탁자의 주소를 알 수 없는 경우에는 그 사유를 소명하는 서면을 첨부하여야 합니다.
5. 공탁통지서를 발송하여야 하는 경우, 공탁금을 납입할 때 우편료(피공탁자 수 × 1회 발송)도 납부하여야 합니다(공탁신청이 수리된 후 해당 공탁사건번호로 납부하여야 하며, 미리 예납할 수 없습니다).
6. 공탁금 회수청구권은 소멸시효 완성으로 국고에 귀속될 수 있습니다.
7. 공탁서는 재발급 되지 않으므로 잘 보관하시기 바랍니다.

기록 23면

차용증서

1. 주식회사 무한유통과 김인상은 공동으로 회사운영자금을 위하여 100,000,000원을 차용함
2. 이자 월 1%(이자 월말 후불)
3. 변제기 2016. 7. 31.

공동차용으로 연대채무.

2015. 8. 1.

차용인 : 1. 주식회사 무한유통 대표이사 김정만 (인)
　　　　　　서울 서초구 법조로 34, 502호(서초동, 상전빌딩)
　　　　 2. 김인상 (660209-1273157) (인)
　　　　　　서울 서초구 반포로 25, 125동 303호(반포동, 현대아파트)
대여인 : 박수혁 (인)
　　　　　　서울 서초구 나루터로4길 28, 333동 807호(잠원동, 한신아파트)

이행최고서

발신인: 박수혁(서울 서초구 나루터로4길 28, 333동 807호(잠원동, 한신아파트))

수신인: 주식회사 무한유통 대표이사 김정만(서울 서초구 법조로 34, 502호)

1. 귀하의 발전을 기원합니다.
2. 잘 아시겠지만 제가 2015. 8. 1. 회사운영자금을 위하여 금 1억 원을 빌려준 사실이 있습니다. 그런데 귀하가 변제기까지 이자를 꼬박꼬박 지급하다가 그 뒤로는 원금과 이자를 전혀 갚지 않고 있어 무척 답답한 상황입니다.
3. 부디 조속한 시일 내에 갚아주실 것을 요청합니다. 그렇지 않으면 본인은 법적 조치를 취할 수밖에 없음을 양지하시기 바랍니다.

2021. 6. 14.

시효소멸 전 최고서 발송.

박 수 혁 (인)

본 우편물은 2021-06-14
제3865호에 의하여
내용증명우편물로 발송하였음을 증명함
서울관악우체국장

기록 26면

압류할 채권의 표시

채무자가 2020. 5. 1. 임대차계약에 기하여 제3채무자에 대하여 가지는 서울 서초구 법조로 34, 502호(서초동, 상천빌딩)에 대한 금 120,000,000원의 임차보증금반환채권. 끝.

송 달 증 명 원

사　　건　　서울중앙지방법원 2021타채34777 채권압류 및 추심명령
채 권 자　　박수혁
채 무 자　　주식회사 무한유통
제3채무자　　이은우
증명신청인　　박수혁

위 사건에 관하여 아래와 같이 송달되었음을 증명합니다.

채무자 주식회사 무한유통　　2021. 10. 26. 채권압류및추심명령정본 송달
제3채무자 이은우　　　　　　2021. 10. 26. 채권압류및추심명령정본 송달. 끝.

　　　　　　　　　　　　　　최고일로부터 6개월 이내에 압류집행이 이루어졌음.

2021. 11. 12.

서울중앙지방법원
법원주사 호상일 [인: 서울중앙지방법원 법원주사]

등기사항전부증명서 (말소사항 포함) - 건물 [제출용]

[건물] 경기도 평택시 세교로 81   고유번호 1152-2017-531338

【 표 제 부 】		(건물의 표시)		
표시번호	접 수	소 재 지 번	건 물 내 역	등기원인 및 기타사항
1	2017년 9월 1일	경기도 평택시 세교로 81	시멘트 철근콘크리트조 슬래브지붕 2층 점포 1층 595㎡ 2층 560㎡	

【 갑 구 】		(소유권에 관한 사항)		
순위번호	등 기 목 적	접 수	등 기 원 인	권리자 및 기타사항
1	소유권보존	2017년 9월 1일 제45234호		소유자 김인상 660209-1273157 서울 서초구 반포로 25, 125동 303호(반포동, 현대아파트)
2	가압류	2021년 11월 5일 제90213호	2021년 11월 5일 서울중앙지방법원 의 가압류결정 (2021카단235413)	청구금액 100,000,000원 채권자 박수혁 621228-1226125 서울 서초구 나루터로4길 28, 333동 807호(잠원동, 한신아파트)

---- 이 하 여 백 ----

> 연대채무자 1인에 대한 이행청구 이후 6개월 이내에 부동산가압류 집행이 이루어졌음.

수수료 1,000원 영수함
관할등기소 수원지방법원 평택지원 등기과/ 발행등기소 법원행정처 등기정보중앙관리소

이 증명서는 등기기록의 내용과 틀림없음을 증명합니다.

서기 2022년 05월 01일

법원행정처 등기정보중앙관리소   전산운영책임관

*실선으로 그어진 부분은 말소사항을 표시함. *등기기록에 기록된 사항이 없는 갑구 또는 을구는 생략함. *증명서는 컬러 또는 흑백으로 출력 가능함.

[인터넷 발급] 문서 하단의 바코드를 스캐너로 확인하거나, **인터넷등기소(http://www.iros.go.kr)의 발급확인 메뉴**에서 **발급확인번호**를 입력하여 위·변조 여부를 확인할 수 있습니다. 발급확인번호를 통한 확인은 발행일로부터 3개월까지 5회에 한하여 가능합니다.

발행번호 12389234789102367836718934082 1/1 발급확인번호 AAIK-VPTF-0012 발행일 2022/05/01

이행최고서에 대한 답신

발신인: 주식회사 무한유통 대표이사 김정만(서울 서초구 법조로 34, 502호)

수신인: 박수혁(서울 서초구 나루터로4길 28, 333동 807호(잠원동, 한신아파트))

1. 귀하의 댁내 두루 평안하기를 기원합니다.
2. 귀하가 보낸 2021. 6. 14. 이행최고서는 같은 달 16일 잘 받아 보았습니다. 귀하가 김인상씨에게는 이행최고서를 보내지 않고 저희 회사에만 이행최고서를 보낸 이유를 모르겠습니다.
3. 저희가 법률전문가에게 문의를 해 보니 귀하의 채권은 이미 시효로 소멸되어 더는 청구할 수 없다고 합니다. 김인상씨도 자신의 채무가 시효로 소멸하였다는 점을 귀하에게 명확히 말해달라고 하여 첨언하는 바입니다.

소멸시효 항변.

2022. 2. 14.

주식회사 무한유통 대표이사 김정만

본 우편물은 2022-02-14
제765호에 의하여
내용증명우편물로 발송하였음을 증명함
서울서초우체국장

보증서

강동전기 박종철 귀하

본인은 필유건설 주식회사의 대표이사로서 다음과 같은 사항을 확인합니다.

1. 강동전기 박종철 사장님이 2018년 9월 1일자로 서울시 종로구 공평동 주상복합건물 신축공사의 사업자금으로 미래이앤씨 주식회사에 7억 원을 대여하였음을 확인함.
2. 미래이앤씨가 위 대여금을 원활히 변제하지 못할 경우 필유건설 주식회사는 위 대여금을 지급하기로 확인함.

2018년 10월 5일

※ 필유건설의 보증이고, 개인의 보증이 아님.

위 확인인 필유건설 주식회사 대표이사 조민성 (필유건설주식회사인)
주소 서울 종로구 사직로7길 21, 201호(사직동, 고려빌딩)

기록 36면

필유건설 주식회사
서울 종로구 사직로7길 21, 201호(사직동, 고려빌딩)

수신자   박수혁
제 목   본사 질의에 대한 회신

---

1. 귀하의 사업이 번창하기를 기원합니다.
2. 귀하는 2021. 8. 10.자 질의서에서 귀하의 부친인 박종철(강동전기) 님이 서울시 종로구 공평동 주상복합건물 신축공사와 관련하여 당시 본사 대표이사인 조민성으로부터 부탁을 받고 미래이앤씨 주식회사에 7억 원을 대여하였고 대표이사가 보증서까지 써 주었으므로 본사에게 책임이 있다고 하면서 변제를 요구하였습니다.
3. 당사가 확인한 바에 따르면 전 대표이사 조민성씨가 귀하에게 보증서를 작성해 준 것은 사실이지만, 그 보증서는 전 대표이사가 본사의 이사회 결의 없이 단독으로 진행한 건으로 본사에게는 책임이 없다는 것이 본사 고문 변호사의 의견입니다. ········ • 이사회의 결의가 없는 전단행위.
4. 앞으로 이 문제로 본사를 상대로 하는 귀하의 모든 행위로 인해 본사에게 손해가 생길 경우 본사는 적극 대응할 예정이니 주지하시기 바랍니다.

첨부: 총무과장 성재윤(이사회 간사) 진술서, 필유건설 이사회 규정.

2021. 9. 2.

필유건설 주식회사
총무과장 전결

[필유건설주식회사인]

담당자 임형재   총무과장 김성진

시행 총무과 2021-   (2021-09-02)   접수
우 03028 서울시 종로구 사직로7길 21, 201호(사직동, 고려빌딩)
전화   전송   /공개

필유건설 주식회사 이사회 규정

제정 2013. 12. 20. 규정 제100호
개정 2016. 09. 23. 규정 제136호

제1조(목적)
이 규정은 필유건설 주식회사 이사회(이하 '이사회'라 한다)의 구성과 운영에 관한 사항을 규정함을 목적으로 한다.

제2조(적용범위)
이사회에 관한 사항은 법령 또는 정관에 따로 정한 것을 제외하고는 이 규정에 의한다.

-중략-

제8조(부의사항)
① 이사회는 다음 각 호의 사항을 결의한다.
1. 주주총회 소집
2. 1억 원 이상의 자금도입 및 보증행위
3. 재무제표 및 영업보고서의 승인 ……. 대표권 제한.
4. 해산, 영업양도, 합병 등 조직의 중요한 변경
5. 전환사채 및 신주인수권부사채 발행사항의 결정
6. 정관의 변경

-이하 생략-

기록 40면

기 본 증 명 서　　　　　　　　　　　　[폐쇄]

등록기준지	경주시 서부동 255				
구분	상 세 내 용				
작성	[가족관계등록부 작성일] 2008년 01월 01일 [작성사유] 가족관계의 등록 등에 관한 법률 부칙 제3조제1항				
폐쇄	[폐쇄일] 2020년 12월 10일 [폐쇄사유] 사망				
구분	성 명	출생연월일	주민등록번호	성별	본
본인	박종철(朴鐘哲)	1933년 03월 04일	330304-1224125	남	密陽

일반등록사항

구분	상 세 내 용
출생	[출생장소] 경상북도 경주시 동천동 859 [신고일] 1933년 03월 15일 [신고인] 부
혼인	[신고일] 1957년 01월 03일 [배우자] 정미주 [배우자의 주민등록번호] 341007-2261135 [처리관서] 서울특별시
사망	[사망일] 2020년 11월 01일 ← 박종철 사망일. [사망장소] 서울특별시 강남구 언주로 211 (도곡동) 강남세브란스병원 [신고일] 2020년 12월 01일 [신고인] 자 박수혁

위 기본증명서는 가족관계등록부의 기록사항과 틀림없음을 증명합니다.

2022 년　3 월　15 일

서울특별시 관악구청장　(인) 서울특별시 관악구청장의인 민원용

가 족 관 계 증 명 서 [폐쇄]

등록기준지	경주시 서부동 255				
구분	성 명	출생연월일	주민등록번호	성별	본
본인	박종철(朴鐘哲) 사망	1933년03월04일	330304-1224125	남	密陽

가족사항

배우자	정미주(鄭美珠)	1934년10월07일	341007-2261135	여	坡州
자녀	박수혁(朴秀赫)	1962년12월28일	621228-1226125	남	密陽
자녀	박지윤(朴知潤)	1967년06월07일	670607-2226235	여	密陽

• 배우자, 자, 녀가 각 상속인이 된다.

위 가족관계증명서는 가족관계등록부의 기록사항과 틀림없음을 증명합니다.

2022 년 3 월 15 일

서울특별시 관악구청장 (인)

민사법

기록형

2022년도 제1차
법전협 모의시험

답안

민사법 기록형 채점 기준

평가대상		논점		배점	기타
당사자(7)		원고		1	최성규를 피고로 삼은 경우 6점 감점 이대원을 피고로 삼은 경우 6점 감점
		소송대리인		1	
		피고		5	
사건명(1)		사해행위취소 등 청구의 소		1	
청구취지 (55)		피고 이대수	매매예약 취소	8	
			가등기 말소	8	
		피고 김민호	매매대금 청구	8	지연손해금 기산일 틀리면 2점 감점
			손해배상금 청구	8	지연손해금 기산일 틀리면 2점 감점
		피고 주식회사 무한유통, 김인상	대여금 청구	10	지연손해금 기산일 틀리면 2점 감점
		피고 필유건설	보증금 청구	10	
		소송비용		1	
		가집행		2	
청구원인 (99)	피고 이대수 (24)	피보전채권의 존재		4	
		사해행위와 사해의사		4	
		피고 이대수의 예상되는 주장 판단		6	
		취소와 원상회복의 방법		10	

피고 김민호 (28)	매매계약의 체결과 해제	6	
	원상회복의 범위	8	
	손해배상의 범위	8	
	피고 김민호의 예상되는 주장 판단	6	
피고 무한유통, 김인상 (25)	차용금 채무 발생	5	
	피고 무한유통 소멸시효 주장	10	
	피고 김인상의 소멸시효 주장	10	
피고 필유건설 (22)	보증채무의 발생	6	
	상속과 원고의 상속지분에 따른 채권액	6	
	피고 필유건설의 예상되는 주장 판단	10	
작성일, 대리인, 관할법원(3)		3	
전체적인 체계, 구성 및 논리전개(10)		10	재량 점수 부여
총 점		175	

소 장

원 고   박수혁
         서울 서초구 나루터로4길 28, 333동 807호(잠원동, 한신아파트)

         소송대리인 변호사 김소연
         서울 서초구 서초대로 22길 123, 701호(서초동, 융성빌딩)
         전화 535-3000, 팩스 535-3001, 이메일 ksy12@gmail.com

피 고   1. 이대수
            서울 종로구 자하문로36길 16-14, 6동 622호(청운동, 청운벽산빌리지)

         2. 김민호
            서울 강남구 영동대로 498, 308동 1107호(대치동, 금마아파트)

         3. 주식회사 무한유통
            서울 서초구 법조로 34, 502호(서초동, 상천빌딩)
            대표이사 김정만

         4. 김인상
            서울 서초구 반포로 25, 125동 303호(반포동, 현대아파트)

         5. 필유건설 주식회사
            서울 종로구 사직로 7길 21, 201호(사직동, 고려빌딩)
            대표이사 구자명

사해행위취소 등 청구의 소

청 구 취 지

1. 가. 소외 최성규와 소외 이대원 사이에 별지 목록 1 기재 부동산에 관하여 2021. 7. 1. 체결된 매매예약을 취소한다.[1][2]
   나. 피고 이대수는 소외 최성규에게 별지 목록 1 기재 부동산에 관하여 서울중앙지방법원 2021. 7. 1. 접수 제3424호로 마친 소유권이전청구권가등기의 말소등기절차를 이행하라.
2. 피고 김민호는 원고에게,
   가. 400,000,000원 및 그 중 50,000,000원에 대하여는 2021. 11. 25.부터, 그 중 350,000,000원에 대하여는 2022. 1. 20.부터 각 이 사건 소장부본 송달일까지는 연 5%의, 그 다음날부터 다 갚는 날까지는 연 12%의 각 비율로 계산한 돈을 지급하고,
   나. 50,000,000원 및 이에 대한 2022. 2. 27.부터 이 사건 소장부본 송달일까지는 연 5%의, 그 다음날부터 다 갚는 날까지는 연 12%의 각 비율로 계산한 돈을 지급하라.
3. 피고 주식회사 무한유통, 김인상은 연대하여 원고에게 100,000,000원 및 이에 대한 2016. 8. 1.부터 다 갚는 날까지 월 1%의 비율로 계산한 돈을 지급하라.[3]
4. 피고 필유건설 주식회사는 원고에게 200,000,000원 및 이에 대한 2019. 3. 1.부터 이 사건 소장부본 송달일까지는 연 6%의, 그 다음날부터 다 갚는 날까지는 연 12%의 각 비율로 계산한 돈을 지급하라.
5. 소송비용은 피고들이 부담한다.
6. 제2항 내지 제4항은 가집행할 수 있다.
라는 판결을 구합니다.

---

[1] 양재혁이 최성규에 대하여 대여금 청구소송을 제기하여 승소확정판결을 받은 후 원고에게 위 채권을 양도하였으므로, 원고는 양재혁의 변론종결 후 승계인에 해당하여 피보전채권의 이행청구소송을 제기할 수 없다.
[2] 의뢰인은 책임재산에 관한 현재의 부담을 소멸시킬 것을 요구하였으므로, 수익자에 대한 사해행위취소청구는 지시사항에 반하는 것으로 생각된다(채점기준표도 동일함).
[3] 원고와 피고 주식회사 사이에 집행력 있는 공정증서가 작성되었으나, 기판력있는 판결을 받기 위하여 이행청구소송을 제기할 수 있다(대판 1996.3.8. 95다22795,22801. 공정증서는 집행력이 있을 뿐이고 기판력이 없기 때문에 기판력 있는 판결을 받기 위하여 공정증서의 내용과 동일한 청구를 소로 제기할 이익이 있다).

청 구 원 인

1. 피고 이대수에 대한 청구

가. 사해행위취소 부분

소외 양재혁은 2021. 1. 5. 소외 최성규에게 4억 원을 이자율 연 6%, 변제기 2021. 6. 4.로 정하여 대여하였고, 양재혁은 2022. 3. 1. 원고에게 위 채권을 양도하면서 2022. 3. 6. 최성규에게 채권양도통지를 하였고, 이에 따른 통지가 2022. 3. 10. 최성규에게 도달하였습니다. 따라서 최성규는 원고에게 위 양수금 4억 원 및 이에 대한 이자 내지 지연손해금을 지급하여야 합니다.

그리고 최성규는 2021. 7. 1. 채무초과상태에서 이대원과 사이에 유일한 부동산인 별지 목록 1 기재 부동산에 관하여 매매예약을 체결하고, 같은 날 이대원에게 위 매매 예약을 원인으로 서울중앙지방법원 접수 제3424호로 소유권이전청구권가등기(이하 '이 사건 가등기'라고 합니다)를 마쳐주었습니다. 그 후 이대원은 2021. 9. 7. 피고 이대수 앞으로 계약인수를 원인으로 한 가등기이전의 부기등기를 마쳐주었습니다. 위와 같이 채무자가 자신의 유일한 재산에 대하여 처분행위를 하는 것은 명백히 사해행위에 해당합니다(무자력 및 사해행위).

위 매매예약 및 이에 따른 가등기가 사해행위에 해당하는 이상 최성규는 일반채권자들의 공동담보를 감소시키는 행위임을 알면서 처분행위를 한 것이고, 최성규의 사해의사가 인정되는 이상 전득자인 이대수의 악의도 추정됩니다(사해의사 및 전득자의 악의).[4]

그렇다면 최성규와 이대원 사이에 별지 목록 1기재 부동산에 관하여 2021. 7. 1. 체결된 매매예약은 사해행위로써 취소되어야 합니다.

나. 원상회복청구 부분

가등기가 사해행위로 이루어진 경우의 원상회복의 방법과 관련하여 판례[5]는 '<u>소유권이전등기청구권보전을 위한 가등기가 사해행위로서 이루어진 경우 그 매매예약을 취소하고 원상회복으로서 가등기를 말소하면 족한 것이고, 가등기 후에 저당권이 말소되었다거나 그 피담보채무가 일부 변제된 점 또는 그 가등기가 사실상 담보가등기라는 점 등은 그와 같은 원상회복의 방법에 아무런 영향을 주지 않는다.</u>'고 판시하여 가등기에 기한 본등기가 이루어지지 않은 이상 원물반환의 방법에 따라야 한다고 하였습니다.

---

[4] 원고가 사해행위에 해당한다는 것을 입증하면 채무자의 사해의사는 바로 인정되고, 나아가 수익자, 전득자의 악의도 추정됨. 따라서 수익자, 전득자가 선의를 입증하여야 함.
[5] 대판 2003.7.11. 2003다19435

또한 근저당권 또는 가등기의 이전의 부기등기가 경료된 경우, 근저당권 또는 가등기의 말소방법과 관련하여 판례[6]는 '근저당권의 양도에 의한 부기등기는 기존의 근저당권설정등기에 의한 권리의 승계를 등기부상 명시하는 것뿐으로, 그 등기에 의하여 새로운 권리가 생기는 것이 아닌 만큼 근저당권설정등기의 말소등기청구는 양수인만을 상대로 하면 족하고, 양도인은 그 말소등기청구에 있어서 피고적격이 없다. 근저당권 이전의 부기등기는 기존의 주등기인 근저당권설정등기에 종속되어 주등기와 일체를 이루는 것이어서 피담보채무가 소멸된 경우 또는 근저당권설정등기가 당초 원인무효인 경우 주등기인 근저당권설정등기의 말소만 구하면 되고 그 부기등기는 별도로 말소를 구하지 않더라도 주등기의 말소에 따라 직권으로 말소된다.'고 판시하여 양수인만을 상대로 근저당권설정등기 또는 가등기의 말소만을 청구하면 된다고 판시하였습니다.

따라서 전득자인 피고 이대수는 채무자인 소외 최성규에게 원물반환의 방법으로 별지 목록 1기재 부동산에 관하여 서울중앙지방법원 2021. 7. 1. 접수 제3424호로 마친 소유권이전청구권가등기의 말소등기절차를 이행하여야 합니다.

다. 피고 이대수의 주장 및 이에 대한 반박

피고 이대수는 원고가 피보전채권을 양수하기 전에 사해행위가 있었으므로, 원고의 채권은 피보전채권이 될 수 없다고 주장할 수 있습니다.

그러나 이와 관련하여 판례[7]는 '사해행위라고 볼 수 있는 행위가 행하여지기 전에 발생한 채권은 원칙적으로 채권자취소권에 의하여 보호될 수 있는 채권이 될 수 있고, 채권자의 채권이 사해행위 이전에 성립한 이상 사해행위 이후에 양도되었다고 하더라도 양수인은 채권자취소권을 행사할 수 있으며, 채권 양수일에 채권자취소권의 피보전채권이 새로이 발생되었다고 할 수 없다.'고 판시하였습니다.

원고가 양수받은 피보전채권은 2021. 1. 5. 발생하였고, 사해행위인 매매예약은 2021. 7. 1. 이루어졌으므로, 원고의 양수금채권은 피보전채권이 될 수 있고, 따라서 이에 관한 피고 이대수의 주장은 근거가 없습니다.

2. 피고 김민호에 대한 청구

가. 매매계약의 체결 및 해제

원고는 2021. 11. 15. 피고 김민호로부터 별지 목록 2기재 부동산을 10억 원에 매수하면서, 계약금 5천만 원은 계약일에, 중도금 3억 5천만 원은 2022. 1. 24.에, 잔금 6억 원은 2022. 3. 24.에 인도 및 소유권이전등기에 필요한 서류를 교부받음과 동시에 지급하기로 각 정하였고(이하 '이 사건 매매계약'이라 합니다), 위 매매계약에 정한 바에 따라 원고는 계약일에 계약금을, 중도금을 지급기일 전인 2022. 1. 20. 각 지급하였습니다.

---

[6] 대판 1995.5.26.95다7550
[7] 대판 2012.2.9. 2011다77146

그런데 피고 김민호는 2022. 2. 24. 박상현에게 별지 목록 2 기재 부동산을 매도하고 2022. 2. 27. 박상현 앞으로 소유권이전등기를 마쳐주었습니다. 이에 원고는 2022. 3. 10. 피고 김민호에게 이행불능을 원인으로 이 사건 매매계약을 해제한다는 통지를 하였고, 위 통지는 2022. 3. 14. 피고 김민호에게 도달하였습니다. 따라서 이 사건 매매계약은 이행불능을 원인으로 적법하게 해제되었습니다.

나. 매매계약의 해제에 따른 원상회복의 청구 및 손해배상의 청구

따라서 위 해제에 따른 원상회복으로써 피고 김민호는 수령한 매매대금 4억 원 및 그 중 계약금 5천만 원은 그 금원을 수령한 2021. 11. 25.부터, 중도금 3억 5천만 원은 그 금원을 수령한 2022. 1. 20.부터 각 이 사건 소장부본 송달일까지는 민법에 따른 연 5%의 법정이자 내지 지연손해금을 각 지급하여야 합니다.

또한 원고는 피고 김민호는 위 매매계약에서 매도인이 계약을 위약하면 계약금의 배액을 변상하고, 매수인이 위약하면 계약금을 몰수하는 것으로 위약금의 약정을 하였습니다. 따라서 피고 김민호는 손해배상액의 예정에 관한 특약에 따라 원고에게 손해배상금 5천만 원 및 이에 대한 이행불능 당일[8]인 2022. 2. 27.부터 이 사건 소장부본 송달일까지는 민법에 따른 연 5%, 그 다음날부터 다 갚는 날까지는 소송촉진 등에 관한 특례법에 따른 연 12%의 각 비율로 계산한 지연손해금을 지급하여야 합니다.

다. 피고 김민호의 주장 및 이에 대한 반박

피고 김민호는 2022. 1. 22. 계약금의 배액에 해당하는 1억 원을 원고를 피공탁자로 하여 공탁하면서 해약금에 기하여 해제통지를 하였으므로 이 사건 매매계약은 적법하게 해제되어 원고가 주장하는 원상회복청구권이나 손해배상청구권은 발생하지 않는다고 주장할 수 있습니다.

그러나, 이행기 전 이행과 관련하여 판례[9]는 '민법 제565조가 해제권 행사의 시기를 당사자의 일방이 이행에 착수할 때까지로 제한한 것은 당사자의 일방이 이미 이행에 착수한 때에는 그 당사자는 그에 필요한 비용을 지출하였을 것이고, 또 그 당사자는 계약이 이행될 것으로 기대하고 있는데 만일 이러한 단계에서 상대방으로부터 계약이 해제된다면 예측하지 못한 손해를 입게 될 우려가 있으므로 이를 방지하고자 함에 있고, 이행기의 약정이 있는 경우라 하더라도 당사자가 채무의 이행기 전에는 착수하지 아니하기로 하는 특약을 하는 등 특별한 사정이 없는 한 이행기 전에 이행에 착수할 수 있다.'고 판시하였다.

---

[8] 대판 1975.5.27. 74다1872. 부동산매매에 있어서 매도인이 그 목적물을 2중으로 제3자에게 양도하여 소유권이전등기를 경유하여 주고 매수인에 대한 소유권이전등기 의무가 이행불능의 상태에 있는 경우에 매수인의 이행불능으로 인하여 통상 발생하는 손해를 청구할 수 있고 그 배상액은 특별한 사정에 인한 손해배상을 청구할 수 있는 경우를 제외하고는 제3자에게 소유권이전등기를 경유하여 준 날 현재의 부동산 가격에 의하여 정하여 지며 배상액의 지급을 지연하는 경우에는 그 이행불능케 된 당시부터 배상을 받을 때까지의 법정이자를 청구할 수 있는 것이다.

[9] 대판 2006.2.10. 2004다11599

또한 민법 제565조는 '매매의 당사자 일방이 계약당시에 금전 기타 물건을 계약금, 보증금 등의 명목으로 상대방에게 교부한 때에는 당사자간에 다른 약정이 없는 한 당사자의 일방이 이행에 착수할 때까지 교부자는 이를 포기하고 수령자는 그 배액을 상환하여 매매계약을 해제할 수 있다.'고 규정하고 있으므로, 당사자는 이행의 착수전까지만 해약금에 기한 해제권을 행사할 수 있습니다.

위 판결에 따르면 원고는 중도금 지급기일 전인 2022. 1. 20. 피고 김민호의 계좌로 3억 5천만 원을 송금함으로써 이행에 착수하였으므로 그 이후에 이루어진 피고 김민호의 해약금에 기한 해제 의사표시는 효력이 없고, 따라서 이에 관한 피고 김민호의 주장은 근거가 없습니다.

3. 피고 주식회사 무한유통, 김인상에 대한 청구

가. 소비대차계약의 체결

피고 주식회사 무한유통(이하 '피고 무한유통'이라고 합니다)과 피고 김인상은 2015. 8. 1. 피고 무한유통의 운영자금을 마련하기 위하여 원고로부터 1억 원을 이자율 월 1%(이자 월말 후불), 변제기 2016. 7. 31.로 정하여 차용하였습니다.

따라서 피고 무한유통과 피고 김인상은 상법 제57조 제1항에 기하여 연대하여 원고에게 차용금 1억 원 및 이에 대한 변제기 다음날인 2016. 8. 1.부터 다 갚는 날까지 약정이율인 월 1%의 비율로 계산한 지연손해금을 지급할 의무가 있습니다.[10]

나. 피고들의 주장 및 이에 대한 반박

피고 무한유통은 위 차용금채무는 상사채무로 5년의 소멸시효기간이 적용되고, 변제기인 2016. 7. 31.부터 5년이 도과하였기 때문에 시효로 소멸하였다고 주장할 수 있습니다.

그러나 원고는 2021. 6. 14. 피고 무한유통에 채무의 이행을 구하는 최고서를 발송하여 위 최고서가 소멸시효기간 만료 전인 2021. 6. 16. 도달하였고, 원고는 그 후 위 차용금반환채권에 관한 집행력 있는 공정증서에 기하여 서울중앙지방법원 2021타채34777호로 피고 무한유통이 이은우에 대하여 가지는 1억 2천만 원의 임차보증금반환채권에 관하여 압류 및 추심명령을 신청하여 2021. 10. 9. 압류 및 추심명령을 받았으며, 이에 따른 결정문이 2021. 10. 26. 이은우에게 송달되었습니다.

위와 같이 소멸시효 완성 전 최고가 이루어지고, 그로부터 6개월 이내에 압류가 집행되었으므로, 위 차용금채무는 최고서의 도달일에 소급하여 소멸시효가 중단되었습니다.

또한 피고 김인상도 위 차용금채무가 시효로 소멸하였다는 취지로 주장할 수 있습니다.

---

10) 피고들은 변제기까지의 이자는 지급하였다. 그리고 채점기준표가 월 1%와 연 12%를 동일한 이율로 간주하고 있으므로, 이에 따라 소촉법에 따른 지연손해금을 청구하지 않았다.

그러나 연대채무자 1인에 대한 이행청구는 다른 연대채무자에게도 그 효력이 미치므로(민법 제416조) 원고의 위 피고 무한유통에 대한 최고는 피고 김인상에게도 효력이 미치고, 원고는 위 최고서의 도달일로부터 6개월 이내에 위 대여금채권을 피보전권리로 피고 김인상 소유의 평택시 세교로 81 지상 건물에 대하여 가압류를 신청하여, 이에 따른 가압류의 기입등기가 2021. 11. 5. 경료되었으므로, 위 피고 김인상의 차용금채무도 역시 최고서의 도달일에 소급하여 소멸시효가 중단되었습니다.

4. 피고 필유건설에 대한 청구

가. 보증채무의 발생 및 보증채권의 상속

전기공사업을 영위하던 원고의 부 박종철은 평소 친분이 있던 피고 필유건설 주식회사(이하 '피고 필유건설'이라고만 합니다) 대표이사 조민성의 부탁을 받고 2018. 9. 1. 소외 미래이앤씨 주식회사(이하 '미래이앤씨'라고만 합니다)에게 7억 원을 이자없이 변제기 2019. 2. 28.로 정하여 대여하였고, 피고 필유건설은 2018. 10. 5. 기명날인있는 서면으로 위 차용금채무를 보증하였습니다.

박종철은 2020. 11. 1. 사망하였고 사망 당시 유족으로는 배우자 정미주와 자녀인 원고와 박지윤이 있었습니다.

따라서 피고 필유건설은 원고에게 위 보증금채무 7억 원 중 원고의 상속지분에 해당하는 2억 원(= 7억 원 X 2/7) 및 이에 대한 위 변제기 다음날인 2019. 3. 1.부터 이 사건 소장부본 송달일까지는 상법에 따른 연 6%의[11], 그 다음날부터 다 갚는 날까지는 소송촉진 등에 관한 특례법에 따른 연 12%의 각 비율로 계산한 지연손해금을 지급하여야 합니다.

나. 피고 필유건설의 주장 및 이에 대한 반박

피고 필유건설은 피고 필유건설의 이사회 규정에 의하면 '1억 원 이상의 자금 도입 및 보증행위'는 이사회의 부의사항인데, 피고 필유건설이 박종철에 대한 보증 행위에 대하여 이사회결의를 한 적이 없으므로 보증채무를 부담하지 않는다고 주장할 수 있습니다.

이사회결의없는 대표이사의 행위와 관련하여 판례[12]는 "대표권이 제한된 경우에 대표이사는 그 범위에서만 대표권을 갖는다. 그러나 그러한 제한을 위반한 행위라고 하더라도 그것이 회사의 권리능력을 벗어난 것이 아니라면 대표권의 제한을 알지 못하는 제3자는 그 행위를 회사의 대표행위라고 믿는 것이 당연하고 이러한 신뢰는 보호되어야 한다. 일정한 대외적 거래행위에 관하여 이사회 결의를 거치도록 대표이사의 권한을 제한한 경우에도 이사회 결의는 회사의 내부적 의사결정절차에 불과하고, 특별한 사정이 없는 한 거래 상대방으로서는 회사의 대표자가 거래에 필요한 회사의 내부절차를 마쳤을 것으로 신뢰하였다고 보는 것이 경험칙에 부합한다.

---

[11] 상인의 영업상 대여로 보기 어려우므로 상법 제55조에 따른 법정이자를 청구하기는 어려울 것으로 생각된다.
[12] 대판 2021.2.18. 2015다45451 전원합의체

따라서 회사 정관이나 이사회 규정 등에서 이사회 결의를 거치도록 대표이사의 대표권을 제한한 경우(이하 '내부적 제한'이라 한다)에도 선의의 제3자는 상법 제209조 제2항에 따라 보호된다. 거래행위의 상대방인 제3자가 상법 제209조 제2항에 따라 보호받기 위하여 선의 이외에 무과실까지 필요하지는 않지만, 중대한 과실이 있는 경우에는 제3자의 신뢰를 보호할 만한 가치가 없다고 보아 거래행위가 무효라고 해석함이 타당하다. 그러나 제3자가 회사 대표이사와 거래행위를 하면서 회사의 이사회 결의가 없었다고 의심할 만한 특별한 사정이 없다면, 일반적으로 이사회 결의가 있었는지를 확인하는 등의 조치를 취할 의무까지 있다고 볼 수는 없다."고 판시하였습니다.

위 판결에 따르면 박종철은 보증서를 받을 당시 피고 필유건설이 위 보증서에 따른 보증행위에 관한 이사회결의를 하지 않은 것을 알지 못하였습니다. 또한 박종철은 평소 거래관계로 친분이 있던 조민성의 부탁을 받고 미래이앤씨와 위 소비대차계약을 체결한 것이므로, 회사의 이사회결의가 없었다고 의심할 만한 특별한 사정도 확인할 수 없었고, 따라서 이사회결의가 있었는지 여부에 대하여 확인할 의무도 인정하기 어렵습니다. 따라서 이와 배치되는 피고 필유건설의 주장은 근거가 없습니다.

5. 결론

위와 같은 이유로 피고들에 대하여 청구취지의 기재와 같은 판결을 선고하여 주시기 바랍니다.

증 명 방 법

첨 부 서 류

2022. 6. 23.

원고 소송대리인
변호사 김소연

서울중앙지방법원 귀중

별지13)

부동산목록

1. 서울 강남구 도곡동 30 잡종지 100㎡
2. 서울 강남구 삼성로 3, 101동 1001호(대치동, 비룡아파트). 끝.

---

13) 소장에 부동산목록을 첨부하여야 하나, 작성요령에서 부동산 목록을 첨부하지 말 것을 요청하였으므로, 실제 답안에서는 기재해서는 안 된다.

민사법 / 기록형

2022년도 제2차
법전협 모의시험
문제

2022년도 제2차 변호사시험 모의시험 – 논술형(기록형)

| 시험과목 | 민사법(기록형) |

응시자 준수사항

1. 시험 시작 전 문제지의 봉인을 손상하는 경우, 봉인을 손상하지 않더라도 문제지를 들추는 행위 등으로 문제 내용을 미리 보는 경우 모두 부정행위로 간주되어 그 답안은 영점 처리 됩니다.

2. 답안은 흑색 또는 청색 필기구(사인펜이나 연필 사용 금지) 중 한 가지 필기구만을 사용하여 답안 작성 난(흰색 부분) 안에 기재하여야 합니다.

3. 답안지에 성명과 수험 번호를 기재하지 않아 인적 사항이 확인되지 않는 경우에는 영점 처리 등 불이익을 받게 됩니다. 특히 답안지를 바꾸어 다시 작성하는 경우, 성명 등의 기재를 빠뜨리지 않도록 유의하여야 합니다.

4. 답안지에는 문제 내용을 기재할 필요가 없으며, 답안 내용 이외의 사항을 기재하거나 밑줄 기타 어떠한 표시도 하여서는 안 됩니다. 답안을 정정할 경우에는 두 줄로 긋고 다시 기재하여야 하며, 수정액 등은 사용할 수 없습니다.

5. 시험 종료 시각에 임박하여 답안지를 교체 요구한 경우라도 시험시간 종료 후 즉시 새로 작성한 답안지를 회수합니다.

6. 시험 종료 후에는 답안지 작성을 일절 할 수 없으며, 이에 위반하여 시험시간이 종료되었음에도 불구하고 **시험관리관의 답안지 제출 지시에 불응한 채 계속 답안을 작성하거나 답안지를 늦게 제출할 경우 그 답안은 영점 처리** 됩니다.

7. 답안은 답안지 쪽수 번호 순으로 기재하여야 하고, **배부받은 답안지는 백지 답안이라도 모두 제출**하여야 하며, **답안지를 제출하지 아니한 경우 그 시험시간 및 나머지 시험시간의 시험에 응시할 수 없습니다.**

8. 지정된 시간까지 지정된 시험실에 입실하지 아니하거나 시험관리관의 승인을 얻지 아니하고 시험시간 중에 그 시험실에서 퇴실한 경우 그 시험시간 및 나머지 시험시간의 시험에 응시할 수 없습니다.

9. 시험시간이 종료되기 전에는 어떠한 경우에도 문제지를 시험장 밖으로 가지고 갈 수 없고, 시험 종료 후 가지고 갈 수 있습니다.

법학전문대학원협의회
THE ASSOCIATION OF KOREAN LAW SCHOOLS

【문 제】

귀하는 변호사 이휘상으로서, 2022. 7. 28. 윤상헌에게 【의뢰인 상담일지】에 기재된 내용과 같이 상담을 해주고 의뢰인 윤상헌, 든든손해보험 주식회사를 위한 본안소송의 대리권을 수여받고 첨부된 서류를 자료로 받았습니다. 의뢰인들을 위한 본안의 소를 제기하기 위한 소장을 작성하시오.

【작성요령】

1. 소장 작성일 및 소 제기일은 2022. 8. 4.로 하시오.
2. 일방 당사자가 여러 명인 경우 성명으로 특정하시오(예: '피고 홍길동').
3. 청구취지와 청구원인은 가급적 피고별로 나누어 기재하시오.
   [이하의 작성요령은 실무의 기준과 다를 수 있음]
4. 1건의 공동소송으로 제기하되, 공동소송의 요건은 갖추어진 것으로 전제하고, 전속관할이 있는 청구가 있으면 반드시 그 관할법원에 소를 제기하며, (주관적이든 객관적이든) 예비적·선택적 병합청구는 하지 마시오.
5. 【의뢰인 상담일지】에 기재된 의뢰인들의 희망사항에 부합하되, 현행법과 그 해석상 승소 가능한 최대한의 범위에서 청구하고, 소 각하나 청구기각 부분이 발생하지 않도록 하시오.
6. **불법행위로 인한 손해배상청구시 과실상계는 고려하지 마시오.**
7. 첨부자료를 통하여 상대방이 명백히 의견을 밝히고 있어서 소송 중 방어방법으로 제출할 것으로 예상되는 법률상 주장이나 항변 중 이유 있다고 생각되는 부분은 청구에 미리 반영하고, 이유 없다고 판단되는 사항은 청구원인란을 통해 미리 반박하시오.
8. 【의뢰인 상담일지】와 첨부자료에 기재된 사실관계는 모두 사실에 부합한 것으로 보고(작성자의 의견에 해당하는 사항은 제외), 기재되지 않은 사실은 없는 것으로 전제하며, 첨부된 서류는 모두 진정하게 성립된 것으로 간주하시오. 기록에 (인)으로 표시된 부분은 적법하게 날인된 것으로 간주하시오.
9. <증명방법>과 <첨부서류>란 기재는 생략하고, 부동산의 표시는 아래 [목록(부동산의 표시)]을 소장 말미에 첨부함을 전제로 하여 작성하므로 소장 말미에 [목록(부동산의 표시)]을 기재하지 마시오.
10. 이자나 지연손해금, 차임에 대하여는 다시 지연손해금 청구를 하지 마시오.
11. 관련 증거자료를 제시하여 기술할 필요는 없습니다.
12. 기록상의 날짜가 공휴일인지 여부, 문서의 서식이 실제와 부합하는지 여부는 고려하지 마시오.

목 록 (부동산의 표시)

1. 서울 양천구 신월동 118-35(곰달래로2길 83) 지상 철근콘크리트조 평슬래브지붕 2층 근린생활시설, 일반업무시설
    지층 262㎡
    1층 241㎡
    2층 241㎡

2. (1동의 건물의 표시)
    서울 양천구 목동 967-1
    [도로명주소] 서울 양천구 목동서로 930
    철근콘크리트구조 콘크리트지붕 지하1층-지상3층 제1, 2종 근린생활시설
    지하1층 704㎡ 주차장, 펌프실, 전기실, 발전기실, 관리실
        1층 567㎡ 제1종 근린생활시설
        2층 567㎡ 제1종 근린생활시설
        3층 440㎡ 제2종 근린생활시설
    (대지권의 목적인 토지의 표시)
    서울 양천구 목동 967-1 대 830㎡
    (전유부분의 건물의 표시)
    제2층 제203호 철근콘크리트조 70㎡
    (대지권의 표시)
    소유권대지권 830분의 52.5881. 끝.

[참고자료 1]

각급 법원의 설치와 관할구역에 관한 법률(일부)

제4조(관할구역) 각급 법원의 관할구역은 다음 각 호의 구분에 따라 정한다. 다만, 지방법원 또는 그 지원의 관할구역에 시·군법원을 둔 경우 「법원조직법」 제34조 제1항 제1호 및 제2호의 사건에 관하여는 지방법원 또는 그 지원의 관할구역에서 해당 시·군법원의 관할구역을 제외한다.
 1. 각 고등법원·지방법원과 그 지원의 관할구역: 별표 3
    (이하 제2호 내지 제8호는 생략)

[별표3] 고등법원·지방법원과 그 지원의 관할구역(일부)

고등법원	지방법원	지원	관할구역
서 울	서울중앙		서울특별시 종로구·중구·강남구·서초구·관악구·동작구
	서울동부		서울특별시 성동구·광진구·강동구·송파구
	서울남부		서울특별시 영등포구·강서구·양천구·구로구·금천구
	서울북부		서울특별시 동대문구·중랑구·성북구·도봉구·강북구·노원구
	서울서부		서울특별시 서대문구·마포구·은평구·용산구

[참고자료 2]

「상가건물 임대차보호법」의 적용범위

적용지역	적용기간	법 적용 대상 보증금액 상한	기타
서울특별시	2008. 8. 21. ~ 2010. 7. 25.	260,000,000	1. 단, 종전 계약에 대해서는 종전의 규정이 적용됨. 2. 보증금 외에 차임이 있는 경우에는 월 단위의 차임액에 1분의 100을 곱하여 보증금에 합산함.
	2010. 7. 26. ~ 2013. 12. 31.	300,000,000	
	2014. 1. 1. ~ 2018. 1. 25.	400,000,000	
	2018. 1. 26. ~ 2019. 4. 1.	610,000,000	
	2019. 4. 2.~ 현재	900,000,000	

[참고자료 3]

「이자제한법 제2조제1항의 최고이자율에 관한 규정」

공포일자 등	시행일자	최고이자율
대통령령 제20118호, 2007. 6. 28. 제정	2007. 6. 30.	연 30%
대통령령 제25376호, 2014. 6. 11. 일부개정	2014. 7. 15.	연 25%
대통령령 제28413호, 2017. 11. 7. 일부개정	2018. 2. 8.	연 24%
대통령령 제31593호, 2021. 4. 6. 일부개정	2021. 7. 7.	연 20%

부칙 <대통령령 제25376호, 2014. 6. 11.>
제2조(적용례) 이 영은 이 영 시행 후 최초로 계약을 체결하거나 갱신하는 분부터 적용한다.

부칙 <대통령령 제28413호, 2017. 11. 7.>
제2조(적용례) 이 영은 이 영 시행 후 최초로 계약을 체결하거나 갱신하는 분부터 적용한다.

부칙 <대통령령 제31593호, 2021. 4. 6.>
제2조(적용례) 이 영은 이 영 시행 후 최초로 계약을 체결하거나 갱신하는 분부터 적용한다.

의뢰인 상담일지

변호사 이 휘 상 법률사무소

서울 양천구 신월로 683, 405호(신정동)
☎ : 02-2192-1355, 팩스 : 02-2192-1357, e-mail : lhs1@kmail.com

접수번호	2022-0706	상담일시	2022. 7. 28.
상담인	윤상헌 010-8581-7673	내방경위	지인 소개

【상 담 내 용】

1. 추심금 관련

 가. 윤상헌은 식자재 도매업을 하면서 양천구 신월동 소재 상가 1층에서 음식점을 운영하던 한종원과 2010년부터 약 5년 동안 식자재 거래를 하였는데, 한종원이 거래 종료 후에도 수년간 미지급 대금 1억 2,000만 원을 지급하지 않아 2018년에 한종원을 상대로 미지급 대금 청구 소송을 제기하여 1심에서 전부 승소 확정판결을 받았다.

 나. 한종원에게는 별다른 재산이 없고 한종원이 위 상가 1층의 임대인인 서동만으로부터 아직 돌려받지 못한 임대차보증금 1억 원이 있다고 하여, 윤상헌은 2020년에 위 1억 원의 임대차보증금반환 채권 전부 및 그 지연손해금에 대해 압류 및 추심명령을 받았다. 신청 전에 알아보니 서동만이 이미 사망했다고 하여 압류 및 추심명령의 상대방을 서동만의 상속인인 양경미, 서은정으로 하였다.

 다. 윤상헌의 지인인 전현경도 한종원으로부터 받지 못한 식자재 대금 1억여 원이 있어 윤상헌의 압류 및 추심명령 사실을 알고는 위 임대차보증금반환 채권 전부에 대해 압류 및 추심명령을 받았다. 곧이어 전현경은 양경미, 서은정을 상대로 추심금 청구 소송을 제기하였는데, 작년 9월경 양경미, 서은정으로부터 9,000만 원을 지급받고 나머지는 1,000만 원은 포기하는 내용으로 재판상 화해가 성립되었다. 한편, 위 재판상 화해 성립 당일에 한종원은 서은정으로부터 1,000만 원을 받고 임대차 종료일 후 처음으로 위 음식점 출입구 자물쇠를 풀고 서은정에게 위 상가 1층의 점유를 넘겨준 것으로 안다.

라. 서은정은 위 재판상 화해 성립 당일 법원에 9,000만 원을 공탁하였고, 윤상헌은 그에 대한 배당절차에 참가하였지만 약 5,000만 원을 배당받았을 뿐이다.
마. 윤상헌은 최근 양경미, 서은정에게, 위 임대차보증금 1억 원 중 공탁한 9,000만 원을 제외한 나머지 1,000만 원을 압류·추심권자인 윤상헌에게 마저 지급할 것을 요구하는 취지의 내용증명을 보냈다. 그런데 양경미는 현재 행방을 알 수 없고, 서은정은 소멸시효가 완성됐다거나 임대차보증금을 모두 반환하였다는 등의 이유로 이를 지급하지 않겠다는 취지의 내용증명을 윤상헌에게 다시 보내왔다.
바. 윤상헌은, 현재 양경미가 연락이 되지 않으니, 서은정으로부터 위 1,000만 원 전액을 받고 싶고 지연손해금도 가능한 많이 받기를 원한다.

2. 목동 소재 상가 관련
가. 윤상헌은 작년 10월경 지인인 전현경으로부터 목동 소재 상가 1개 호실에 관한 전현경의 1/2 소유권지분을 매매대금 8억 원에 매수하였다.
나. 위 지분 매수에 즈음하여 윤상헌이 위 상가 호실을 방문했을 때 조현규라는 사람이 그 전부를 사무실로 사용하고 있어 조현규에게 확인해본 결과, 위 상가 호실의 나머지 1/2 지분을 가지고 있는 김옥기가 2020년에 단독으로 위 상가 호실을 조현규에게 임대하고 임대차보증금을 받은 것은 물론 매월 임대료를 받고 있음을 알게 되었다. 그런데 전현경에게 물어보니 전현경은 이러한 사실 일체에 대해 전혀 모르고 있었다.
다. 조현규는 2022년 4월경 임대차 종료 후 임대차보증금을 반환받지 못했음에도 불구하고 불상의 이유로 퇴거하였고, 그 이후 김옥기는 공실 상태인 위 상가 호실 출입문에 자물쇠를 걸어 잠가놓고 다른 사람들이 출입하지 못하게 하고 있다.
라. 윤상헌이 최근 위 상가 관리사무소에 확인해보니 조현규의 퇴거일까지 위 상가 호실에 관하여 부과된 관리비, 화재보험료를 김옥기가 모두 납부하였음을 알게 되었는데, 그 중 윤상헌의 지분 취득일 이후 위와 같이 부과되어 납부완료된 금액은 총 720만 원이었다.
마. 윤상헌은, 김옥기가 공유인 위 상가를 독점적으로 무단 관리·사용하면서

시중 정기예금금리가 수년간 연 2%를 겨우 넘을까말까 하는 저금리시대에 투자 대비 연 7%가 넘는 월 500만 원의 고수익을 거둔 이상, 김옥기로부터 위 상가 호실의 점유를 넘겨받는 것은 물론, 김옥기가 받은 임대차보증금과 임대료 중 윤상헌의 소유권지분에 상당하는 돈을 받고 싶으며, 그에 대한 이자나 지연손해금은 모두 조현규가 퇴거한 다음날부터 계산하여 받기를 원한다.

3. 상속채무금 관련
가. 윤상헌은 2013년에 급전이 필요하여 고영명으로부터 소개받은 서경진에게 2억 원을 빌리고 2년에 걸쳐 합계 4억 원을 변제하였다. 당시에는 경황이 없어 몰랐는데, 변제 후에 법을 좀 아는 지인에게 물어보니 그렇게 고이율의 이자를 받는 것은 이자제한법 위반이라고 했고, 법적으로 갚아야 할 돈보다 1억 원 넘게 더 준 셈이라고도 했다.

나. 이에 윤상헌은 화가 나서 서경진을 상대로 형사 고소도 하였으나, 서경진은 사업이 망해 돈을 갚을 능력이 없었다. 윤상헌은 당시 금전거래에 깊게 관여한 고영명에게도 함께 불법행위를 저지른 책임이 있다고 생각하여 고영명에게 돈을 돌려달라고 하였고, 고영명으로부터 "어느 정도는 돌려주겠지만 구체적인 액수는 따져보자"는 답변을 받았다. 그런데 고영명이 2016년 초에 사망한 후 상속인들인 김정희, 고미라는 돈이 없다는 등의 이유로 계속 변제를 거절하였고, 윤상헌이 확인해보니 실제로 당시 상속인들에게는 별다른 재산이 없었다.

다. 최근 윤상헌은 고미라가 주식 투자로 큰돈을 벌었다는 소식을 듣고, 고미라에게 지금이라도 돈을 갚으라고 하였으나, 고미라는 한정승인을 받았다는 통지서만 보내왔다.

라. 윤상헌은 고미라를 상대로 민사소송을 제기하여 가능한 많은 돈(지연손해금 포함)을 배상받고 싶다.

4. 든든손해보험 주식회사가 지급한 보험금 관련
가. 윤상헌은 든든손해보험 주식회사의 보험심사팀에서 근무하면서 2017년경 황구현이 허위 보험사고로 보험금 4,000만 원을 받아간 사건을 담당

하였다.
나. 당시 회사는 송무팀의 실수로 형사판결을 받고도 4년 넘게 지나서야 황구현을 상대로 민사소송을 제기하였다. 원래 계획으로는 일단 청구금액을 1,000만 원으로 하였다가 소송경과를 봐서 청구금액을 4,000만 원으로 확장하려고 하였으나, 송무팀이 실수로 이를 방치하는 바람에 판결이 1,000만 원으로 확정되어 버렸다.
다. 든든손해보험 주식회사는 지금이라도 황구현을 상대로 추가 민사소송을 제기하여 가능한 많은 돈(이자 및 지연손해금 포함)을 반환받고 싶다.

서울남부지방법원
결정

사　　건　　2020타채8144　채권압류 및 추심명령
채 권 자　　윤상헌
　　　　　　서울 강서구 우장산로 411(화곡동)
채 무 자　　한종원
　　　　　　서울 구로구 디지털로23길 34, 101호(구로동)
제3채무자　 1. 양경미
　　　　　　　 서울 구로구 중앙로7길 41, 가동 401호(고척동, 호정빌리지)
　　　　　　 2. 서은정
　　　　　　　 서울 양천구 목동동로 40, 406동 1030호(목동, 목양아파트)

주　문

1. 채무자의 제3채무자들에 대한 별지 기재 채권을 압류한다.
2. 제3채무자들은 채무자에게 위 채권에 관한 지급을 하여서는 아니 된다.
3. 채무자는 위 채권의 처분과 영수를 하여서는 아니 된다.
4. 채권자는 위 압류채권을 추심할 수 있다.

청구금액

금　120,000,000원

이　유

채권자가 위 청구금액을 변제받기 위하여 서울남부지방법원 2018가단66729호 물품대금 청구사건의 집행력 있는 판결정본에 기초하여 한 이 사건 압류 및 추심명령 신청은 이유 있으므로 주문과 같이 결정한다.

2020.　10.　6.

사법보좌관　　최연두　(인)

정 본 입 니 다.
2022.　7.　1.
법원주사　송강원

[서울남부지방법원 법원주사 인]

별   지

금 120,000,000원

채무자(임차인)가 아래 임대차계약 종료에 따라 제3채무자들(공동임대인)에 대하여 가지는 아래 임대차보증금 반환채권 및 그 지연손해금 채권 중 위 금액에 이르기까지의 부분

서울 양천구 신월동 118-35, 1층 241㎡
임대차보증금 100,000,000원
임대차기간 2010. 6. 1. - 2015. 5. 31. 끝.

임대차계약서

2010년 6월 1일 서울특별시 구로구 고척동 553 호정빌리지 가동 401호 서동만(이하 임대인이라 칭함)과 서울특별시 구로구 구로동 126-8번지 101호 한종원(이하 임차인이라 칭함)은 임대인 소유인 상가건물 내 아래 표시 임대차 물건에 대하여 아래 조항과 같이 임대차계약을 체결함.

제1조(임대차 물건의 표시)

서울특별시 양천구 신월동 118-35

   1   층   호   241 ㎡

총 합계   241 ㎡ (공용면적 포함)

제2조(용도제한)

① 임차인은 임차물건을   음식전업   목적에 사용하기 위하여 임차하며 기타의 목적으로 사용할 수 없다.

② 사용목적에 관한 인·허가는 임차인의 책임으로 한다.

제3조(임대차 기간)

임대차계약은 2010년 6월 1일 발효하여 60개월간 유효하며 2015년 5월 31일로서 종료한다.

제4조(임대료)

임대료는 월 일백오십만 원(₩1,500,000)으로 하여 매월 말일 후불한다.

제5조(임대차보증금)

① 임차인은 본 계약과 동시에 임대인에게 임대차보증금 일억 원(₩100,000,000)정을 무이자로 예탁한다.

② 임차인에게 임대료 연체, 기타 본 계약에 의한 채무의 불이행 또는 손해배상 채무가 있을 때는 임차인의 동의 없이 임차인의 보증금을 이에 충당할 수 있다.

제6조(양도금지)

　　임차인은 임차보증금 반환채권을 임대인의 승낙 없이 제3자에게 양도하지 못한다.

제7조(특약사항)

　　임차인이 임차건물을 증·개축하거나, 보수 및 개조하였을 경우 임대인의 승낙 유무를 불문하고 그 부분은 무조건 임대인의 소유로 귀속되고, 임차인은 이에 대하여 아무런 권리도 주장하지 못한다.

임대인 : 서동만　(인)

임차인 : 한종원　(인)

영　수　증

한종원　귀하

금액 : 일억 원(₩100,000,000)

위 금액을 서울 양천구 신월동 118-35, 1층 241㎡ 임대차보증금으로 정히 영수함

2010 년　6 월　1 일

서동만　(인)

사 업 자 등 록 증
(일반과세자)

등록번호 : 102-45-77006

상   호 : 시골밥상
성   명 : 한종원   생 년 월 일 : 1963년 10월 24일
개업 연월일 : 2010년 06월 01일
사업장소재지 : 서울 양천구 신월동 118-35, 1층

사업의 종류 :   숙박 및 음식점업   한식업
　　　　　　　　　　업태   종목

교 부 사 유 : 신규
공 동 사 업 자 :

사업자단위과세 적용사업자 여부 : 여(   ) 부(∨)

2010년 6월 1일
양천 세무서장

등기사항전부증명서 (말소사항 포함) - 건물 [제출용]

[건물] 서울 양천구 신월동 118-35   고유번호 1345-2001-138565

【 표 제 부 】 (건물의 표시)

표시번호	접 수	소 재 지 번	건 물 내 역	등기원인 및 기타사항
1	2001년 11월 17일	서울 양천구 신월동 118-35 [도로명 주소] 서울 양천구 곰달래로2길 83	철근콘크리트조 평슬래브지 붕 2층 근린생활시설, 일반 업무시설 지층 262㎡ 1층 241㎡ 2층 241㎡	

【 갑 구 】 (소유권에 관한 사항)

순위번호	등기목적	접 수	등 기 원 인	권리자 및 기타사항
1	소유권보존	2001년11월17일 제23847호		소유자 김대선 481114-1****** 서울 강남구 논현동 26-93
2	소유권이전	2004년6월8일 제15307호	2004년6월8일 매매	소유자 서동만 500514-1****** 서울 구로구 고척동 369
3	소유권이전	2020년6월25일 제38958호	2020년5월31일 상속	공유자 지분 5분의 3 양경미 570808-2****** 　서울 구로구 중앙로7길 41, 　가동 401호(고척동,호정빌리지) 지분 5분의 2 서은정 830806-2****** 　서울 양천구 목동동로 40, 　406동 1030호(목동,목양아파트)

― 이 하 여 백 ―

관할등기소 서울남부지방법원 등기국 / 발행등기소 법원행정처 등기정보중앙관리소

수수료 금 1,000원 영수함

이 증명서는 등기기록의 내용과 틀림없음을 증명합니다.

서기 2022년 07월 01일

법원행정처 등기정보중앙관리소 전산운영책임관

*실선으로 그어진 부분은 말소사항을 표시함.   *등기기록에 기록된 사항이 없는 갑구 또는 을구는 생략함.

문서 하단의 바코드를 스캐너로 확인하거나 인터넷등기소(http://iros.go.kr)의 발급확인 메뉴에서 발급확인번호를 입력하여 위·변조 여부를 확인할 수 있습니다. 발급확인번호를 통한 확인은 발급일부터 3개월까지 5회에 한하여 가능합니다.

발행번호 00219405211494019OSLBO603943WOG16858151112   1/1   발급확인번호 QDHT-COHR-3758   발행일 2022/07/01

| 가 | 족 |

가족관계증명서 [폐쇄]

| 등록기준지 | 경기도 시흥시 정왕동 368 |

구 분	성 명	출생연월일	주민등록번호	성별	본
본 인	서동만(徐東萬) 사망	1950년 05월 14일	500514-1735728	남	利川

가 족 사 항

구 분	성 명	출생연월일	주민등록번호	성별	본
부	서용진(徐勇眞) 사망	1925년 04월 20일	250420-1499572	남	利川
모	김숙자(金淑子) 사망	1930년 02월 25일	300225-2027557	여	金海
배우자	양경미(梁京美)	1957년 08월 08일	570808-2592583	여	濟州
자녀	서은정(徐恩情)	1983년 08월 06일	830806-2640297	여	利川

위 가족관계증명서는 가족관계등록부의 기록사항과 틀림없음을 증명합니다.

서기 2022년 07월 01일

서울특별시 양천구청장

서 울 남 부 지 방 법 원
결   정

사 건	2021타채1980 채권압류 및 추심명령
채 권 자	전현경
	서울 금천구 시흥대로79길 3, 201동 322호(시흥동, 무지개아파트)
채 무 자	한종원
	서울 구로구 디지털로23길 34, 101호(구로동)
제3채무자	1. 양경미
	서울 구로구 중앙로7길 41, 가동 401호(고척동, 호정빌리지)
	2. 서은정
	서울 양천구 목동동로 40, 406동 1030호(목동, 목양아파트)

주   문

1. 채무자의 제3채무자들에 대한 별지 기재 채권을 압류한다.
2. 제3채무자들은 채무자에게 위 채권에 관한 지급을 하여서는 아니 된다.
3. 채무자는 위 채권의 처분과 영수를 하여서는 아니 된다.
4. 채권자는 위 압류채권을 추심할 수 있다.

청구금액

금 100,000,000원

이   유

채권자가 위 청구금액을 변제받기 위하여 공증인가 해바라기합동법률사무소 증서 2021년 제101호 공정증서의 집행력 있는 정본에 기초하여 한 이 사건 압류 및 추심명령 신청은 이유 있으므로 주문과 같이 결정한다.

2021. 6. 1.

사법보좌관   박초록   (인)

정 본 입 니 다.
2022. 7. 1.
법원주사 송강원

(서울남부지방법원 법원주사)

별 지

금 100,000,000원

채무자(임차인)가 아래 임대차계약 종료에 따라 제3채무자들(공동임대인)에 대하여 가지는 임대차보증금 반환채권

서울 양천구 신월동 118-35, 1층 241㎡
임대차보증금 100,000,000원
임대차기간 2010. 6. 1. - 2015. 5. 31.   끝.

서울남부지방법원
화 해 조 서

사 건	2021가단38563 추심금	
원 고	전현경	
	서울 금천구 시흥대로79길 3, 201동 322호(시흥동, 무지개아파트)	
피 고	1. 양경미	
	서울 구로구 중앙로7길 41, 가동 401호(고척동, 호정빌리지)	
	2. 서은정	
	서울 양천구 목동동로 40, 406동 1030호(목동, 목양아파트)	

판 사	김준홍	기 일 :	2021. 9. 29. 15:40
법 원 주 사	임태윤	장 소 :	별관 433호 법정
		공개 여부 :	공 개

원고   출석
피고들   각 출석

위 당사자는 다음과 같이 화해하였다.

화 해 조 항

1. 피고들은 공동하여 추심금으로 원고에게 9,000만 원을 2021. 10. 29.까지 지급한다. 만일 피고들이 위 돈의 지급을 지체하는 때에는 위 지급기일 다음날부터 다 갚는 날까지 연 12%의 비율로 계산한 지연손해금을 더하여 지급한다.
2. 원고는 피고들에 대한 나머지 청구를 포기한다.
3. 소송비용은 각자 부담한다.

청구의 표시

청 구 취 지
피고들은 공동하여 원고에게 1억 원과 이에 대하여 이 사건 소장 부본 송달 다음날부터 다 갚는 날까지 연 12%의 비율로 계산한 돈을 지급하라.

법 원 주 사   임태윤 (인)

판   사   김준홍 (인)

이행최고서

발신인 윤상헌, 서울 강서구 우장산로 411(화곡동)
수신인 1. 양경미, 서울 구로구 중앙로7길 41, 가동 401호(고척동, 호정빌리지)
       2. 서은정, 서울 양천구 목동동로 40, 406동 1030호(목동, 목양아파트)

1. 댁내 두루 평안하시길 기원합니다.
2. 다름이 아니라, 본인은 한종원에 대한 1억 2,000만 원의 물품대금 채권자로서 그에 기하여 한종원이 귀하들에 대하여 가지는 서울 양천구 신월동 118-35, 1층에 대한 임대차보증금 1억 원 반환 채권 및 그 지연손해금 채권에 대하여 압류 및 추심명령을 받은 사람입니다. 귀하들도 위 채권압류 및 추심명령을 2020. 10. 15. 송달받으셨기 때문에 이미 잘 알고 계시리라 생각합니다.
3. 전현경과 귀하들 사이의 추심금 소송(서울남부지방법원 2021가단38563호)에서 재판상 화해가 성립하였고, 같은 날 공탁된 9,000만 원(서울남부지방법원 2021년 금제15797호)에 대해 이후 배당절차가 개시된 사실은 귀하들도 잘 알고 계실 것입니다. 본인은 압류채권자로서 위 배당절차에 참가하였으나 다른 채권자들이 여럿 있어 약 5,000만 원을 배당받는데 그쳤고, 아직 한종원으로부터 받지 못한 물품대금이 7,000만 원 이상 남아 있습니다.
4. 귀하들이 반환해야 하는 임대차보증금 1억 원 중 위와 같이 공탁한 9,000만 원을 제외한 나머지 1,000만 원은 아직 반환되지 않은 상태인바, 그 추심권자인 저에게 위 1,000만 원 및 그 지연손해금을 빠른 시일 내에 지급할 것을 귀하들에게 최고합니다. 만약 즉시 지급하지 않을 경우 법적 조치를 강구할 수밖에 없다는 점을 양지하시기 바랍니다.

본 우편물은 2022-07-05
제3926호에 의하여
내용증명우편물로 발송하였음을 증명함
서울양천우체국장

2022. 7. 5.
윤 상 헌 (인)

이행최고서에 대한 답신

발신인: 서은정
　　　　서울 양천구 목동동로 40, 406동 1030호(목동, 목양아파트)

수신인: 윤상헌
　　　　서울 강서구 우장산로 411(화곡동)

1. 귀하가 보낸 통고서는 잘 받아보았습니다. 귀하의 채권압류 및 추심명령을 말씀하신 날에 제가 등기우편으로 받아 본 것은 사실이나, 귀하가 이번에 요구하신 돈은 아래와 같은 이유로 지급할 수 없음을 말씀드립니다.

2. 저희 아버지께서 2010. 6. 1. 한종원과 서울 양천구 신월동 118-35 상가 1층에 관한 임대차계약을 체결하셨다가, 위 임대차가 2015. 5. 31. 갱신 없이 종료된 사실은 저도 알고 있습니다. 한종원은 임대차 종료 후에도 위 상가 1층 문을 잠그고 열쇠를 직접 보관하면서 다른 사람이 출입하지 못하게 관리해 오고 있었습니다. 저는 2015. 5. 31. 이후 6년이 넘는 기간 동안 위 상가 1층을 공실 상태로 놔둔 채 사용하지 못하고 있는 것을 평소 안타깝게 생각하여 왔습니다. 그러던 와중에 재작년 5월 31일 아버지가 돌아가시고, 얼마 지나지 않아 귀하와 전현경이 차례로 저와 어머니를 상대로 한종원의 임대차보증금을 압류하였고, 전현경은 민사소송까지 제기하는 바람에 저는 1년 넘게 정신을 차리지 못하고 있었습니다.

3. 그러던 차에, 한종원이 2021. 9. 초순경 제게 전화하여 임대차보증금 중 1,000만 원만 일단 자신에게 지급해주면 위 1층 자물쇠 열쇠를 제게 넘겨주고 떠나겠다고 말하였습니다. 저는 한종원의 임대차보증금 관련한 일들을 이 기회에 빨리 마무리 짓기로 마음먹고 2021. 9. 29. 오전 한종원과 위 상가 앞에서 만나 1,000만 원을 한종원에게 현금으로 건네주었습니다. 그러자 한종원은 그 자리에서 상가 1층 자물쇠를 풀고 열쇠를 제게 넘겨주고 떠났습니다(영수증을 아래에 첨부합니다). 따라서 임대차보증금 반환채무 중 1,000만 원은 이미 변제로 소멸한 것입니다.

4. 같은 날 오후에 예정되어 있던 전현경과의 추심금 소송 기일이 시작되기 전 전현경을 법정 앞에서 만나 위와 같은 사정을 이야기하자, 전현경은 제게 그럼 나머지 9,000만 원만 주면 소송을 끝내겠다고 하였고, 이에 그날 법정에서 전현

경에게 9,000만 원을 주는 내용으로 화해를 하게 되었습니다. 이와 같이 전현경과의 추심금 소송에서 재판상 화해를 하면서 전현경이 9,000만 원을 제외한 나머지 부분을 포기한 이상 한종원이나 귀하는 더 이상 추가적인 금전 지급을 청구할 수 없습니다.

5. 그리고 귀하의 내용증명을 받은 후 법무사 사무실에 물어보니, 한종원의 임대차보증금반환채권은 상사채권이라는 것에 해당하는데 임대차 종료 후 이미 5년이 지나버렸기 때문에 소멸시효가 완성되어 더 이상 지급할 필요가 없다고 합니다. 귀하도 법을 잘 아는 사람에게 한 번 물어보시기 바랍니다.

6. 그리고 백번 양보해서 귀하의 말이 다 맞다고 하더라도, 위 상가 일부 지분을 상속했을 뿐인 제게 왜 돈을 전부 달라고 하시는지 이해가 안 됩니다.

7. 귀하가 공탁금 9,000만 원 배당절차에서 약 5,000만 원만 배당받은 것은 전현경으로부터 들어서 알고 있고 개인적으로는 안타깝게 생각하나, 제게도 앞서 말씀드린 것과 같은 사정이 있으니, 더 이상 저를 괴롭히지 말아주시길 부탁드립니다.

2022. 7. 15.

서은정 (인)

영 수 증

서은정 귀하

금액 : 일천만 원(₩10,000,000)

위 금액을 서울 양천구 신월동 118-35, 1층 임대차보증금의 일부로 정히 영수함

2021 년 9 월 29 일

한종원 (인)

본 우편물은 2022-07-15 제4493호에 의하여
내용증명우편물로 발송하였음을 증명함
서울강서우체국장

등기사항전부증명서 (말소사항 포함) - 집합건물 [제출용]

[집합건물] 서울 양천구 목동 967-1, 제2층 제203호   고유번호 1606-2013-658115

【 표 제 부 】 (1동의 건물의 표시)

표시번호	접 수	소재지번	건물내역	등기원인 및 기타사항
1	2013년 08월 28일	서울 양천구 목동 967-1 [도로명 주소] 서울 양천구 목동서로 930	철근콘크리트구조 콘크리트지붕 지하1층-지상3층 제1, 2종 근린생활시설 지하1층 704㎡ 주차장, 펌프실, 전기실, 발전기실, 관리실 1층 567㎡ 제1종 근린생활시설 2층 567㎡ 제1종 근린생활시설 3층 440㎡ 제2종 근린생활시설	

(대지권의 목적인 토지의 표시)

표시번호	소재지번	지목	면적	등기원인 및 기타사항
1	서울 양천구 목동 967-1	대	830㎡	2013년 08월 28일

【 표 제 부 】 (전유부분의 건물의 표시)

표시번호	접 수	건물번호	건물내역	등기원인 및 기타사항
1	2013년 08월 28일	제2층 제203호	철근콘크리트조 70㎡	

(대지권의 표시)

표시번호	대지권종류	대지권비율	등기원인 및 기타사항
1	소유권대지권	830분의 52.5881	2013년 08월 28일

【 갑 구 】 (소유권에 관한 사항)

순위번호	등기목적	접 수	등기원인	권리자 및 기타사항
1	소유권보존	2013년08월28일 제28462호		공유자 지분 2분의 1 김옥기 680125-2****** 서울 구로구 구로중앙로82길 49, 108호(구로동) 지분 2분의 1 전현경 780203-2****** 서울 금천구 시흥대로79길 3, 201동 322호(시흥동, 무지개아파트)
2	1번 전현경지분전부이전	2021년10월3일 제66648호	2021년10월3일 매매	공유자 지분 2분의 1 윤상헌 700316-1****** 서울 강서구 우장산로 411(화곡동)

— 이 하 여 백 —

발행번호 00219405273591019OSLCO603943WPQ16858185213   발급확인번호 ADHR-YOHQ-5874   발행일 2022/07/01

관할등기소 서울남부지방법원 등기국 / 발행등기소 법원행정처 등기정보중앙관리소

수수료 금 1,000원 영수함

이 증명서는 등기기록의 내용과 틀림없음을 증명합니다.

서기 2022년 07월 01일

법원행정처 등기정보중앙관리소 전산운영책임관

*실선으로 그어진 부분은 말소사항을 표시함.   *등기기록에 기록된 사항이 없는 갑구 또는 을구는 생략함.

문서 하단의 바코드를 스캐너로 확인하거나 인터넷등기소(http://iros.go.kr)의 발급확인 메뉴에서 발급확인번호를 입력하여 위·변조 여부를 확인할 수 있습니다. 발급확인번호를 통한 확인은 발행일부터 3개월까지 5회에 한하여 가능합니다.

발행번호 00219405273591019OSLCO603943WPQ16858185213   2/2   발급확인번호 ADHR-YOHQ-5874   발행일 2022/07/01

임대차계약서

김옥기(이하 임대인이라 칭함)와 조현규(이하 임차인이라 칭함)는 아래 임대차 물건에 대하여 아래와 같이 임대차계약을 체결함.

제1조(임대차 물건의 표시) : 서울특별시 양천구 목동서로 930, 2층 203호

제2조(임대차 기간) : 2020년 4월 3일부터 2022년 4월 2일까지 24개월

제3조(임대료) : 월세 오백만 원(₩5,000,000), 매월 2일 후불
(관리비 포함, 별도 납부 없음)

제4조(임대차보증금) : 오천만 원(₩50,000,000)

제5조(임대차보증금 반환에 관한 특약사항)
임차인의 임대료 연체 없이 임대차 기간이 종료한 경우에는, 임대인은 임차인에게 오천이백오십만 원(₩52,500,000)을 임대차보증금 등으로 반환한다.
[임대차보증금 오천만 원(₩50,000,000) × 임대차계약일 기준 시중 2년 정기예금 이자율 연 2.5% × 2년 = 임대차보증금에 대한 임대차기간 2년 동안의 정기예금 이자 상당액 이백오십만 원(₩2,500,000)을 가산하여 반환]

2020. 4. 3.

임대인 성　　명 : 김옥기　(인)
　　　 주　　소 : 서울특별시 구로구 구로중앙로82길 49, 108호(구로동)

임차인 성　　명 : 조현규[HK DATA WORK]　(인)
　　　 주　　소 : 경기도 부천시 석천로 18, 909동 2001호(중동, 은하수마을)

수 령 확 인 증

조현규(HK DATA WORK)   귀하

금 5,000만 원을 목동서로 930, 2층 203호 임대차보증금으로 정히 수령하였음

2020 년 4 월 3 일   김옥기   (인)

이행요청서

발신인 윤상헌, 서울 강서구 우장산로 411(화곡동)

수신인 김옥기, 서울 구로구 구로중앙로82길 49, 108호(구로동)

1. 김옥기님 안녕하십니까? 저는 서울 양천구 목동서로 930, 2층 203호 공유자 윤상헌입니다.

2. 다름이 아니라, 김옥기님이 저와 공유하고 있는 위 203호 상가의 출입문을 자물쇠로 잠가 놓고 있어 저의 203호 상가에 관한 재산권 행사에 큰 지장이 있습니다. 본 이행요청서를 받는 즉시 203호 상가 출입문의 자물쇠를 풀고 그 점유를 제게 넘기시기 바랍니다.

3. 그리고 김옥기님은 공유자인 저와 아무런 협의 없이 단독으로 위 203호 상가를 조현규(HK DATA WORK)에게 임대하여 임대차 종료일인 올해 4월 2일 조현규가 이사를 나갈 때까지 임대료로 매월 500만 원씩 받아 수익을 올린 것으로 알고 있습니다. 또한 조현규로부터 받은 임대차보증금 5,000만 원 역시 김옥기님이 아직 보유하고 있는 것으로 알고 있습니다. 그러므로 제가 공유지분을 취득한 작년 10월 3일부터 올해 4월 2일까지 6개월 동안 김옥기님이 받은 임대료 3,000만 원과 임대차보증금 5,000만 원의 합계액인 8,000만 원 중 제 지분 상당액인 4,000만 원을 제게 빠른 시일 내에 반환·배상하시기 바랍니다.

4. 위 요청사항을 즉시 이행하지 않을 경우 부득이하게 법적 조치를 할 수밖에 없음을 이해해 주시기 바랍니다.

2022. 4. 29.

윤 상 헌   (인)

본 우편물은 2022-04-29
제3861호에 의하여
내용증명우편물로 발송하였음을 증명함
서울강서우체국장

이행요청서 답신

발신인: 김옥기   수신인: 윤상헌

1. 귀하가 보낸 이행요청서는 잘 받아봤습니다.

2. 203호의 출입문을 자물쇠로 잠가둔 것은 조현규가 2022. 4. 2. 퇴거한 후 공실이 된 203호에 외부인이 함부로 출입하는 것을 막기 위해서였습니다. 자물쇠 열쇠는 상가 관리사무소에 맡겨두고 있으니 필요시 사용하시기 바랍니다. 그러나 공유지분권자에 불과한 귀하에게 상가를 인도하라는 요청은 받아들이기 어렵습니다. 귀하가 제게 그러한 요청을 할 법적 권한이 있는지 의문입니다.

3. 임대차보증금 5,000만 원은 조현규에게 반환할 돈이고, 심지어 임대차계약시에 한 특약 때문에 임대차기간 동안의 시중 정기예금이자보다도 많은 이자를 붙여서 반환해야 하는 상황입니다. 받은 임대차보증금의 절반을 달라는 귀하의 요청에는 응할 수 없습니다.

4. 제가 조현규에게 203호를 임대하고 매월 임대료로 500만 원씩 꼬박꼬박 받은 것은 사실입니다. 전현경이 203호 관리에 전혀 신경을 쓰지 않아 제가 그냥 상의 없이 조현규에게 임대했던 것인데, 귀하가 지분을 취득한 이후에 손익 배분 관련하여 귀하에게 상의를 드렸으면 좋았을 것을 그렇게 하지 못해 유감입니다. 그러나 귀하가 요청하는 1,500만 원(6개월간 받은 임대료의 절반)을 다 드릴 수는 없습니다. 조현규에게 임대한 기간 동안 203호에 부과된 관리비, 화재보험료를 모두 제가 납부하였고, 귀하가 지분을 취득한 날부터 계산하더라도 그 금액이 총 720만 원에 이릅니다. 관리사무소에 확인해보시기 바랍니다. 만약 귀하가 1,500만 원에서 위 720만 원을 공제한 780만 원만 받는 것에 동의한다면 언제든지 지급할 의향이 있습니다. 그러나 귀하가 제게 그 이상 지급할 것을 요구한다면 위 780만 원도 당장 지급해드릴 수는 없겠습니다.

4. 모쪼록 귀하와 저 사이의 문제가 원만하게 해결되기를 바랍니다.

2022. 5. 30.
김옥기 (인)

본 우편물은 2022-05-30
제5098호에 의하여
내용증명우편물로 발송하였음을 증명함
서울구로우체국장

차 용 증

채 권 자   성   명 : 서 경 진
             주   소 : 서울 강남구 청담동 113-2

채 무 자   성   명 : 윤 상 헌
             주   소 : 서울 강서구 화곡동 889-1

입 회 인   성   명 : 고 영 명
             주   소 : 서울 금천구 독산동 456-8

차용금액 및 차용조건

원 금	일금 이억 원정 (₩200,000,000)
원금 변제일	2014. 6. 30.
변제조건	위 변제일에 이자 포함 일금 사억 원정(₩400,000,000)을 변제하기로 한다. 이를 지체할 경우 월 2할의 지연손해금을 가산하여 지급한다.

채무자는 위와 같은 조건으로 채권자로부터 틀림없이 위 돈을 차용하였다.

2013년 12월 23일

채 권 자 : 서 경 진 (인)

채 무 자 : 윤 상 헌 (인)

입 회 인 : 고 영 명 (인)

```
                        영   수   증

윤 상 헌  귀하

금액 : 이억 원(₩200,000,000)


위 금액을 2013. 12. 23.자 대여금 중 일부(이자 및 지연손해금 포함)로 영수함

                        2014년 12월 22일

                        서 경 진 (인)
```

```
                        영   수   증

윤 상 헌  귀하

금액 : 이억 원(₩200,000,000)


위 금액을 2013. 12. 23.자 대여금 중 일부(이자 및 지연손해금 포함)로 영수함

                        2015년 12월 22일

                        서 경 진 (인)
```

진 술 조 서 (참고인)

성 명 : 고영명	
주민등록번호 : 630213 - 1******	52세
직 업 : **(생략)**	
주 거 : 서울 금천구 독산로78길 37(독산동)	
등록기준지 : **(생략)**	
직장 주소 : **(생략)**	
연 락 처 : 자택전화 **(생략)** 휴대전화 **(생략)**	
직장전화 **(생략)** 전자우편(e-mail) **(생략)**	

위의 사람은 피의자 서경진에 대한 이자제한법위반 피의사건에 관하여 2016. 1. 6. 서울강남경찰서 형사과 사무실에 임의 출석하여 다음과 같이 진술하다.

1. **피의자들과의 관계**
   저는 피의자 서경진과 고향선후배 사이입니다.

2. **피의사실과의 관계**
   저는 피의사실에 관하여 참고인의 자격으로 출석하였습니다.

이 때 사법경찰관은 진술인을 상대로 다음과 같이 문답을 하다.

문 진술인은 서경진과 윤상헌 사이에 있었던 2013. 12. 23.자 소비대차 계약에 관하여 아는 사실이 있나요.

답 예. 제 아내가 윤상헌의 아내와 여고동창 사이인데, 그 즈음 아내를 통해 윤상헌이 2억 원 정도의 급전이 필요하다는 소식을 전해 들었습니다. 마침 저희 고향선배 서경진이 사업이 잘돼 투자할 곳을 찾고 있다는 얘기가 떠올라 서경진을 찾아가 "6개월 만에 2억 원을 벌게 해줄 테니 나에게 5,000만 원만 나눠달라." 라고 하였습니다. 서경진이 이를 승낙하기에 바로 윤상헌을 찾아가 다리를 놓아준 것입니다.

문 서경진이 자기 돈을 빌려주면서 참고인에게 5,000만 원이나 되는 큰돈을 나눠 줄 이유가 있나요.

답 서경진이 막대한 이자를 받는 데에는 제 공이 컸습니다. 처음에 윤상헌을 찾아갔더니 이자가 너무 높은 거 아니냐고 하기에 제가 "그런 식으로는 급전을 못 구한다." 라고 하면서 두 사람 사이에서 대여금의 액수와 변제기, 이자 등에 관하여 주도적으로 교섭하여 마지막에 원금 2억 원, 변제기 약 6개월, 변제금 4억 원으로 확정지은 것입니다.

(중 략)

문 이상 진술한 내용이 사실인가요.
답 예. (인)

위의 조서를 진술자에게 열람하게 하였던바 진술한 대로 오기나 증감·변경할 것이 없다고 말하므로 간인한 후 서명 날인하게 하다.

진 술 자   고영명 (인)

2016. 1. 6.
서울강남경찰서
사법경찰관 경위 공정한 (인)

| 가 | 족 |

가족관계증명서   [폐쇄]

등록기준지	부산광역시 기장군 기장읍 청강리 437				
구 분	성 명	출생연월일	주민등록번호	성별	본
본 인	고영명(高永明) 사망	1963년 02월 13일	630213-1129237	남	橫城

가 족 사 항

구 분	성 명	출생연월일	주민등록번호	성별	본
부	고형걸(高亨杰) 사망	1944년 06월 09일	440609-1128913	남	橫城
모	심재순(沈材順) 사망	1942년 08월 07일	420807-2127819	여	靑松
배우자	김정희(金貞姬)	1971년 10월 26일	711026-2055169	여	慶州
자녀	고미라(高美邏)	2003년 04월 14일	030414-4065057	여	橫城

위 가족관계증명서는 가족관계등록부의 기록사항과 틀림없음을 증명합니다.

서기 2022년 07월 01일

서울특별시 금천구청장

내용증명에 대한 답신

발신인: 김정희, 고미라(법정대리인 김정희)
　　　　서울 금천구 독산로78길 37(독산동)
수신인: 윤상헌
　　　　서울 강서구 우장산로 411(화곡동)

1. 귀하가 보낸 통고서는 잘 받아보았습니다. 그런데 저는 말씀하시는 돈을 지급할 수 없습니다.

2. 귀하는 남편의 사망 후 2016년 6월부터 매년 6월만 되면 저희 남편이 무슨 불법행위를 했다고 하면서 저와 제 아이에게 최소 1억 5천만 원을 갚으라고 내용증명우편을 보냈고, 저도 2016. 6. 30.부터 매년 6월 말일에 저와 제 아이 이름으로 아래 제3항과 동일한 내용의 답변서를 보냈습니다. 올해도 마찬가지입니다.

3. 제 남편이 남긴 유서에 "윤상헌에게 돌려줄 돈이 좀 있다(서경진 건)."라고 적혀 있었으므로, 남편이 귀하에게 부채가 있었다는 점까지 부인하려는 것은 아닙니다. 다만, 남편의 유서에 의하더라도 "구체적인 액수는 법적으로 다시 따져봐야 한다."라고 적혀 있었고, 제 남편은 저와 제 아이에게 남겨준 재산은 전혀 없이 빚만 10억 원을 남긴 채 세상을 떠났으므로, 저희 두 모녀에게는 귀하의 채권을 변제할 자력이 전혀 없습니다. 그러니 무의미한 내용증명우편으로 불쌍한 저희 두 모녀를 괴롭히시는 일은 그만두시길 바랍니다.

　　　　　　　　　　　　　2021. 6. 30.

　　　　　　　　　　　　김정희 (인), 고미라 (인)

서울금천우체국
2021. 6. 30.
21 - 4521

본 우편물은 2021-06-30
제4521호에 의하여
내용증명우편물로 발송하였음을 증명함
서울금천우체국장

내용증명에 대한 답신

발신인: 고미라
      서울 금천구 벚꽃로 60, B동 115호(독산동, 벚꽃빌라)

수신인: 윤상헌
      서울 강서구 우장산로 411(화곡동)

1. 귀하가 보낸 통고서는 잘 받아보았습니다. 그런데 저는 말씀하시는 돈을 지급할 수 없습니다.

2. 저는 올해 4월 성인이 되었고, 지난 달 19일 우편함을 열었다가 귀하가 매년 6월 보낸다는 내용증명우편을 처음 확인하였습니다. 이에 어머니께 자초지종을 여쭤보았다가 부친이 남긴 빚이 10억 원에 이른다는 이야기를 처음 들었고, 급히 서울가정법원에 상속한정승인 신고를 하였습니다. 그리고 오늘 드디어 서울가정법원에서 저의 한정승인 신고를 수리한다는 심판이 있었습니다. 저는 부친으로부터 물려받은 재산이 아무 것도 없습니다. 따라서 오늘 한정승인을 끝으로 귀하에게 부친의 빚 독촉을 당할 이유도 모두 사라졌습니다. 이제 귀하로부터 내용증명우편을 받는 일이 없기를 바랍니다.

2022. 7. 7.

고미라 (인)

본 우편물은 2022-07-07
제4549호에 의하여
내용증명우편물로 발송하였음을 증명함
서울금천우체국장

(서울금천우체국 2022. 7. 7. 22-4549)

서 울 가 정 법 원

심 판

사 건	2022느단2754 상속한정승인
청 구 인	고미라 (030414-4065057)
	주소 서울 금천구 벚꽃로 60, B동 115호(독산동, 벚꽃빌라)
피 상 속 인	망 고영명 (630213-1129237)
	2016. 2. 13. 사망
	최후주소 서울 금천구 독산로78길 37(독산동)

주 문

청구인이 피상속인 망 고영명의 재산상속을 함에 있어 별지 상속재산목록을 첨부하여서 한 2022. 6. 30.자 한정승인 신고는 이를 수리한다.

이 유

이 사건 청구는 이유 있으므로 주문과 같이 심판한다.

2022. 7. 7.

사법보좌관　　　박상윤

정 본 입 니 다
2022. 7. 7.
법원주사 노은진

(이하 별지 생략)

서 울 중 앙 지 방 법 원

판 결

사　　　건	2017고단829 보험사기방지특별법위반
피　고　인	황구현 (750105-1084926), 회사원
	주거　서울 관악구 관악로15길 96(봉천동)
	등록기준지　제주시 남광북5길 19(이도이동)
검　　　사	박지연(기소), 배상윤(공판)
변　호　인	변호사 김상민
판 결 선 고	2017. 11. 22.

주　　문

피고인을 징역 1년에 처한다.

이　　유

범 죄 사 실

　피고인은 부동산 투자금을 마련하기 위해 고의로 자동차를 전소시켜 미수선수리비 명목의 보험금을 받아 편취하기로 마음먹었다.

　피고인은 2017. 2. 23. 15:13경 서울 구로구 금오로 319(천왕동) 앞길에서 자신이 소유한 94부1977호 에쿠스 승용차의 보닛을 열고 화장지와 종이를 말아 라이터로 불을 붙여 이를 엔진룸에 끼워 넣고 보닛을 닫고 주행하는 방법으로 고의로 화재를 발생시킨 뒤, 같은 날 15:59경 위 승용차가 보험 가입된 피해자 든든손해보험 주식회사에 마치 주행 중 자연발화로 화재가 발생한 것처럼 보험사고

접수를 하였다.

피고인은 위와 같이 피해자를 기망하여 이에 속은 피해자로부터 2017. 3. 24. 미수선수리비 명목으로 보험금 4,000만 원을 교부받아 이를 편취하였다.

증거의 요지

1. 피고인의 법정진술
1. 윤상헌에 대한 경찰 진술조서

(중　략)

판사　구익환

등본입니다.
2017. 12. 1.
법원주사 이도훈

확 정 증 명 서

사　　　　건 : 서울중앙지방법원 2017고단829
피　고　인 : 황구현
증명신청인 : 든든손해보험 주식회사

위 사건에 관하여 아래와 같이 확정되었음을 증명합니다.
피고인 황구현 : 2017. 11. 30. 확정. 끝.

2017. 12. 1.

서울중앙지방법원
법원주사 이도훈

서 울 중 앙 지 방 법 원

판 결

사　　　건	2021가단5291376 부당이득금
원　　　고	든든손해보험 주식회사
	서울 영등포구 국제금융로2길 25(여의도동)
	대표이사 권오건
	소송대리인 노정신
피　　　고	황구현
	서울 관악구 관악로15길 96(봉천동)
변 론 종 결	2022. 5. 12.
판 결 선 고	2022. 5. 19.

주 문

1. 피고는 원고에게 10,000,000원과 이에 대하여 2021. 12. 8.부터 다 갚는 날까지 연 12%의 비율로 계산한 돈을 지급하라.
2. 소송비용은 피고가 부담한다.
3. 제1항은 가집행할 수 있다.

청 구 취 지

주문과 같다.

이 유

(중   략)

그렇다면 피고는 원고에게 위 보험금 상당의 부당이득금 10,000,000원(원고는 이 사건 소장에서 "이 사건 부당이득금 중 일부인 1,000만 원을 먼저 청구하고, 추후 청구금액을 확장하도록 하겠습니다."라고 기재하였으나, 이 판결 선고일까지 청구금액을 확장하지 아니하였다)과 이에 대하여 원고가 구하는 바에 따라 이 사건 소장부본 송달 다음날임이 기록상 명백한 2021. 12. 8.부터 다 갚는 날까지 소송촉진 등에 관한 특례법에서 정한 연 12%의 비율로 계산한 지연손해금을 지급할 의무가 있다. 따라서 원고의 이 사건 청구는 이유 있어 이를 인용하기로 하여 주문과 같이 판결한다.

판사   박세영

등본입니다.
2022. 7. 10.
법원주사 고은선

확 정 증 명 원

사   건 : 서울중앙지방법원 2021가단5291376호 (부당이득금)
원   고 : 든든손해보험 주식회사
피   고 : 황구현
증명신청인 : 원고 든든손해보험 주식회사

위 사건이 2022. 6. 9.자로 확정되었음을 증명합니다. 끝.

2022. 7. 10.

서울중앙지방법원
법원주사 고은선

내용증명에 대한 답신

발신인: 황구현
　　　　서울 영등포구 영중로4길 43(영등포동3가)
수신인: 든든손해보험 주식회사(담당자: 송무팀 차장 노정신)
　　　　서울 영등포구 국제금융로2길 25(여의도동)

1. 귀하가 지난주에 보낸 통고서는 잘 받아보았습니다. 그런데 저는 말씀하시는 돈을 지급할 수 없습니다.

2. 이미 민사소송까지 다 끝난 사안을 가지고 귀하가 재차 돈을 달라고 하는 황당한 상황에 동네 법무사 사무실을 찾아가 물어보니, 보험사가 고객한테 보험금을 돌려달라고 할 때에는 상법 제662조의 3년 시효가 걸리는데, 귀하는 3년 다 지나서 2021. 11. 25.에 법원에 민사소송 소장을 냈기 때문에 4,000만 원은 몽땅 시효가 지났고, 불법행위 소멸시효도 다 지나서, 진작 자기를 찾아왔으면 지난번 1,000만 원도 안 줄 수 있었다고 합니다.

3. 또, 원래 재판을 걸면 시효가 멈추는데, 귀하는 소장에다가 일부청구라고 못박아놨기 때문에 3,000만 원은 시효도 멈추지 않았다고도 했습니다. 귀하는 대기업으로서 이런 사실을 다 알고 있었을 텐데도 본인의 무지를 이용해서 두 번이나 돈을 사기치려고 했습니다. 갑질을 멈추시길 바랍니다.

2022.　7.　14.

황구현 (인)

본 우편물은 2022-07-14
제4571호에 의하여
내용증명우편물로 발송하였음을 증명함
서울영등포우체국장

기록이면표지

확 인 : 법학전문대학원협의회

민사법

기록형

2022년도 **제2차**
법전협 모의시험

답안

민사법 기록형 채점 기준

평가대상		논점	배점	기타
당사자(7)		원고들 각 이름, 주소 등 각 1점	2	
		소송대리인 이름, 주소, 전화, 팩스, 전자우편	1	
		피고들 각 이름, 주소 등 각 1점	4	
사건명(1)		추심금 등 청구의 소	1	
청구취지 (50)		피고 서은정에 대한 추심금 청구	12	
		피고 김옥기에 대한 부당이득반환 청구	12	인도청구시 감점(-3)
		피고 고미라에 대한 상속채무금 청구	12	
		피고 황구현에 대한 부당이득반환 청구	12	
		소송비용	1	
		가집행	1	
청구원인 (105)	피고 서은정 (43)	추심금(임대차보증금반환) 청구 요건사실	15	
		인도시까지 상사소멸시효 진행하지 아니하였음	8	
		압류 후 일부 변제로 압류채권자에게 대항 불가	6	
		다른 추심권자가 한 재판상 화해 효력 미치지 않음	7	
		불가분 채무이므로 1인에게 전액 청구 가능	5	
		소결론(상사이율, 지연손해금 기산점)	2	

	피고 김옥기 (15)	부당이득금반환 청구 요건사실 및 범위	8	부당이득금에 임차보증금 포함시 감점(-3)
		통상필요비 공제 및 범위	5	
		소결론	2	
	피고 고미라 (31)	이자제한법 위반에 따른 불법행위 성립 및 손해액 계산	13	
		공동불법행위책임의 성립	7	
		상속분에 따른 상속채무금의 계산	2	
		특별한정승인의 요건	7	
		소결론	2	
	피고 황구현 (16)	부당이득반환 청구 요건사실	6	불법행위 손해배상청구 시 감점(-3)
		소멸시효기간과 시효중단	8	
		소결론	2	
	작성일, 대리인, 관할법원(3)		3	
전체적인 체계, 구성 및 논리전개(9)			9	재량 점수 부여
총 점			175	

소 장

원 고　1. 윤상헌
　　　　 서울 강서구 우장산로 411(화곡동)

　　　　2. 든든손해보험 주식회사
　　　　 서울 영등포구 국제금융로2길 25(여의도동)
　　　　 대표이사 권오건

　　　　원고들 소송대리인 변호사 이휘상
　　　　서울 양천구 신월로 683, 405호(신정동)
　　　　전화: (02) 2192-1355, 팩스: (02) 2192-1357, 이메일: lhs1@kmail.com

피 고　1. 서은정
　　　　 서울 양천구 목동동로 40, 406동 1030호(목동, 목양아파트)

　　　　2. 김옥기
　　　　 서울 구로구 구로중앙로82길 49, 108호(구로동)

　　　　3. 고미라
　　　　 서울 금천구 벚꽃로 60, B동 115호(독산동, 벚꽃빌라)

　　　　4. 황구현
　　　　 서울 영등포구 영중로4길 43(영등포동3가)

추심금 등 청구의 소

청 구 취 지

1. 원고 윤상헌에게,
   가. 피고 서은정은 10,000,000원과 이에 대하여 2021. 9. 30.부터 이 사건 소장 부본 송달일까지는 연 6%의, 그 다음날부터 다 갚는 날까지는 연 12%의 각 비율로 계산한 돈을,
   나. 피고 김옥기1)는 11,400,000원과 이에 대하여 2022. 4. 3.부터 이 사건 소장 부본 송달일까지는 연 5%의, 그 다음날부터 다 갚는 날까지는 연 12%의 각 비율로 계산한 돈을,
   다. 피고 고미라는 48,800,000원과 이에 대하여 2015. 12. 22.부터 이 사건 소장 부본 송달일까지는 연 5%의, 그 다음날부터 다 갚는 날까지는 연 12%의 각 비율로 계산한 돈을
   각 지급하라.
2. 피고 황구현은 원고 든든손해보험 주식회사에게 30,000,000원과 이에 대하여 2017. 3. 24.부터 이 사건 소장 부본 송달일까지는 연 6%의, 그 다음날부터 다 갚는 날까지는 연 12%의 각 비율로 계산한 돈을 지급하라.
3. 소송비용은 피고들이 부담한다.
4. 제1, 2항은 가집행할 수 있다.
라는 판결을 구합니다.

청 구 원 인

1. 원고 윤상헌의 피고 서은정에 대한 청구

가. 추심금 청구2) 및 지연손해금 요건사실

한종원은 2010. 6. 1. 서동만과 서동만 소유의 별지 목록 순번1 기재 건물 중 1층 241㎡(이하 '이 사건 신월동 상가'라 합니다)에 관하여, 임대차 기간 5년(2010. 6. 1.부터 2015. 5. 31.까지), 임대차보증금 1억 원, 월 임대료 150만 원(매월 말일 지급)인 임대차계약(이하 '이 사건 임대차계약'이라 합니다)을 체결하였습니다. 한종원은 같은 날 서동만에게 위 임대차보증금 1억 원을 지급하였고, 이 사건 임대차 계약은 2015. 5. 31. 기간의 만료로 종료하였습니다.

따라서 한종원은 서동만에 대하여 1억 원의 보증금반환채권이 있습니다(이하 '이 사건 임대차보증금 반환채권'이라 합니다). 서동만은 2020. 5. 31. 사망하여 위 보증금반환채무는 상속인 양경미, 서은정이 상속하였습니다.

---

1) 인도청구는 기각될 것이므로(대판 2020.10.15. 2019다245822), 인도청구를 하는 경우 3점의 범위 내에서 감점.
2) ① 추심채권의 존재[① 임대차계약의 체결 ② 보증금 지급 ③ 임대차계약의 종료] ② 추심명령 확정 ③ 추심명령이 **제3채무자에게 송달**된 사실

원고 윤상헌은 2020. 10. 6. 이 사건 임대차보증금 반환채권 및 그 지연손해금 채권에 대한 채권압류 및 추심명령(서울남부지방법원 2020타채8144호)을 받았고, 위 채권압류 및 추심명령은 같은 달 15. 제3채무자인 피고 서은정에게 송달되었습니다.

한편, 이 사건 임대차보증금 반환채권의 변제기는 임대차가 종료한 2015. 5. 31.이지만 지연손해금은 한종원이 이 사건 신월동 상가를 인도한 다음 날인 2021. 9. 30.부터 발생합니다.

나. 소결

전현경은 2021. 6. 1. 이 사건 임대차보증금 반환채권에 대한 채권압류 및 추심명령(서울남부지방법원 2021타채1980호)을 받은 사람으로서, 2021. 9. 29. 양경미와 피고 서은정을 상대로 제기한 추심금 청구 소송 중 재판상 화해가 성립하였고, 위 재판상 화해의 취지에 따라 피고 서은정은 같은 날 9,000만 원을 공탁(서울남부지방법원 2021년 금제15797호)하였으므로 피고 서은정이 변제한 9,000만 원 부분은 청구하지 않겠습니다.

따라서 특별한 사정이 없는 한, 피고 서은정은 원고 윤상헌에게 임대차보증금 잔액 1,000만 원(= 임대차보증금 1억 원 - 공탁금 9,000만 원)과 한종원이 인도를 완료한 다음 날인 2021. 9. 30.부터 이 사건 소장 부본 송달일까지는 상법에서 정한 연 6%의, 그 다음날부터 다 갚는 날까지는 소송촉진 등에 관한 특례법에서 정한 연 12%의 각 비율로 계산한 지연손해금을 지급할 의무가 있습니다.

다. 예상 주장 및 항변

(1) 변제 항변

2021. 9. 29. 한종원에게 이 사건 임대차보증금 반환채권의 일부인 1,000만 원을 변제하였다고 주장할지 모르나, 제3채무자인 피고 서은정은 압류채권자인 원고 윤상헌에게 압류 이후의 채무자에 대한 변제로 대항할 수 없습니다.[3]

---

[3] 압류명령이 제3채무자에게 송달되면 압류의 효력이 생기는데, 제3채무자는 압류에 의하여 채무자에 대한 지급이 금지된다(민사집행법 제227조). 이는 채권압류의 본질적 효력으로서 제3채무자는 채무자에게 피압류채권에 따른 급부를 제공하더라도 이로써 압류채권자에게 대항할 수 없고, 압류채권자가 추심권을 취득하면 그에게 다시 지급해야 하는 이중변제의 위험을 부담한다(대판 2021.3.11. 2017다278729 등 참조).

(2) 재판상 화해 효력 관련 주장

한종원의 다른 압류·추심채권자인 전현경과의 재판상 화해에서 1,000만 원을 포기하였다고 주장할지 모르나, 전현경이 자신에게 처분권한이 없는 '피압류채권' 자체를 포기한 것으로 볼 수 없어 피압류채권에는 아무런 영향이 없고, 전현경과의 재판상 화해의 기판력이 원고 윤상헌에게 미치지 않으므로[4] 이유 없습니다.

---

[4] [1] 금전채권에 대해 압류·추심명령이 이루어지면 채권자는 민사집행법 제229조 제2항에 따라 대위절차 없이 압류채권을 직접 추심할 수 있는 권능을 취득한다. <u>추심채권자는 추심권을 포기할 수 있으나(민사집행법 제240조 제1항), 그 경우 집행채권이나 피압류채권에는 아무런 영향이 없다.</u> 한편 추심채권자는 추심 목적을 넘는 행위, 예를 들어 피압류채권의 면제, 포기, 기한 유예, 채권양도 등의 행위는 할 수 없다. 추심금소송에서 추심채권자가 제3채무자와 '피압류채권 중 일부 금액을 지급하고 나머지 청구를 포기한다.'는 내용의 재판상 화해를 한 경우 '나머지 청구 포기 부분'은 추심채권자가 적법하게 포기할 수 있는 자신의 '추심권'에 관한 것으로서 제3채무자에게 더 이상 추심권을 행사하지 않고 소송을 종료하겠다는 의미로 보아야 한다. 이와 달리 추심채권자가 나머지 청구를 포기한다는 표현을 사용하였다고 하더라도 이를 애초에 자신에게 처분 권한이 없는 '피압류채권' 자체를 포기한 것으로 볼 수는 없다. 따라서 위와 같은 재판상 화해의 효력은 별도의 추심명령을 기초로 추심권을 행사하는 다른 채권자에게 미치지 않는다.
[2] 동일한 채권에 대해 복수의 채권자들이 압류·추심명령을 받은 경우 <u>어느 한 채권자가 제기한 추심금소송에서 확정된 판결의 기판력은 그 소송의 변론종결일 이전에 압류·추심명령을 받았던 다른 추심채권자에게 미치지 않는다.</u> 그 이유는 다음과 같다.
① 확정판결의 기판력이 미치는 주관적 범위는 신분관계소송이나 회사관계소송과 같이 법률에 특별한 규정이 있는 경우를 제외하고는 원칙적으로 당사자, 변론을 종결한 뒤의 승계인 또는 그를 위하여 청구의 목적물을 소지한 사람과 다른 사람을 위하여 원고나 피고가 된 사람이 확정판결을 받은 경우의 그 다른 사람에 국한되고(민사소송법 제218조 제1항, 제3항) 그 밖의 제3자에게는 미치지 않는다. 따라서 추심채권자들이 제기하는 추심금소송의 소송물이 채무자의 제3채무자에 대한 피압류채권의 존부로서 서로 같더라도 소송당사자가 다른 이상 그 확정판결의 기판력이 서로에게 미친다고 할 수 없다.
② 민사집행법 제249조 제3항, 제4항은 추심의 소에서 소를 제기당한 제3채무자는 집행력 있는 정본을 가진 채권자를 공동소송인으로 원고 쪽에 참가하도록 명할 것을 첫 변론기일까지 신청할 수 있고, 그러한 참가명령을 받은 채권자가 소송에 참가하지 않더라도 그 소에 대한 재판의 효력이 미친다고 정한다. 위 규정 역시 참가명령을 받지 않은 채권자에게는 추심금소송의 확정판결의 효력이 미치지 않음을 전제로 참가명령을 통해 판결의 효력이 미치는 범위를 확장할 수 있도록 한 것이다.
③ 제3채무자는 추심의 소에서 다른 압류채권자에게 위와 같이 참가명령신청을 하거나 패소 부분에 대해 변제 또는 집행공탁을 함으로써, 다른 채권자가 계속 자신을 상대로 소를 제기하는 것을 피할 수 있다. 따라서 어느 한 채권자가 제기한 추심금소송에서 확정된 판결의 효력이 다른 채권자에게 미치지 않는다고 해도 제3채무자에게 부당하지 않다.
확정된 화해권고결정에는 재판상 화해와 같은 효력이 있다(민사소송법 제231조). 위에서 본 추심금소송의 확정판결에 관한 법리는 추심채권자가 제3채무자를 상대로 제기한 추심금소송에서 화해권고결정이 확정된 경우에도 마찬가지로 적용된다. 따라서 어느 한 채권자가 제기한 추심금소송에서 화해권고결정이 확정되었더라도 화해권고결정의 기판력은 화해권고결정 확정일 전에 압류·추심명령을 받았던 다른 추심채권자에게 미치지 않는다(대판 2020.10.29. 2016다35390).

(3) 소멸시효 완성 항변

임대차 기간 만료일인 2015. 5. 31.부터 5년의 상사시효[5]를 주장할지 모르나, 임대차 기간이 끝난 후 임차인이 보증금을 반환받기 위해 동시이행항변권을 근거로 목적물을 계속 점유하고 있다면, 보증금반환채권의 소멸시효는 진행하지 않으므로,[6] 점유를 상실한 2021. 9. 29.까지 소멸시효는 중단됩니다.

---

[5] 당사자 쌍방에 대하여 모두 상행위가 되는 행위로 인한 채권뿐만 아니라 당사자 일방에 대하여만 상행위에 해당하는 행위로 인한 채권도 상법 제64조 소정의 5년의 소멸시효기간이 적용되는 상사채권에 해당하는 것이고, 그 상행위에는 상법 제46조 각호에 해당하는 기본적 상행위뿐만 아니라 상인이 영업을 위하여 하는 보조적 상행위도 포함되며, 상인이 영업을 위하여 하는 행위는 상행위로 보되 상인의 행위는 영업을 위하여 하는 것으로 추정되고(대판 2002.9.24. 2002다6760(본소), 2002다6777(반소) 등 참조), 상행위인 계약의 해제로 인한 원상회복청구권 또한 상법 제64조의 상사시효의 대상이 된다(대판 1993.9.14. 93다21569 등 참조). 원심은 상인인 원고가 자신의 사업장으로 사용하기 위하여 피고와 사이에 피고가 운영하는 ○○○○○ △△점의 일부에 관하여 전대차계약을 체결한 것은 보조적 상행위에 해당하고, 전대차계약의 해제로 인한 원상회복으로서 원고가 피고에게 보증금의 반환을 구하는 채권에는 상사시효가 적용된다고 판단하였다. 원심판결 이유를 앞서 본 법리와 기록에 비추어 살펴보면, 원심의 판단에 상고이유 주장과 같이 상행위, 상사시효 등에 관한 법리를 오해한 잘못이 없다(대판 2021.9.9. 2020다299122).

[6] 소멸시효가 완성되기 위해서는 권리의 불행사라는 사실상태가 일정한 기간 동안 계속되어야 한다. 채권을 일정한 기간 행사하지 않으면 소멸시효가 완성하지만(민법 제162조, 제163조, 제164조), 채권을 계속 행사하고 있다고 볼 수 있다면 소멸시효가 진행하지 않는다. 나아가 채권을 행사하는 방법에는 채무자에 대한 직접적인 이행청구 외에도 변제의 수령이나 상계, 소송상 청구 및 항변으로 채권을 주장하는 경우 등 채권이 가지는 다른 여러 가지 권능을 행사하는 것도 포함된다. 따라서 채권을 행사하여 실현하려는 행위를 하거나 이에 준하는 것으로 평가할 수 있는 객관적 행위 모습이 있으면 권리를 행사한다고 보는 것이 소멸시효 제도의 취지에 부합한다.
임대차가 종료함에 따라 발생한 임차인의 목적물반환의무와 임대인의 보증금반환의무는 동시이행관계에 있다. 임차인이 임대차 종료 후 동시이행항변권을 근거로 임차목적물을 계속 점유하는 것은 임대인에 대한 보증금반환채권에 기초한 권능을 행사한 것으로서 보증금을 반환받으려는 계속적인 권리행사의 모습이 분명하게 표시되었다고 볼 수 있다. 따라서 임대차 종료 후 임차인이 보증금을 반환받기 위해 목적물을 점유하는 경우 보증금반환채권에 대한 권리를 행사하는 것으로 보아야 하고, 임차인이 임대인에 대하여 직접적인 이행청구를 하지 않았다고 해서 권리의 불행사라는 상태가 계속되고 있다고 볼 수 없다.
임차인의 보증금반환채권과 동시이행관계에 있는 임대인의 목적물인도청구권은 소유권 등 물권에 기초하는 경우가 많으므로, 임대인이 적극적으로 권리를 행사하는지와 관계없이 권리가 시효로 소멸하는 경우는 거의 발생하지 않는다. 만일 임차인이 임대차 종료 후 보증금을 반환받기 위해 목적물을 점유하여 적극적인 권리행사의 모습이 계속되고 있는데도 보증금반환채권이 시효로 소멸한다고 보면, 임차인은 목적물반환의무를 그대로 부담하면서 임대인에 대한 보증금반환채권만 상실하게 된다. 이는 보증금반환채무를 이행하지 않은 임대인이 목적물에 대한 자신의 권리는 그대로 유지하면서 보증금반환채무만을 면할 수 있게 하는 결과가 되어 부당하다. 나아가 이러한 소멸시효 진행의 예외는 어디까지나 임차인이 임대차 종료 후 목적물을 적법하게 점유하는 기간으로 한정되고, 임차인이 목적물을 점유하지 않거나 동시이행항변권을 상실하여 정당한 점유권원을 갖지 않는 경우에 대해서까지 인정되는 것은 아니다. 따라서 임대차 종료 후 보증금을 반환받기 위해 목적물을 점유하는 임차인의 보증금반환채권에 대하여 소멸시효가 진행하지 않는다고 보더라도 그 채권에 관계되는 당사자 사이의 이익 균형에 반하지 않는다.
주택임대차보호법 제4조 제2항은 "임대차기간이 끝난 경우에도 임차인이 보증금을 반환받을 때까지는 임대차관계가 존속되는 것으로 본다."라고 정하고 있다(2008. 3. 21. 법률 제8923호로 개정되면서 표현이 바뀌었을 뿐 그 내용은 개정 전과 같다). 2001. 12. 29. 법률 제6542호로 제정된 상가건물 임대차보호법도 같은 내용의 규정을 두고 있다(제9조 제2항). 이는 임대차기간이 끝난 후에도 임차인이 보증금을 반환받을 때까지는 임차인의 목적물에 대한 점유를 임대차기간이 끝나기 전과 마찬가지 정도로 강하게 보호함으로써 임차인의 보증금반환채권을 실질적으로 보장하기 위한 것이다. 따라서 임대차기간이 끝난 후 보증금을 반환받지 못한 임차인이 목적물을 점유하는 동안 위 규정에 따라 법정임대차관계가 유지되고 있는데도 임차인의 보증금반환채권은 그대로 시효가 진행하여 소멸할 수 있다고 한다면, 이는 위 규정의 입법 취지를 훼손하는 결과를 가져오게 되어 부당하다.
위와 같은 소멸시효 제도의 존재 이유와 취지, 임대차기간이 끝난 후 보증금반환채권에 관계되는 당사자 사이의 이익형량, 주택임대차보호법 제4조 제2항의 입법 취지 등을 종합하면, 주택임대차보호법에 따른 임대차에서 그 기간이 끝난 후 임차인이 보증금을 반환받기 위해 목적물을 점유하고 있는 경우 보증금반환채권에 대한 소멸시효는 진행하지 않는다고 보아야 한다(대판 2020.7.9. 2016다244224, 244231).

(4) 분할채무 주장

1,000만 원 중 피고 서은정의 상속지분인 2/5에 상응하는 400만 원만 청구할 수 있을 뿐이라고 주장할지도 모르나, 임대차보증금 반환채무는 성질상 불가분채무에 해당하므로[7] 이유 없습니다.

2. 원고 윤상헌의 피고 김옥기에 대한 청구

가. 부당이득반환 청구[8]

피고 김옥기는 별지 목록 순번2 기재 건물(이하 '이 사건 목동 상가'라 합니다)을 2020. 4. 3. 전현경의 동의 없이 조현규와 임대차계약을 체결하고, 2020. 5. 2.부터 임대차 종료일인 2022. 4. 2.까지 매월 2일 조현규로부터 임대료 500만 원을 받았습니다.

원고 윤상헌은 2021. 10. 3. 전현경으로부터 이 사건 목동 상가 1/2 지분을 매수하여 피고 김옥기와 공유하는 관계에 있습니다.

부동산의 공유자가 공유물 전체를 사용·수익한 경우 자신의 지분을 초과하는 부분은 법률상 원인 없이 취득한 부당이득이 되어 다른 지분 소유자에게 이를 반환할 의무가 있으므로,[9] 피고 김옥기는 원고 윤상헌이 사건 목동 상가의 지분을 취득한 2021. 10. 3. 이후부터 조규현이 마지막으로 임대료를 지급한 2022. 4. 2.까지 받은 임대료 합계 3,000만 원(= 월 500만 원 × 6개월) 중 원고 윤상헌의 지분 1/2에 상당하는 금액인 1,500만 원을 지급할 의무가 있습니다.

한편, 피고 김옥기는 악의의 수익자에 해당하므로 각 이익을 받은 날로부터 이자를 붙여 반환하여야 합니다(민법 제748조 제2항).

---

7) 상가건물 임대차보호법 제3조는 '대항력 등'이라는 표제로 제1항에서 대항력의 요건을 정하고, 제2항에서 "임차건물의 양수인(그 밖에 임대할 권리를 승계한 자를 포함한다)은 임대인의 지위를 승계한 것으로 본다."라고 정하고 있다. 이 조항은 임차인이 취득하는 대항력의 내용을 정한 것으로, 상가건물의 임차인이 제3자에 대한 대항력을 취득한 다음 임차건물의 양도 등으로 소유자가 변동된 경우에는 양수인 등 새로운 소유자(이하 '양수인'이라 한다)가 임대인의 지위를 당연히 승계한다는 의미이다. 소유권 변동의 원인이 매매 등 법률행위든 상속·경매 등 법률의 규정이든 상관없이 이 규정이 적용되므로, 상속에 따라 임차건물의 소유권을 취득한 자도 위 조항에서 말하는 임차건물의 양수인에 해당한다. 임대인 지위를 공동으로 승계한 공동임대인들의 임차보증금 반환채무는 성질상 불가분채무에 해당한다(대판 2021.1.28. 2015다59801).
8) ① 피고의 실질적 수익 ② 원고의 손해 ③ 인과관계(사실상 추정) ④ 법률상 원인의 흠결(급부부당이득의 경우)
9) 부동산의 공유자 중 1인이 타 공유자의 동의 없이 그 부동산을 타에 임대하였다면 이로 인한 수익 중 자신의 지분을 초과하는 부분에 대하여는 법률상 원인 없이 취득한 부당이득이 되어 이를 반환할 의무가 있고, 이 경우 반환하여야 할 범위는 그 부동산의 임대차로 인한 차임 상당액이며, 임대차의 내용이 미등기 전세이거나 보증금이 있는 경우에는 전세금이나 보증금의 이자 상당액이 차임에 해당되거나 차임에 보태어지는 것이다(대판 1995.7.14. 94다15318). ⇨ 보증금 자체의 반환은 구하지 못하나 보증금 보유에 따른 금융이익은 부당이득에 해당할 수 있다. 그러나 보증금의 성격이 단순히 미지급 차임 및 손해배상 등을 담보하기 위한 목적에 불과한 경우에는 금융이익을 부당이득으로 보지 않는다. 사안의 경우 월세(500만 원)에 비하여 지나친 다액이 아니므로(5,000만 원) 보증금으로서의 성격만 있는 것으로 보는 것이 타당해 보임

나. 소결

피고 김옥기가 2021. 10. 3.부터 2022. 4. 2.까지 이 사건 목동 상가에 부과된 관리비, 화재보험료 등 관리비용 합계 720만 원을 납부한 사실은 인정하고, 공유자인 원고 윤상헌은 관리비용 중 자신의 지분 비율인 360만 원을 부담할 의무가 있으므로(민법 제266조 제1항), 이 부분은 공제하고 청구하고자 합니다.[10]

따라서 특별한 사정이 없는 한, 피고는 원고에게 부당이득금[11]으로 1,140만 원(= 1,500만 원 - 360만 원)과 이에 대하여 원고 윤상헌이 구하는[12] 조현규의 퇴거 다음날인 2022. 4. 3.부터 이 사건 소장 부본 송달일까지는 민법에서 정한 연 5%의, 그 다음날부터 다 갚는 날까지는 소송촉진 등에 관한 특례법에서 정한 연 12%의 각 비율로 계산한 이자 내지 지연손해금을 지급할 의무가 있습니다.[13]

나. 예상 주장

피고 김옥기는 자신이 지출한 관리비용 720만 원 중 원고 윤상헌이 자인하는 부분을 넘는 나머지 360만 원도 부당이득금에서 모두 공제하여야 한다는 주장을 할지도 모르나, 앞서 본 바와 같이 공유자는 자신의 지분 범위에서 관리비용을 부담하여야 하므로 이유 없습니다.

---

10) 민법 제201조 제1항은 "선의의 점유자는 점유물의 과실을 취득한다."라고 정하고, 제2항은 "악의의 점유자는 수취한 과실을 반환하여야 하며 소비하였거나 과실로 인하여 훼손 또는 수취하지 못한 경우에는 그 과실의 대가를 보상하여야 한다."라고 정하고 있다. 민법 제203조 제1항은 "점유자가 점유물을 반환할 때에는 회복자에 대하여 점유물을 보존하기 위하여 지출한 금액 기타 필요비의 상환을 청구할 수 있다. 그러나 점유자가 과실을 취득한 경우에는 통상의 필요비는 청구하지 못한다."라고 정하고 있다. 위 규정을 체계적으로 해석하면 민법 제203조 제1항 단서에서 말하는 '점유자가 과실을 취득한 경우'란 점유자가 선의의 점유자로서 민법 제201조 제1항에 따라 과실수취권을 보유하고 있는 경우를 뜻한다고 보아야 한다. 선의의 점유자는 과실을 수취하므로 물건의 용익과 밀접한 관련을 가지는 비용인 통상의 필요비를 스스로 부담하는 것이 타당하기 때문이다. 따라서 과실수취권이 없는 악의의 점유자에 대해서는 위 단서 규정이 적용되지 않는다(대판 2021.4.29. 2018다261889). ⇨ 채점기준표가 인용한 위 판례는 전체를 점유한 공유자가 관리비용의 공제를 주장하자 반환청구자가 과실수취권 있는 점유자가 필요비를 부담하여야 한다는 주장을 하였고, 이에 대하여 지분을 넘는 부분은 악의의 점유자이니 필요비를 부담하지 않는다는 취지로 판단한 것이어서 본 사안의 경우 피고 김옥기가 위와 같은 기교적 주장은 하지 않으므로 참조하기 적절하지 않음[사안의 경우 각 1/2 지분권자여서 상호 인도를 청구할 수 없으므로 민법 201조 내지 203조는 적용되지 않음]
11) 불법행위에 기한 손해배상청구로 구성해도 동일 점수 부여함.
12) 피고는 악의의 수익자이므로 받은 이익에 대하여 수령일부터 이자를 가산하여 반환하여야 하나, 원고는 이자 및 지연손해금 모두 조현규 퇴거일 다음날부터 계산하여 받기를 희망하고 있음(의뢰인 상담일지 2항 참조).
13) 인도청구(대판 2020.10.15. 2019다245822)와 임대차보증금에 대한 부당이득 반환청구(대판 2021.4.29. 2018다261889)는 각 기각될 것이므로, 위 각 청구를 하는 경우 각 3점의 범위 내에서 감점함. 단, 인도청구를 하는 것에 대해 청구취지에서 이미 3점을 감점한 경우 청구원인에서 추가로 감점하지 아니함.

3. 원고 윤상헌의 피고 고미라에 대한 청구

가. 고영명의 공동 불법행위로 인한 손해배상금 채무[14]

금전을 대여한 채권자가 고의 또는 과실로 이자제한법을 위반하여 최고이자율을 초과하는 이자를 받아 채무자에게 손해를 입힌 경우에는 특별한 사정이 없는 한 민법 제750조에 따라 불법행위가 성립한다고 보아야 합니다.[15]

원고 윤상헌은 2013. 12. 23. 서경진으로부터 2억 원을 차용하면서 변제기를 2014. 6. 30.로, 변제금을 4억 원으로, 지체 시 지연손해금율은 월 20%로 각 정하였습니다(이하 '이 사건 차용계약'이라 합니다).

고영명은 이 사건 차용계약을 중개하면서 서경진에게 이자 2억 원 중 5,000만 원을 분배할 것을 먼저 제안하였으며, 그 후 원고와 이 사건 차용계약의 내용을 주도적으로 교섭, 확정하는 등 이 사건 차용계약에 적극 가담하였습니다.

그 후 원고 윤상헌은 서경진에게 2014. 12. 22. 2억 원을, 2015. 12. 22. 2억 원을 각 변제하였습니다.

원고 윤상헌이 2014. 12. 22. 서경진에게 지급한 2억 원은 이 사건 차용계약일 2013. 12. 23.부터 지급일인 2014. 12. 22.까지 구 이자제한법에 따른 최고이자율인 연 30%의 비율로 계산한 이자 및 지연손해금 6,000만 원(= 2억 원 × 연 30% × 1년)의 변제에 먼저 충당되고, 남은 잔액 1억 4,000만 원은 이 사건 차용계약의 원본 채무 2억 원의 변제에 충당됩니다(구 이자제한법 제2조 제4항).

원고 윤상헌이 2015. 12. 22. 서경진에게 지급한 2억 원은 위 지급일 다음날인 2014. 12. 23.부터 지급일인 2015. 12. 22.까지 지연손해금 채무 1,800만 원(= 6,000만 원 × 연 30% × 1년)의 변제에 먼저 충당되고, 남은 잔액 1억 8,200만 원은 이 사건 차용금 채무의 원본 채무 6,000만 원의 변제에 충당되며, 초과지급액 1억 2,200만 원(= 1억 8,200만 원 - 6,000만 원)이 불법행위로 인한 손해액입니다.

따라서 고영명은 피고에게 1억 2,200만 원과 그에 대하여 불법행위로 원고 윤상헌에게 손해가 발생한 2015. 12. 22.부터의 지연손해금을 지급할 의무가 있습니다.

---

[14] ① 고의나 과실 ② 가해행위 ③ 권리침해 ④ 손해 ⑤ 인과관계 ⑥ 적극 가담 사실
[15] 금전을 대여한 채권자가 고의 또는 과실로 이자제한법을 위반하여 최고이자율을 초과하는 이자를 받아 채무자에게 손해를 입힌 경우에는 특별한 사정이 없는 한 민법 제750조에 따라 불법행위가 성립한다고 보아야 한다. 최고이자율을 초과하여 지급된 이자는 이자제한법 제2조 제4항에 따라 원본에 충당되므로, 이와 같이 충당하여 원본이 소멸하고도 남아 있는 초과 지급액은 이자제한법 위반 행위로 인한 손해라고 볼 수 있다. 부당이득반환청구권과 불법행위로 인한 손해배상청구권은 서로 별개의 청구권으로서, 제한 초과이자에 대하여 부당이득반환청구권이 있다고 해서 그것만으로 불법행위의 성립이 방해되지 않는다. 나아가 채권자와 공동으로 위와 같은 이자제한법 위반 행위를 하였거나 이에 가담한 사람도 민법 제760조에 따라 연대하여 손해를 배상할 책임이 있다(대판 2021.2.25. 2020다230239).

나. 피고 고미라의 상속책임

고영명은 2016. 2. 13. 사망하였고, 사망 당시 배우자인 김정희와 직계비속인 피고 고미라가 고영명을 상속하였습니다.

다. 소결

특별한 사정이 없는 한 피고 고미라는 원고 윤상헌에게 망인의 공동불법행위로 인한 손해배상금 1억 2,200만 원 중 자신의 상속분에 해당하는 4,880만 원(= 1억 2,200만 원 × 2/5)과 손해가 발생한 2015. 12. 22.부터 이 사건 소장 부본 송달일까지는 민법에서 정한 연 5%의, 그 다음날부터 다 갚는 날까지는 소송촉진 등에 관한 특례법에서 정한 연 12%의 각 비율로 계산한 지연손해금을 지급할 의무가 있습니다.

나. 피고의 예상되는 주장에 대한 검토

피고는 2022. 6. 30. 법원에 한정승인 신고를 하여 이를 수리하는 심판을 받았다고 주장할지 모릅니다.

특별한정승인의 기간은 제척기간인 점, 법정대리인 제도, 제한능력자에 대한 기간 규정의 내용 및 취지를 종합하면 민법 제1019조 제3항 기간은 상속인이 미성년인 경우 법정대리인의 인식을 기준으로 판단하여야 합니다.[16]

이 사건에서 피고의 친권자(법정대리인)인 김정희는 적어도 그가 원고 윤상헌에게 내용증명 우편을 발송한 2016. 6. 30.에는 상속채무 초과사실을 알고 있었으므로 제척기간이 도과한 특별한정승인 수리의 효력이 없습니다.[17]

---

16) 대판 2020.11.19. 2019다232918 전원합의체.
17) 가정법원의 한정승인신고 수리의 심판은 일응 한정승인의 요건을 구비한 것으로 인정한다는 것일 뿐 그 효력을 확정하는 것이 아니고, 한정승인의 효력이 있는지 여부에 대한 최종적인 판단은 실체법에 따라 민사소송에서 결정될 문제이다. 가사소송규칙 제75조 제3항은 가정법원의 한정승인신고 수리 심판서에 신고일자와 대리인에 관한 사항을 기재하도록 정할 뿐 민법 제1019조 제1항의 한정승인과 같은 조 제3항의 특별한정승인을 구분하여 사건명이나 근거조문 등을 기재하도록 정하고 있지 않고, 재판실무상으로도 이를 특별히 구분하여 기재하지 않고 있다. 따라서 민법 제1019조 제3항이 신설된 후 상속인이 단순승인을 하거나 단순승인한 것으로 간주된 후에 한정승인신고를 하고 가정법원이 특별한정승인의 요건을 갖추었다는 취지에서 수리심판을 하였다면 상속인이 특별한정승인을 한 것으로 보아야 한다.
그렇다면 민법 제1019조 제3항이 적용되는 사건에서 상속인이 단순승인을 하거나 민법 제1026조 제1호, 제2호에 따라 단순승인한 것으로 간주된 다음 한정승인신고를 하여 이를 수리하는 심판을 받았다면, 상속채권에 관한 청구를 심리하는 법원은 위 한정승인이 민법 제1019조 제3항에서 정한 요건을 갖춘 특별한정승인으로서 유효한지 여부를 심리·판단하여야 한다(대판 2021.2.25. 2017다289651).

4. 원고 든든손해보험 주식회사의 피고 황구현에 대한 청구

가. 부당이득반환 청구[18]

원고 회사는 피고 황구현과의 보험계약에 따라 2017. 3. 24. 피고 황구현에게 보험금 4,000만 원을 지급하였습니다(이하 '이 사건 보험금'이라 합니다).

그러나 이 사건 보험금 지급의 원인이 된 보험사고는 피고 황구현이 2017. 2. 23. 보험금을 편취할 목적으로 고의로 발생시킨 화재로 인한 것입니다.

따라서 피고 황구현은 법률상 원인 없이 취득한 이 사건 보험금을 부당이득으로 반환하여야 하고, 악의의 수익자이므로 이 사건 보험금을 받은 날로부터 이자를 붙여 반환하고(민법 제748조 제2항), 원고 회사가 이행을 청구한 이 사건 소장부본 송달 이후에는 지연손해금을 지급하여야 합니다.

나. 소결

원고 회사는 이 사건 보험금 중 1,000만 원에 대하여는 이미 확정판결(서울중앙지방법원 2021가단5291376 판결, 이하 '이 사건 전소'라 합니다)을 받은 바 있으므로, 이 부분은 청구에서 제외합니다.

따라서 특별한 사정이 없는 한 피고 황구현은 원고회사에게 부당이득금 3,000만 원과 보험금 수령일인 2017. 3. 24.부터 이 사건 소장 부본 송달일까지는 상법에서 정한 연 6%의,[19] 그 다음날부터 다 갚는 날까지는 소송촉진 등에 관한 특례법에서 정한 연 12%의 각 비율로 계산한 이자 내지 지연손해금을 지급할 의무가 있습니다.

다. 피고의 예상되는 항변에 대한 검토

피고 황구현은 상법 제662조에 따른 보험금청구권의 단기 소멸시효 등 소멸시효를 주장할지 모릅니다.

그러나 편취한 보험금 상당의 부당이득반환청구권에 대하여는 보험금청구라고 볼 수 없으므로 상법 제662조의 3년이 아닌, 상법 제64조에 따른 5년의 상사 소멸시효기간이 적용되어야 합니다.[20]

---

[18] 든든손해보험 주식회사는 늦어도 황구현에 대한 형사판결이 확정된 2017. 11. 30.경에는 불법행위로 인한 손해 및 그 가해자를 알았다고 할 것이므로, 소 제기 시점에는 이미 불법행위로 인한 손해배상청구권의 단기소멸시효가 완성되었음. 불법행위 손해배상청구는 기각될 것이므로, 불법행위 손해배상청구를 하는 경우 3점의 범위 내에서 감점함.

[19] 상행위인 계약의 무효로 인한 부당이득반환청구권은 민법 제741조의 부당이득 규정에 따라 발생한 것으로서 특별한 사정이 없는 한 민법 제162조 제1항이 정하는 10년의 민사 소멸시효기간이 적용되나, 부당이득반환청구권이 상행위인 계약에 기초하여 이루어진 급부 자체의 반환을 구하는 것으로서 채권의 발생 경위나 원인, 당사자의 지위와 관계 등에 비추어 법률관계를 상거래 관계와 같은 정도로 신속하게 해결할 필요성이 있는 경우 등에는 상법 제64조가 유추적용되어 같은 조항이 정한 5년의 상사 소멸시효기간에 걸린다. 이러한 법리는 실제로 발생하지 않은 보험사고의 발생을 가장하여 청구·수령된 보험금 상당 부당이득반환청구권의 경우에도 마찬가지로 적용할 수 있다(대판 2021.8.19. 2018다258074).

[20] 위 대판 2021.8.19. 2018다258074.

원고 회사는 이 사건 보험금 수령일인 2017. 3. 24.로부터[21] 5년이 경과하기 전인 2021. 11. 25. 피고를 상대로 이 사건 전소를 제기하면서 그 소장에 "이 사건 부당이득금 중 일부인 1,000만 원을 먼저 청구하고, 추후 청구금액을 확장하도록 하겠습니다."라고 기재하였고, 이 사건 전소의 확정일인 2022. 6. 9.로부터 6개월 내인 2022. 8. 4. 이 사건 소를 제기하였으므로, 이 사건 부당이득반환청구권의 소멸시효는 위 선행소송 제기일인 2021. 11. 25.로 소급하여 중단되었습니다.[22] 따라서 소멸시효가 완성되었다는 피고의 항변은 이유 없습니다.

5. 결론

그러므로 원고의 청구를 모두 인용하여 주시기 바랍니다.

증명방법 (생략)

첨부서류 (생략)

2022. 8. 4.

원고들 소송대리인
변호사 이휘상 (인)

서울남부지방법원[23] 귀중

---

[21] 소멸시효는 객관적으로 권리가 발생하여 그 권리를 행사할 수 있는 때부터 진행하고 그 권리를 행사할 수 없는 동안만은 진행하지 않는바, 여기서 '권리를 행사할 수 없는' 경우라 함은 그 권리행사에 법률상의 장애사유, 예컨대 기간의 미도래나 조건불성취 등이 있는 경우를 말하는 것이고, 사실상 권리의 존재나 권리행사 가능성을 알지 못하였고, 알지 못함에 과실이 없다고 하여도 이러한 사유는 법률상 장애사유에 해당하지 않는다(대판 1992.3.31. 91다32053 전원합의체 등 참조). 원심은, 방화사실이 명확히 밝혀질 때까지는 원고가 피고를 상대로 부당이득반환청구를 하는 것이 객관적으로 어려운 장애사유에 해당한다는 원고의 주장에 대하여, 원고 주장의 위와 같은 사유는 법률상 장애사유에 해당한다고 보기 어렵고, 나아가 원고가 손해사정인을 통하여 이 사건 화재의 원인을 나름대로 분석하여 보험사고의 발생 여부를 판단한 후 이 사건 보험금을 지급한 점 등에 비추어 보면, 원고가 이 사건 부당이득반환청구권을 행사하는 것이 객관적으로 불가능한 사실상의 장애사유가 있었다고 보기도 어렵다는 이유로, 원고의 위 주장을 배척하였다. 원심판결 이유를 위와 같은 법리에 비추어 기록을 살펴보면, 원심의 이와 같은 판단은 정당한 것으로 수긍할 수 있다(대판 2008.12.11. 2008다47886). ⇨ 판례는 소멸시효의 기산점에 대하여는 다소 엄격한 기준을 적용하고 있음

[22] 하나의 채권 중 일부에 관하여만 판결을 구한다는 취지를 명백히 하여 소송을 제기한 경우에는 소제기에 의한 소멸시효중단의 효력이 그 일부에 관하여만 발생하고, 나머지 부분에는 발생하지 아니하나, 소장에서 청구의 대상으로 삼은 채권 중 일부만을 청구하면서 소송의 진행경과에 따라 장차 청구금액을 확장할 뜻을 표시하고 당해 소송이 종료될 때까지 실제로 청구금액을 확장한 경우에는 소제기 당시부터 채권 전부에 관하여 판결을 구한 것으로 해석되므로, 이러한 경우에는 소제기 당시부터 채권 전부에 관하여 재판상 청구로 인한 시효중단의 효력이 발생한다(대판 2020.2.6. 2019다223723).

[23] 다른 법원을 기재하였을 경우 감점. (피고들의 주소지가 모두 위 법원 관할)

민사법

기록형

2022년도 **제3차**
법전협 모의시험
문제

2022년도 제3차 변호사시험 모의시험 - 논술형(기록형)

시험과목	민사법(기록형)

응시자 준수사항

1. 시험 시작 전 문제지의 봉인을 손상하는 경우, 봉인을 손상하지 않더라도 문제지를 들추는 행위 등으로 문제 내용을 미리 보는 경우 모두 부정행위로 간주되어 그 답안은 영점 처리 됩니다.

2. 답안은 흑색 또는 청색 필기구(사인펜이나 연필 사용 금지) 중 한 가지 필기구만을 사용하여 답안 작성 난(흰색 부분) 안에 기재하여야 합니다.

3. 답안지에 성명과 수험 번호를 기재하지 않아 인적 사항이 확인되지 않는 경우에는 영점 처리 등 불이익을 받게 됩니다. 특히 답안지를 바꾸어 다시 작성하는 경우, 성명 등의 기재를 빠뜨리지 않도록 유의하여야 합니다.

4. 답안지에는 문제 내용을 기재할 필요가 없으며, 답안 내용 이외의 사항을 기재하거나 밑줄 기타 어떠한 표시도 하여서는 안 됩니다. 답안을 정정할 경우에는 두 줄로 긋고 다시 기재하여야 하며, 수정액 등은 사용할 수 없습니다.

5. 시험 종료 시각에 임박하여 답안지를 교체 요구한 경우라도 시험시간 종료 후 즉시 새로 작성한 답안지를 회수합니다.

6. 시험 종료 후에는 답안지 작성을 일절 할 수 없으며, 이에 위반하여 시험시간이 종료되었음에도 불구하고 **시험관리관의 답안지 제출 지시에 불응한 채 계속 답안을 작성하거나 답안지를 늦게 제출할 경우 그 답안은 영점 처리** 됩니다.

7. 답안은 답안지 쪽수 번호 순으로 기재하여야 하고, **배부받은 답안지는 백지 답안이라도 모두 제출**하여야 하며, **답안지를 제출하지 아니한 경우 그 시험시간 및 나머지 시험시간의 시험에 응시할 수 없습니다.**

8. 지정된 시간까지 지정된 시험실에 입실하지 아니하거나 시험관리관의 승인을 얻지 아니하고 시험시간 중에 그 시험실에서 퇴실한 경우 그 시험시간 및 나머지 시험시간의 시험에 응시할 수 없습니다.

9. 시험시간이 종료되기 전에는 어떠한 경우에도 문제지를 시험장 밖으로 가지고 갈 수 없고, 시험 종료 후 가지고 갈 수 있습니다.

법학전문대학원협의회
THE ASSOCIATION OF KOREAN LAW SCHOOLS

【문 제】

　귀하는 변호사 나변호로서, 의뢰인 김원식과의 상담을 통해 아래【상담내용】과 같은 사실관계를 청취하고,【의뢰인 희망사항】기재사항에 관한 본안소송의 대리권을 수여받고, 첨부된 서류를 자료로 받았습니다.
　의뢰인을 위한 본안의 소를 제기하기 위한 소장을 작성하시오.

【작성요령】

1. 소장 작성일 및 소 제기일은 2022. 10. 17.로 하시오.
2. 일방 당사자가 여러 명인 경우 성명으로 특정하시오(예 : '피고 홍길동').
3. 청구취지와 청구원인은 가급적 피고별로 나누어 기재하시오.
　　　　　　　[이하의 작성요령은 실무의 기준과 다를 수 있음]
4. **공통의 관할권이 있는 법원에** 1건의 공동소송으로 제기하되, 공동소송의 요건은 갖추어진 것으로 전제하고, 전속관할이 있는 청구가 있으면 반드시 그 관할법원에 소를 제기하며, (주관적이든 객관적이든) 예비적·선택적 병합청구는 하지 마시오.
5. 【의뢰인 희망사항】에 기재된 희망사항에 부합하되, 현행법과 그 해석상 승소 가능한 최대한의 범위에서 청구하고, 소 각하나 청구기각 부분이 발생하지 않도록 하시오.
6. **불법행위로 인한 손해배상청구시 과실상계는 고려하지 마시오.**
7. 첨부자료를 통하여 상대방이 명백히 의견을 밝히고 있어서 소송 중 방어방법으로 제출할 것으로 예상되는 법률상 주장이나 항변 중 이유 있다고 생각되는 부분은 청구에 미리 반영하고, 이유 없다고 판단되는 사항은 청구원인란을 통해 미리 반박하시오.
8. 【의뢰인 상담일지】와 첨부자료에 기재된 사실관계는 모두 사실에 부합한 것으로 보고(작성자의 의견에 해당하는 사항은 제외), 기재되지 않은 사실은 없는 것으로 전제하며, 첨부된 서류는 모두 진정하게 성립된 것으로 간주하시오. 기록에 (인)으로 표시된 부분은 적법하게 날인된 것으로 간주하시오.
9. <증명방법>과 <첨부서류>란 기재는 생략하고, 도면은 아래 [별지 도면]을, 부동산의 표시는 아래 [목록(부동산의 표시)]을 소장 말미에 첨부함을 전제로 하여 작성하므로, 소장 말미에 [별지 도면] 내지 [목록(부동산의 표시)]을 기재하지 마시오.
10. 이자나 지연손해금, 차임에 대하여는 다시 지연손해금 청구를 하지 마시오.
11. 관련 증거자료를 제시하여 기술할 필요는 없습니다.
12. 기록상의 날짜가 공휴일인지 여부, 문서의 서식이 실제와 부합하는지 여부는 고려하지 마시오.

별지 도면

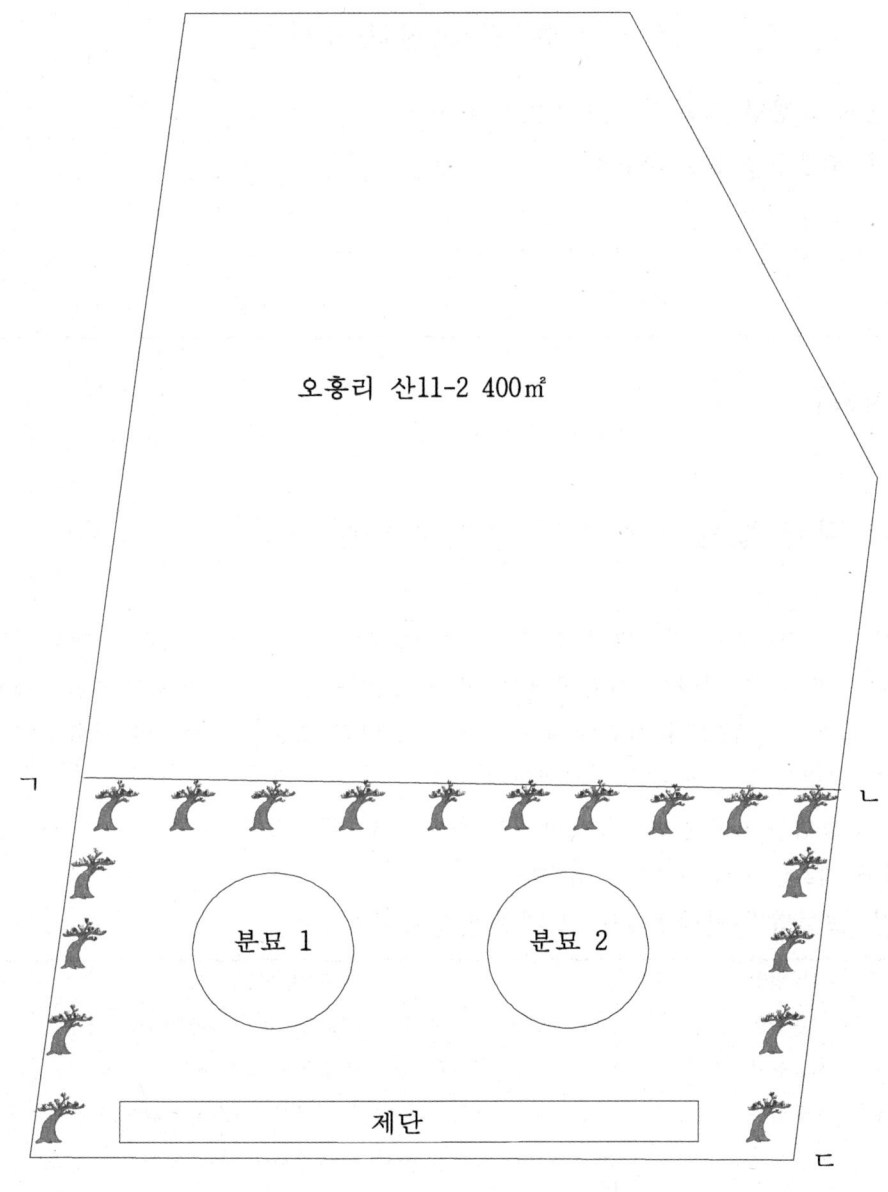

오흥리 산11-2 토지 중 ㄱ, ㄴ, ㄷ, ㄹ, ㄱ의 각 점을 순차로 연결한 선내 부분은 120㎡임. 선내 부분에는 분묘 2기와 제단, 수목, 비석 등이 설치되어 있고 잔디 조경이 이루어져 있음.

목 록 (부동산의 표시)

1. 안성시 금광면 오흥리 산11-2 임야 400㎡
2. 서울 도봉구 도봉동 384-3 대 565㎡. 끝.

[참고자료]

각급 법원의 설치와 관할구역에 관한 법률(일부)

제4조(관할구역) 각급 법원의 관할구역은 다음 각 호의 구분에 따라 정한다. 다만, 지방법원 또는 그 지원의 관할구역에 시·군법원을 둔 경우 「법원조직법」 제34조 제1항 제1호 및 제2호의 사건에 관하여는 지방법원 또는 그 지원의 관할구역에서 해당 시·군법원의 관할구역을 제외한다.
 1. 각 고등법원·지방법원과 그 지원의 관할구역: 별표 3
    (이하 제2호 내지 제8호는 생략)

[별표3] 고등법원·지방법원과 그 지원의 관할구역(일부)

고등법원	지방법원	지원	관할구역
서 울	서울중앙		서울특별시 종로구·중구·강남구·서초구·관악구·동작구
	서울동부		서울특별시 성동구·광진구·강동구·송파구
	서울남부		서울특별시 영등포구·강서구·양천구·구로구·금천구
	서울북부		서울특별시 동대문구·중랑구·성북구·도봉구·강북구·노원구
	서울서부		서울특별시 서대문구·마포구·은평구·용산구
수 원	수원		수원시·오산시·용인시·화성시 (이하 생략)
		평택	평택시·안성시
		성남	성남시·광주시·하남시

의뢰인 상담일지

변호사 나 변 호 법률사무소
서울 서초구 서초중앙로21길 17, 206호(서초동)
☎ : 02-535-1125, 팩스 : 02-535-1126, e-mail : nbh@amail.com

접수번호	2022-131	상담일시	2022. 10. 12.
상담인	김원식 010-8653-9600	내방경위	지인 소개

【상 담 내 용】

1. 안성시 토지 관련
   가. 의뢰인은 오래 전에 별지 목록 제1항 기재 토지(이하 '안성시 토지'라 한다)를 구입하였으나 이런저런 사정으로 제대로 활용하지 못한 채 시간이 지났다. 그런데 얼마 전 안성시 토지를 방문하여 주변을 둘러보던 중 안성시 토지의 별지 도면 부분에 누군가의 분묘가 설치되어 있는 것을 발견하여 사정을 알아보니 안성남씨회령군파종중 선조의 묘소인 것을 알게 되었다.
   나. 의뢰인은 위 종중 대표자에게 분묘를 이전해갈 것을 요구하였으나, 위 종중은 이를 거부하고 있다.

2. 물품대금채권 관련
   가. 의뢰인은 주식회사 뉴테크에게 사무용 고속복사기 500대를 합계 10억 원에 판매하였는데, 위 매매계약 체결 당시 이형석은 주식회사 뉴테크의 대표이사 명함을 제시하면서 계약서에 법인인감을 날인하였다. 그 후 의뢰인은 약정대로 주식회사 뉴테크에게 물품을 모두 인도해 주었다.
   나. 의뢰인은 변제기가 도래하자 물품대금과 그 이자 및 지연손해금의 변제를 요구하였으나, 주식회사 뉴테크는 법인의 대표이사는 이형석의 아버지인 이원길이고, 이형석은 실제 대표이사가 아니며, 회사에 남은 재산도 없다면서 이에 응하지 않고 있다.
   다. 의뢰인은 주식회사 뉴테크 명의 재산을 찾기 위해 백방으로 알아보았으나, 대부분 이형석과 이원길이 임의로 사용하거나 이형석의 개인재산으로 빼돌린 상태였고, 이형석은 회사 재산 5억 원을 횡령한 혐의로 징역형을 선고받아 복역을 마쳤다.

3. 도봉구 토지 관련
가. 의뢰인이 처음 주식회사 뉴테크를 소개받을 당시에는 주식회사 뉴테크가 서울 도봉구 토지를 소유하고 있었는데, 최근에 확인해보니 위 토지가 김삼순, 박현빈, 박현철을 거쳐 박금지, 박은지에게 넘어가 있었다.
나. 수소문해본 결과 이원길의 전처인 김삼순이 이원길, 이형석 몰래 주식회사 뉴테크 명의 매매계약서를 위조하고, 주식회사 뉴테크를 상대로 위 토지에 관한 소유권이전등기청구소송을 제기하면서 김삼순의 고향 후배 고길동의 주소로 소장이 송달되도록 하여 전부승소 확정판결을 받아 소유권을 이전받았다고 한다.

4. 추심금 관련
가. 의뢰인은 튼튼시공을 운영하는 최우식으로부터 지급받을 자재대금 채권 5억 원이 있는데, 최우식이 이를 갚지 않자 최우식의 김상철에 대한 대여금 채권 3억 원에 관하여 채권가압류결정을 받아두고, 위 자재대금 5억 원에 대한 지급명령도 받았다.
나. 그 후에도 최우식이 계속 변제를 하지 않자 의뢰인은 최우식의 김상철에 대한 위 대여금채권에 관하여 압류 및 추심명령을 받았다. 이에 대해 김상철은 그의 최우식에 대한 채권으로 상계를 하겠다고 주장하고 있으나, 채권가압류 이후에 취득한 채권으로는 상계할 수 없는 것으로 알고 있다.

【의뢰인 희망사항】
1. 가능하다면 안성남씨회령군파종중으로부터 안성시 토지를 인도받고, 위 토지에 대한 부당이득금 내지 지료도 최대한 지급받기를 원한다.
2. 주식회사 뉴테크는 어차피 자력이 없고, 주식회사 뉴테크의 이사 한정수와 협상이 진행 중인 상태라서 지금 당장은 주식회사 뉴테크를 상대로 소송을 제기하고 싶은 마음이 없으며, 이원길은 자력이 없어 굳이 피고로 삼고

- 5 -

싶지 않다. 대신 주식회사 뉴테크의 이형석에 대한 손해배상채권을 원고가 대신 행사할 수 있다면 일단 이러한 방법을 강구하고 싶다.
3. 또한 도봉구 토지를 주식회사 뉴테크 명의로 돌려놓을 수 있는 방법이 있다면 이러한 방법을 강구하고 싶다. 다만 도봉구 토지와 관련하여서는 피고의 수를 최소한으로 하여 문제를 해결하고 싶다.
4. 가능하다면 최우식이 김상철에 대하여 갖는 대여금 채권 전부에 관하여 추심이 가능한 판결을 받고 싶다.

등기사항전부증명서 (말소사항 포함) - 토지 [제출용]

[토지] 경기도 안성시 금광면 오흥리 산11-2   고유번호 1150-1999-781355

【 표 제 부 】 (토지의 표시)

표시번호	접수	소재지번	지목	면적	등기원인 및 기타사항
1 (전 3)	1981년4월16일	경기도 안성시 금광면 오흥리 산11-2	임야	400㎡	분할로 인하여 경기도 안성시 금광면 오흥리 산11에서 이기

【 갑 구 】 (소유권에 관한 사항)

순위번호	등기목적	접 수	등 기 원 인	권리자 및 기타사항
1 (전 3)	소유권이전	1981년4월16일 제11223호	1981년3월7일 매매	소유자 남소유 420818-1****** 서울 서초구 방배동 731 그린빌라 501호
				부동산등기법 제177조의6 제1항의 규정에 의하여 1999년 06월 21일 전산이기
2	소유권이전	1990년4월18일 제19703호	1990년4월12일 매매	소유자 김원식 580912-1****** 서울 노원구 월계동 월계삼호아파트 9동 301호

— 이 하 여 백 —

관할등기소 수원지방법원 안성등기소 / 발행등기소 법원행정처 등기정보중앙관리소
수수료 금 1,000원 영수함

이 증명서는 등기기록의 내용과 틀림없음을 증명합니다.

서기 2022년 10월 01일

법원행정처 등기정보중앙관리소 전산운영책임관

*실선으로 그어진 부분은 말소사항을 표시함.   *등기기록에 기록된 사항이 없는 갑구 또는 을구는 생략함.

문서 하단의 바코드를 스캐너로 확인하거나 인터넷등기소(http://iros.go.kr)의 발급확인 메뉴에서 발급확인번호를 입력하여 위·변조 여부를 확인할 수 있습니다. 발급확인번호를 통한 확인은 발행일부터 3개월까지 5회에 한하여 가능합니다.

발행번호 00219405211494019OSLBO603943WOG16858151112   1/1   발급확인번호 QDHT-COHR-3758   발행일 2022/10/01

통지서

발신인 김원식
　　서울 노원구 마들로 117, 9동 301호(월계동, 월계삼호아파트)

수신인 안성남씨회령군파종중 대표자 남일해
　　안성시 금광면 가협길 183

1. 댁내 평안과 건강을 기원드립니다.

2. 본인은 안성시 금광면 오흥리 산11-2 임야 400㎡의 소유자입니다. 다름이 아니옵고, 얼마 전 위 토지에 분묘 두 기가 설치되어 있는 것을 발견하여 동네 분께 여쭈어보았더니 귀 문중의 분묘라 하여 연락드리게 되었습니다.

3. 문중에서 아마도 무엇인가 착오가 있었던 것으로 사료되나, 위 토지는 엄연히 저의 개인 소유이므로, 빠른 시일 내에 위 분묘를 이장하고 원래 상태대로 토지를 인도해 주실 것을 요청드립니다. 답신이 없으실 경우 법적인 조치를 취할 수밖에 없음을 양지하시기 바랍니다.

　　　　　　　　　　　　2021.　5.　20.

　　　　　　　　　　　김 원 식　(인)

　　　　　　　　　　본 우편물은 2021-05-20
　　　　　　　　　　제1639호에 의하여
　　　　　　　　　　내용증명우편물로 발송하였음을 증명함
　　　　　　　　　　서울노원우체국장

답변서

발신인: 안성남씨회령군파종중 대표자 남일해
수신인: 김원식

1. 가내 두루 평안하시옵고 기체후 일향 만강하시기를 바라오.
2. 귀하가 보낸 통고서는 며칠 전에 잘 받아보았소. 일평생 송사에 휘둘린 바 없이 살아온 촌로가 생면부지의 사람으로부터 말 한 마디 나누어 보기 전에 법적인 조치 운운하는 서면을 받고 적잖이 놀랐으나, 문중에서 논의한 바를 상세히 아뢰오.
3. 대저 우리 문중은 5대째 안성에서 집성촌을 이루어 살아오면서 논밭을 제외하고는 네 땅이다 내 땅이다 가리지 않고 필요한 일이 있으면 함께 사용하고 도우며 살아왔소. 고향 어르신이 소천하시면 마을 뒷산 양지바른 곳에 모시는 것이 오랜 전통이었고, 산의 주인이 누구인지 몰라도 그에 대해 일언반구 문제가 된 바도 없소. 귀하는 우리 종원 누군가가 소유하였던 땅을 매수하였던 것으로 보이나, 문중에 법률을 잘 아는 이가 말하기로는 분묘를 설치한 지 20년이 되면 분묘기지권이라는 것이 성립하여 더 이상 이장을 구할 수 없다고 하오.
4. 오흥리 산에는 여러 곳에 분묘가 설치되어 있으나, 그 중 귀하의 토지에 설치된 분묘를 확인해 보니 안성남씨회령군파 18세손 남일곤 어르신과 그 배우자인 이씨의 묘소로, 위 분묘를 마련한 1991. 10. 1.부터 이미 20년이 지났으니, 더 이상 이장을 구할 수 없다고 사료되오.

2021. 5. 25.

안성남씨회령군파종중 대표자 남일해 (인)

본 우편물은 2021-05-25
제4021호에 의하여
내용증명우편물로 발송하였음을 증명함.
안성우체국장

통지서(2차)

발신인   김원식
         서울 노원구 마들로 117, 9동 301호(월계동, 월계삼호아파트)

수신인   안성남씨회령군파종중 대표자 남일해
         안성시 금광면 가협길 183

1. 보내주신 답변서는 잘 받아보았습니다.
2. 어르신께 무례했다면 송구하오나, 법률상 아무런 권원없이 무단으로 분묘를 설치한 경우에는 분묘기지권이 성립하지 않는 것으로 알고 있습니다.
3. 또한 답변서에서 1991. 10. 1.부터 위 토지를 점유해 왔다고 하시니, 그 때로부터의 부당이득 내지 지료를 청구하고자 합니다. 제가 확인해 본 결과 위 토지의 차임은 1991. 10. 1.부터 2001. 9. 30.까지는 월 12만 원, 2001. 10. 1.부터 2011. 9. 30.까지는 월 18만 원, 2011. 10. 1. 이후는 월 24만 원이라고 하니, 그에 따라 계산하여 조속히 지급해 주시기 바랍니다.

                    2021.   5.   31.

                    김 원 식   (인)

                    본 우편물은 2021-05-31
                    제2290호에 의하여
                    내용증명우편물로 발송하였음을 증명함
                    서울노원우체국장

답변서

발신인: 안성남씨회령군파종중 대표자 남일해
수신인: 김원식

1. 지난번에 보내주신 2차 통지서는 이번 달 5일에 잘 받아보았소. 이에 답변드리오.
2. 법적으로 어찌되는지는 모르겠으나, 지난번 말하였듯 뒷산에 선조를 모시는 것은 오흥리에 사는 사람이라면 누구를 붙잡고 물어보더라도 알 수 있는 당연지사이거늘, 어찌 함부로 무단점유라는 말을 하시는지?
3. 문중에 법률을 잘 아는 이에게 다시 상의하니 부당이득이든 지료든 10년 이전의 것은 모두 청구할 수 없다고 하오. 그리고 지료가 월 24만 원이나 된다는 주장도 터무니없다고 생각되오. 좌우지간 이장도 못하고 돈도 지급할 수 없으니 그리 아시오.

2021. 6. 10.

안성남씨회령군파종중 대표자 남일해 (인)

본 우편물은 2021-06-10
제5094호에 의하여
내용증명우편물로 발송하였음을 증명함
안성우체국장

감정평가서

수신 : 김원식

대상토지 : 안성시 금광면 오흥리 산11-2 임야 400㎡

의뢰하신 대상토지의 월 차임 상당액을 아래와 같이 감정 평가합니다.

해당기간	대상토지 월 차임	분묘가 설치된 120㎡ 부분 상당 월 차임
1991. 10. 1. ~ 2001. 9. 30.	40만원	12만원
2001. 10. 1. ~ 2011. 9. 30.	60만원	18만원
2011. 10. 1. ~ 2021. 9. 30.	80만원	24만원
2021. 10. 1. ~ 2022. 10. 11. 현재	80만원	24만원

2022. 10. 11.

올림픽감정평가사사무소

감정평가사 안정훈 (인)

물품공급계약서

갑과 을은 다음과 같이 합의하여 물품공급계약을 체결하고, 이를 증명하기 위해 갑과 을이 서명날인한 후 계약서 2통을 작성하여 각 1통씩을 보관하기로 한다.

제1조 갑은 2015. 11. 1.까지 을에게 사무용 고속복사기 500대(태양전자 주식회사, 모델번호 MSJUDH-1097, 1대당 가격 200만 원)를 공급하기로 한다.
제2조 을은 2016. 10. 1.까지 갑에게 위 물품대금을 지급하기로 한다.
제3조 을은 제1조에 따라 인도받은 물품에 대하여, 물품을 인도받은 당일부터 물품대금 변제 완료일까지 물품대금에 월 2%의 이자를 가산하여 지급하기로 한다.
제4조 갑이 납품한 물품에 대하여 을은 수령한 날부터 3일 이내에 하자 유무와 반품 여부를 결정하여 통보하여야 하고, 3일이 지난 후에는 이의를 제기할 수 없다.
제5조 이 계약에서 정한 사항 외에는 상법과 상거래 관습에 따른다.

2015. 10. 1.

갑 : 영원무역 김원식 (인)
을 : 주식회사 뉴테크
　　 대표이사 이형석　(주식회사 뉴테크 대표이사인)

New Tech Inc.

주식회사 뉴테크 대표이사 이형석

서울 중구 장충동 21, 207호(삼화빌딩)
02)730-8765, 010-8654-9162

이행최고서

발신인 김원식
     서울 노원구 마들로 117, 9동 301호(월계동, 월계삼호아파트)

수신인 주식회사 뉴테크
     서울 중구 장충동 21, 207호(삼화빌딩)

1. 귀사의 번영을 기원합니다.

2. 본인은 2015. 10. 1. 귀사에게 10억 원 상당의 물품을 공급하기로 하고, 2015. 11. 1. 인도를 마친 사실이 있습니다. 본인은 변제기에 위 물품대금의 변제를 요구하였으나, 귀사는 정당한 이유 없이 이를 이행하지 않고 있습니다.

3. 위 물품대금 및 그 이자와 지연손해금을 저에게 신속히 지급하시길 바라고, 즉시 지급하지 않을 경우 법적 조치를 강구할 수밖에 없다는 점을 양지하시기 바랍니다.

2021. 9. 20.

김 원 식 (인)

본 우편물은 2021-09-20
제3639호에 의하여
내용증명우편물로 발송하였음을 증명함
서울노원우체국장

이행최고서에 대한 답신

발신인 : 주식회사 뉴테크

수신인 : 김원식

1. 귀하가 보낸 이행최고서는 9월 말에 잘 받아보았습니다.
2. 본사가 확인한 결과 귀하와 물품공급계약을 체결한 사람은 이형석으로, 본사의 대표이사인 이원길이 아닌 제3자이고, 본사는 귀하와의 거래 내용에 대해서 자세한 내용을 전혀 알지 못합니다.
3. 본사는 이사 한정수가 2019. 11. 4.경 회사 서류를 정리하는 과정에서 이원길과 이형석이 회사 자금을 빼돌려 횡령한 사실을 알게 되었고, 이에 이원길과 이형석을 횡령 혐의로 고소하여 이들이 징역형을 선고받기도 하였습니다. 대표이사였던 이원길은 무책임하게 연락도 제대로 되지 않고, 본사에는 현재 아무런 재산도 없는데 채권자들로부터 변제 독촉만 계속되고 있어서, 현재 남은 임직원 몇몇이 급여도 받지 못한 채 최소한의 업무만을 처리 중인 상황입니다.
4. 이와 같은 사유로 귀하의 변제 요청에는 당장 응할 수 없는 상황이오니 회사의 입장을 이해해주시기 바랍니다.

첨부 : 판결문

2021. 10. 2.

주식회사 뉴테크 이사 한정수

본 우편물은 2021-10-03
제4030호에 의하여
내용증명우편물로 발송하였음을 증명함
동대문우체국장

서울중앙지방법원

제 28 형사부

판 결

사 건	2019고합21231 특정경제범죄가중처벌등에관한법률위반(횡령)
피 고 인	1. 이원길 (420876-1876567), ㈜ 뉴테크 대표이사
	2. 이형석 (740918-1076516), 무직
	피고인들 주거 서울 강남구 테헤란로12길 19, 103동 308호(역삼동, 양지아파트)
	피고인들 등록기준지 춘천시 신북읍 아침못길 200(신북읍)
검 사	지상우(기소), 예상민(공판)
변 호 인	변호사 김필승
판결선고	2020. 5. 19.

주 문

피고인들을 각 징역 1년 6월에 처한다.

다만, 피고인 이원길에 대하여는 이 판결 확정일부터 2년간 위 형의 집행을 유예한다.

이 유

범죄사실

　피고인 이원길은 피해자 주식회사 뉴테크의 대표이사이고, 피고인 이형석은 피고인 이원길의 아들로, 이원길의 승인 하에 위 회사를 실제로 운영하면서 위 회사의 자금관리, 자금집행 등 회사업무를 총괄해 온 사람이다.

피고인들은, 피고인 이형석이 2016. 2. 12. 주식회사 삼원산업으로부터 피해자 주식회사 뉴테크에 대한 물품대금 5억 원을 피고인 이형석의 개인 계좌로 송금받아 이를 피해자 주식회사 뉴테크를 위하여 보관하고 있던 중 이를 피고인들의 한별은행에 대한 대출금 채무 5억 원을 변제하는데 사용하기로 공모하고, 2016. 3. 7. 위 5억 원을 인출하여 전액을 피고인들의 위 채무변제에 사용하였다.

이로써 피고인들은 공모하여 피해자의 재물을 업무상 횡령하였다.

(이하 생략)

재판장   판사   김정희 _____

판사   이진철 _____

판사   송재훈 _____

등본입니다.
2020. 5. 19.
법원주사 이도형   (서울중앙지방법원 법원주사)

확 정 증 명 서

사   건 : 서울중앙지방법원 2019고합21231

피   고   인 : 이원길, 이형석

증명신청인 : 주식회사 뉴테크 이사 한정수

위 사건에 관하여 아래와 같이 확정되었음을 증명합니다.

피고인 이형석 : 2020. 5. 27. 확정. 끝.

2021. 8. 30.

서울중앙지방법원
법원주사 김정주   (서울중앙지방법원 법원주사)

통고서

발신인 : 김원식

수신인 : 이형석

1. 귀댁의 평안과 건강을 기원합니다.

2. 귀하는 지난 2015. 10. 1. 저를 찾아와 '이미 거래처가 확보되어 있으니 사무용 기기를 공급해 준다면 틀림없이 물품대금을 지급하겠다'면서 저에게 사무용 복사기를 공급해 줄 것을 간청하였고, 제가 귀하의 간곡한 청에 못 이겨 ㈜뉴테크와 물품공급계약을 체결하고 물품을 선공급해 준 사실을 기억하실 것입니다. 그러나 ㈜뉴테크는 귀하가 대표이사도 아니었고 귀하의 횡령행위로 인해 회사 자금이 남아있지 않다며 변제를 거부하고 있습니다. 제가 알아본 바로는 ㈜뉴테크는 현재 별다른 재산도 없어 무자력 상태인 것으로 파악됩니다.

3. 저는 ㈜뉴테크를 소개받을 당시 ㈜뉴테크가 서울 시내에 꽤 값나가는 토지도 보유하고 있는 알짜배기 회사라고 알고 있었는데, 최근 ㈜뉴테크 소유로 알던 서울 도봉구 토지의 등기부등본을 떼어보고 아연실색하였습니다. 위 도봉구 토지는 지금 생전 듣도 보도 못한 사람들 명의로 등기되어 있고, 수소문해보니 귀하의 모친께서 매매계약서를 위조하여 소유권이전등기가 넘어가게 된 것이라고 들었습니다.

4. ㈜뉴테크는 손 놓고 나 몰라라 하고 있으니, ㈜뉴테크에 대한 채권을 변제받으려면 제가 직접 나서서 ㈜뉴테크의 귀하에 대한 손해배상채권을 대신 행사하고, ㈜뉴테크를 대신하여 등기명의를 제대로 돌려놓는 방법 밖에는 없다고 생각됩니다.

5. 제 뜻은 확고하니 귀하는 저에게 즉시 5억 원을 송금하시고[샛별은행 198-987-698716 (계좌주 : 김원식)], 등기문제도 어떻게든 조속히 해결하시기 바랍니다. 만일 이를 따르지 않을 경우 저 나름대로 가능한 모든 법적 조치를 강구할 수밖에 없는 점 양지하시기 바랍니다.

첨부: 부동산등기부등본

본 우편물은 2021-10-13
제10721호에 의하여
내용증명우편물로 발송하였음을 증명함
서울노원우체국장

2021. 10. 12.

김 원 식 (인)

등기사항전부증명서 (말소사항 포함) - 토지 [제출용]

[토지] 서울 도봉구 도봉동 384-3　　　　　　　　　고유번호 1150-1999-780227

【 표 제 부 】 (토지의 표시)

표시번호	접수	소재지번	지목	면적	등기원인 및 기타사항
1 (전 2)	1990년3월4일	서울 도봉구 도봉동 384-3	대	565㎡	부동산등기법 제177조의6 제1항의 규정에 의하여 1999년 06월 21일 전산이기

【 갑 구 】 (소유권에 관한 사항)

순위번호	등기목적	접수	등기원인	권리자 및 기타사항
1 (전 2)	소유권이전	1998년7월16일 제22847호	1998년7월1일 증여	소유자 류진열 400123-1******　서울 도봉구 쌍문동 23-1, 301호　부동산등기법 제177조의6 제1항의 규정에 의하여 1999년 06월 21일 전산이기
2	소유권이전	2014년7월9일 제33395호	2014년4월5일 매매	소유자 주식회사 뉴테크 110567-0******　서울 중구 장충동 21, 207호(삼화빌딩)
3	소유권이전	2015년10월10일 제40289호	2015년1월3일 매매	소유자 김삼순 480226-2******　서울 서초구 강남대로 10, 101동 407호 (서초동, 우성아파트)
4	소유권이전	2016년4월10일 제9366호	2015년11월1일 매매	소유자 박현빈 681128-1******　서울 서초구 서래로 77, 207호
5	소유권이전	2018년10월4일 제57980호	2018년5월24일 교환	소유자 박현철 640703-1******　서울 용산구 후암로 2, 7동 2047호(후암동, 진정펜트하우스)
6	소유권이전	2021년8월30일 제44729호	2021년8월20일 상속	공유자　지분 2분의 1　박금지 991226-2******　서울 성북구 선잠로 5길 99, 103호 (로얄빌라)　지분 2분의 1　박은지 041030-4******　서울 성북구 선잠로 5길 99, 103호 (로얄빌라)

— 이 하 여 백 —

관할등기소 서울북부지방법원 등기국 / 발행등기소 법원행정처 등기정보중앙관리소

수수료 금 1,000원 영수함

이 증명서는 등기기록의 내용과 틀림없음을 증명합니다.

서기 2022년 10월 01일

법원행정처 등기정보중앙관리소 전산운영책임관

*실선으로 그어진 부분은 말소사항을 표시함.　　*등기기록에 기록된 사항이 없는 갑구 또는 을구는 생략함.

문서 하단의 바코드를 스캐너로 확인하거나 인터넷등기소(http://iros.go.kr)의 발급확인 메뉴에서 발급확인번호를 입력하여 위·변조 여부를 확인할 수 있습니다. 발급확인번호를 통한 확인은 발행일부터 3개월까지 5회에 한하여 가능합니다.

발행번호 00219405211494019OSLBO603943WOG16858112345　1/1　발급확인번호 QDHT-COHR-8888　발행일 2022/10/01

통지서

발신인 김원식

    서울 노원구 마들로 117, 9동 301호(월계동, 월계삼호아파트)

수신인 주식회사 뉴테크

    서울 중구 장충동 21, 207호(삼화빌딩)

1. 귀사의 번영을 기원합니다.

2. 본인은 귀사에 대한 물품대금 채권의 보전을 위하여 귀사가 이형석에 대하여 갖는 불법행위에 기한 손해배상채권을 대신 행사하는 차원에서 이형석에게 5억 원의 지급을 청구하였고, 이형석이 이를 미지급시 조만간 이형석을 상대로 소송을 제기할 것임을 통지합니다.

3. 아무쪼록 귀사의 원활한 협조 부탁드립니다.

                    2021. 10. 12.

                    김 원 식   (인)

본 우편물은 2021-10-12
제9876호에 의하여
내용증명우편물로 발송하였음을 증명함
서울노원우체국장

우 편 물 배 달 증 명 서				
수취인의 주거 및 성명 서울 중구 장충동 21, 207호(삼화빌딩) 　　　　　　　　　주식회사 뉴테크 귀하				
접수국명	서울노원우체국		접수년월일	2021년 10월 12일
등기번호	제9876호		배달년월일	2021년 10월 15일
적　요	수취인과의 관계 　　　　　　직원　수령 주식회사 뉴테크 이사 한정수 (서명생략)			동대문우체국 2021. 10. 15. 21 - 4088 우　체　국

답변서

발신인 : 이형석

수신인 : 김원식

1. 귀하가 보낸 통고서는 잘 받아보았습니다.
2. ㈜뉴테크가 답변하였듯이, 저는 대표이사인 아버지 이원길님께서 연로하신 관계로 아버지를 대신하여 회사 업무를 처리하면서 업무상 부득이 필요한 경우 대표이사라는 명칭을 쓰기도 하였지만, ㈜뉴테크의 법률상 대표이사가 아닙니다. 제가 때로 대표이사라고 말하는데 대해서 아버지가 아시면서도 나무라지 않으셨을 뿐, 엄연한 대표이사는 아버지 한 분뿐이십니다. 제가 물품공급계약서를 작성한 것은 사실이나, 그렇다고 하여 ㈜뉴테크가 법률상 책임을 질 수는 없습니다. 주변에 법률을 아는 지인에게 물어보니 귀하의 ㈜뉴테크에 대한 채권이 성립하지 않는 이상, 귀하가 ㈜뉴테크의 저에 대한 손해배상채권을 대신 행사하는 것도 어불성설이라고 합니다.
3. 또한 귀하의 ㈜뉴테크에 대한 물품대금 채권은 이미 3년의 소멸시효가 경과하였으므로, 귀하의 청구는 어느모로 보나 받아들여지기 어려울 것입니다.
4. 만에 하나 회사가 귀하에게 물품대금 채무를 부담한다고 하더라도, 제가 회사 자금을 횡령했다고 하는 때는 2016년인데, 제가 알기로는 불법행위채권의 경우 안 날로부터 3년이 지나면 청구할 수 없다고 합니다. 그런데 회사는 현재까지 저에게 아무런 청구를 한 사실이 없습니다.
5. 만일 회사가 저에 대해 행사할 채권이 있다고 해도, 저 또한 회사 채무 2억 원을 대위변제한 사실이 있으므로, 2억 원의 구상금 채권으로 상계할 것입니다.
6. 귀하가 저로 인해 손해를 본 것은 안타깝고 송구하오나, 이상의 이유로 귀하의 요청에 응할 수 없음을 알려드립니다.

첨부 : 대위변제증서

2021. 10. 15.

이형석 (인)

본 우편물은 2021-10-15
제3811호에 의하여
내용증명우편물로 발송하였음을 증명함
서울강남우체국장

대위변제증서

본인은 주식회사 뉴테크에 대한 2억 원의 물품대금 채권자로서, 2016. 3. 7. 이형석으로부터 위 2억 원을 전액 대위변제받았음을 확인합니다.

2016. 3. 7.

채권자 김상헌 (인)

입금증

나라은행 인터넷뱅킹 이체확인증			
입금일 : 2016. 3. 7. 시각 10:36:21 이용매체 인터넷뱅킹			
보내시는 분	이형석	받으시는 분	김상헌
출금계좌번호	110-**-1234567	입금계좌번호	기업 510-***-154895
타행처리번호	0321458	입 금 내 역 (CMS 코드)	
수수료	없음	금액	200,000,000원
내통장메모	대위변제금	받는통장메모	㈜뉴테크 물품대금

통고서(2차)

발신인 : 김원식

수신인 : 이형석

1. 귀하가 보낸 답변서는 잘 받아보았으나, 귀하가 이제 와서 회사의 물품대금 채무가 없다고 주장하는 행태에 분노를 금하지 않을 수 없습니다. 귀하는 본인에게 물품공급을 요청할 당시 주식회사 뉴테크 대표이사 명함을 제시하였고, 본인이 물품공급계약 체결 전 회사를 몇 번 방문하였을 당시에도 대표이사 집무실에서 근무를 하고 있었으며, 직원들 모두 귀하를 '대표님'이라고 호칭하였기에 본인은 추호의 의심도 할 수 없었습니다. 귀하의 답변서를 받고 기가 막혀 저 역시 친구 변호사에게 물어보니 이런 경우는 회사에게 책임을 물을 수 있다고 합니다. 이제 와서 한 입으로 두 말 하지 마시기 바랍니다.

2. 그리고 본인과 회사의 채권관계는 본인과 회사가 알아서 할 것이므로, 대표이사도 아닌 귀하가 왈가왈부하지 마시기 바랍니다.

3. 귀하의 손해배상채무에 관해 소멸시효 운운하는 부분도, 귀하의 아버지가 회사의 대표이사로 있었고 귀하가 회사를 실질적으로 운영하였던 이상 회사가 귀하를 상대로 손해배상청구를 할 리 없다는 것은 당연한 이치인데, 그러한 상황에서 소멸시효가 완성된다는 주장은 천부당만부당 합니다.

4. 또한 귀하가 이제 와서 상계를 운운함은 회사는 껍데기로 만들어 놓고 본인만 잘 살겠다는 것으로 밖에 보이지 않습니다.

5. 본인은 유동성 문제로 기한을 주면 틀림없이 이자까지 쳐서 대금을 지급하겠다는 귀하의 말을 믿고 10억 원에 이르는 물품을 공급해주었다가 사업이 파탄날 지경에 이르렀습니다. 더 이상 귀하와 법적 다툼이 생기지 않기를 바랍니다.

본 우편물은 2021-10-21
제10921호에 의하여
내용증명우편물로 발송하였음을 증명함
서울노원우체국장

2021. 10. 20.

김 원 식 (인)

답변서(2차)

발신인 : 이형석
수신인 : 김원식

1. 귀하가 보낸 통고서(2차)는 잘 받아보았습니다.
2. 백번 양보하여 제가 ㈜뉴테크에 대하여 손해배상채무를 부담한다고 하더라도, 새로운 사정이 생겨 귀하의 청구에 응할 수 없게 되었습니다. 저는 얼마 전 법원으로부터 ㈜뉴테크의 채권자인 조성만이 ㈜뉴테크의 저에 대한 불법행위 손해배상채권 중 2억 원을 전부받았다는 결정문을 받았습니다.
3. 만일 제가 귀하의 청구에 응한다면 저는 이중으로 변제하여야 하거나 다른 송사에 휘말릴 위험이 있습니다. 따라서 저는 귀하가 청구하는 금액 중 최소한 2억 원에 대하여는 절대로 응할 수 없음을 알려드립니다.

첨부 : 전부명령 사본

2021. 11. 11.

이형석 (인)

본 우편물은 2021-11-11
제4981호에 의하여
내용증명우편물로 발송하였음을 증명함
서울강남우체국장

서울중앙지방법원
결 정

사　　건　　2021타채9715　채권압류 및 전부명령
채 권 자　　조성만
　　　　　　서울 은평구 통일로 825, 101동 1806호(불광동, 미소아파트)
채 무 자　　주식회사 뉴테크
　　　　　　서울 중구 장충동 21, 207호(삼화빌딩)
　　　　　　대표이사 이원길
제3채무자　　이형석
　　　　　　서울 강남구 테헤란로12길 19, 103동 308호(역삼동, 양지아파트)

주　문

1. 채무자의 제3채무자에 대한 별지 기재 채권을 압류한다.
2. 제3채무자는 채무자에 대하여 위 채권에 관한 지급을 하여서는 아니 된다.
3. 채무자는 위 채권의 처분과 영수를 하여서는 아니 된다.
4. 위 압류된 채권은 지급에 갈음하여 채권자에게 전부한다.

청 구 금 액

금 200,000,000원(약속어음금)

이　유

채권자가 위 청구금액을 변제받기 위하여 공증인가 최강합동법률사무소 2020년 증서 제1177호 집행력 있는 약속어음공정증서 정본에 기초하여 한 이 사건 신청은 이유 있으므로 주문과 같이 결정한다.

　　　　　　　　　　　　　　　　　　　　정본입니다.
　　　　　　　　　　2021. 10. 23.　　　2021. 10. 23.
　　　　　　　　　　　　　　　　　　　　법원주사 손일순

　　　　　　　　　사법보좌관　　김 용 환 (인)

[별지]

채권의 표시

채무자의 제3채무자에 대한 2016. 3. 7. 횡령으로 인한 불법행위 손해배상채권 중 200,000,000원. 끝.

===

송달 및 확정 증명원

사　　　　건　　서울중앙지방법원 2021타채9715 채권압류 및 전부명령
채권자(신 청 인)　　조성만
채무자(피신청인)　　주식회사 뉴테크
제 3 채 무 자　　이형석

증 명 신 청 인　　이형석

위 사건에 관하여 2021. 10. 23. 채권압류 및 전부명령이 있었는바, 동 결정정본이 2021. 10. 25. 채무자 및 제3채무자에게 각 송달되어 위 압류 및 전부명령이 2021. 11. 2. 확정되었음을 증명하여 주시기 바랍니다.

2021. 11. 10.

제3채무자　이형석　(인)

위 증명합니다.
2021. 11. 10.
서울중앙지방법원
법원주사 손일순

[서울중앙지방법원 법원주사 인]

서울중앙지방법원

등기사항전부증명서(말소사항 포함)

등기번호	007642			
등록번호	110567-0076421			
상호	주식회사 뉴테크	. .	변경	
		. .	등기	
본점	서울 중구 장충동 21, 207호(삼화빌딩)	. .	변경	
		. .	등기	
공고방법	서울시내에서 발행하는 일간 매일경제신문에 게재한다.	. .	변경	
		. .	등기	
1주의 금액	금 5,000원			
발행할 주식의 총수	200,000주			

발행주식의 총수와 그 종류 및 각각의 수	자본의 총액	변경연월일
		등기연월일
발행주식의 총수 200,000주 보통주식 200,000주 우선주식 0주	금 1,000,000,000원	. . 변경 . . 등기

목 적
1. 전자제품 판매 및 유통 2. 제1호에 관련된 부대사업

임원에 관한 사항
이사 한정수 701104-1367319 2014. 2. 6. 취임   2014. 2. 6. 등기 대표이사 이원길 420876-1876567 서울 강남구 테헤란로12길 19, 103동 308호(역삼동, 양지아파트) 2014. 2. 6. 취임   2014. 2. 6. 등기 2021. 10. 30. 사임   2021. 10. 30. 등기

(중략)

서울중앙지방법원 등기국 등기관

3478910236783671893408   1/1   발행일 2022/10/01

답변서

발신인 : 박현빈, 박금지, 박은지
수신인 : 김원식

1. 귀하로부터 서울 도봉구 도봉동 384-3 대 565㎡와 관련한 연락을 받고 한 말씀 올리겠습니다.

2. 저는 박현빈이고, 박금지와 박은지는 2021. 8.경 돌아가신 제 형님 박현철의 딸들입니다. 형님은 돌아가시기 한참 전에 이혼을 하셔서 전 형수인 오나린이 혼자서 줄곧 금지와 은지를 키워왔습니다. 형수도 생업에 매우 바쁘고, 금지와 은지도 아직 어려서 가족들의 동의하에 제가 귀하에게 자초지종을 설명드리기로 하였습니다.

3. 저는 등기부등본을 믿고서 김삼순으로부터 대금 13억 원을 다 주고 도봉구 토지를 샀습니다. 그 후 제가 제주도에 펜션 사업을 하려고 저의 도봉구 토지랑 형님의 13억 원짜리 제주도 토지를 맞교환한 것입니다. 저희 형제들은 등기부등본을 철석같이 믿고서 토지대금을 다 주고 취득한 선의의 자들로서 저희의 신뢰는 보호되어야 합니다. 따라서 귀하는 물론이고 주식회사 뉴테크도 저희에게 어떠한 청구도 할 수 없습니다.

4. 또한 제가 주변에 법을 아는 분께 알아보니 우리나라 법에 기판력이라는 것이 있어 일단 확정판결에 의해 등기를 넘겨오게 되면 이를 다시 말소시키거나 원소유자에게 이전시키는 것은 불가능하다고 들었습니다. 귀하께서 안 그래도 여러 가지 일로 바쁘실 터인데 괜한 헛수고하시지 마시라고 노파심에 전해드립니다.

첨부 : 판결문 및 확정증명서

2021. 10. 16.

박현빈 (인)
박금지 (인)
박은지 (인)

본 우편물은 2021-10-16
제3910호에 의하여
내용증명우편물로 발송하였음을 증명함
서울서초우체국장

서 울 북 부 지 방 법 원

제 12 민 사 부

판 결

사 건	2015가합68910 소유권이전등기
원 고	김삼순
	서울 서초구 강남대로 10, 101동 407호(서초동, 우성아파트)
피 고	주식회사 뉴테크
	서울 중구 장충동 21, 207호(삼화빌딩)
	대표이사 이원길
	송달장소 서울 중구 장충동 10, 305호(테크노빌라)
	(송달영수인 고길동)
변론종결	무변론
판결선고	2015. 7. 15.

주 문

1. 피고는 원고에게 서울 도봉구 도봉동 384-3 대 565㎡에 관하여 2015. 1. 3. 매매를 원인으로 한 소유권이전등기절차를 이행하라.
2. 소송비용은 피고가 부담한다.

청 구 취 지

주문과 같다.

이 유

1. 청구의 표시

   원고는 2015. 1. 3. 피고로부터 서울 도봉구 도봉동 384-3 대 565㎡를 매매대금 13억 원에 매수하였음

2. 인정 근거: 무변론 판결(민사소송법 제208조 제3항 제1호, 제257조 제1항)

정본입니다

2015. 7. 15.

법원주사 황미애

[서울북부지방법원 법원주사]

재판장   판사   박 사 연 --------------------

           판사   김 로 운 --------------------

           판사   오 유 나 --------------------

확 정 증 명 서

사   건 : 서울북부지방법원 2015가합68910 소유권이전등기

원   고 : 김삼순

피   고 : 주식회사 뉴테크

위 사건이 2015. 8. 10. 확정되었음을 증명합니다. 끝.

2021. 10. 13.

서울북부지방법원

법 원 주 사   황 미 애

[서울북부지방법원 법원주사]

서울중앙지방법원
결 정

사　건　　2021카단3058 채권가압류
채 권 자　　김원식
　　　　　　서울 노원구 마들로 117, 9동 301호(월계동, 월계삼호아파트)
채 무 자　　최우식
　　　　　　성남시 중원구 상대원로 28
제3채무자　　김상철
　　　　　　서울 동작구 서달로 28, 102동 1406호(흑석동, 세상편한아파트)

주　문

채무자의 제3채무자에 대한 별지 기재 채권을 가압류한다.
제3채무자는 채무자에 대하여 위 채권에 관한 지급을 하여서는 아니 된다.
채무자는 다음 청구금액을 공탁하고 집행정지 또는 그 취소를 신청할 수 있다.

청구채권의 내용　채권자가 채무자에 대하여 갖는 2019. 3. 6.자 자재대금 채권
청구금액　　　　500,000,000원

이　유

이 사건 채권가압류신청은 이유 있으므로 담보로 공탁보증보험증권(서울보증보험 주식회사 증권번호 제110-000-202105729000호)을 제출받고 주문과 같이 결정한다.

2021. 4. 23.

판　사　　김 수 환 (인)

정본입니다.
2021. 4. 23.
법원주사 손일순

서울중앙
지방법원
법원주사

[별지]

채권의 표시

채무자의 제3채무자에 대한 2020. 7. 1.자 대여금과 그 이자 및 지연손해금
대여일자 2020. 7. 1.
금액 300,000,000원
이자 월 1%
변제기 2021. 6. 30. 끝.

==

송 달 증 명 원

사　　　　건　　　서울중앙지방법원 2021카단3058　채권가압류
채권자(신 청 인)　　　김원식
채무자(피신청인)　　　최우식
제 3 채 무 자　　　　　김상철

증 명 신 청 인　　　채권자 김원식

위 사건에 관하여 2021. 4. 23. 채권가압류결정이 있었는바, 동 결정정본이 2021. 4. 30. 채무자 최우식 및 제3채무자 김상철에게 각 송달되었음을 증명합니다.

　　　　　　　　　　　　　　　　　　　　위 증명합니다.
　　　　　　　　　　　　　　　　　　　　 2021. 10. 1.
　　　　　　　　　　　　　　　　　　　　서울중앙지방법원
　　　　　　　　　　　　　　　　　　　　법원주사 손일순

서울중앙지방법원

서 울 중 앙 지 방 법 원
결 정

사　건　　2021타채3086 가압류를 본압류로 이전하는 채권압류 및 추심명령
채 권 자　　김원식
　　　　　　서울 노원구 마들로 117, 9동 301호(월계동, 월계삼호아파트)
채 무 자　　최우식
　　　　　　성남시 중원구 상대원로 28
제3채무자　　김상철
　　　　　　서울 동작구 서달로 28, 102동 1406호(흑석동, 세상편한아파트)

주 문

1. 채권자와 채무자 사이의 서울중앙지방법원 2021카단3058호 채권가압류결정에 의한 별지 목록 기재 채권에 대한 가압류를 본압류로 이전한다.
2. 제3채무자는 채무자에 대하여 위 채권에 관한 지급을 하여서는 아니 된다.
3. 채무자는 위 채권의 처분과 영수를 하여서는 아니 된다.
4. 채권자는 위 압류채권을 추심할 수 있다.

청 구 금 액

금 500,000,000원(자재대금)

이 유

채권자가 위 청구금액을 변제받기 위하여 서울중앙지방법원 2021. 5. 3.자 2021차5890호 집행력 있는 지급명령 정본에 기하여 한 이 사건 신청은 이유 있으므로 주문과 같이 결정한다.

2021. 5. 13.

정본입니다.
2021. 5. 13.
법원주사 손일순

사법보좌관　　김 용 환 (인)

[별지]

채권의 표시

채무자의 제3채무자에 대한 2020. 7. 1.자 대여금과 그 이자 및 지연손해금
대여일자 2020. 7. 1.
금액 300,000,000원
이자 월 1%
변제기 2021. 6. 30. 끝.

==

송달증명원

사　　　　건	서울중앙지방법원 2021타채3086　가압류를 본압류로 이전하는 채권압류 및 추심명령
채권자(신 청 인)	김원식
채무자(피신청인)	최우식
제 3 채 무 자	김상철
증 명 신 청 인	채권자 김원식

위 사건에 관하여 2021. 5. 13. 가압류를 본압류로 이전하는 채권압류 및 추심명령이 있었는바, 동 결정정본이 2021. 5. 15. 채무자 최우식 및 제3채무자 김상철에 대하여 각 송달되었음을 증명합니다.

서울중앙지방법원

위 증명합니다.
2021. 10. 1.
서울중앙지방법원
법원주사 손일순

[서울중앙지방법원 법원주사 인]

내용증명

발신인 김상철

수신인 김원식

1. 댁내 두루 평안하시길 기원합니다.
2. 제가 2021. 10. 5. 귀하로부터 추심금을 달라는 전화를 받고 저도 나름대로 알아보았습니다.
3. 제가 최우식에게 3억 원을 갚아야 하는 것은 맞습니다. 제가 그 돈을 떼어먹을 생각을 하고 있었던 것이 아니라 저도 최우식에게 받아야 할 공사대금 1억 원이 있기에 변제를 좀 지체하고 있었던 것일 뿐입니다. 제가 귀하에게 추심금을 드린다고 하더라도 저는 저의 최우식에 대한 공사잔대금 채권과 상계하고 남은 돈만 지급할 수 있음을 알려드립니다.
4. 또한 사실 제가 최우식의 다른 채권자인 나주라로부터 위 대여금채권 중 1억 원에 대하여 압류 및 추심명령을 받은 상황입니다. 나주라는 아직 아무 연락이 없지만 제가 나주라의 압류 및 추심명령을 송달받은 날짜가 앞서니 저는 나주라에게 1억 원을 지급하거나, 대여원리금 전체를 귀하와 나주라의 채권액별로 안분해서 지급해야 하는 것이 아닌가 싶습니다.

첨부: 공사계약서, 압류 및 추심명령

2021. 10. 20.

김 상 철 (인)

본 우편물은 2021-10-20
제16399호에 의하여
내용증명우편물로 발송하였음을 증명함
서울동작우체국장

공사계약서

도급인 : 튼튼시공
수급인 : 김상철

1. 공사명 : 수원시 영통구 이의동 389 대 330㎡ 지상 2층 주택신축공사 중 창호 및 전기 공사
2. 공사금액 : 총 공사대금 1억 5천만 원
   5천만 원(계약시 지급 완료함), 1억 원(공사완공 및 인도시 지급)
   위 공사가 2021. 6. 30. 완공되어 현장을 인도받았음을 확인함.
   2021. 6. 30. 튼튼시공 현장소장 박진용 (인)
3. 공사기간 : 2021. 4. 1.부터 2021. 6. 30.까지
4. 공사자재는 도급인이 공급한 것을 사용하되, 추가 자재 필요 시 상호 협의함.
5. 하자보수책임기간 : 준공 후 1년

당사자들은 위와 같이 공사계약을 체결하고 계약서 2통을 작성하여 각각 1통씩 가진다.

2021. 4. 1.

도급인 : 튼튼시공 사장 최우식 (인)
　　　　성남시 중원구 상대원로 28
수급인 : 김상철 (인)
　　　　서울 동작구 서달로 28, 102동 1406호(흑석동, 세상편한아파트)

서 울 중 앙 지 방 법 원
결   정

사   건   2021타채3050 채권압류 및 추심명령
채 권 자   나주라
            서울 광진구 구의3로 250, 101호(구삼빌라트)
채 무 자   최우식
            성남시 중원구 상대원로 28
제3채무자   김상철
            서울 동작구 서달로 28, 102동 1406호(흑석동, 세상편한아파트)

주   문
1. 채무자의 제3채무자에 대한 별지 기재 채권을 압류한다.
2. 제3채무자는 채무자에 대하여 위 채권에 관한 지급을 하여서는 아니 된다.
3. 채무자는 위 채권의 처분과 영수를 하여서는 아니 된다.
4. 채권자는 위 압류채권을 추심할 수 있다.

청 구 금 액
금 100,000,000원(손해배상금)

이   유
채권자가 위 청구금액을 변제받기 위하여 수원지방법원 성남지원 2020. 9. 28. 선고 2020가단29475호 판결의 집행력 있는 정본에 터 잡아 한 이 사건 신청은 이유 있으므로 주문과 같이 결정한다.

                                    정본입니다.
                2021. 5. 10.   2021. 5. 10.
                                    법원주사 손일순

                사법보좌관   김 용 환 (인)

[별지]

채권의 표시

금 1억 원(100,000,000원)

채무자의 제3채무자에 대한 2020. 7. 1.자 대여금과 그 이자 및 지연손해금 중 일부
대여일자 2020. 7. 1.
금액 300,000,000원
이자 월 1%
변제기 2021. 6. 30. 끝.

===

송달증명원

사　　　　건	서울중앙지방법원 2021타채3050 채권압류 및 추심명령
채권자(신청인)	나주라
채무자(피신청인)	최우식
제 3 채 무 자	김상철

증 명 신 청 인　　　제3채무자 김상철

위 사건에 관하여 2021. 5. 10. 채권압류 및 추심명령이 있었는바, 동 결정정본이 2021. 5. 13. 채무자 최우식 및 제3채무자 김상철에 대하여 각 송달되었음을 증명합니다.

　　　　　　　　　　　　　　　　　　　　위 증명합니다.
　　　　　　　　　　　　　　　　　　　　2021. 10. 1.
서울중앙지방법원　　　　　　　　　　　서울중앙지방법원
　　　　　　　　　　　　　　　　　　　　법원주사 손일순　　[서울중앙지방법원 법원주사 인]

우 편 물 배 달 증 명 서

수취인의 주거 및 성명
 김원식
 서울 노원구 마들로 117, 9동 301호(월계동, 월계삼호아파트)

　　　　　　　　　김원식 귀하

접수국명	서울동작우체국	접수년월일	2021년 10월 20일
등기번호	제16399호	배달년월일	2021년 10월 21일
적　요	수취인과의 관계　　　　　　　　　　　　　서울노원우체국 　　　　　　　　　　　　　　　　　　　　2021. 10. 21. 　　　　　　본인　수령　　　　　　　　　21 - 11000 　　　　　김 원 식 (인)　　　　　　　　　우　체　국		

기록이면표지

확 인 : 법학전문대학원협의회

민사법

기록형

2022년도 **제3차**
법전협 모의시험

문제해결 TIP

기록 1면

【문 제】

귀하는 변호사 나변호로서, 의뢰인 김원식과의 상담을 통해 아래【상담내용】과 같은 사실관계를 청취하고,【의뢰인 희망사항】기재사항에 관한 본안소송의 대리권을 수여받고, 첨부된 서류를 자료로 받았습니다.

의뢰인을 위한 본안의 소를 제기하기 위한 소장을 작성하시오.

【작성요령】

작성기준일자로 소멸시효 및 제척기간의 기준시점이 된다.

공통의 관할권이 있는 법원에 제기할 것을 지시하였고, 따라서 각 피고에 대한 관할을 검토하여야 한다.

1. 소장 작성일 및 소 제기일은 2022. 10. 17.로 하시오.
2. 일방 당사자가 여러 명인 경우 성명으로 특정하시오(예 : '피고 홍길동').
3. 청구취지와 청구원인은 가급적 피고별로 나누어 기재하시오.

[이하의 작성요령은 실무의 기준과 다를 수 있음]

4. <u>공통의 관할권이 있는 법원에</u> 1건의 공동소송으로 제기하되, 공동소송의 요건은 갖추어진 것으로 전제하고, 전속관할이 있는 청구가 있으면 반드시 그 관할법원에 소를 제기하며, (주관적이든 객관적이든) 예비적·선택적 병합청구는 하지 마시오.
5. 【의뢰인 희망사항】에 기재된 희망사항에 부합하되, 현행법과 그 해석상 승소 가능한 최대한의 범위에서 하되, 지 않도록 하시오.

과실상계하지 말 것을 지시하였고, 불법행위문제가 출제되었음을 의미한다.

6. <u>불법행위로 인한 손해배상청구시 과실상계는 고려하지 마시오.</u>
7. 첨부자료를 통하여 상대방이 명백히 의견을 밝히고 있어서 소송 중 방어방법으로 제출할 것으로 예상되는 법률상 주장이나 항변 중 이유 있다고 생각되는 부분은 청구에 미리 반영하고, 이유 없다고 판단되는 사항은 청구원인란을 통해 미리 반박하시오.
8. 【의뢰인 상담일지】와 첨부자료에 기재된 사실관계는 모두 사실에 부합한 것으로 보고(작성자의 의견에 해당하는 사항은 제외), 기재되지 않은 사실은 없는 것으로 전제하며, 첨부된 서류는 모두 진정하게 성립된 것으로 간주하시오. 기록에 (인)으로 표시된 부분은 적법하게 날인된 것으로 간주하시오.
9. <증명방법>과 <첨부서류>란 기재는 생략하고, 도면은 아래 [별지 도면]을, 부동산의 표시는 아래 [목록(부동산의 표시)]을 소장 말미에 첨부함을 전제로 하여 작성하므로, 소장 말미에 [별지 도면] 내지 [목록(부동산의 표시)] 을 기재하지 마시오.
10. 이자나 지연손해금, 차임에 대하여는 다시 지연손해금 청구를 하지 마시오.
11. 관련 증거자료를 제시하여 기술할 필요는 없습니다.
12. 기록상의 날짜가 공휴일인지 여부, 문서의 서식이 실제와 부합하는지 여부는 고려하지 마시오.

기록 4면

의뢰인 상담일지

변호사 나 변 호 법률사무소

서울 서초구 서초중앙로21길 17, 206호(서초동)
☎ : 02-535-1125, 팩스 : 02-535-1126, e-mail : nbh@amail.com

접수번호	2022-131	상담일시	2022. 10. 12.
상담인	김원식 010-8653-9600	내방경위	지인 소개

【상 담 내 용】

1. 안성시 토지 관련
  가. 의뢰인은 오래 전에 별지 목록 제1항 기재 토지(이하 '안성시 토지'라 한다)를 구입하였으나 이런저런 사정으로 제대로 활용하지 못한 채 시간이 지났다. 그런데 얼마 전 안성시 토지를 방문하여 주변을 둘러보던 중 안성시 토지의 별지 도면 부분에 누군가의 분묘가 설치되어 있는 것을 발견하여 사정을 알아보니 안성남씨회령군파종중 선조의 묘소인 것을 알게 되었다.
  나. 의뢰인은 위 종중 대표자에게 분묘를 이전해갈 것을 요구하였으나, 위 종중은 이를 거부하고 있다. ······● 분묘기지권의 시효취득이 문제됨.

2. 물품대금채권 관련
  가. 의뢰인은 주식회사 뉴테크에게 사무용 고속복사기 500대를 합계 10억 원에 판매하였는데, 위 매매계약 체결 당시 이형석은 주식회사 뉴테크의 대표이사 명함을 제시하면서 계약서에 법인인감을 날인하였다. 그 후 의뢰인은 약정대로 주식회사 뉴테크에게 물품을 모두 인도해 주었다.
  나. 의뢰인은 변제기가 도래하자 물품대금과 그 이자 및 지연손해금의 변제를 요구하였으나, 주식회사 뉴테크는 법인의 대표이사는 이형석의 아버지인 이원길이고, 이형석은 실제 대표이사가 아니며, 회사에 남은 재산도 없다면서 이에 응하지 않고 있다. ······● 표현대표이사 문제이며, 현재 뉴테크는 무자력임을 지시하였음.
  다. 의뢰인은 주식회사 뉴테크 명의 재산을 찾기 위해 백방으로 알아보았으나, 대부분 이형석과 이원길이 임의로 사용하거나 이형석의 개인재산

기록 5면

으로 빼돌린 상태였고, 이형석은 회사 재산 5억 원을 횡령한 혐의로 징역형을 선고받아 복역을 마쳤다.

3. 도봉구 토지 관련

가. 의뢰인이 처음 주식회사 뉴테크를 소개받을 당시에는 주식회사 뉴테크가 서울 도봉구 토지를 소유하고 있었는데, 최근에 확인해보니 위 토지가 김삼순, 박현빈, 박현철을 거쳐 박금지, 박은지에게 넘어가 있었다. *(순차 원인무효의 이전등기가 경료되어 있음.)*

나. 수소문해본 결과 이원길의 전처인 김삼순이 이원길, 이형석 몰래 주식회사 뉴테크 명의 매매계약서를 위조하고, 주식회사 뉴테크를 상대로 위 토지에 관한 소유권이전등기청구소송을 제기하면서 김삼순의 고향 후배 고길동의 주소로 소장이 송달되도록 하여 전부승소 확정판결을 받아 소유권을 이전받았다고 한다. *(허위주소송달에 의한 판결편취의 문제로 기판력이 없음.)*

4. 추심금 관련

가. 의뢰인은 튼튼시공을 운영하는 최우식으로부터 지급받을 자재대금 채권 5억 원이 있는데, 최우식이 이를 갚지 않자 최우식의 김상철에 대한 대여금 채권 3억 원에 관하여 채권가압류결정을 받아두고, 위 자재대금 5억 원에 대한 지급명령도 받았다. *(추심금 청구의 문제 출제됨.)*

나. 그 후에도 최우식이 계속 변제를 하지 않자 의뢰인은 최우식의 김상철에 대한 위 대여금채권에 관하여 압류 및 추심명령을 받았다. 이에 대해 김상철은 그의 최우식에 대한 채권으로 상계를 하겠다고 주장하고 있으나, 채권가압류 이후에 취득한 채권으로는 상계할 수 없는 것으로 알고 있다. *(상계항변)*

(부당이득 및 지료 청구를 지시하였는데, 부당이득청구 부분은 함정임.)

【의뢰인 희망사항】

1. 가능하다면 안성남씨회령군파종중으로부터 안성시 토지를 인도받고, 위 토지에 대한 부당이득금 내지 지료도 최대한 지급받기를 원한다.

2. 주식회사 뉴테크는 어차피 자력이 없고, 주식회사 뉴테크의 이사 한정수와 협상이 진행 중인 상태라서 지금 당장은 주식회사 뉴테크를 상대로 소송을 제기하고 싶은 마음이 없으며, 이원길은 자력이 없어 굳이 피고로 삼고

> 싶지 않다. 대신 주식회사 뉴테크의 이형석에 대한 손해배상채권을 원고가 대신 행사할 수 있다면 일단 이러한 방법을 강구하고 싶다.
> 3. 또한 도봉구 토지를 주식회사 뉴테크 명의로 돌려놓을 수 있는 방법이 있다면 이러한 방법을 강구하고 싶다. 다만 도봉구 토지와 관련하여서는 피고의 수를 최소한으로 하여 문제를 해결하고 싶다.
> 4. 가능하다면 최우식이 김상철에 대하여 갖는 대여금 채권 전부에 관하여 추심이 가능한 판결을 받고 싶다. ······● 추심금 청구 지시

● 손해배상청구 대위행사 지시함.

● 말소청구가 아닌 진정명의회복을 위한 소유권이전등기로 청구취지 구성하여야 함.

등기사항전부증명서 (말소사항 포함) - 토지 [제출용]

[토지] 경기도 안성시 금광면 오흥리 산11-2

고유번호 1150-1999-781355

【 표 제 부 】 (토지의 표시)

표시번호	접수	소재지번	지목	면적	등기원인 및 기타사항
1 (전 3)	1981년4월16일	경기도 안성시 금광면 오흥리 산11-2	임야	400㎡	분할로 인하여 경기도 안성시 금광면 오흥리 산11에서 이기

【 갑 구 】 (소유권에 관한 사항)

순위번호	등기목적	접 수	등 기 원 인	권리자 및 기타사항
1 (전 3)	소유권이전	1981년4월16일 제11223호	1981년3월7일 매매	소유자 남소유 420818-1****** 서울 서초구 방배동 731 그린빌라 501호
				부동산등기법 제177조의6 제1항의 규정에 의하여 1999년 06월 21일 전산이기
2	소유권이전	1990년4월18일 제19703호	1990년4월12일 매매	소유자 김원식 580912-1****** 서울 노원구 월계동 월계삼호아파트 9동 301호

● 소유권취득일. 등기가 경료된 사실을 청구원인에 기재하여야 함.

— 이 하 여 백 —

관할등기소 수원지방법원 안성등기소 / 발행등기소 법원행정처 등기정보중앙관리소
수수료 금 1,000원 영수함

이 증명서는 등기기록의 내용과 틀림없음을 증명합니다.

서기 2022년 10월 01일

법원행정처 등기정보중앙관리소 전산운영책임관

*실선으로 그어진 부분은 말소사항을 표시함.   *등기기록에 기록된 사항이 없는 갑구 또는 을구는 생략함.

문서 하단의 바코드를 스캐너로 확인하거나 인터넷등기소(http://iros.go.kr)의 발급확인 메뉴에서 발급확인번호를 입력하여 위·변조 여부를 확인할 수 있습니다. 발급확인번호를 통한 확인은 발행일부터 3개월까지 5회에 한하여 가능합니다.

발행번호 00219405211494019OSLBO603943WOG16858151112 1/1 발급확인번호 QDHT-COHR-3758 발행일 2022/10/01

기록 9면

답변서

발신인: 안성남씨회령군파종중 대표자 남일해
수신인: 김원식

1. 가내 두루 평안하시옵고 기체후 일향 만강하시기를 바라오.
2. 귀하가 보낸 통고서는 며칠 전에 잘 받아보았소. 일평생 송사에 휘둘린 바 없이 살아온 촌로가 생면부지의 사람으로부터 말 한 마디 나누어 보기 전에 법적인 조치 운운하는 서면을 받고 적잖이 놀랐으나, 문중에서 논의한 바를 상세히 아뢰오.
3. 대저 우리 문중은 5대째 안성에서 집성촌을 이루어 살아오면서 논밭을 제외하고는 네 땅이다 내 땅이다 가리지 않고 필요한 일이 있으면 함께 사용하고 도우며 살아왔소. 고향 어르신이 소천하시면 마을 뒷산 양지바른 곳에 모시는 것이 오랜 전통이었고, 산의 주인이 누구인지 몰라도 그에 대해 일언반구 문제가 된 바도 없소. 귀하는 우리 종원 누군가가 소유하였던 땅을 매수하였던 것으로 보이나, 문중에 법률을 잘 아는 이가 말하기로는 분묘를 설치한 지 20년이 되면 분묘기지권이라는 것이 성립하여 더 이상 이장을 구할 수 없다고 하오.
4. 오흥리 산에는 여러 곳에 분묘가 설치되어 있으나, 그 중 귀하의 토지에 설치된 분묘를 확인해 보니 안성남씨회령군파 18세손 남일곤 어르신과 그 배우자인 이씨의 묘소로, 위 분묘를 마련한 1991. 10. 1.부터 이미 20년이 지났으니, 더 이상 이장을 구할 수 없다고 사료되오.

> 분묘기지권 시효취득 항변

2021. 5. 25.

안성남씨회령군파종중 대표자 남일해 (인)

본 우편물은 2021-05-25
제4021호에 의하여
내용증명우편물로 발송하였음을 증명함
안성우체국장

통지서(2차)

발신인   김원식
               서울 노원구 마들로 117, 9동 301호(월계동, 월계삼호아파트)

수신인   안성남씨회령군파종중 대표자 남일해
               안성시 금광면 가협길 183

1. 보내주신 답변서는 잘 받아보았습니다.
2. 어르신께 무례했다면 송구하오나, 법률상 아무런 권원없이 무단으로 분묘를 설치한 경우에는 분묘기지권이 성립하지 않는 것으로 알고 있습니다.
3. 또한 답변서에서 1991. 10. 1.부터 위 토지를 점유해 왔다고 하시니, 그 때로부터의 부당이득 내지 지료를 청구하고자 합니다. 제가 확인해 본 결과 위 토지의 차임은 1991. 10. 1.부터 2001. 9. 30.까지는 월 12만 원, 2001. 10. 1.부터 2011. 9. 30.까지는 월 18만 원, 2011. 10. 1. 이후는 월 24만 원이라고 하니, 그에 따라 계산하여 조속히 지급해 주시기 바랍니다. ·········● 지료산정기준

2021. 5. 31.

김 원 식 (인)

본 우편물은 2021-05-31
제2290호에 의하여
내용증명우편물로 발송하였음을 증명함
서울노원우체국장

답변서

발신인: 안성남씨회령군파종중 대표자 남일해

수신인: 김원식

1. 지난번에 보내주신 2차 통지서는 이번 달 5일에 잘 받아보았소. 이에 답변드리오.

2. 법적으로 어찌되는지는 모르겠으나, 지난번 말하였듯 뒷산에 선조를 모시는 것은 오흥리에 사는 사람이라면 누구를 붙잡고 물어보더라도 알 수 있는 당연지사이거늘, 어찌 함부로 무단점유라는 말을 하시는지?

3. 문중에 법률을 잘 아는 이에게 다시 상의하니 부당이득이든 지료든 10년 이전의 것은 모두 청구할 수 없다고 하오. 그리고 지료가 월 24만 원이나 된다는 주장도 터무니없다고 생각되오. 좌우지간 이장도 못하고 돈도 지급할 수 없으니 그리 아시오.

2021. 6. 10.

안성남씨회령군파종중 대표자 남일해 (인)

안성우체국
2021. 6. 10.
21 - 5094

본 우편물은 2021-06-10
제5094호에 의하여
내용증명우편물로 발송하였음을 증명함
안성우체국장

물품공급계약서

갑과 을은 다음과 같이 합의하여 물품공급계약을 체결하고, 이를 증명하기 위해 갑과 을이 서명날인한 후 계약서 2통을 작성하여 각 1통씩을 보관하기로 한다.

제1조 갑은 2015. 11. 1.까지 을에게 사무용 고속복사기 500대(태양전자 주식회사, 모델번호 MSJUDH-1097, 1대당 가격 200만 원)를 공급하기로 한다.
제2조 을은 2016. 10. 1.까지 갑에게 위 물품대금을 지급하기로 한다.
제3조 을은 제1조에 따라 인도받은 물품에 대하여, 물품을 인도받은 당일부터 물품대금 변제 완료일까지 물품대금에 월 2%의 이자를 가산하여 지급하기로 한다. ┈ 약정가산금 특약
제4조 갑이 납품한 물품에 대하여 을은 수령한 날부터 3일 이내에 하자 유무와 반품 여부를 결정하여 통보하여야 하고, 3일이 지난 후에는 이의를 제기할 수 없다.
제5조 이 계약에서 정한 사항 외에는 상법과 상거래 관습에 따른다.

2015. 10. 1.

갑 : 영원무역 김원식 (인)
을 : 주식회사 뉴테크
　　　대표이사 이형석   [주식회사 뉴테크 대표이사인]

주식회사 뉴테크 대표이사 이형석 ┈ 이형석이 대표이사로 기재되어 있음.

서울 중구 장충동 21, 207호(삼화빌딩)
02)730-8765, 010-8654-9162

이행최고서

발신인   김원식
               서울 노원구 마들로 117, 9동 301호(월계동, 월계삼호아파트)

수신인   주식회사 뉴테크
               서울 중구 장충동 21, 207호(삼화빌딩)

1. 귀사의 번영을 기원합니다.

2. 본인은 2015. 10. 1. 귀사에게 10억 원 상당의 물품을 공급하기로 하고, 2015. 11. 1. 인도를 마친 사실이 있습니다. 본인은 변제기에 위 물품대금의 변제를 요구하였으나, 귀사는 정당한 이유 없이 이를 이행하지 않고 있습니다.   ● 물건인도일이고 변제기 도달함.

3. 위 물품대금 및 그 이자와 지연손해금을 저에게 신속히 지급하시길 바라고, 즉시 지급하지 않을 경우 법적 조치를 강구할 수밖에 없다는 점을 양지하시기 바랍니다.

2021. 9. 20.

김 원 식   (인)

본 우편물은 2021-09-20
제3639호에 의하여
내용증명우편물로 발송하였음을 증명함
서울노원우체국장

이행최고서에 대한 답신

발신인 : 주식회사 뉴테크

수신인 : 김원식

1. 귀하가 보낸 이행최고서는 9월 말에 잘 받아보았습니다.
2. 본사가 확인한 결과 귀하와 물품공급계약을 체결한 사람은 이형석으로, 본사의 대표이사인 이원길이 아닌 제3자이고, 본사는 귀하와의 거래 내용에 대해서 자세한 내용을 전혀 알지 못합니다. *(무권대표이사 항변)*
3. 본사는 이사 한정수가 2019. 11. 4.경 회사 서류를 정리하는 과정에서 이원길과 이형석이 회사 자금을 빼돌려 횡령한 사실을 알게 되었고, 이에 이원길과 이형석을 횡령 혐의로 고소하여 이들이 징역형을 선고받기도 하였습니다. 대표이사였던 이원길은 무책임하게 연락도 제대로 되지 않고, 본사에는 현재 아무런 재산도 없는데 채권자들로부터 변제 독촉만 계속되고 있어서, 현재 남은 임직원 몇몇이 급여도 받지 못한 채 최소한의 업무만을 처리 중인 상황입니다.
4. 이와 같은 사유로 귀하의 변제 요청에는 당장 응할 수 없는 상황이오니 회사의 입장을 이해해주시기 바랍니다.

(한정수가 횡령사실을 알게 된 날이고, 소멸시효의 기산점이 된다.)

첨부 : 판결문

2021. 10. 2.

주식회사 뉴테크 이사 한정수

본 우편물은 2021-10-03
제4030호에 의하여
내용증명우편물로 발송하였음을 증명함
동대문우체국장

서 울 중 앙 지 방 법 원

제 28 형사부

판 결

사　　건	2019고합21231 특정경제범죄가중처벌등에관한법률위반(횡령)
피 고 인	1. 이원길 (420876-1876567), ㈜ 뉴테크 대표이사
	2. 이형석 (740918-1076516), 무직
	피고인들 주거 서울 강남구 테헤란로12길 19, 103동 308호(역삼동, 양지아파트)
	피고인들 등록기준지 춘천시 신북읍 아침못길 200(신북읍)
검　　사	지상우(기소), 예상민(공판)
변 호 인	변호사 김필승
판결선고	2020. 5. 19.

주　문

피고인들을 각 징역 1년 6월에 처한다.

다만, 피고인 이원길에 대하여는 이 판결 확정일부터 2년간 위 형의 집행을 유예한다.

이　유

범죄사실

　피고인 이원길은 피해자 주식회사 뉴테크의 대표이사이고, 피고인 이형석은 피고인 이원길의 아들로, 이원길의 승인 하에 위 회사를 실제로 운영하면서 위 회사의 자금관리, 자금집행 등 회사업무를 총괄해 온 사람이다.

> 표현대표이사의 요건 구비함.

기록 17면

피고인들은, 피고인 이형석이 2016. 2. 12. 주식회사 삼원산업으로부터 피해자 주식회사 뉴테크에 대한 물품대금 5억 원을 피고인 이형석의 개인 계좌로 송금받아 이를 피해자 주식회사 뉴테크를 위하여 보관하고 있던 중 이를 피고인들의 한별은행에 대한 대출금 채무 5억 원을 변제하는데 사용하기로 공모하고, 2016. 3. 7. 위 5억 원을 인출하여 전액을 피고인들의 위 채무변제에 사용하였다.

이로써 피고인들은 공모하여 피해자의 재물을 업무상 횡령하였다.

(이하 생략)   불법행위일이고, 이날부터 지연손해금이 가산됨.

재판장   판사   김정희 _____

판사   이진철 _____

판사   송재훈 _____

등본입니다.
2020. 5. 19.
법원주사 이도형   (서울중앙지방법원 법원주사 인)

확 정 증 명 서

사　　건 : 서울중앙지방법원 2019고합21231
피 고 인 : 이원길, 이형석
증명신청인 : 주식회사 뉴테크 이사 한정수

위 사건에 관하여 아래와 같이 확정되었음을 증명합니다.
피고인 이형석 : 2020. 5. 27. 확정. 끝.

2021. 8. 30.

서울중앙지방법원
법원주사 김정주   (서울중앙지방법원 법원주사 인)

기록 19면

등기사항전부증명서 (말소사항 포함) - 토지 [제출용]

[토지] 서울 도봉구 도봉동 384-3

고유번호 1150-1999-780227

【 표 제 부 】 (토지의 표시)

표시번호	접수	소재지번	지목	면적	등기원인 및 기타사항
1 (전 2)	1990년3월4일	서울 도봉구 도봉동 384-3	대	565㎡	
					부동산등기법 제177조의6 제1항의 규정에 의하여 1999년 06월 21일 전산이기

【 갑 구 】 (소유권에 관한 사항)

순위번호	등기목적	접 수	등 기 원 인	권리자 및 기타사항
1 (전 2)	소유권이전	1998년7월16일 제22847호	1998년7월1일 증여	소유자 류진열 400123-1****** 서울 도봉구 쌍문동 23-1, 301호
				부동산등기법 제177조의6 제1항의 규정에 의하여 1999년 06월 21일 전산이기
2	소유권이전	2014년7월9일 제33395호	2014년4월5일 매매	소유자 주식회사 뉴테크 110567-0****** 서울 중구 장충동 21, 207호(삼화빌딩)
3	소유권이전	2015년10월10일 제40289호	2015년1월3일 매매	소유자 김삼순 480226-2****** 서울 서초구 강남대로 10, 101동 407호 (서초동, 우성아파트)
4	소유권이전	2016년4월10일 제9366호	2015년11월1일 매매	소유자 박현빈 681128-1****** 서울 서초구 서래로 77, 207호
5	소유권이전	2018년10월4일 제57980호	2018년5월24일 교환	소유자 박현철 640703-1****** 서울 용산구 후암로 2, 7동 2047호(후암동, 진정펜트하우스)
6	소유권이전	2021년8월30일 제44729호	2021년8월20일 상속	공유자 지분 2분의 1 박금지 991226-2****** 서울 성북구 선잠로 5길 99, 103호 (로얄빌라) 지분 2분의 1 박은지 041030-4****** 서울 성북구 선잠로 5길 99, 103호 (로얄빌라)

> 원인무효의 등기가 순차 경료되었고, 최종 등기 명의자를 상대로 진정명의회복을 원인으로 한 소유권이전등기 청구 가능

> 미성년자이므로 법정대리인 기재 필요.

— 이 하 여 백 —

관할등기소 서울북부지방법원 등기국 / 발행등기소

수수료 금 1,000원 영수함

이 증명서는 등기기록의 내용과 틀림없음을 증명합니다.
서기 2022년 10월 01일
법원행정처 등기정보중앙관리소 전산운영책임관

등기정보중앙관리소전산운영책임관

*실선으로 그어진 부분은 말소사항을 표시함.   *등기기록에 기록된 사항이 없는 갑구 또는 을구는 생략함.

문서 하단의 바코드를 스캐너로 확인하거나 인터넷등기소(http://iros.go.kr)의 발급확인 메뉴에서 발급확인번호를 입력하여 위·변조 여부를 확인할 수 있습니다. 발급확인번호를 통한 확인은 발행일부터 3개월까지 5회에 한하여 가능합니다.

발행번호 00219405211494019OSLBO603943WOG16858112345   1/1   발급확인번호 QDHT-COHR-8888   발행일 2022/10/01

대법원

통지서

발신인 김원식
　　　서울 노원구 마들로 117, 9동 301호(월계동, 월계삼호아파트)

수신인 주식회사 뉴테크
　　　서울 중구 장충동 21, 207호(삼화빌딩)

1. 귀사의 번영을 기원합니다.

2. 본인은 귀사에 대한 물품대금 채권의 보전을 위하여 귀사가 이형석에 대하여 갖는 불법행위에 기한 손해배상채권을 대신 행사하는 차원에서 이형석에게 5억 원의 지급을 청구하였고, 이형석이 이를 미지급시 조만간 이형석을 상대로 소송을 제기할 것임을 통지합니다. …… 대위권 행사 통지

3. 아무쪼록 귀사의 원활한 협조 부탁드립니다.

　　　　　　　　　　2021. 10. 12.

　　　　　　　　　　김 원 식　(인)

서울노원우체국
2021. 10. 12.
21 - 9876

본 우편물은 2021-10-12
제9876호에 의하여
내용증명우편물로 발송하였음을 증명함
서울노원우체국장

기록 21면

우 편 물 배 달 증 명 서

수취인의 주거 및 성명
서울 중구 장충동 21, 207호(삼화빌딩)

주식회사 뉴테크 귀하

접수국명	서울노원우체국	접수년월일	2021년 10월 12일
등기번호	제9876호	배달년월일	2021년 10월 15일
적 요	수취인과의 관계 직원 수령 주식회사 뉴테크 이사 한정수 (서명생략)		동대문우체국 2021. 10. 15. 21 - 4088 우 체 국

대위권 행사 통지의 의사표시 도달일

답변서

발신인 : 이형석
수신인 : 김원식

1. 귀하가 보낸 통고서는 잘 받아보았습니다.
2. ㈜뉴테크가 답변하였듯이, 저는 대표이사인 아버지 이원길님께서 연로하신 관계로 아버지를 대신하여 회사 업무를 처리하면서 업무상 부득이 필요한 경우 대표이사라는 명칭을 쓰기도 하였지만, ㈜뉴테크의 법률상 대표이사가 아닙니다. 제가 때로 대표이사라고 말하는데 대해서 아버지가 아시면서도 나무라지 않으셨을 뿐, 엄연한 대표이사는 아버지 한 분뿐이십니다. 제가 물품공급계약서를 작성한 것은 사실이나, 그렇다고 하여 ㈜뉴테크가 법률상 책임을 질 수는 없습니다. 주변에 법률을 아는 지인에게 물어보니 귀하의 ㈜뉴테크에 대한 채권이 성립하지 않는 이상, 귀하가 ㈜뉴테크의 저에 대한 손해배상채권을 대신 행사하는 것도 어불성설이라고 합니다. *(무권대표이사 항변 / 피보전채권 소멸시효 도과 항변)*
3. 또한 귀하의 ㈜뉴테크에 대한 물품대금 채권은 이미 3년의 소멸시효가 경과하였으므로, 귀하의 청구는 어느모로 보나 받아들여지기 어려울 것입니다.
4. 만에 하나 회사가 귀하에게 물품대금 채무를 부담한다고 하더라도, 제가 회사 자금을 횡령했다고 하는 때는 2016년인데, 제가 알기로는 불법행위채권의 경우 안 날로부터 3년이 지나면 청구할 수 없다고 합니다. 그런데 회사는 현재까지 저에게 아무런 청구를 한 사실이 없습니다. *(피대위채권 소멸시효 도과 항변)*
5. 만일 회사가 저에 대해 행사할 채권이 있다고 해도, 저 또한 회사 채무 2억 원을 대위변제한 사실이 있으므로, 2억 원의 구상금 채권으로 상계할 것입니다. *(상계항변)*
6. 귀하가 저로 인해 손해를 본 것은 안타깝고 송구하오나, 이상의 이유로 귀하의 요청에 응할 수 없음을 알려드립니다.

첨부 : 대위변제증서

2021. 10. 15.

이형석 (인)

(서울강남우체국 2021. 10. 15. 21-3811)

본 우편물은 2021-10-15 제3811호에 의하여 내용증명우편물로 발송하였음을 증명함
서울강남우체국장

답변서(2차)

발신인 : 이형석

수신인 : 김원식

1. 귀하가 보낸 통고서(2차)는 잘 받아보았습니다.
2. 백번 양보하여 제가 ㈜뉴테크에 대하여 손해배상채무를 부담한다고 하더라도, 새로운 사정이 생겨 귀하의 청구에 응할 수 없게 되었습니다. 저는 얼마 전 법원으로부터 ㈜뉴테크의 채권자인 조성만이 ㈜뉴테크의 저에 대한 불법행위 손해배상채권 중 2억 원을 전부받았다는 결정문을 받았습니다. ············ ● 전부명령항변
3. 만일 제가 귀하의 청구에 응한다면 저는 이중으로 변제하여야 하거나 다른 송사에 휘말릴 위험이 있습니다. 따라서 저는 귀하가 청구하는 금액 중 최소한 2억 원에 대하여는 절대로 응할 수 없음을 알려드립니다.

첨부 : 전부명령 사본

2021. 11. 11.

이형석 (인)

본 우편물은 2021-11-11
제4981호에 의하여
내용증명우편물로 발송하였음을 증명함
서울강남우체국장

[별지]

채권의 표시

채무자의 제3채무자에 대한 2016. 3. 7. 횡령으로 인한 불법행위 손해배상채권 중 200,000,000원. 끝.

===

송달 및 확정 증명원

사　　　　건	서울중앙지방법원 2021타채9715 채권압류 및 전부명령
채권자(신 청 인)	조성만
채무자(피신청인)	주식회사 뉴테크
제 3 채 무 자	이형석

증 명 신 청 인　　　이형석

위 사건에 관하여 2021. 10. 23. 채권압류 및 전부명령이 있었는바, 동 결정정본이 2021. 10. 25. 채무자 및 제3채무자에게 각 송달되어 위 압류 및 전부명령이 2021. 11. 2. 확정되었음을 증명하여 주시기 바랍니다.

> 대위권 행사 통지 이후에 전부명령의 효력이 발생하였으므로, 전부명령은 무효가 된다.

2021. 11. 10.

제3채무자　이형석　(인)

위 증명합니다.
2021. 11. 10.
서울중앙지방법원
법원주사 손일순

[인: 서울중앙지방법원 법원주사]

서울중앙지방법원

기록 29면

답변서

발신인 : 박현빈, 박금지, 박은지

수신인 : 김원식

1. 귀하로부터 서울 도봉구 도봉동 384-3 대 565m²와 관련한 연락을 받고 한 말씀 올리겠습니다.

2. 저는 박현빈이고, 박금지와 박은지는 2021. 8.경 돌아가신 제 형님 박현철의 딸들입니다. 형님은 돌아가시기 한참 전에 이혼을 하셔서 전 형수인 오나린이 혼자서 줄곧 금지와 은지를 키워왔습니다. 형수도 생업에 매우 바쁘고, 금지와 은지도 아직 어려서 가족들의 동의하에 제가 귀하에게 자초지종을 설명드리기로 하였습니다. ● 법정대리인인 친권자 오나린

3. 저는 등기부등본을 믿고서 김삼순으로부터 대금 13억 원을 다 주고 도봉구 토지를 샀습니다. 그 후 제가 제주도에 펜션 사업을 하려고 저의 도봉구 토지랑 형님의 13억 원짜리 제주도 토지를 맞교환한 것입니다. 저희 형제들은 등기부등본을 철석같이 믿고서 토지대금을 다 주고 취득한 선의의 자들로서 저희의 신뢰는 보호되어야 합니다. 따라서 귀하는 물론이고 주식회사 뉴테크도 저희에게 어떠한 청구도 할 수 없습니다. ● 선의취득 항변

4. 또한 제가 주변에 법을 아는 분께 알아보니 우리나라 법에 기판력이라는 것이 있어 일단 확정판결에 의해 등기를 넘겨오게 되면 이를 다시 말소시키거나 원소유자에게 이전시키는 것은 불가능하다고 들었습니다. 귀하께서 안 그래도 여러 가지 일로 바쁘실 터인데 괜한 헛수고하시지 마시라고 노파심에 전해드립니다. ● 기판력 항변

첨부 : 판결문 및 확정증명서

2021. 10. 16.

박현빈 (인)
박금지 (인)
박은지 (인)

서울서초우체국
2021. 10. 16.
21 - 3910

본 우편물은 2021-10-16
제3910호에 의하여
내용증명우편물로 발송하였음을 증명함
서울서초우체국장

> 기록 31면

이 유

1. 청구의 표시

   원고는 2015. 1. 3. 피고로부터 서울 도봉구 도봉동 384-3 대 565㎡를 매매대금 13억 원에 매수하였음

2. 인정 근거: 무변론 판결(민사소송법 제208조 제3항 제1호, 제257조 제1항)

   → 허위주소 송달에 의한 의제자백 형식의 판결편취로 송달의 효력이 없어 확정되지 않음.

   정본입니다
   2015. 7. 15.
   법원주사 황미애   [서울북부지방법원 법원주사 인]

   재판장   판사   박 사 연 ──────────

            판사   김 로 운 ──────────

            판사   오 유 나 ──────────

확 정 증 명 서

사   건 : 서울북부지방법원 2015가합68910 소유권이전등기
원   고 : 김삼순
피   고 : 주식회사 뉴테크

위 사건이 2015. 8. 10. 확정되었음을 증명합니다. 끝.

2021. 10. 13.

서울북부지방법원
법원주사 황미애   [서울북부지방법원 법원주사 인]

[별지]

채권의 표시

채무자의 제3채무자에 대한 2020. 7. 1.자 대여금과 그 이자 및 지연손해금
대여일자 2020. 7. 1.
금액 300,000,000원
이자 월 1%   ······· 피압류채권의 변제기
변제기 2021. 6. 30. 끝.

==

송 달 증 명 원

사　　　　건　　　서울중앙지방법원 2021카단3058 채권가압류
채권자(신청인)　　　김원식
채무자(피신청인)　　최우식
제 3 채 무 자　　　　김상철

증 명 신 청 인　　　채권자 김원식

위 사건에 관하여 2021. 4. 23. 채권가압류결정이 있었는바, 동 결정정본이 2021. 4. 30. 채무자 최우식 및 제3채무자 김상철에게 각 송달되었음을 증명합니다.

　가압류효력 발생일

　　　　　　　　　　　　　　　　위 증명합니다.
　　　　　　　　　　　　　　　　 2021. 10. 1.
　　　　　　　　　　　　　　　　서울중앙지방법원
　　　　　　　　　　　　　　　　법원주사 손일순

서울중앙지방법원

내용증명

발신인 김상철

수신인 김원식

1. 댁내 두루 평안하시길 기원합니다.
2. 제가 2021. 10. 5. 귀하로부터 추심금을 달라는 전화를 받고 저도 나름대로 알아보았습니다.
3. 제가 최우식에게 3억 원을 갚아야 하는 것은 맞습니다. 제가 그 돈을 떼어먹을 생각을 하고 있었던 것이 아니라 저도 최우식에게 받아야 할 공사대금 1억 원이 있기에 변제를 좀 지체하고 있었던 것일 뿐입니다. 제가 귀하에게 추심금을 드린다고 하더라도 저는 저의 최우식에 대한 공사잔대금 채권과 상계하고 남은 돈만 지급할 수 있음을 알려드립니다. ········ 상계항변
4. 또한 사실 제가 최우식의 다른 채권자인 나주라로부터 위 대여금채권 중 1억 원에 대하여 압류 및 추심명령을 받은 상황입니다. 나주라는 아직 아무 연락이 없지만 제가 나주라의 압류 및 추심명령을 송달받은 날짜가 앞서니 저는 나주라에게 1억 원을 지급하거나, 대여원리금 전체를 귀하와 나주라의 채권액별로 안분해서 지급해야 하는 것이 아닌가 싶습니다. ········ 압류의 경합 항변

첨부: 공사계약서, 압류 및 추심명령

2021. 10. 20.

김 상 철 (인)

본 우편물은 2021-10-20
제16399호에 의하여
내용증명우편물로 발송하였음을 증명함
서울동작우체국장

공사계약서

도급인 : 튼튼시공
수급인 : 김상철

1. 공사명 : 수원시 영통구 이의동 389 대 330㎡ 지상 2층 주택신축공사 중 창호 및 전기 공사
2. 공사금액 : 총 공사대금 1억 5천만 원
   5천만 원(계약시 지급 완료함), 1억 원(공사완공 및 인도시 지급)
   위 공사가 2021. 6. 30. 완공되어 현장을 인도받았음을 확인함.
   2021. 6. 30. 튼튼시공 현장소장 박진용 (인) ········ 자동채권의 변제기이고 수동채권과 같은 날 변제기가 도래하였다.
3. 공사기간 : 2021. 4. 1.부터 2021. 6. 30.까지
4. 공사자재는 도급인이 공급한 것을 사용하되, 추가 자재 필요 시 상호 협의함.
5. 하자보수책임기간 : 준공 후 1년

당사자들은 위와 같이 공사계약을 체결하고 계약서 2통을 작성하여 각각 1통씩 가진다.

2021. 4. 1.

도급인 : 튼튼시공 사장 최우식 (인)
       성남시 중원구 상대원로 28
수급인 : 김상철 (인)
       서울 동작구 서달로 28, 102동 1406호(흑석동, 세상편한아파트)

우 편 물 배 달 증 명 서

수취인의 주거 및 성명
 김원식
 서울 노원구 마들로 117, 9동 301호(월계동, 월계삼호아파트)

          김원식 귀하

접수국명	서울동작우체국	접수년월일	2021년 10월 20일
등기번호	제16399호	배달년월일	2021년 10월 21일
적 요	수취인과의 관계 본인 수령 김 원 식 (인)		서울노원우체국 2021. 10. 21. 21 - 11000 우 체 국

상계의 의사표시 도달일

민사법

기록형

2022년도 **제3차**
법전협 모의시험

답안

민사법 기록형 채점 기준

평가대상		논점	배점	기타
당사자(8)		원고 이름, 주소	1	피고별로 각 1점, 피고 박은지 법정대리인 기재 1점
		소송대리인 이름, 주소, 전화, 팩스, 전자우편	1	
		피고들 이름, 주소	6	
사건명(1)		지료 등 청구의 소	1	
청구취지 (50)		피고 종중에 대한 지료 청구	12	인도청구 추가시 3점 감점
		피고 이형석에 대한 손해배상청구	12	
		피고 박금지, 박은지에 대한 진정명의회복 소이등청구	12	
		피고 김상철에 대한 추심금 청구	12	
		소송비용	1	
		가집행	1	
청구 원인 (105)	피고 종중 (12)	지료청구 요건사실	12	부당이득반환청구 추가시 3점 감점
	피고 이형석 (46)	채권자대위에 기한 손해배상청구	12	
		대표권 존부	7	
		물품대금채권의 시효소멸	6	
		손해배상청구권의 시효소멸	6	
		불법행위채권에 대한 상계	4	
		선행 전부금의 공제 여부	8	
		소결론	3	

피고 박금지, 박은지 (21)	진정명의회복을 원인으로 한 소유권이전등기 청구	9	말소등기청구시 3점 감점
	등기의 공신력	4	
	종전 소송의 기판력 위반 여부	6	
	소결론	2	
피고 김상철 (26)	추심금 청구	7	
	압류 및 추심명령의 경합	6	
	상계 항변	10	
	소결론	3	
작성일, 대리인, 관할법원(3)		3	
전체적인 체계, 구성 및 논리전개(8)		8	재량 점수 부여
총 점		175	

소 장

원 고   김원식
        서울 노원구 마들로 117, 9동 301호(월계동, 월계삼호아파트)

        소송대리인 변호사 나변호
        서울 서초구 서초중앙로 21길 17, 206호(서초동)
        전화 535-1125, 팩스 535-1126, 이메일 nbh@amail.com

피 고   1. 안성남씨회령군파종중
           안성시 금남면 가협길 183
           대표자 남일해

        2. 이형석
            서울 강남구 테헤란로 12길 19, 103동 308호(역삼동, 양지아파트)
        3. 박금지

        4. 박은지
            피고 3, 4의 주소 서울 성북구 선잠로 5길 99, 103호(성북동, 로얄빌라)
            피고 4는 미성년자이므로 법정대리인 친권자 모 오나린

        5. 김상철
            서울 동작구 서달로 28, 102동 1406호(흑석동, 세상편한아파트)

지료 등 청구의 소

청 구 취 지

1. 피고 안성남씨회령군파종중은 원고에게 2021. 6. 5.부터 별지 목록 제1항 기재 부동산 중 별지 도면 표시 ㄱ, ㄴ, ㄷ, ㄹ, ㄱ의 각 점을 차례로 연결한 선내 120㎡의 사용종료일까지 월 240,000원의 비율로 계산한 돈을 지급하라.
2. 피고 이형석은 원고에게 500,000,000원 및 이에 대한 2016. 3. 7.부터 이 사건 소장부본 송달일까지는 연 5%의, 그 다음날부터 다 갚는 날까지는 연 12%의 각 비율로 계산한 돈을 지급하라.
3. 피고 박금지, 박은지는 소외 주식회사 뉴테크(서울 중구 장충동 21, 207호 삼화빌딩)에게 별지 목록 제2항 기재 부동산 중 각 1/2 지분에 관하여 각 진정명의회복을 원인으로 한 소유권이전등기절차를 이행하라.
4. 피고 김상철은 원고에게 236,000,000원 및 이에 대한 2021. 7. 1.부터 다 갚는 날까지 월 1%의 비율로 계산한 돈을 지급하라. 1)2)
5. 소송비용은 피고들이 부담한다.
6. 제1항, 제2항, 제4항은 가집행할 수 있다.

라는 판결을 구합니다.

청 구 원 인

1. 피고 안성남씨회평군파종중에 대한 지료청구

원고는 별지 목록 제1항 기재 부동산에 관하여 수원지방법원 안성등기소 1990. 4. 18. 접수 제19703호로 소유권이전등기를 마친 소유자입니다.

피고 안성남씨회령군파종중(이하 '피고 종중'이라 합니다)은 1991. 10. 1. 별지 목록 제1항 기재 토지 중 별지 도면 표시 ㄱ, ㄴ, ㄷ, ㄹ, ㄱ의 각 점을 순차로 연결한 선내 120㎡(이하 '이 사건 점유부분'이라 합니다)에 분묘 및 그 부속시설 등을 설치하고 이를 20년간 점유하여 2011. 10. 1. 분묘기지권을 시효취득한 이래 현재까지도 계속 이를 점유하고 있습니다.

---

1) 종중의 점유 개시일이 1991. 10. 1.이므로, 2011. 10. 1. 분묘기지권의 취득시효가 완성되었다. 분묘기지권 취득시효 완성 이전 부분은 부당이득의 반환청구가 일응 가능하나 이미 소멸시효가 완성되었기 때문에 해당 부분의 청구를 할 수 없고, 취득시효 완성이후에는 부당이득이 성립하지 않기 때문에 이후 부분의 부당이득청구도 할 수 없다. 한편, 분묘기지권 취득시효 완성 이후부터는 일응 지료의 청구가 가능하나, 분묘기지권이 성립한 시점부터 지료를 청구할 수 있는 것은 아니고, 지료청구 이후부터의 지료만을 청구할 수 있다.
2) 대판 2021.4.29. 2017다228007 전원합의체. 2000. 1. 12. 법률 제6158호로 전부 개정된 구 장사 등에 관한 법률(이하 '장사법'이라 한다)의 시행일인 2001. 1. 13. 이전에 타인의 토지에 분묘를 설치한 다음 20년간 평온·공연하게 분묘의 기지(基地)를 점유함으로써 분묘기지권을 시효로 취득하였더라도, 분묘기지권자는 토지소유자가 분묘기지에 관한 지료를 청구하면 그 청구한 날부터의 지료를 지급할 의무가 있다고 보아야 한다.

따라서 피고 종중은 원고에게 원고의 지료 청구의 의사표시가 피고 종중에게 도달된 2021. 6. 5.부터 이 사건 점유부분의 사용종료일까지의 지료를 지급할 의무가 있습니다. 한편, 이 사건 점유 부분에 대한 임료 상당액은 2021. 6. 5. 무렵 월 240,000원이고, 피고 종중이 원고에 대한 지료 지급을 거절하고 있는 이상 이를 미리 청구할 필요도 인정됩니다.

따라서 피고 종중은 원고에게 원고의 지료청구 도달일인 2021. 6. 5.부터 피고 종중의 이 사건 점유부분에 대한 사용종료일까지 월 240,000원의 비율로 계산한 지료를 지급하여야 합니다.

2. 피고 이형석에 대한 손해배상청구

가. 손해배상청구권의 대위행사

(1) 피보전채권

원고는 2015. 10. 1. 주식회사 뉴테크(이하 '이 사건 회사'라 합니다)에게 사무용 고속복사기 500대를 10억 원에 매도하면서 변제기는 2016. 10. 1., 물품인도일은 2015. 11. 1.까지로 하되, 매매대금에 대하여 물품인도일로부터 변제기까지 월 2%의 이자를 가산하여 지급받기로 약정하였습니다.

이후 원고는 2015. 11. 1. 위 물품공급계약에 따라 이 사건 회사에 사무용 고속복사기 500대를 모두 인도해 주었습니다.

따라서 이 사건 회사는 원고에게 물품대금 10억 원 및 이에 대한 물품인도일인 2015. 11. 1.부터 다 갚는 날까지 월 2%의 약정이율에 의한 이자 및 지연손해금을 지급하여야 합니다.

(2) 피대위채권

피고 이형석은 2016. 2. 12. 주식회사 삼원산업으로부터 이 사건 회사에 대한 물품대금 5억 원을 대신 지급받아 이를 보관하던 중 2016. 3. 7. 이를 자신과 이원길의 채무 변제에 전액 사용함으로써 위 금원을 횡령하였습니다. 따라서 이 사건 회사는 피고 이형석에 대하여 불법행위에 기한 5억 원의 손해배상청구권을 행사할 수 있습니다.

(3) 보전의 필요성 및 권리미행사

위와 같이 이 사건 회사는 피고 이형석에 대하여 불법행위에 기한 손해배상청구권을 보유하고 있음에도 불구하고 이를 행사하지 않고 있고, 이 사건 소제기일 현재 이 사건 회사는 무자력상태입니다.

이에 원고는 이 사건 회사의 위 손해배상청구권을 대위행사하고자 합니다.

나. 피고 이형석의 예상주장 및 이에 대한 반박

피고 이형석은 (1) 이 사건 회사의 대표이사는 이원길이고 자신은 법률상 대표이사가 아니기 때문에 위 물품공급계약은 무효이고, (2) 원고의 이 사건 회사에 대한 물품공급계약에 기한 물품대금채권은 변제기인 2016. 10. 1.로부터 이미 3년이 도과하여 시효로 소멸하였으며, (3) 이 사건 회사의 자신에 대한 손해배상청구권도 이미 시효로 소멸하였고, (4) 자신이 김상헌에 대한 채무를 대위변제함으로써 취득한 구상금채권으로 상계권을 행사할 수 있으며, (5) 또한 소외 조성만이 이 사건 회사의 자신에 대한 손해배상채권을 이미 전부받았으므로, 위 범위 내에서 피대위채권이 이전되었다는 취지로 주장할 수 있습니다.

(1) 무권대표이사 주장

표현대표이사의 대표행위의 효력과 관련하여 판례3)는 '상법 제395조가 회사를 대표할 권한이 있는 것으로 인정될 만한 명칭을 사용한 이사의 행위에 대한 회사의 책임을 규정한 것이어서, 표현대표이사가 이사의 자격을 갖출 것을 요건으로 하고 있으나, 이 규정은 표시에 의한 금반언의 법리나 외관이론에 따라 대표이사로서의 외관을 신뢰한 제3자를 보호하기 위하여 그와 같은 외관의 존재에 대하여 귀책사유가 있는 회사로 하여금 선의의 제3자에 대하여 그들의 행위에 관한 책임을 지도록 하려는 것이므로, 회사가 이사의 자격이 없는 자에게 표현대표이사의 명칭을 사용하게 허용한 경우는 물론, 이사의 자격이 없는 사람이 임의로 표현대표이사의 명칭을 사용하고 있는 것을 회사가 알면서도 아무런 조치를 취하지 아니한 채 그대로 방치하여 소극적으로 묵인한 경우에도 위 규정이 유추적용되는 것으로 해석함이 상당하다. 상법 제395조 소정의 '선의'란 표현대표이사가 대표권이 없음을 알지 못한 것을 말하는 것이지 반드시 형식상 대표이사가 아니라는 것을 알지 못한 것에 한정할 필요는 없다.'고 판시하였습니다.

피고 이형석은 평소 대표이사 명함을 사용하여 왔고, 대표이사인 이원길은 이를 알면서도 아무런 이의를 제기하지 않았으며, 직원들도 피고 이형석을 '대표님'으로 호칭하여 왔습니다. 그렇다면 이 사건 회사는 피고 이형석의 대표이사 명칭 사용을 알면서도 묵인한 것이고, 원고는 피고 이형석이 대표이사가 아니라는 사정을 몰랐으므로, 이 사건 회사는 원고에 대하여 물품공급계약에 따른 책임을 부담하여야 합니다.

(2) 피보전채권 소멸시효 항변

제3채무자의 피보전채권에 대한 소멸시효 주장과 관련하여 판례4)는 '채권자가 채권자대위권을 행사하여 제3자에 대하여 하는 청구에 있어서, 제3채무자는 채무자가 채권자에 대하여 가지는 항변으로 대항할 수 없으며, 채권의 소멸시효가 완성된 경우 이를 원용할 수 있는 자는 원칙적으로는 시효이익을 직접 받는 자뿐이고, 채권자대위소송의 제3채무자는 이를 행사할 수 없다.'고 판시하였습니다.

따라서 피보전채권인 원고의 이 사건 회사에 대한 물품대금채권의 소멸시효가 완성되었다 하더라도 대위소송에서 제3채무자인 피고 이형석이 이를 주장할 수는 없습니다.

---

3) 대판 1998.3.27. 97다34709
4) 대판 2009.9.10. 2009다34160

(3) 피대위채권 소멸시효 항변

대표이사가 불법행위를 한 경우와 관련하여 판례[5]는 '불법행위로 인한 손해배상청구권의 단기소멸시효 기산점은 '손해 및 가해자를 안 날'부터 진행되며, 법인의 경우에 손해 및 가해자를 안 날은 통상 대표자가 이를 안 날을 뜻한다. 그렇지만 법인 대표자가 법인에 대하여 불법행위를 한 경우에는, 법인과 대표자의 이익은 상반되므로 법인 대표자가 그로 인한 손해배상청구권을 행사하리라고 기대하기 어려울 뿐만 아니라 일반적으로 대표권도 부인된다고 할 것이어서, 법인 대표자가 손해 및 가해자를 아는 것만으로는 부족하다. 따라서 위 경우에는 적어도 법인의 이익을 정당하게 보전할 권한을 가진 다른 대표자, 임원 또는 사원이나 직원 등이 손해배상청구권을 행사할 수 있을 정도로 이를 안 때에 비로소 단기소멸시효가 진행하고, 만약 임원 등이 법인 대표자와 공동불법행위를 한 경우에는 그 임원 등을 배제하고 단기소멸시효 기산점을 판단하여야 한다.'고 판시하였습니다.

위 판결에 따르면 피고 이형석의 횡령행위 당시 이 사건 회사의 법률상 대표이사인 이원길은 피고 이형석과 공동불법행위자였으므로, 피고 이형석을 상대로 손해배상청구권을 행사할 것을 기대하기 어려웠습니다. 따라서 공동불법행위자가 아닌 이 사건 회사의 이사인 한정수가 피고 이형석의 횡령사실을 알게 된 2019. 11. 4.경부터 소멸시효가 진행되고, 이 사건 소는 위 날로부터 3년 이내에 제기되었으므로, 피고 이형석의 위 주장은 근거가 없습니다.

(4) 고의의 불법행위에 기한 손해배상청구권에 대한 상계

피고 이형석은 2016. 3. 7. 이 사건 회사의 김상헌에 대한 물품대금 채무 2억 원을 대위변제하였으므로, 자신의 이 사건 회사에 대한 위 구상금 채권 2억 원을 자동채권으로 하여 이 사건 회사의 피고 이형석에 대한 손해배상청구권과 대등액에서 상계한다고 주장할 수 있으나, 고의의 불법행위에 기한 손해배상청구권을 수동채권으로 한 상계는 허용되지 않으므로(민법 제496조), 피고 이형석의 위 주장은 근거가 없습니다.

(5) 전부명령의 무효

대위권 행사 통지 후 집행된 전부명령의 효력과 관련하여 판례[6]는 '채권자대위소송이 제기되고 대위채권자가 채무자에게 대위권 행사사실을 통지하거나 채무자가 이를 알게 되면 민법 제405조 제2항에 따라 채무자는 피대위채권을 양도하거나 포기하는 등 채권자의 대위권 행사를 방해하는 처분행위를 할 수 없게 되고 이러한 효력은 제3채무자에게도 그대로 미치는데, 그럼에도 그 이후 대위채권자와 평등한 지위를 가지는 채무자의 다른 채권자가 피대위채권에 대하여 전부명령을 받는 것도 가능하다고 하면, 채권자대위소송의 제기가 채권자의 적법한 권리행사방법 중 하나이고 채무자에게 속한 채권을 추심한다는 점에서 추심소송과 공통점도 있음에도 그것이 무익한 절차에 불과하게 될 뿐만 아니라, 대위채권자가 압류·가압류나 배당요구의 방법을 통하여 채권배당절차에 참여할 기회조차 가지지 못하게 한 채 전부명령을 받은

---
5) 대판 2012.7.12. 2012다20475
6) 대판 2016.8.29. 2015다236547

채권자가 대위채권자를 배제하고 전속적인 만족을 얻는 결과가 되어, 채권자대위권의 실질적 효과를 확보하고자 하는 민법 제405조 제2항의 취지에 반하게 된다.'고 판시하였습니다.

위 판결에 따라 사안을 보면, 이 사건 회사의 채권자인 조성만이 이 사건 회사의 피고 이형석에 대한 불법행위로 인한 손해배상채권 중 2억 원에 대하여 받은 채권압류 및 전부명령은 2021. 10. 25. 이 사건 회사 및 피고 이형석에게 각 송달되어 2021. 11. 2. 확정되었습니다. 그러나 원고는 2021. 10. 12. 이 사건 회사에 대하여 원고가 이 사건 회사의 피고 이형석에 대한 불법행위에 기한 손해배상채권을 대위행사한다는 취지를 통지하였고, 위 통지는 2021. 10. 15. 이 사건 회사에 도달되었습니다.

위와 같이 조성만의 전부명령은 원고의 대위권행사 통지 이후에 송달되었으므로, 우선권있는 채권에 기한 전부명령이라는 증명이 없는 한 무효입니다.

다. 소결론

위와 같이 피고 이형석의 주장은 모두 근거가 없으므로, 피고 이형석은 불법행위에 기한 손해배상채권을 대위행사하는 원고에게 손해배상금 5억 원 및 이에 대한 불법행위일인 2016. 3. 7.부터 이 사건 소장 부본 송달일까지는 민법에 따른 연 5%의, 그 다음날부터 다 갚는 날까지는 소송촉진 등에 관한 특례법에 따른 연 12% 의 각 비율로 계산한 지연손해금을 지급하여야 합니다.

3. 피고 박금지, 박은지에 대한 진정명의회복을 원인으로 한 소유권이전등기 청구

가. 채권자대위권의 행사

위에서 말씀드린 바와 같이 원고는 이 사건 회사에 대하여 물품대금채권을 보유하고 있고, 이 사건 회사는 아래와 같이 피고 박금지, 박은지(이하 동항에서는 '피고들'이라 합니다)에 대하여 진정명의회복을 원인으로 한 소유권이전등기청구권을 보유하고 있으며, 이 사건 회사는 위 각 권리를 행사하지 않고 있고, 이 사건 소제기일 현재 이 사건 회사는 무자력 상태입니다.

나. 이 사건 회사의 피고들에 대한 소유권이전등기청구권

이 사건 회사는 별지 목록 제2항 기재 토지에 관하여 서울북부지방법원 2014. 7. 9. 접수 제33395호로 소유권이전등기를 마친 소유자였습니다.

그런데 소외 김삼순은 이 사건 회사로부터 위 토지를 매수하는 내용의 매매계약서를 위조한 후, 위 계약서에 기하여 이 사건 회사를 피고로 서울북부지방법원 2015가합68910호로 소유권이전등기청구소송을 제기하면서 이 사건 회사의 송달장소를 허위로 기재하여 승소판결을 받았고, 위 판결에 기하여 위 토지에 관하여 2015. 10. 10. 소유권이전등기를 마쳤습니다.

그후 박현빈, 박현철 명의의 각 소유권이전등기가 경료되었고, 박현철이 2021. 8. 20. 사망하자 상속인인 박금지, 박은지가 2021. 8. 30. 위 토지 중 각 1/2 지분에 관하여 상속을 원인으로 한 소유권이전등기를 마쳤습니다.

위 토지에 관하여 마쳐진 김삼순의 소유권이전등기는 위조된 매매계약서를 기초로 한 사위판결에 의해 마쳐진 것으로서 원인무효의 등기이고, 그에 기초한 후속 소유권이전등기도 역시 원인무효의 등기입니다.

따라서 이 사건 회사는 위 토지의 소유자로서, 최종 등기명의인인 피고 박금지, 박은지에 대하여 진정명의회복을 원인으로 한 소유권이전등기를 청구할 수 있습니다.

다. 피고들의 주장 및 이에 대한 반박

피고들은 (1) 이전 등기명의자들인 박현빈, 박현철이 김삼순의 등기를 신뢰하여 이전등기를 받았기 때문에 선의의 제3자로서 보호받을 수 있고, (2) 원고의 진정명의회복을 원인으로 한 소유권이전등기청구는 이 사건 회사와 김삼순 사이의 전소 확정판결의 기판력에 반한다는 취지의 주장을 할 수 있습니다.

그러나 부동산등기에 관하여 공신력이 인정되지 아니하는 우리 법제 아래에서는 무효인 등기에 기초하여 새로운 법률원인으로 이해관계를 맺은 자가 다시 등기를 이어 받았다면 그 명의의 등기 역시 특별한 사정이 없는 한 무효입니다. 따라서 이와 배치되는 피고들의 주장은 근거가 없습니다.

또한 허위주소 송달에 기한 사위판결의 효력과 관련하여 판례[7]는 '종국 판결의 기판력은 판결의 형식적 확정을 전제로 하여 발생하는 것이므로 공시송달의 방법에 의하여 송달된 것이 아니고 허위로 표시한 주소로 송달하여 상대방 아닌 다른 사람이 그 소송서류를 받아 의제자백의 형식으로 판결이. 선고되고 다른 사람이 판결정본을 수령하였을 때에는 상대방은 아직도 판결정본을 받지 않은 상태에 있는 것으로서 위 사위 판결은 확정 판결이 아니어서 기판력이 없다.'고 판시하였습니다.

위 판결에 따르면 이 사건 회사와 김삼순 사이의 전소는 아직 확정되지 않았으므로, 기판력이 발생할 수 없고, 따라서 원고의 이 사건 청구는 기판력에 저촉되지 않습니다.

라. 소결론

따라서 피고 박금지, 박은지는 이 사건 회사에게 위 토지 중 각 1/2 지분에 관하여 각 진정명의회복을 원인으로 한 소유권이전등기절차를 이행할 의무가 있습니다.

---

[7] 대판 1978.5.9. 75다634 전원합의체

4. 피고 김상철에 대한 추심금 청구

가. 추심명령의 집행

최우식은 2020. 7. 1. 피고 김상철에게 3억 원을 이자 월 1%, 변제기 2021. 6. 30.로 정하여 대여하였습니다.

원고는 2021. 4. 23. 서울중앙지방법원 2021카단3058호로 최우식의 피고 김상철에 대한 위 3억 원의 대여금 및 이에 대한 이자와 지연손해금 채권(이하 '이 사건 대여원리금 채권'이라 합니다)에 관하여 채권가압류결정(이하 '이 사건 채권가압류결정'이라 합니다)을 받고, 2021. 5. 13. 서울중앙지방법원 2021. 5. 3.자 2021차5890호 집행력 있는 지급명령 정본에 기초하여 서울중앙지방법원 2021타채3086호로 이 사건 대여원리금 채권에 대하여 위 가압류를 본압류로 이전하는 채권압류 및 추심명령(이하 '이 사건 채권압류 및 추심명령'이라 한다)을 받았습니다. 제3채무자인 피고 김상철에 대하여, 채권가압류결정문은 2021. 4. 30., 이 사건 채권압류 및 추심명령은 2021. 5. 15. 각 송달되었습니다.

따라서 피고 김상철은 원고에게 일응 추심금 3억 원 및 이에 대한 이자 내지 지연손해금을 지급하여야 합니다.

나. 피고 김상철의 예상 주장 및 이에 대한 반박

(1) 압류의 경합

피고 김상철은 이 사건 채권압류 및 추심명령을 송달받기 전에 최우식의 다른 채권자인 나주라가 이 사건 대여원리금 채권 중 1억 원에 대하여 채권압류 및 추심명령을 받았으므로, 나주라에게 1억 원을 우선적으로 지급하거나, 각 채권자별로 집행채권액별로 안분하여 지급하여야 한다고 주장할 수 있습니다.

그러나, 추심명령의 경합과 관련하여 판례[8]는 '같은 채권에 관하여 추심명령이 여러 번 발부되더라도 그 사이에는 순위의 우열이 없고, 추심명령을 받아 채권을 추심하는 채권자는 자기채권의 만족을 위하여서 뿐만 아니라 압류가 경합되거나 배당요구가 있는 경우에는 집행법원의 수권에 따라 일종의 추심기관으로서 압류나 배당에 참가한 모든 채권자를 위하여 제3채무자로부터 추심을 하는 것이므로 그 추심권능은 압류된 채권 전액에 미치며, 제3채무자로서도 정당한 추심권자에게 변제하면 그 효력은 위 모든 채권자에게 미치므로 압류된 채권을 경합된 압류채권자 및 또 다른 추심권자의 집행채권액에 안분하여 변제하여야 하는 것도 아니다.'고 판시하였습니다.

따라서 이와 배치되는 피고 김상철의 주장은 근거가 없습니다.

---

[8] 대판 2001.3.27. 2000다43819

(2) 상계항변

피고 김상철은 자신의 최우식에 대한 1억 원의 공사대금 채권으로 원고의 추심권 채권과 상계한다고 주장할 수 있는데, 피고 김상철의 상계항변은 아래의 범위내에서는 이유가 있습니다.

지급금지명령을 받은 수동채권에 대한 상계와 관련하여 판례[9]는 '민법 제498조는 "지급을 금지하는 명령을 받은 제3채무자는 그 후에 취득한 채권에 의한 상계로 그 명령을 신청한 채권자에게 대항하지 못한다"라고 규정하고 있다. 위 규정의 취지, 상계제도의 목적 및 기능, 채무자의 채권이 압류된 경우 관련 당사자들의 이익상황 등에 비추어 보면, 채권압류명령 또는 채권가압류명령(이하 채권압류명령의 경우만을 두고 논의하기로 한다)을 받은 제3채무자가 압류채무자에 대한 반대채권을 가지고 있는 경우에 상계로써 압류채권자에게 대항하기 위하여는, 압류의 효력 발생 당시에 대립하는 양 채권이 상계적상에 있거나, 그 당시 반대채권(자동채권)의 변제기가 도래하지 아니한 경우에는 그것이 피압류채권(수동채권)의 변제기와 동시에 또는 그보다 먼저 도래하여야 한다.'고 판시하였습니다.

이 사건에서 피고 김상철은 2021. 4. 1. 최우식으로부터 수원시 영통구 이의동 389 대 330㎡ 지상 2층 주택신축공사 중 창호 및 전기공사를 도급받으면서 공사기간은 2021. 4. 1.부터 2021. 6. 30.까지, 공사대금은 총 1억 5천만 원(5천만 원은 계약 시 지급, 1억 원은 공사완공 및 인도시에 지급하기로 함)으로 정하였고, 계약 당일 5천만 원을 지급받았습니다. 피고 김상철은 2021. 6. 30. 위 계약에 정한 바에 따라 위 주택의 창호 및 전기공사를 완공하여 인도를 마쳤으므로, 피고 김상철의 최우식에 대한 공사잔대금 채권은 2021. 6. 30. 변제기가 도래하였습니다.

한편, 원고가 추심권을 행사하는 수동채권인 이 사건 대여원리금 채권의 변제기는 2021. 6. 30.이므로, 이 사건 채권가압류결정이 피고 김상철에게 송달되어 효력이 발생한 2021. 4. 30.에는 피압류채권과 피고 김상철의 반대채권이 모두 변제기가 도래하지 아니하였으나, 피고 김상철의 반대채권인 공사잔대금 채권과 피압류채권의 변제기가 동시에 도래하므로 피고 김상철은 상계로서 가압류채권자인 원고에게 대항할 수 있고, 피고 김상철의 상계의 의사표시는 2021. 10. 21. 원고에게 도달하였습니다.

자동채권과 수동채권 모두 변제기가 도달한 2021. 6. 30. 기준 피압류채권인 이 사건 대여원리금 채권 중 상계적상일까지의 이자 3,600만 원(= 3억 원 × 0.01 × 12개월[10])과 이 사건 대여원리금 채권의 원금 중 6,400만 원은 위 상계적상일에 소급하여 자동채권과 대등액의 범위에서 소멸하였고, 따라서 상계적상일 기준 대여금 원금 2억 3,600만 원이 남게 됩니다(민법 제499조, 제479조).

(3) 소결론

이에 피고 김상철은 원고에게 잔존한 대여원금 2억 3,600만 원 및 이에 대한 상계적상일 다음날인 2021. 7. 1.부터 다 갚는 날까지 약정 이율인 월 1%의 비율로 계산한 지연손해금을 지급하여야 합니다.

---

9) 대판 2012.2.16. 2011다45521 전원합의체
10) 2020. 7. 1.부터 2021. 6. 30.까지의 기간

5. 결론

위와 같은 이유로 피고들에 대하여 청구취지의 기재와 같은 판결을 선고하여 주시기 바랍니다.

증 명 방 법

첨 부 서 류

2022. 10. 17.

원고 소송대리인
변호사 나변호

서울북부지방법원[11] 귀중

별지

부동산목록

생략

---
[11] 서울북부지방법원만이 공통의 관할권이 인정된다.

민사법

기록형

2021년도 **제1차**
법전협 모의시험

문제

2021년도 제1차 변호사시험 모의시험 - 논술형(기록형)

시험과목	민사법(기록형)

응시자 준수사항

1. 시험 시작 전 문제지의 봉인을 손상하는 경우, 봉인을 손상하지 않더라도 문제지를 들추는 행위 등으로 문제 내용을 미리 보는 경우 모두 부정행위로 간주되어 그 답안은 영점 처리 됩니다.

2. 답안은 흑색 또는 청색 필기구(사인펜이나 연필 사용 금지) 중 한 가지 필기구만을 사용하여 답안 작성 난(흰색 부분) 안에 기재하여야 합니다.

3. 답안지에 성명과 수험 번호를 기재하지 않아 인적 사항이 확인되지 않는 경우에는 영점 처리 등 불이익을 받게 됩니다. 특히 답안지를 바꾸어 다시 작성하는 경우, 성명 등의 기재를 빠뜨리지 않도록 유의하여야 합니다.

4. 답안지에는 문제 내용을 기재할 필요가 없으며, 답안 내용 이외의 사항을 기재하거나 밑줄 기타 어떠한 표시도 하여서는 안 됩니다. 답안을 정정할 경우에는 두 줄로 긋고 다시 기재하여야 하며, 수정액 등은 사용할 수 없습니다.

5. 시험 종료 시각에 임박하여 답안지를 교체 요구한 경우라도 시험시간 종료 후 즉시 새로 작성한 답안지를 회수합니다.

6. 시험 종료 후에는 답안지 작성을 일절 할 수 없으며, 이에 위반하여 시험시간이 종료되었음에도 불구하고 **시험관리관의 답안지 제출 지시에 불응한 채 계속 답안을 작성하거나 답안지를 늦게 제출할 경우 그 답안은 영점 처리** 됩니다.

7. 답안은 답안지 쪽수 번호 순으로 기재하여야 하고, **배부받은 답안지는 백지 답안이라도 모두 제출**하여야 하며, **답안지를 제출하지 아니한 경우 그 시험시간 및 나머지 시험시간의 시험에 응시할 수 없습니다.**

8. 지정된 시간까지 지정된 시험실에 입실하지 아니하거나 시험관리관의 승인을 얻지 아니하고 시험시간 중에 그 시험실에서 퇴실한 경우 그 시험시간 및 나머지 시험시간의 시험에 응시할 수 없습니다.

9. 시험시간이 종료되기 전에는 어떠한 경우에도 문제지를 시험장 밖으로 가지고 갈 수 없고, 시험 종료 후 가지고 갈 수 있습니다.

법학전문대학원협의회
THE ASSOCIATION OF KOREAN LAW SCHOOLS

【문 제】

귀하는 변호사 이희철로서, 의뢰인 신명남과의 상담을 통해 아래 【상담내용】과 같은 사실관계를 청취하고, 【의뢰인 희망사항】 기재사항에 관한 본안소송의 대리권을 수여받고, 첨부된 서류를 자료로 받았습니다.

의뢰인을 위한 본안의 소를 제기하기 위한 소장을 작성하시오.

【작성요령】

1. 소장 작성일 및 소 제기일은 2021. 6. 24.로 하시오.
2. 당사자는 반드시 소송상 자격(원고, 피고 등)으로 지칭하고, 원고 또는 피고가 여러명인 경우에는 소송상 자격 및 이름으로 지칭하시오(예 '피고 홍길동').
3. 청구취지와 청구원인은 가급적 피고별로 나누어 기재하시오.
   [이하의 작성요령은 실무의 기준과 다를 수 있음]
4. 1건의 공동소송으로 제기하되, 공동소송의 요건은 갖추어진 것으로 전제하고, 전속관할이 있는 청구가 있으면 반드시 그 관할법원에 소를 제기하며, (주관적이든 객관적이든) 예비적·선택적 병합청구는 하지 마시오.
5. 【의뢰인 희망사항】 란에 기재된 희망사항에 부합하되, 현행법과 그 해석상 승소 가능한 최대한의 범위에서 청구하고, 소 각하나 청구기각 부분이 발생하지 않도록 하시오.
6. 상대방에게 항변사유가 있고 그 요건이 갖추어진 것으로 판단되면 이를 청구범위에 반영하고, 【사건관계인의 주장】으로 정리된 사항 중 이유 있다고 판단되면 청구범위에 반영하며, 이유 없다고 판단되면 해당 청구원인 부분에서 배척의 이유를 기재하시오.
7. 【의뢰인 상담일지】와 첨부자료에 기재된 사실관계는 모두 사실에 부합한 것으로 보고(작성자의 의견에 해당하는 사항은 제외), 기재되지 않은 사실은 없는 것으로 전제하며, 첨부된 서류는 모두 진정하게 성립된 것으로 간주하시오.
8. <증명방법>과 <첨부서류>란 기재는 생략하고, 부동산의 표시는 아래 [목록(부동산의 표시)]을 소장 말미에 첨부함을 전제로 하여 작성하므로, 소장 말미에 [목록(부동산의 표시)]을 기재하지 마시오.
9. 발생 이자(혹은 지연손해금)나 차임(혹은 그 상당 부당이득금)에 관한 지연손해금은 고려하지 마시오.
10. 관련 증거자료를 제시하여 기술할 필요는 없습니다.
11. 모든 자료에는 적절한 날인이 있는 것으로 보시오.
12. 기록상의 날짜가 공휴일인지 여부, 문서의 서식이 실제와 부합하는지 여부는 고려하지 마시오.

별지

목   록 (부동산의 표시)

1. 서울 동작구 상도동 45(상도로12길 14) 지상 철근콘크리트조 슬래브지붕 단층 주택 300㎡
2. 서울 동작구 사당동 44(사당로1길 3) 지상 철근콘크리트조 슬래브지붕 단층 주택 300㎡
3. 서울 성동구 금호동 51(독서당로 14) 지상 벽돌조 슬래브지붕 단층 영업소 100㎡. 끝.

[참고자료]

각급 법원의 설치와 관할구역에 관한 법률(일부)

제4조(관할구역) 각급 법원의 관할구역은 다음 각 호의 구분에 따라 정한다. 다만, 지방법원 또는 그 지원의 관할구역에 시·군법원을 둔 경우 「법원조직법」 제34조 제1항 제1호 및 제2호의 사건에 관하여는 지방법원 또는 그 지원의 관할구역에서 해당 시·군법원의 관할구역을 제외한다.
 1. 각 고등법원·지방법원과 그 지원의 관할구역: 별표 3
    (이하 제2호 내지 제7호는 생략)

[별표3] 고등법원·지방법원과 그 지원의 관할구역(일부)

고등법원	지방법원	지원	관할구역
서 울	서울중앙		서울특별시 종로구·중구·강남구·서초구·관악구·동작구
	서울동부		서울특별시 성동구·광진구·강동구·송파구
	서울남부		서울특별시 영등포구·강서구·양천구·구로구·금천구
	서울북부		서울특별시 동대문구·중랑구·성북구·도봉구·강북구·노원구
	서울서부		서울특별시 서대문구·마포구·은평구·용산구

주택임대차보호법 시행령(일부)

제11조(우선변제를 받을 임차인의 범위)
법 제8조에 따라 우선변제를 받을 임차인은 보증금이 다음 각 호의 구분에 의한 금액 이하인 임차인으로 한다.
1. 서울특별시: 1억1천만원
2. 「수도권정비계획법」에 따른 과밀억제권역(서울특별시는 제외한다), 세종특별자치시, 용인시 및 화성시: 1억원
3. 광역시(「수도권정비계획법」에 따른 과밀억제권역에 포함된 지역과 군지역은 제외한다), 안산시, 김포시, 광주시 및 파주시: 6천만원
4. 그 밖의 지역: 5천만원

[시행 2018. 9. 18.]

제11조(우선변제를 받을 임차인의 범위)
법 제8조에 따라 우선변제를 받을 임차인은 보증금이 다음 각 호의 구분에 의한 금액 이하인 임차인으로 한다.
1. 서울특별시: 1억5천만원
2. 「수도권정비계획법」에 따른 과밀억제권역(서울특별시는 제외한다), 세종특별자치시, 용인시, 화성시 및 김포시: 1억3천만원
3. 광역시(「수도권정비계획법」에 따른 과밀억제권역에 포함된 지역과 군지역은 제외한다), 안산시, 광주시, 파주시, 이천시 및 평택시: 7천만원
4. 그 밖의 지역: 6천만원

[시행 2021. 5. 11.]

의뢰인 상담일지

변호사 이 희 철 법률사무소
서울 서초구 서초대로 123, 701호(서초동)
☎ : 02-535-1089, 팩스 : 02-535-1090, e-mail : shy@korea.co.kr

접수번호	2021-109	상담일시	2021. 6. 12.
상담인	신명남 010-4563-9600	내방경위	지인소개

【상 담 내 용】

1. 의뢰인은 2014. 10. 21. 오랜기간 알고 지내던 박영철로부터 상도동 소재 주택(별지 목록 제1항)을 2014. 12. 1.부터 4년간 임차하였다. 그리고 2014. 12. 1. 박영철에게 보증금을 지급하고 이사하였으며 주민등록도 마쳤다. 거주 중에 편의를 위해 박영철에게 알리고 중문을 설치하였는데, 320만원 정도 비용이 들었다. 의뢰인이 한 차례도 월차임을 지급하지 않았지만 박영철은 독촉하지도 않았는데 보증금이 충분하여 그러한 것으로 추측하였다. 의뢰인은 계약 이후 계속하여 상도동 주택에 거주하다가 2018. 9.경 상도동 소재 주택에 관하여 임대차계약을 갱신할 의사가 없음을 박영철에게 알리고, 사당동 소재 주택(별지 목록 제2항)에 관하여 새로이 임대차 계약을 체결한 후 2018. 12. 1.에 사당동 주택으로 이사하였다. 이사하면서 보증금을 받지 못하여 자물쇠를 채워두었고, 임차권등기명령에 따라 등기를 하면서 주택을 넘겨주었다.

2. 의뢰인은 박영철과 연락이 잘 되지 않았는데, 최근 보증금을 받으려고 찾아갔다가 박영철이 2019년초에 사망하였다는 소식을 들었다. 박영철은 결혼하여 슬하에 자녀가 한 명 있는 것으로 알고 있다.

3. 한편, 의뢰인은 2018. 12. 1. 김선욱 소유의 사당동 소재 주택(별지 목록 제2항)으로 이사하고 같은 날 주민등록을 이전하고 확정일자를 받았다. 그런

— 5 —

데 해당 주택에는 2017년 초에 설정된 선순위 근저당권이 있었고, 이사하고 며칠이 지나서 부동산등기부 등본을 떼어보니 2018년 12월 7일 주택에 이장훈 명의로 근저당권이 설정되었다. 한편, 보증금 중 30,000,000원은 2018년 12월 1일까지 지급하였는데, 나머지는 같은 해 12월 15일 입금하였다.

4. 선순위 근저당권자인 송미순은 김선욱이 대여금을 전혀 변제하지 않자, 경매신청을 하였다. 임의경매절차에서 배당표가 작성되었는데, 배당기일에 별다른 이의가 없어 배당표가 확정되자, 그에 따라 선순위 근저당권자 송미순이 매각대금 2억5천만 원 중 1억7천만 원, 후순위 근저당권자 이장훈이 나머지 8천만 원을 지급 받았다. 의뢰인은 임의경매 매각대금 완납일인 2020. 6. 23.경 주택을 인도하고 자신의 창고가 있는 금호동으로 이사한 상태이다.

5. 한편, 의뢰인은 홀로 작은 사업을 하나 하면서 후배인 우경산에게 경리업무를 맡겼다. 알고 보니 우경산은 주식 투자로 대박을 꿈꾸며 여기저기 많은 돈을 빌렸으나 갚지 못하고 있었다. 우경산은 의뢰인의 사업자금을 관리하다가 일부를 횡령하였다는 범죄사실 등으로 징역 2년을 선고받아 현재 수감중인데, 양심은 있는지 자신이 가진 김재순에 대한 채권을 의뢰인에게 넘겨주었다.

6. 우경산은 2018년경 대부업자인 최명수로부터 돈을 빌리면서 2년 내에 원리금을 지급하기로 하였는데, 변제일이 다가오자 위 횡령금으로 차용금의 일부를 변제한 후 잔액에 관한 변제기를 연장하기 위해서 "신명남이 물상보증인이 되어 주기로 하였고 자신이 그의 대리인이다"라고 거짓말을 하면서 의뢰인 명의 금호동 소재 창고(별지 목록 제3항)를 담보로 제공하는 근저당권설정계약서를 작성하였다.
   그 이후에 법무사 사무실에서 등기에 필요한 서류를 요청 받자, 의뢰인 명의의 위임장을 위조하고 업무상 소지하고 있던 의뢰인의 주민등록증 사본 및 인감증명서 등 등기 관련 서류를 제공하였다.
   최명수는 기존에 의뢰인과 자금거래가 있던 사람으로 의뢰인의 회사 및 개인 전화번호도 알고 있는데, 근저당권 설정과 관련하여서는 연락을 받은 바가 없다.

【사건관계인의 주장】

1. 망 박영철의 배우자 이은수와 아들 박상민은,
    (1) 의뢰인이 한 번도 차임을 낸 적이 없어서 그 차임을 보증금에서 모두 공제하여야 하고,
    (2) 임대차 기간 종료 후에도 계속하여 주택에 자물쇠를 채워둔 기간이 있으므로 부당이득으로 공제할 금액이 더 있다고 주장한다.
2. 이장훈은, 자신이 근저당권을 설정할 당시 임대차보증금 완납이 되지 않아서 의뢰인은 자신에 우선하는 주택임대차보호법상의 우선변제권을 가지지 못한다고 주장하고 있다.
3. 김재순은 우경산의 채권자로부터 자신에게 압류 및 전부명령이 송달되어 돈을 줄 수 없고, 자신도 우경산에 대한 채권이 있어 상계한다고 주장하고 있다.
4. 최명수는 근저당권설정등기 당시 우경산이 의뢰인 명의의 위임장, 인감증명서, 주민등록증 사본을 가지고 있었기 때문에 의뢰인의 대리인이라고 믿을 만한 정당한 이유가 있었으므로, 우경산의 대리행위는 민법 제126조의 표현대리의 법리에 따라 유효하다고 주장한다.

【의뢰인 희망사항】

1. 상도동 주택과 관련해서 중문 설치비나 보증금을 반환 가능한 범위에서 최대한 돌려받고 싶다.
2. 사당동 주택의 임대인인 김선욱은 무일푼이라 그를 상대로 소송하기는 원하지 않으며, 달리 사당동 주택의 임대차보증금이나 그 상당액을 지급받을 수 있는 방법이 있다면 지급받으면 좋겠다.
3. 우경산으로부터 넘겨받은 김재순에 대한 채권을 바탕으로 양수금을 지급받고 싶다.
4. 최명수 명의로 설정된 근저당권설정등기를 말소 받기를 원한다.

부동산임대차계약서

☐ 전세   ☑ 월세

임대인과 임차인 쌍방은 아래 표시 부동산에 관하여 다음 계약내용과 같이 임대차계약을 체결한다.

1. 부동산의 표시

소재지	서울 동작구 상도동 45 지상				
토지	지목		면적	m² (	평)
건물	구조·용도	철근콘크리트조 슬래브지붕 단층 주택	면적	m² (	평)
임대할부분	**단층 주택 300m²**		면적	1층 300m² m² (	평)

2. 계약내용

제1조 (목적) 위 부동산의 임대차에 관하여 임대인과 임차인은 합의에 의하여 임차보증금 및 차임을 아래와 같이 지급하기로 한다.

보증금	금	일억 원정 (₩100,000,000)
계약금	금	원정은 계약시에 지급하고 영수함. ( )
중도금	금	원정은 년 월 일 지급하며
잔금	금	일억 원정은 2014년 12월 1일 지급한다.
차임	금	오십만 원정은 매월 말일 지급한다. (후불)

제2조 (존속기간) 임대인은 위 부동산을 임대차 목적대로 사용·수익할 수 있는 상태로 2014년 12월 1일까지 임차인에게 인도하며, 임대차 기간은 인도일로부터 2018년 11월 30일까지 4년간으로 한다.

제3조 (용도변경 및 전대 등) 임차인은 임대인의 동의 없이 위 부동산을 증·개축 또는 구조를 변경하거나 전대·임차권 양도 또는 담보제공을 하지 못하며 임대차 목적 이외의 용도로 사용할 수 없다.

제4조 (계약의 해지) 임차인이 2기 이상 차임의 지급을 연체하거나 제3조를 위반하였을 때 임대인은 즉시 본 계약을 해지할 수 있다.

확정일자 제1379호
2014. 12. 1.

제5조 (원상회복) 임대인의 승낙 여부에 불구하고 임차인이 개·보수한 시설은 임대차계약이 종료되면 위 부동산의 반환기일 전에 임차인의 부담으로 원상복구하여야 한다. 이러한 경우 임대인은 보증금을 임차인에게 반환하고, 연체 임대료나 손해배상금액이 있을 때에는 이들을 제하고 그 잔액을 반환한다.

제6조 (계약의 해제) 임차인이 임대인에게 중도금(중도금이 없을 때는 잔금)을 지불하기 전까지, 임대인은 계약금의 배액을 상환하고, 임차인은 계약금을 포기하고 이 계약을 해제할 수 있다.

제7조 (채무불이행과 손해배상) 임대인 또는 임차인이 본 계약상의 내용에 대하여 불이행이 있을 경우 그 상대방은 불이행한 자에 대하여 서면으로 최고하고 계약을 해제할 수 있다. 그리고 계약 당사자는 계약해제에 따른 손해배상을 각각 상대방에 대하여 청구할 수 있으며, 손해배상에 대하여 별도의 약정이 없는 한 계약금을 손해배상의 기준으로 본다.

특약사항

본 계약을 증명하기 위하여 계약 당사자가 이의 없음을 확인하고 각각 서명·날인한다.

2014년 10월 21일

임대인	주소	서울특별시 서초구 남부순환로 234(서초동)					
	주민등록번호	560712-1056894	전화	010-8568-5631	성명	박영철	㊞

임차인	주소	서울 중구 약수동 50 동산아파트 105동 1002호					
	주민등록번호	660314-1257862	전화	010-4563-9600	성명	신명남	㊞

견 적 서

신 명 남 귀하

내 역	단 가	금 액(단위:원) (부가가치세 포함)	비 고
중문 설치		3,200,000	
중문 설치 재료		2,000,000	
공임		1,200,000	
합 계		3,200,000	

2016. 6. 20.
은하수 설비사업소
서울 관악구 신림동 598
대표자 윤 보 수

내용증명

발신인: 신명남
  서울특별시 동작구 사당동 44(사당로1길 3)
수신인: 박영철
  서울특별시 서초구 남부순환로 234(서초동)

1. 안녕하세요? 귀하와의 오랜 인연을 소중하게 생각합니다. 늘 건강하시기 바랍니다.
2. 귀하도 잘 아시겠지만, 귀하 소유의 집에 임차인으로 있다가 이사를 나온 지가 한참이 되었습니다. 이제는 임차보증금을 저에게 지급하시기 바라며 즉시 지급하지 않는 경우 소를 제기할 수밖에 없다는 점을 양지하시기 바랍니다.
3. 귀하는 제가 이사를 나올 때 제가 월세를 연체한 것들이 있어 그것들을 공제할 것이라고 한 적이 있는데, 알아보니 이미 3년이 넘은 월세들은 모두 소멸하여 공제할 수 없다고 합니다.
4. 하루 빨리 보증금을 돌려주시기 바랍니다.

2019. 6. 20.

신 명 남 (인)

본 우편물은 2019-06-20
제3621호에 의하여
내용증명우편물로 발송하였음을
증명함
서울동작우체국장

| 가 | 족 |

가족관계증명서

| 등록기준지 | 서울특별시 동작구 상도2동 125의2 |

구분	성 명	출생연월일	주민등록번호	성별	본
본인	박영철(朴英哲) 사망	1956년 07월 12일	560712-1056894	남	密陽

| 가 족 사 항 |

구분	성 명	출생연월일	주민등록번호	성별	본
부	박철원(朴哲原) 사망	1924년 04월 08일	240408-1854266	남	密陽
모	최길자(崔吉子) 사망	1925년 12월 24일	251224-2257390	여	慶州
배우자	이은수(李殷秀)	1952년 10월 10일	521010-2548620	여	全州
자녀	박상민(朴尙忞)	1977년 05월 06일	770506-1532468	남	密陽

위 가족관계증명서는 가족관계등록부의 기록사항과 틀림없음을 증명합니다.

서기 2020년 12월 10일

서울특별시 동작구청장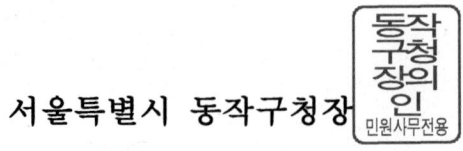

등기사항전부증명서 (말소사항 포함) - 건물 [제출용]

[건물] 서울 동작구 상도동 45   고 유 번 호

【 표 제 부 】		(건물의 표시)		
표시번호	접 수	소재지번 및 건물번호	건물내역	등기원인 및 기타사항
1	2010년 4월 4일	서울 동작구 상도동 45 [도로명주소]' 서울 동작구 상도로12길 14	철근콘크리트조 슬래브지붕 단층 주택 300㎡	도면 제2012-33호

1322-1886-323437

【 갑 구 】			(소유권에 관한 사항)	
순위번호	등기목적	접 수	등 기 원 인	권리자 및 기타사항
1	소유권보존	2010년 4월 4일 제33321호		소유자 이보현 550716-******* 서울 동작구 사당동 21
2	소유권이전	2012년 5월 25일 제23333호	2012년 3월 24일 매매	소유자 박영철 560712-******* 서울 동작구 상도동 45
3	소유권이전	2019년 4월 30일 제52300호	2019년 3월 7일 상속	공유자 지분 5분의3 이은수 521010-******* 서울 서초구 남부순환로 234(서초동) 지분 5분의2 박상민 770506-******* 서울 서초구 남부순환로 234(서초동)

【 을 구 】			(소유권 이외의 권리에 관한 사항)	
순위번호	등기목적	접 수	등 기 원 인	권리자 및 기타사항
1	주택임차권	2019년 2월 28일 제5551호	2019년 2월 24일 서울중앙지방법원 임차권등기명령(2019카기780)	임차보증금 금100,000,000원 차 임 월 금500,000원 범 위 주택전부 임대차계약일자 2014년 10월 21일 주민등록일자 2014년 12월 1일 점유개시일자 2014년 12월 1일 확정일자 2014년 12월 1일 임차권자 신명남 660314-******* 서울 동작구 사당동 44

---- 이 하 여 백 ----

수수료 1,000원 영수함

관할등기소 서울중앙지방법원 등기국 / 발행등기소 법원행정처 등기정보중앙관리소

이 증명서는 등기기록의 내용과 틀림없음을 증명합니다.

서기 2020년 7월 19일

법원행정처 등기정보중앙관리소   전산운영책임관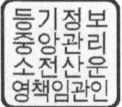

실선으로 그어진 부분은 말소사항을 표시함. *등기기록에 기록된 사항이 없는 갑구 또는 을구는 생략함.*
증명서는 컬러 또는 흑백으로 출력 가능함

NO.	(전세)(월세) **부동산임대차계약서** (임차인 보관용)						
부동산의표시	소재지	서울 동작구 사당동 44 지상 단층 주택					
	구 조	철근콘크리트조 슬래브지붕	용 도	주택	면 적		300㎡
임대보증금	금 일억육천만원정 ₩160,000,000			월 세		없음	

제1조 위 부동산의 임대인과 임차인 합의 하에 아래와 같이 계약한다.
제2조 위 부동산의 임대차에 있어 임차인은 임차 보증금을 아래와 같이 지불키로 함.

계 약 금	10,000,000원	2018. 11. 1.에 지급
중 도 금	금 원정은 20 년 월 일 지불하며	
잔 금	금 150,000,000원 정은 2018 년 12 월 1 일 지급하기로 함.	

제3조 위 부동산의 인도는 2018 년 12월 1일로 한다.
제4조 임대차기간은 2018 년 12월 1일로부터 (24)개월로 한다.
제5조 임차인은 임대인의 승인 하에 개축 또는 변조할 수 있으나 계약대상물을 명도 시에는 임차인이 일체 비용을 부담하여 원상복구 하여야 한다.
제6조 본 계약을 임대인이 위약 시는 계약금의 배액을 변상하며 임차인이 위약 시는 계약금을 무효로 하고 반환을 청구할 수 없음.
제7조 임대차 존속 중에 임대보증금에 제3자의 압류 등이 내려질 경우, 임차인은 임대인의 인도요구에 응하여야 한다. 그러나 이 경우에도 임대인은 임대목적물을 인도받기까지 임보증금의 반환을 거부할 수 있다.

확정일자 제3339호

2018.12.1.
서울중앙지방법원
등기관인

위 계약조건을 확실히 하고 후일에 증명하기 위하여 본 계약서를 작성하고 각 1통씩 보관한다.

2018년 11월 1일

임대인	주 소	서울 영등포구 여의도동 33		성 명	김선욱
	주민등록번호	520716-1045321	전 화	010-3456-8475	
임차인	주 소	서울 동작구 상도동 45		성 명	신명남
	주민등록번호	660314-1257862	전 화	010-4563-9600	
중개인	주 소	서울 서초구 방배로 135		성 명	부중재
	사업자등록번호	11496-065	전화번호 555-2234		

주 민 등 록 표
(등   본)

이 등본은 세대별 주민등록표의 원본 내용과 틀림없음을 증명합니다.
담당자: 방동규 ☎ (02) 584-2116
2018년 12월 1일

서울특별시 동작구 사당동장

세대주 성명(한자)	신명남(申命男)	세대구성 사유 및 일자	전입세대구성 2018. 12. 1.
번호	주 소 (통/반)	전입일 변동	변동일 사유
현주소	서울 동작구 사당동 44	2018. 12. 01.	2018 02. 01. 전입

= 이 하 여 백 =

번호	세대주 관계	성 명 (한 자) 주민등록번호	전입일/변동일	변 동 사 유
1	본인	신명남(申命男) 660314-1257862	2018. 12. 01.	2018. 12. 01. 전입

= 이 하 여 백 =

서류발행일 **2018년 12월 1일**

수입인지 350원 서울특별시

서울특별시 동작구 사당동장

서울특별시동작구사당동장 민원사무전용

[수입증지가 인영(첨부)되지 아니한 증명은 그 효력을 보증할 수 없습니다]

No.	NO.　　　　　　　　　　영　수　증
20 년 월 일	TO. 신 명 남　　　　　₩10,000,000-
귀하	일금　일천만원정
내역	내역　서울 동작구 사당동 44 지상 단층 주택 임대차보증금 계약금 상기 금액을 정히 영수하였습니다.　　작성자　김선욱 ㊞ 발행일 2018년 11월 1일

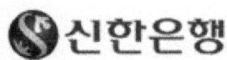

인터넷뱅킹 이체확인증			
입금일 : 2018. 12. 1. 시각 12:49:25		이용매체웹 인터넷 뱅킹	
보내시는 분	신명남	받으시는 분	김선욱
출금계좌번호	신한 110-***-880099	입금계좌번호	국민 229442305928
타행처리번호	083202046668	입금내역 (CMS코드)	
수수료	2,000원	금액	20,000,000원
내통장 메모	임대차보증금	받는(입금)통장 메모	신명남(임대차보증금)

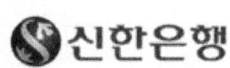

인터넷뱅킹 이체확인증			
입금일 : 2018. 12. 15. 시각 12:19:15		이용매체웹 인터넷 뱅킹	
보내시는 분	신명남	받으시는 분	김선욱
출금계좌번호	신한 110-***-880099	입금계좌번호	국민 229442305928
타행처리번호	083202046668	입금내역 (CMS코드)	
수수료	2,000원	금액	130,000,000원
내통장 메모	임대차보증금	받는(입금)통장 메모	신명남(임대차보증금)

서울중앙지방법원
배당표

사　　건　2019타경788823 부동산임의경매

배당할금액		252,094,526		
명세	매각대금	252,000,000		
	지연이자 및 절차비용			
	전경매보증금			
	매각대금이자	94,526		
	항고보증금	0		
집행비용		2,094,526		
실제배당할 금액		250,000,000		
매각부동산		별지 기재와 같음		
채권자		송미순	이장훈	
채권금액	원금	170,000,000	72,250,000	
	이자		24,750,000	
	비용			
	계	170,000,000	97,000,000	
배당순위		1	2	
이유		근저당권자	근저당권자	
채권최고액		200,000,000	120,000,000	
배당액		170,000,000	80,000,000	
잔여액		0	17,000,000	
배당비율		100.00%	82.47%	
공탁번호 (공탁일)				

2020. 6. 5.
사법보좌관　　김 명 근

부동산의 표시

2019타경788823

서울 동작구 사당동 44 (도로명주소: 사당로1길 3) 지상 철근콘크리트조 슬래브지붕 단층 주택 300㎡. 끝.

등기사항전부증명서 (말소사항 포함) - 건물 [제출용]

[건물] 서울 동작구 사당동 44 고유번호
1345-1996-39459

【 표 제 부 】 (건물의 표시)

표시번호	접 수	소재지번 및 건물번호	건물내역	등기원인 및 기타사항
1	2013년 5월 10일	서울 동작구 사당동 44 [도로명주소] 서울 동작구 사당로1길 3	철근콘크리트조 슬래브지붕 단층 주택 300㎡	도면 제2013-88호

【 갑 구 】 (소유권에 관한 사항)

순위번호	등기목적	접 수	등 기 원 인	권 리 자 및 기 타 사 항
1	소유권보존	2013년 5월 10일 제22221호		소유자 안신중 420323-******* 서울 동작구 사당동 44
2	소유권이전	2016년5월22일 제2888884호	2016년5월22일 매매	소유자 김선욱 520716-******* 서울 영등포구 여의도동 33
3	임의경매개시결정	2019년12월15일 제366678호	2019년12월15일 서울중앙지방법원의 임의경매개시결정 (2019타경788823)	채권자 송미순 580919-******* 서울 종로구 진흥로 18
4	소유권이전	2020년6월30일 제4100000호	2020년6월23일 임의경매로 인한 매각	소유자 김민아 830525-******* 성남시 중원구 단대로 123
5	3번임의경매개시결정 등기말소	2020년6월30일 제451236호	2020년6월23일 임의경매로 인한 매각	

【 을 구 】 (소유권 이외의 권리에 관한 사항)

순위번호	등기목적	접 수	등 기 원 인	권리자 및 기타사항
1	근저당권설정	2017년 5월 10일 제2223호	2017년 5월 10일 근저당권설정계약	채권최고액 금 200,000,000원 채무자 김선욱 ~~서울 영등포구 여의도동 33~~ 근저당권자 송미순 580919-******* 서울 종로구 진흥로 18
2	근저당권설정	2018년12월7일 제38797호	2018년12월5일 근저당권설정계약	채권최고액 금 120,000,000원 채무자 김선욱 ~~서울 영등포구 여의도동 33~~ 근저당권자 이장훈 671213-******* 서울 광진구 광장로 51 205동 1101호
3	1번근저당권설정, 2번근저당권설정등기말소	2020년6월30일 제4100000호	2020년6월23일 임의경매로 인한 매각	

---- 이 하 여 백 ----

수수료 1,000원 영수함

관할등기소 서울중앙지방법원 등기국 / 발행등기소 법원행정처 등기정보중앙관리소

이 증명서는 등기기록의 내용과 틀림없음을 증명합니다.

서기 2020년 7월 19일

법원행정처 등기정보중앙관리소   전산운영책임관

실선으로 그어진 부분은 말소사항을 표시함. *등기기록에 기록된 사항이 없는 갑구 또는 을구는 생략함.*
증명서는 컬러 또는 흑백으로 출력 가능함

근저당권설정계약서

채권자겸 근저당권자   최명수

채무자   우경산

근저당권설정자   신명남

채권최고액 금 삼억원 정

위 당사자간에 다음과 같이 근저당권설정계약을 체결한다.

제1조 근저당권설정자는 채무자가 위 금액 범위안에서 채권자에 대하여 기왕현재 부담하고 또는 장래 부담하게 될 단독 혹은 연대채무자 보증인으로서 기명날인한 차용금증서 각서 지급증서 등의 채무와 발행배서 보증 인수한 모든 어음채무 및 수표금상의 채무 또는 상거래로 인하여 생각 모든 채무를 담보코자 끝에 쓴 부동산에 순위 제1번의 근저당권을 설정한다.
제2조 장래 거래함에 있어서 채권자 사정에 따라 대여를 중지 또는 한도액을 축소시킬지라도 채무자는 이의 제기치 않겠다.
제3조 채무자가 약정한 이행의무를 한번이라도 지체하였을 때 또는 다른 채권자로부터 가압류 압류경매를 당하든가 파산선고를 당하였을 때는 기한의 이익을 잃고 즉시 채무금전액을 완제하여야 한다.
제4조 저당물건의 증축 개축수리 개조 등의 원인으로 형태가 변경된 물건과 부가 종속된 물건도 이 근저당권에 효력이 미친다.
제5조 보증인은 채무자 및 근저당권설정자와 연대하여 이 계약의 책임을 짐은 물론 저당물건의 하자 그 외의 사유로 인하여 근저당권의 일부 또는 전부가 무효로 될 때에도 연대 보증책임을 진다.
제6조 이 근저당권에 관한 소송은 채권자 주소지를 관할하는 법원으로 한다.

2020. 6. 22.

신명남의 대리인 우경산 ㊞

최명수 ㊞

확 인 서 면

등기할부동산의표시	서울 성동구 금호동 51 (독서당로 14) 지상 벽돌조 슬래브지붕 단층 영업소 100㎡		
등기의무자	성명	신명남	등기의 목적
	주소	서울 성동구 금호동 50, 105동 1002호 (금호동, 삼정아파트)	근저당권설정
	주민등록번호	660314-1257862	
첨부서면	주민등록사본(○), 위임장(○), 인감증명서(○)		
특기사항	대리인 우경산이 계약 체결		
우무인 (생략)	위 첨부서면의 원본에 의하여 등기의무자의 대리인임을 확인하고 부동산등기법 제49조 제3항의 규정에 의하여 이 서면을 작성하였습니다. 2020 년 6 월 30 일 법무사 안정운 ㉞		

등기사항전부증명서 (말소사항 포함) - 건물 [제출용]

[건물] 서울 성동구 금호동 51 고유번호 1102-1992-060375

【 표 제 부 】 (건물의 표시)

표시번호	접 수	소 재 지 번	건물내역	등기원인 및 기타사항
1	1992년 1월 28일	서울 성동구 금호동 51 [도로명 주소] 서울 성동구 독서당로 14	지상 벽돌조 슬래브지붕 단층 영업소 100㎡	부동산등기법시행규칙부칙 제3조 제1항의 규정에 의하여 1998년 6월 15일 전산이기

【 갑 구 】 (소유권에 관한 사항)

순위번호	등기목적	접 수	등기원인	권리자 및 기타사항
1	소유권보존	1992년 1월 28일 제2302호		소유자 최민주 550815-1****** 서울 서초구 잠원동 367 태양아파트 102동 1801호
2	소유권이전	2009년 8월 11일 제32592호	2009년 8월 4일 매매	소유자 신명남 660314-1****** 서울 강동구 상일동 45-23

【 을 구 】 (소유권 이외의 권리에 관한 사항)

순위번호	등기목적	접 수	등기원인	권리자 및 기타사항
1	근저당권설정	2020년 6월 30일 제26013호	2020년 6월 22일 근저당권설정계약	채권최고액 금 300,000,000원 채무자 우경산 781215-******* 서울 노원구 월계동 월계삼호아파트 3동 902호 근저당권자 최명수 540509-******* 서울 강동구 상일로 26(상일동)

---- 이 하 여 백 ----

수수료 1,000원 영수함 관할등기소 서울동부지방법원 등기국/ 발행등기소 법원행정처 등기정보중앙관리소

이 증명서는 등기기록의 내용과 틀림없음을 증명합니다.

서기 2021년6월02일

법원행정처 등기정보중앙관리소 전산운영책임관

*실선으로 그어진 부분은 말소사항을 표시함. *등기기록에 기록된 사항이 없는 갑구 또는 을구는 생략함.
*증명서는 컬러 또는 흑백으로 출력 가능함.

借 用 證

金 1억 (100,000,000)원

김재순은 우경산으로부터 위 돈을 월 1.5%의 이자를 지급하기로 하여 차용하며, 2019. 9. 30.까지 이를 변제하기로 약정합니다.

2017. 10. 1.

차용인   김재순 ㊞

우경산 귀하
서울 노원구 월계동 월계삼호아파트 3동 902호

채권양도약정서

양도인   우 경 산
         서울 노원구 마들로 117, 3동 902호(월계동, 월계삼호아파트)

양수인   신 명 남
         서울 성동구 금호동 50, 105동 1002호(금호동, 삼정아파트)

양도인은 양수인에게 아래 채권을 양도합니다.

- 아래 -

양도인이 김재순에 대하여 가지는 2017. 10. 1.자 대여금 채권 일체 (이자 월 1.5% 및 지연손해금 포함)

2020. 10. 1.

양도인   우 경 산   ㊞

양수인   신 명 남   ㊞

채권양도통지서

채권의 표시
양도인이 김재순에 대하여 가지는 2017. 10. 1.자 대여금 채권 (원금 1억원, 이자 월 1.5% 및 지연손해금 포함)

양도인 우경산은 2020. 10. 1. 양수인 신명남에게 위 채권 전액을 양도하기로 하고 양수인은 이를 수락하였습니다.

따라서 귀하께서는 양도인 우경산에게 지급할 위 돈을 양수인 신명남에게 지급하여 주시기 바랍니다.

2020. 10. 1.

발신인 : 우경산 ㊞
　　　　서울 노원구 마들로 117, 3동 902호(월계동, 월계삼호아파트)

김재순 귀하
주소 서울 종로구 세검정로 22, 201동 303호(신영동, 대화아파트)

본 우편물은 2020-10-1
제1925호에 의하여
내용증명우편물로 발송하였음을
증명함
서울노원우체국장

우 편 물 배 달 증 명 서			
수취인의 주거 및 성명 　　서울 종로구 세검정로 22, 201동 303호(신영동, 대화아파트) 　　김재순 귀하			
접 수 국 명	서울 노원	접수연월일	2020년 10월 1일
접 수 번 호	제1925호	배달연월일	2020년 10월 5일
적 요 　　　본인 수령 　　김재순 ㊞		서울노원우체국	

통고서

발신인: 신명남
  서울 성동구 금호동 50, 105동 1002호(금호동, 삼정아파트)

수신인: 김재순
  서울 종로구 세검정로 22, 201동 303호(신영동, 대화아파트)

1. 저는 귀하와 우경산 사이에 체결된 차용금 계약에 기하여 발생한 우경산의 채권을 양도 받은 사람입니다. 채권양도 통지를 직접 받으셔서 잘 아시리라 믿습니다.

2. 귀하도 잘 아시겠지만, 위 대여금 채권은 변제기가 한참 지났습니다. 원금 및 이자 등을 저에게 신속히 지급하시기 바라며 즉시 지급하지 않는 경우 소를 제기할 수밖에 없다는 점을 주지하시기 바랍니다.

2020. 11. 20.

신 명 남 (인)

본 우편물은 2020-11-20
제2639호에 의하여
내용증명우편물로 발송하였음을
증명함
서울성동우체국장

통고서에 대한 회신

발신인: 김재순
　　　서울 종로구 세검정로 22 201동 303호(신영동, 대화아파트)
수신인: 신명남
　　　서울 성동구 금호동 50 105동 1002호 (금호동, 삼정아파트)

1. 귀하가 보낸 통고서는 잘 받아보았습니다. 그런데 저는 원하시는 금액을 지급할 수 없습니다.
2. 먼저 저는 우경산으로부터 큰 피해를 입어 그에 대한 손해배상채권을 가지고 있습니다. 첨부 판결문에서도 보시는 바와 같이 재판을 통해서 그 점을 확인 받았습니다. 따라서 본 내용증명으로 제가 가지는 채권과 우경산의 채권을 상계하는 바입니다.
3. 또한 첨부 결정문에서 보시듯이 저는 전분임이라는 사람이 전부명령을 받았다는 결정문을 송달받았습니다. 제가 받은 채권양도통지서와 같은 날 받아서, 그 금액만큼은 전분임에게 넘어가서 지급이 불가능하고 그렇지 않더라도 귀하와 전분임의 채권액을 따져서 금액에 비례하여 지급하여야 하는 형편입니다.
4. 사정이 그러하니 더 이상 저를 괴롭히지 말기 바랍니다.

첨부 : 판결문, 결정문

　　　　　　　　　　　2020. 11. 26.
　　　　　　　　　　　김재순　(인)

　　　　　　　　본 우편물은 2020-11-26
　　　　　　　　제4021호에 의하여
　　　　　　　　내용증명우편물로 발송하였음을
　　　　　　　　　　　증명함
　　　　　　　　서울종로우체국장

우 편 물 배 달 증 명 서				
수취인의 주거 및 성명 　　서울 성동구 금호동 50 105동 1002호 (금호동, 삼정아파트) 　　신명남 귀하				
접 수 국 명	서울 종로	접수연월일	2020년 11월 26일	
접 수 번 호	제4021호	배달연월일	2020년 11월 30일	
적 요 　　　본인 수령 　　신명남 ㊞		서울종로우체국		

서 울 중 앙 지 방 법 원

판 결

사 건	2018가단88899 손해배상(기)	
원 고	김재순	
	서울 종로구 세검정로 22, 201동 303호(신영동, 대화아파트)	
피 고	우경산	
	서울 노원구 마들로 117, 3동 902호(월계동, 월계삼호아파트)	
변론종결	2019. 9. 16.	
판결선고	2019. 9. 30.	

주 문

1. 피고는 원고에게 2,000만 원 및 이에 대하여 2018. 10. 1.부터 2019. 9. 30.까지는 연 5%, 그 다음날부터 다 갚는 날까지는 연 12%의 각 비율로 계산한 돈을 지급하라.
2. 원고의 나머지 청구를 기각한다.
3. 소송비용 중 2/3는 피고가, 나머지는 원고가 각 부담한다.
4. 제1항은 가집행할 수 있다.

청 구 취 지

피고는 원고에게 3,000만 원 및 이에 대하여 2018. 10. 1.부터 이 사건 소장부본 송달일까지는 연 5%, 그 다음날부터 다 갚는 날까지는 연 12%의 각 비율로 계산한 돈을 지급하라.

이 유

1. 기초사실

가. 원고는 2017. 10. 1. 고등학교 동창인 피고로부터 1억 원을 변제기 2019. 9. 30. 이자 월 1.5%로 정하여 빌렸다.

나. 피고는 2018. 8. 원고에게 주식으로 많은 돈을 잃어 사채까지 쓰게 되었다며 대여원금 중 일부라도 조속히 상환해 줄 것을 사정하였으나 변제기가 도래하지 않았다는 이유로 거절당했다.

다. 피고는 2018. 10. 1. 원고가 운영하는 영업소를 찾아가 급박한 사정을 호소하였음에도 거듭 거절당하자 이에 화가 나 진열장을 발로 차고 컴퓨터와 진열 물품을 부수는 등 이를 손괴하였다.

[인정근거] 갑 제1, 2, 3호증의 각 기재, 갑 제4호증의 영상, 변론 전체의 취지

2. 손해배상책임의 발생

위 인정사실에 의하면, 피고는 원고에게 위 불법행위로 인한 손해 및 이에 대하여 불법행위일부터 다 갚는 날까지의 지연손해금을 지급할 의무가 있다.

3. 손해배상의 범위

가. 원고의 주장

원고는 피고의 불법행위로 진열장 수리비, 컴퓨터 및 비품 수리비 등으로 3,000만 원의 손해를 입었다고 주장한다.

나. 판단

살피건대 앞서 든 증거들 및 감정인 여은구의 감정결과를 더하여 보면, 이 사건 진열장 등 물품 수리비에 2,000만 원이 소요된다고 봄이 상당하고, 원고가 제

출한 갑 제4호증(견적서)의 기재만으로는 위 인정금액을 넘어 추가적인 손해가 있다고 보기 어렵다.

4. 결론

그렇다면, 피고는 원고에게 이 사건 불법행위로 인한 손해금 2,000만 원 및 이에 대하여 불법행위일인 2018. 10. 1.부터 피고가 항쟁함이 상당한 이 판결 선고일인 2019. 9. 30.까지는 민법이 정한 연 5%의, 그 다음날부터 다 갚는 날까지는 소송촉진 등에 관한 특례법이 정한 연 12%의 각 비율에 의한 지연손해금을 지급할 의무가 있는바, 원고의 이 사건 청구는 위 인정범위 내에서 이유 있으므로 이를 인용하고, 나머지 청구는 이유 없으므로 이를 기각한다.

판사 장하승

등 본 입 니 다.
2019. 10. 10.
법원주사 남시연 ㊞

확 정 증 명

사건번호: 서울중앙지방법원 2018가단88899호 손해배상(기)

원   고: 김재순

피   고: 우경산

증명신청인 : 원고

위 사건의 판결이 2019. 10. 21.자로 확정되었음을 증명합니다. 끝.

2020. 9. 1.

서 울 중 앙 지 방 법 원

법원주사 남 시 연   [서울중앙지방법원법원주사]

서 울 북 부 지 방 법 원
결 정

사 건	2020타채6459 채권압류 및 전부명령
채 권 자	전분임
	서울 영등포구 당산로 12, 101동 605호(당산동, 도나아파트)
채 무 자	우경산
	서울 노원구 마들로 117, 3동 902호(월계동, 월계삼호아파트)
제3채무자	김재순
	서울 종로구 세검정로 22, 201동 303호(신영동, 대화아파트)

주 문

채무자의 제3채무자에 대한 별지 목록 기재 채권을 압류한다.
제3채무자는 채무자에 대하여 위 채권에 관한 지급을 하여서는 아니 된다.
채무자는 위 채권의 처분과 영수를 하여서는 아니 된다.
위 압류된 채권은 지급에 갈음하여 채권자에게 전부한다.

청구금액

금 50,000,000원(공증인가 산재법률사무소 2019년 증서 제2452호에 의한 약속어음금)

이 유

채권자가 위 청구금액을 변제받기 위하여 공증인가 산재법률사무소 2019년 증서 제2452호 약속어음 공정증서의 집행력 있는 정본에 터 잡아 한 이 사건 신청은 이유 있으므로 주문과 같이 결정한다.

2020. 10. 2.

사법보좌관   명 보 관 ㊞

정 본 입 니 다.
2020. 10. 2.
법원주사 손상일 ㊞

주 의. 1. 전부명령이 제3채무자에게 송달될 때까지 다른 채권자가 압류, 가압류 또는 배당요구를 한 때에는 전부명령은 효력이 없습니다.
      2. 전부명령은 확정되어야 효력이 있습니다.
민사집행법 223, 227, 229조

목   록

금 50,000,000원정

채무자가 제3채무자에 대하여 가지는 아래 대여금채권 중 일부

2017. 10. 1.자 대여원금 1억 원
이율 월 1.5%
변제기 2019. 9. 30.

송 달 및 확 정 증 명 원

| 수입인지 |
| 첨부 |

채권자(신 청 인)   전분임
채무자(피신청인)   우경산
제 3 채 무 자   김재순

　위 당사자간 귀원 2020타채6459호 사건에 관하여 2020. 10. 2. 채권압류 및 전부명령이 있었는바, 동 결정정본이 2020. 10. 5. 채무자 및 제3채무자에게 각 송달되어 위 채권압류 및 전부명령이 2020. 10. 13. 확정되었음을 증명하여 주시기 바랍니다.

위 증명합니다.
2020. 10. 13.
서울북부지방법원
법원주사 손상일   [서울북부지방법원법원주사 인]

2020. 10. 13.

제3채무자 김재순 ㊞

서울북부지방법원 귀중

기록이면표지

확 인 : 법학전문대학원협의회

민사법

기록형

2021년도 **제1차**
법전협 모의시험

문제해결 TIP

【문 제】

> 작성기준일자로 소멸시효 및 제척기간의 기준시점이 된다.

　귀하는 변호사 이희철로서, 의뢰인 신명남과의 상담을 통해 아래 【상담내용】과 같은 사실관계를 청취하고, 【의뢰인 희망사항】 기재사항에 관한 본안소송의 대리권을 수여받고, 첨부된 서류를 자료로 받았습니다.
　의뢰인을 위한 본안의 소를 제기하기 위한 소장을 작성하시오.

【작성요령】

1. 소장 작성일 및 소 제기일은 2021. 6. 24.로 하시오.
2. 당사자는 반드시 소송상 자격(원고, 피고 등)으로 지칭하고, 원고 또는 피고가 여러명인 경우에는 소송상 자격 및 이름으로 지칭하시오(예 '피고 홍길동').
3. 청구취지와 청구원인은 가급적 피고별로 나누어 기재하시오.
   [이하의 작성요령은 실무의 기준과 다를 수 있음]
4. 1건의 공동소송으로 제기하되, 공동소송의 요건은 갖추어진 것으로 전제하고, 전속관할이 있는 청구가 있으면 반드시 그 관할법원에 소를 제기하며, (주관적이든 객관적이든) 예비적·선택적 병합청구는 하지 마시오.
5. 【의뢰인 희망사항】 란에 기재된 희망사항에 부합하되, 현행법과 그 해석상 승소 가능한 최대한의 범위에서 청구하고, 소 각하나 청구기각 부분이 발생하지 않도록 하시오.
6. 상대방에게 항변사유가 있고 그 요건이 갖추어진 것으로 판단되면 이를 청구범위에 반영하고, 【사건관계인의 주장】으로 정리된 사항 중 이유 있다고 판단되면 청구범위에 반영하며, 이유 없다고 판단되면 해당 청구원인 부분에서 배척의 이유를 기재하시오.
7. 【의뢰인 상담일지】와 첨부자료에 기재된 사실관계는 모두 사실에 부합한 것으로 보고(작성자의 의견에 해당하는 사항은 제외), 기재되지 않은 사실은 없는 것으로 전제하며, 첨부된 서류는 모두 진정하게 성립된 것으로 간주하시오.
8. <증명방법>과 <첨부서류>란 기재는 생략하고, 부동산의 표시는 아래 [목록(부동산의 표시)]을 소장 말미에 첨부함을 전제로 하여 작성하므로, 소장 말미에 [목록(부동산의 표시)]을 기재하지 마시오.
9. 발생 이자(혹은 지연손해금)나 차임(혹은 그 상당 부당이득금)에 관한 지연손해금은 고려하지 마시오.

> 별지 목록 및 별지 도면을 원용할 것을 지시하였다.

10. 관련 증거자료를 제시하여 기술할 필요는 없습니다.
11. 모든 자료에는 적절한 날인이 있는 것으로 보시오.
12. 기록상의 날짜가 공휴일인지 여부, 문서의 서식이 실제와 부합하는지 여부는 고려하지 마시오.

기록 5면

의뢰인 상담일지

변호사 이 희 철 법률사무소
서울 서초구 서초대로 123, 701호(서초동)
☎ : 02-535-1089, 팩스 : 02-535-1090, e-mail : shy@korea.co.kr

접수번호	2021-109	상담일시	2021. 6. 12.
상담인	신명남 010-4563-9600	내방경위	지인소개

【상 담 내 용】

> 월차임 전부가 연체되었고, 소멸시효가 문제된다.
> 유익비채권이 발생하였다.
> 주택임대차의 대항력

1. 의뢰인은 2014. 10. 21. 오랜기간 알고 지내던 박영철로부터 상도동 소재 주택(별지 목록 제1항)을 2014. 12. 1.부터 4년간 임차하였다. 그리고 2014. 12. 1. 박영철에게 보증금을 지급하고 이사하였으며 주민등록도 마쳤다. 거주 중에 편의를 위해 박영철에게 알리고 중문을 설치하였는데, 320만원 정도 비용이 들었다. 의뢰인이 한 차례도 월차임을 지급하지 않았지만 박영철은 독촉하지도 않았는데 보증금이 충분하여 그러한 것으로 추측하였다. 의뢰인은 계약 이후 계속하여 상도동 주택에 거주하다가 2018. 9.경 상도동 소재 주택에 관하여 임대차계약을 갱신할 의사가 없음을 박영철에게 알리고, 사당동 소재 주택(별지 목록 제2항)에 관하여 새로이 임대차 계약을 체결한 후 2018. 12. 1.에 사당동 주택으로 이사하였다. 이사하면서 보증금을 받지 못하여 자물쇠를 채워두었고, 임차권등기명령에 따라 등기를 하면서 주택을 넘겨주었다.

> 임차권등기명령에 따른 등기가 경료되었고, 같은 날 목적물을 인도하였다. 따라서 임대차보증금에 대한 지연손해금이 발생할 수 있다.

2. 의뢰인은 박영철과 연락이 잘 되지 않았는데, 최근 보증금을 받으려고 찾아갔다가 박영철이 2019년초에 사망하였다는 소식을 들었다. 박영철은 결혼하여 슬하에 자녀가 한 명 있는 것으로 알고 있다.

> 임대차보증금반환채무가 상속되었고, 공동임대인인 경우 불가분채무가 된다.

3. 한편, 의뢰인은 2018. 12. 1. 김선욱 소유의 사당동 소재 주택(별지 목록 제2항)으로 이사하고 같은 날 주민등록을 이전하고 확정일자를 받았다. 그런

> 주택임대차의 대항력 및 우선변제권

데 해당 주택에는 2017년 초에 설정된 선순위 근저당권이 있었고, 이사하고 며칠이 지나서 부동산등기부 등본을 떼어보니 2018년 12월 7일 주택에 이장훈 명의로 근저당권이 설정되었다. 한편, 보증금 중 30,000,000원은 2018년 12월 1일까지 지급하였는데, 나머지는 같은 해 12월 15일 입금하였다.

4. 선순위 근저당권자인 송미순은 김선욱이 대여금을 전혀 변제하지 않자, 경매신청을 하였다. 임의경매절차에서 배당표가 작성되었는데, 배당기일에 별다른 이의가 없어 배당표가 확정되자, 그에 따라 선순위 근저당권자 송미순이 매각대금 2억5천만 원 중 1억7천만 원, 후순위 근저당권자 이장훈이 나머지 8천만 원을 지급 받았다. 의뢰인은 임의경매 매각대금 완납일인 2020. 6. 23.경 주택을 인도하고 자신의 창고가 있는 금호동으로 이사한 상태이다.

5. 한편, 의뢰인은 홀로 작은 사업을 하나 하면서 후배인 우경산에게 경리업무를 맡겼다. 알고 보니 우경산은 주식 투자로 대박을 꿈꾸며 여기저기 많은 돈을 빌렸으나 갚지 못하고 있었다. 우경산은 의뢰인의 사업자금을 관리하다가 일부를 횡령하였다는 범죄사실 등으로 징역 2년을 선고받아 현재 수감중인데, 양심은 있는지 자신이 가진 김재순에 대한 채권을 의뢰인에게 넘겨주었다.

6. 우경산은 2018년경 대부업자인 최명수로부터 돈을 빌리면서 2년 내에 원리금을 지급하기로 하였는데, 변제일이 다가오자 위 횡령금으로 차용금의 일부를 변제한 후 잔액에 관한 변제기를 연장하기 위해서 "신명남이 물상보증인이 되어 주기로 하였고 자신이 그의 대리인이다" 라고 거짓말을 하면서 의뢰인 명의 금호동 소재 창고(별지 목록 제3항)를 담보로 제공하는 근저당권설정계약서를 작성하였다.
   그 이후에 법무사 사무실에서 등기에 필요한 서류를 요청 받자, 의뢰인 명의의 위임장을 위조하고 업무상 소지하고 있던 의뢰인의 주민등록증 사본 및 인감증명서 등 등기 관련 서류를 제공하였다.
   최명수는 기존에 의뢰인과 자금거래가 있던 사람으로 의뢰인의 회사 및 개인 전화번호도 알고 있는데, 근저당권 설정과 관련하여서는 연락을 받은 바가 없다.

【사건관계인의 주장】

·····• 차임공제항변

1. 망 박영철의 배우자 이은수와 아들 박상민은,
   (1) 의뢰인이 한 번도 차임을 낸 적이 없어서 그 차임을 보증금에서 모두 공제하여야 하고, ·····• 부당이득공제항변
   (2) 임대차 기간 종료 후에도 계속하여 주택에 자물쇠를 채워둔 기간이 있으므로 부당이득으로 공제할 금액이 더 있다고 주장한다.
2. 이장훈은, 자신이 근저당권을 설정할 당시 임대차보증금 완납이 되지 않아서 의뢰인은 자신에 우선하는 주택임대차보호법상의 우선변제권을 가지지 못한다고 주장하고 있다. ·····• 압류항변
3. 김재순은 우경산의 채권자로부터 자신에게 압류 및 전부명령이 송달되어 돈을 줄 수 없고, 자신도 우경산에 대한 채권이 있어 상계한다고 주장하고 있다. ·····• 원고의 우선변제권 부인 주장   ·····• 상계항변
4. 최명수는 근저당권설정등기 당시 우경산이 의뢰인 명의의 위임장, 인감증명서, 주민등록증 사본을 가지고 있었기 때문에 의뢰인의 대리인이라고 믿을 만한 정당한 이유가 있었으므로, 우경산의 대리행위는 민법 제126조의 표현대리의 법리에 따라 유효하다고 주장한다.

·····• 표현대리 항변

【의뢰인 희망사항】

1. 상도동 주택과 관련해서 중문 설치비나 보증금을 반환 가능한 범위에서 최대한 돌려받고 싶다.
2. 사당동 주택의 임대인인 김선욱은 무일푼이라 그를 상대로 소송하기는 원하지 않으며, 달리 사당동 주택의 임대차보증금이나 그 상당액을 지급받을 수 있는 방법이 있다면 지급받으면 좋겠다.
3. 우경산으로부터 넘겨받은 김재순에 대한 채권을 바탕으로 양수금을 지급받고 싶다.
4. 최명수 명의로 설정된 근저당권설정등기를 말소 받기를 원한다.

·····• 배당받은 자에 대한 부당이득반환청구를 지시하였다.

부동산임대차계약서

☐ 전세   ☑ 월세

임대인과 임차인 쌍방은 아래 표시 부동산에 관하여 다음 계약내용과 같이 임대차계약을 체결한다.

1. 부동산의 표시

소 재 지	서울 동작구 상도동 45 지상				
토 지	지 목		면 적		㎡ (평)
건 물	구조·용도	철근콘크리트조 슬래브지붕 단층 주택	면 적		㎡ (평)
임대할부분	**단층 주택 300㎡**		면 적	1층 300㎡ ㎡ (평)	

2. 계약내용

제1조 (목적) 위 부동산의 임대차에 관하여 임대인과 임차인은 합의에 의하여 임차보증금 및 차임을 아래와 같이 지급하기로 한다.

보 증 금	금	일억 원정 (₩100,000,000)		
계 약 금	금	월 차임	원정은 계약시에 지급하고 영수함.	( )
중 도 금	금		원정은 년 월 일 지급하며	
잔 금	금	일억 원정은	2014년 12월 1일 지급한다.	
차 임	금	오십만 원정은	매월 말 일 지급한다. (후불)	

제2조 (존속기간) 임대인은 위 부동산을 임대차 목적대로 사용·수익할 수 있는 상태로 2014년 12월 1일까지 임차인에게 인도하며, 임대차 기간은 인도일로부터 2018년 11월 30일까지 4년간으로 한다.

제3조 (용도변경 및 전대 등) 임차인은 임대인의 동의 없이 위 부동산을 증·개축 또는 구조를 변경하거나 전대·임차권 양도 또는 담보제공을 하지 못하며 임대차 목적 이외의 용도로 사용할 수 없다.

제4조 (계약의 해지) 임차인이 2기 이상 차임의 지급을 연체하거나 제3조를 위배하였을 때 임대인은 즉시 본 계약을 해지할 수 있다.

확정일자 제1379호
2014. 12. 1.

제5조 (원상회복) 임대인의 승낙 여부에 불구하고 임차인이 개·보수한 시설은 임대차계약이 종료되면 위 부동산의 반환기일 전에 임차인의 부담으로 원상복구하여야 한다. 이러한 경우 임대인은 보증금을 임차인에게 반환하고, 연체 임대료나 손해배상금액이 있을 때에는 이들을 제하고 그 잔액을 반환한다.

제6조 (계약의 해제) 임차인이 임대인에게 중도금(중도금이 없을 때는 잔금)을 지불하기 전까지, 임대인은 계약금의 배액을 상환하고, 임차인은 계약금을 포기하고 이 계약을 해제할 수 있다.

제7조 (채무불이행과 손해배상) 임대인 또는 임차인이 본 계약상의 내용에 대하여 불이행이 있을 경우 그 상대방은 불이행한 자에 대하여 서면으로 최고하고 계약을 해제할 수 있다. 그리고 계약 당사자는 계약해제에 따른 손해배상을 각각 상대방에 대하여 청구할 수 있으며, 손해배상에 대하여 별도의 약정이 없는 한 계약금을 손해배상의 기준으로 본다.

특약사항 원상복구특약이고, 따라서 유익비를 청구하지 못한다.

본 계약을 증명하기 위하여 계약 당사자가 이의 없음을 확인하고 각각 서명·날인한다.   2014년 10월 21일

임대인	주 소	서울특별시 서초구 남부순환로 234(서초동)				
	주민등록번호	560712-1056894	전화	010-8568-5631	성명	박 영 철 ㉑
임차인	주 소	서울 중구 약수동 50 동산아파트 105동 1002호				
	주민등록번호	660314-1257862	전화	010-4563-9600	성명	신 명 남 ㉑

내용증명

발신인: 신명남

　　　　서울특별시 동작구 사당동 44(사당로1길 3)

수신인: 박영철

　　　　서울특별시 서초구 남부순환로 234(서초동)

1. 안녕하세요? 귀하와의 오랜 인연을 소중하게 생각합니다. 늘 건강하시기 바랍니다.
2. 귀하도 잘 아시겠지만, 귀하 소유의 집에 임차인으로 있다가 이사를 나온 지가 한참이 되었습니다. 이제는 임차보증금을 저에게 지급하시기 바라며 즉시 지급하지 않는 경우 소를 제기할 수밖에 없다는 점을 양지하시기 바랍니다.
3. 귀하는 제가 이사를 나올 때 제가 월세를 연체한 것들이 있어 그것들을 공제할 것이라고 한 적이 있는데, **알아보니 이미 3년이 넘은 월세들은 모두 소멸하여 공제할 수 없다고 합니다.** ······● 연체차임 시효소멸의 재항변
4. 하루 빨리 보증금을 돌려주시기 바랍니다.

　　　　　　　　　　　2019.　6.　20.

　　　　　　　　　　신 명 남　(인)

　　　　　　　　　　본 우편물은 2019-06-20
　　　　　　　　　　제3621호에 의하여
　　　　　　　　　　내용증명우편물로 발송하였음을
　　　　　　　　　　　　증명함
　　　　　　　　　　서울동작우체국장

기록 11면

가 족

가족관계증명서

등록기준지	서울특별시 동작구 상도2동 125의2

구 분	성 명	출생연월일	주민등록번호	성별	본
본 인	박영철(朴英哲) 사망	1956년 07월 12일	560712-1056894	남	密陽

가 족 사 항

구분	성 명	출생연월일	주민등록번호	성별	본
부	박철원(朴哲原) 사망	1924년 04월 08일	240408-1854266	남	密陽
모	최길자(崔吉子) 사망	1925년 12월 24일	251224-2257390	여	慶州
배우자	이은수(李殷秀)	1952년 10월 10일	521010-2548620	여	全州
자녀	박상민(朴尙忞)	1977년 05월 06일	770506-1532468	남	密陽

배우자와 자가 각 상속인

위 가족관계증명서는 가족관계등록부의 기록사항과 틀림없음을 증명합니다.

서기 2020년 12월 10일

서울특별시 동작구청장 [동작구청장의 인]

기록 12면

등기사항전부증명서 (말소사항 포함) - 건물 [제출용]

[건물] 서울 동작구 상도동 45   고 유 번 호

【 표 제 부 】 (건물의 표시)

표시번호	접 수	소재지번 및 건물번호	건물내역	등기원인 및 기타사항
1	2010년 4월 4일	서울 동작구 상도동 45 [도로명주소] 서울 동작구 상도로12길 14	철근콘크리트조 슬래브지붕 단층 주택 300㎡	도면 제2012-33호

1322-1886-323437

【 갑 구 】 (소유권에 관한 사항)

순위번호	등기목적	접 수	등기원인	권리자 및 기타사항
1	소유권보존	2010년 4월 4일 제33321호		소유자 이보현 550716-******* 서울 동작구 사당동 21
2	소유권이전	2012년 5월 25일 제23333호	2012년 3월 24일 매매	소유자 박영철 560712-******* 서울 동작구 상도동 45
3	소유권이전	2019년 4월 30일 제52300호	2019년 3월 7일 상속	공유자 지분 5분의 3 이은수 521010-******* 서울 서초구 남부순환로 234(서초동) 지분 5분의 2 박상민 770506-******* 서울 서초구 남부순환로 234(서초동)

【 을 구 】 (소유권 이외의 권리에 관한 사항)

순위번호	등기목적	접 수	등기원인	권리자 및 기타사항
1	주택임차권	2019년 2월 28일 제5551호	2019년 2월 24일 서울중앙지방법원 임차권등기명령(2019카기780)	임차보증금 금100,000,000원 차 임 월 금500,000원 범 위 주택전부 임대차계약일자 2014년 10월 21일 주민등록일자 2014년 12월 1일 점유개시일자 2014년 12월 1일 확정일자 2014년 12월 1일 임차권자 신명남 660314-******* 서울 동작구 사당동 44

임차권등기가 2019. 2. 28. 경료되었다.

---- 이 하 여 백 ----

NO.		(전세) (월세)	**부동산임대차계약서**		(임차인 보관용)	
부동산의표시	소재지	서울 동작구 사당동 44 지상 단층 주택				
	구 조	철근콘크리트조 슬래브지붕	용 도	주택	면 적	300㎡
임대보증금	금 일억육천만원정 ₩160,000,000			월세	없음	

제1조 위 부동산의 임대인과 임차인 합의 하에 아래와 같이 계약한다.
제2조 위 부동산의 임대차에 있어 임차인은 임차 보증금을 아래와 같이 지불키로 함.

계 약 금	10,000,000원 · · · **보증금 분납특약**	2018. 11. 1.에 지급
중 도 금	금 원정은 20 년 월 일 지불하며	
잔 금	금 150,000,000원 정은 2018 년 12 월 1 일 지급하기로 함.	

제3조 위 부동산의 인도는 2018 년 12월 1일로 한다.
제4조 임대차기간은 2018 년 12월 1일로부터 (24)개월로 한다.
제5조 임차인은 임대인의 승인 하에 개축 또는 변조할 수 있으나 계약대상물을 명도 시에는 임차인이 일체 비용을 부담하여 원상복구 하여야 한다.
제6조 본 계약을 임대인이 위약 시는 계약금의 배액을 변상하며 임차인이 위약 시는 계약금을 무효로 하고 반환을 청구할 수 없음.
제7조 임대차 존속 중에 임대보증금에 제3자의 압류 등이 내려질 경우, 임차인은 임대인의 인도요구에 응하여야 한다. 그러나 이 경우에도 임대인은 임대목적물을 인도받기까지 임대보증금의 반환을 거부할 수 있다.

임대차계약의 확정일자인 · · · · · **확정일자 제3339호**   **2018. 12. 1. 서울중앙지방법원 등기관인**

위 계약조건을 확실히 하고 후일에 증명하기 위하여 본 계약서를 작성하고 각 1통씩 보관한다.
2018년 11월 1일

임대인	주 소	서울 영등포구 여의도동 33		성 명	김 선 욱 (김선욱)
	주민등록번호	520716-1045321	전 화	010-3456-8475	
임차인	주 소	서울 동작구 상도동 45		성 명	신 명 남 (신명남)
	주민등록번호	660314-1257862	전 화	010-4563-9600	
중개인	주 소	서울 서초구 방배로 135		성 명	부 중 재 (부중재)
	사업자등록번호	11496-065	전화번호	555-2234	

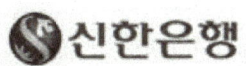

신한은행 http://www.shinhan.com

인터넷뱅킹 이체확인증

입금일 : 2018. 12. 1.	시각 12:49:25	이용매체웹 인터넷 뱅킹	
보내시는 분	신명남	받으시는 분	김선욱
출금계좌번호	신한 110-***-880099	입금계좌번호	국민 229442305928
타행처리번호	083202046668	입금내역 (CMS코드)	
수수료	2,000원	금액	20,000,000원
내통장 메모	임대차보증금	받는(입금)통장 메모	신명남(임대차보증금)

신한은행 http://www.shinhan.com

인터넷뱅킹 이체확인증

입금일 : 2018. 12. 15.	시각 12:19:15	이용매체웹 인터넷 뱅킹	
보내시는 분	신명남	받으시는 분	김선욱
출금계좌번호	신한 110-***-880099	입금계좌번호	국민 229442305928
타행처리번호	083202046668	입금내역 (CMS코드)	
수수료	2,000원	금액	130,000,000원
내통장 메모	임대차보증금	받는(입금)통장 메모	신명남(임대차보증금)

기록 18면

서울중앙지방법원
배당표

> 기록상 원고의 배당요구가 있었는지 여부가 불분명하다.

사　건　2019타경788823 부동산임의경매

배당할금액		252,094,526		
명 세	매각대금	252,000,000		
	지연이자 및 절차비용			
	전경매보증금			
	매각대금이자	94,526		
	항고보증금	0		
집행비용		2,094,526		
실제배당할 금액		250,000,000		
매각부동산		별지 기재와 같음		
채권자		송미순	이장훈	
채 권 금 액	원금	170,000,000	72,250,000	
	이자		24,750,000	
	비용			
	계	170,000,000	97,000,000	
배당순위		1	2	
이유		근저당권자	근저당권자	
채권최고액		200,000,000	120,000,000	
배당액		170,000,000	80,000,000	
잔여액		0	17,000,000	
배당비율		100.00%	82.47%	
공탁번호 (공탁일)				

2020. 6. 5.

사법보좌관　　김 명 근

기록 20면

등기사항전부증명서 (말소사항 포함) - 건물 [제출용]

[건물] 서울 동작구 사당동 44 고유번호
1345-1996-39459

【 표 제 부 】 (건물의 표시)

표시번호	접 수	소재지번 및 건물번호	건물내역	등기원인 및 기타사항
1	2013년 5월 10일	서울 동작구 사당동 44 [도로명주소] 서울 동작구 사당로1길 3	철근콘크리트조 슬래브지붕 단층 주택 300㎡	도면 제2013-88호

【 갑 구 】 (소유권에 관한 사항)

순위번호	등기목적	접 수	등 기 원 인	권리자 및 기타사항
1	소유권보존	2013년 5월 10일 제22221호		소유자 안신중 420323-******* 서울 동작구 사당동 44
2	소유권이전	2016년 5월 22일 제2888884호	2016년 5월 22일 매매	소유자 김선욱 520716-******* 서울 영등포구 여의도동 33
3	임의경매개시결정	2019년12월15일 제366678호	2019년12월15일 서울중앙지방법원의 임의경매개시결정 (2019타경788823)	채권자 송미순 580919-******* 서울 종로구 진흥로 18
4	소유권이전	2020년 6월 30일 제4100000호	2020년 6월 23일 임의경매로 인한 매각	소유자 김민아 830525-******* 성남시 중원구 단대로 123
5	3번임의경매개시결정 등기말소	2020년 6월 30일 제451236호	2020년 6월 23일 임의경매로 인한 매각	

【 을 구 】 (소유권 이외의 권리에 관한 사항)

순위번호	등기목적	접 수	등 기 원 인	권리자 및 기타사항
1	근저당권설정	2017년 5월 10일 제2223호	2017년 5월 10일 근저당권설정계약	채권최고액 금 200,000,000원 채무자 김선욱 서울 영등포구 여의도동 33 근저당권자 송미순 580919-******* 서울 종로구 진흥로 18
2	근저당권설정	2018년12월7일 제38797호	2018년12월5일 근저당권설정계약	채권최고액 금 120,000,000원 채무자 김선욱 서울 영등포구 여의도동 33 근저당권자 이장훈 671213-******* 서울 광진구 광장로 51 205동 1101호
3	1번근저당권설정, 2번근저당권설정등기말소	2020년 6월 30일 제4100000호	2020년 6월 23일 임의경매로 인한 매각	

원고 후순위의 근저당권

기록 22면

근저당권설정계약서

채권자겸 근저당권자   최명수

채무자   우경산

근저당권설정자   신명남

채권최고액 금 삼억원 정

위 당사자간에 다음과 같이 근저당권설정계약을 체결한다.

제1조 근저당권설정자는 채무자가 위 금액 범위안에서 채권자에 대하여 기왕현재 부담하고 또는 장래 부담하게 될 단독 혹은 연대채무자 보증인으로서 기명날인한 차용금증서 각서 지급증서 등의 채무와 발행배서 보증 인수한 모든 어음채무 및 수표금상의 채무 또는 상거래로 인하여 생각 모든 채무를 담보코자 끝에 쓴 부동산에 순위 제1번의 근저당권을 설정한다.
제2조 장래 거래함에 있어서 채권자 사정에 따라 대여를 중지 또는 한도액을 축소시킬지라도 채무자는 이의 제기치 않겠다.
제3조 채무자가 약정한 이행의무를 한번이라도 지체하였을 때 또는 다른 채권자로부터 가압류 압류경매를 당하든가 파산선고를 당하였을 때는 기한의 이익을 잃고 즉시 채무금전액을 완제하여야 한다.
제4조 저당물건의 증축 개축수리 개조 등의 원인으로 형태가 변경된 물건과 부가 종속된 물건도 이 근저당권에 효력이 미친다.
제5조 보증인은 채무자 및 근저당권설정자와 연대하여 이 계약의 책임을 짐은 물론 저당물건의 하자 그 외의 사유로 인하여 근저당권의 일부 또는 전부가 무효로 될 때에도 연대 보증책임을 진다.
제6조 이 근저당권에 관한 소송은 채권자 주소지를 관할하는 법원으로 한다.

2020. 6. 22.

신명남의 대리인 우경산 ㉑
최명수 ㉑

무권대리 설정계약

기록 25면

借 用 證

金 1억 (100,000,000)원 ……● 소촉법 이율을 초과한 약정이율

김재순은 우경산으로부터 위 돈을 월 1.5%의 이자를 지급하기로 하여 차용하며, 2019. 9. 30.까지 이를 변제하기로 약정합니다.

……● 대여금 변제기

2017. 10. 1.

차용인 김재순 ㉠

우경산 귀하
서울 노원구 월계동 월계삼호아파트 3동 902호

채권양도통지서

채권의 표시
양도인이 김재순에 대하여 가지는 2017. 10. 1.자 대여금 채권 (원금 1억원, 이자 월 1.5% 및 지연손해금 포함)

양도인 우경산은 2020. 10. 1. 양수인 신명남에게 위 채권 전액을 양도하기로 하고 양수인은 이를 수락하였습니다.

따라서 귀하께서는 양도인 우경산에게 지급할 위 돈을 양수인 신명남에게 지급하여 주시기 바랍니다.

2020. 10. 1.

발신인 : 우경산 ㊞
　　　　서울 노원구 마들로 117, 3동 902호(월계동, 월계삼호아파트)

김재순 귀하
주소 서울 종로구 세검정로 22, 201동 303호(신영동, 대화아파트)

채권양도인에 의한 확정일자 있는 통지

본 우편물은 2020-10-1
제1925호에 의하여
내용증명우편물로 발송하였음을
증명함
서울노원우체국장

[기록 30면]

통고서에 대한 회신

발신인: 김재순

　　　서울 종로구 세검정로 22 201동 303호(신영동, 대화아파트)

수신인: 신명남

　　　서울 성동구 금호동 50 105동 1002호 (금호동, 삼정아파트)

1. 귀하가 보낸 통고서는 잘 받아보았습니다. 그런데 저는 원하시는 금액을 지급할 수 없습니다.

2. 먼저 저는 우경산으로부터 큰 피해를 입어 그에 대한 손해배상채권을 가지고 있습니다. 첨부 판결문에서도 보시는 바와 같이 재판을 통해서 그 점을 확인 받았습니다. 따라서 본 내용증명으로 제가 가지는 채권과 **우경산의 채권을 상계하는 바입니다.** [상계항변]

3. 또한 첨부 결정문에서 보시듯이 저는 전분임이라는 사람이 전부명령을 받았다는 결정문을 송달받았습니다. 제가 받은 **채권양도통지서와 같은 날 받아서, 그 금액만큼은 전분임에게 넘어가서 지급이 불가능하고 그렇지 않더라도 귀하와 전분임의 채권액을 따져서 금액에 비례하여 지급하여야 하는 형편입니다.** [채권압류 항변]

4. 사정이 그러하니 더 이상 저를 괴롭히지 말기 바랍니다.

첨부 : 판결문, 결정문

　　　　　　　　　2020. 11. 26.
　　　　　　　　　김재순　(인)

　　　　　　　　본 우편물은 2020-11-26
　　　　　　　　제4021호에 의하여
　　　　　　　　내용증명우편물로 발송하였음을
　　　　　　　　　　　증명함
　　　　　　　　서울종로우체국장

서울중앙지방법원

판결

사　　　건　　2018가단88899　손해배상(기)

원　　　고　　김재순

　　　　　　　서울 종로구 세검정로 22, 201동 303호(신영동, 대화아파트)

피　　　고　　우경산

　　　　　　　서울 노원구 마들로 117, 3동 902호(월계동, 월계삼호아파트)

변론종결　　　2019. 9. 16.

판결선고　　　2019. 9. 30.

> 자동채권의 액수

주　문

1. 피고는 원고에게 2,000만 원 및 이에 대하여 2018. 10. 1.부터 2019. 9. 30.까지는 연 5%, 그 다음날부터 다 갚는 날까지는 연 12%의 각 비율로 계산한 돈을 지급하라.
2. 원고의 나머지 청구를 기각한다.
3. 소송비용 중 2/3는 피고가, 나머지는 원고가 각 부담한다.
4. 제1항은 가집행할 수 있다.

청구취지

피고는 원고에게 3,000만 원 및 이에 대하여 2018. 10. 1.부터 이 사건 소장부본 송달일까지는 연 5%, 그 다음날부터 다 갚는 날까지는 연 12%의 각 비율로 계산한 돈을 지급하라.

이   유

1. 기초사실

가. 원고는 2017. 10. 1. 고등학교 동창인 피고로부터 1억 원을 변제기 2019. 9. 30. 이자 월 1.5%로 정하여 빌렸다.

나. 피고는 2018. 8. 원고에게 주식으로 많은 돈을 잃어 사채까지 쓰게 되었다며 대여원금 중 일부라도 조속히 상환해 줄 것을 사정하였으나 변제기가 도래하지 않았다는 이유로 거절당했다.

> 불법행위일이 특정되고, 자동채권이 손해배상채권이다.

다. 피고는 2018. 10. 1. 원고가 운영하는 영업소를 찾아가 급박한 사정을 호소하였음에도 거듭 거절당하자 이에 화가 나 진열장을 발로 차고 컴퓨터와 진열 물품을 부수는 등 이를 손괴하였다.

[인정근거] 갑 제1, 2, 3호증의 각 기재, 갑 제4호증의 영상, 변론 전체의 취지

2. 손해배상책임의 발생

위 인정사실에 의하면, 피고는 원고에게 위 불법행위로 인한 손해 및 이에 대하여 불법행위일부터 다 갚는 날까지의 지연손해금을 지급할 의무가 있다.

3. 손해배상의 범위

가. 원고의 주장

원고는 피고의 불법행위로 진열장 수리비, 컴퓨터 및 비품 수리비 등으로 3,000만 원의 손해를 입었다고 주장한다.

나. 판단

살피건대 앞서 든 증거들 및 감정인 여은구의 감정결과를 더하여 보면, 이 사건 진열장 등 물품 수리비에 2,000만 원이 소요된다고 봄이 상당하고, 원고가 제출한 갑 제4호증(견적서)의 기재만으로는 위 인정금액을 넘어 추가적인 손해가 있다고 보기 어렵다.

목 록

금 50,000,000원정

채무자가 제3채무자에 대하여 가지는 아래 대여금채권 중 일부

2017. 10. 1.자 대여원금 1억 원
이율 월 1.5%
변제기 2019. 9. 30.

• 우경산의 채권 일부가 압류 및 전부되었다.

민사법
기록형

2021년도 제1차
법전협 모의시험
답안

민사법 기록형 채점 기준

평가대상		논점	배점	기타
당사자(7)		원고 이름, 주소	1	
		소송대리인 이름, 주소, 전화, 팩스, 전자우편	1	
		피고들 이름, 주소 각 1점	5	
사건명(1)		임대차보증금반환 등 청구의 소	1	
청구취지 (57)		피고 이은수, 피고 박상민에 대한 보증금반환 청구	16	*유익비 청구는 감점
		피고 이장훈에 대한 부당이득 청구	12	
		피고 김재순에 대한 양수금 청구	14	
		피고 최명수에 대한 말소등기청구	12	
		소송비용	1	
		가집행	2	
청구원인 (101)	피고 이은수, 박상민 (39)	임대차보증금반환 청구 요건사실	16	
		연체차임 공제 주장	12	
		차임상당 부당이득 공제 주장	8	
		소결론	3	
	피고 이장훈 (18)	임대차계약과 배당	12	
		우선변제권 취득 시기 관련 주장	6	
	피고 김재순 (30)	양수금 청구 요건사실	7	
		전부명령 송달 주장	6	
		상계 항변	14	
		소결	3	
	피고 최명수 (14)	저당권말소등기 요건 사실	8	
		표현대리 주장	6	
		작성일, 대리인, 관할법원(3)	3	
		전체적인 체계, 구성 및 논리전개(6)	6	재량 점수 부여
		총 점	175	

소 장

원 고 신명남
서울 성동구 금호동 50, 105동 1002호 (금호동, 삼정아파트)

소송대리인 변호사 이희철
서울 서초구 서초대로 123, 701호(서초동)
전화: (02) 535-1089, 팩스: (02) 535-1090, 이메일: shy@korea.co.kr

피 고 1. 이은수

2. 박상민
피고 1, 2의 주소 서울 서초구 남부순환로 234 (서초동)

3. 이장훈
서울 광진구 광장로 51, 205동 1101호

4. 김재순
서울 종로구 세검정로 22, 201동 303호 (신영동, 대화아파트)

5. 최명수
서울 강동구 상일로 26 (상일동)

임대차보증금반환 등 청구의 소

청 구 취 지

1. 피고 이은수, 박상민은 공동하여 원고에게 76,000,000원 및 이에 대한 2019. 3. 1.부터 이 사건 소장부본 송달일까지는 연 5%의, 그 다음날부터 다 갚는 날까지는 연 12%의 각 비율로 계산한 돈을 지급하라.
2. 피고 이장훈은 원고에게 80,000,000원 및 이에 대한 이 사건 소장부본 송달일 다음날부터 다 갚는 날까지 연 12%의 비율로 계산한 돈을 지급하라.
3. 피고 김재순은 원고에게 115,000,000원 및 그 중 100,000,000원에 대한 2019. 10. 1.부터 다 갚는 날까지 월 1.5%의 비율로 계산한 돈을 지급하라.
4. 피고 최명수는 원고에게 별지 목록 제3항 기재 부동산에 관하여 서울동부지방법원 2020. 6. 30. 접수 제26013호로 마친 근저당권설정등기의 말소등기절차를 이행하라.
5. 소송비용은 피고들이 부담한다.
6. 제1항 내지 제3항은 가집행할 수 있다.

라는 판결을 구합니다.

청 구 원 인

1. 피고 이은수, 박상민에 대한 청구

가. 임대차계약의 체결 및 종료

(1) 임대차계약의 체결

원고는 2014. 10. 21. 소외 박영철로부터 별지 목록 제1항 기재 주택(이하 '이 사건 상도동 주택')을 보증금 100,000,000원, 월차임 500,000원, 임대차기간 2014. 12. 1.부터 2018. 11. 30.까지로 정하여 임차하였고, 위 임대차계약에 정한 바에 따라 2014. 12. 1. 임대차보증금을 전액 지급하고, 이 사건 상도동 주택을 인도받은 후 주민등록을 마쳤습니다. 그리고 위 임대차계약은 2018. 11. 30. 기간의 만료로 종료하였습니다.

그리고 원고는 이 사건 상도동 주택에 관하여 임차권등기명령을 받아 2019. 2. 28. 임차권등기를 마치고 임대인에게 이를 인도하였습니다.

(2) 임대인의 사망 및 상속

임대인 소외 박영철은 2019. 3. 7. 사망하였고, 2019. 4. 30. 이 사건 상도동 주택에 관하여 박영철의 배우자인 피고 이은수와 아들인 피고 박상민 앞으로 상속등기가 경료되었습니다.

임대인이 사망한 경우와 관련하여, 판례[1]는 '상가건물 임대차보호법 제3조는 '대항력 등'이

---

[1] 대판 2021.1.28. 2015다59801

라는 표제로 제1항에서 대항력의 요건을 정하고, 제2항에서 "임차건물의 양수인(그 밖에 임대할 권리를 승계한 자를 포함한다)은 임대인의 지위를 승계한 것으로 본다."라고 정하고 있다. 이 조항은 임차인이 취득하는 대항력의 내용을 정한 것으로, 상가건물의 임차인이 제3자에 대한 대항력을 취득한 다음 임차건물의 양도 등으로 소유자가 변동된 경우에는 양수인 등 새로운 소유자(이하 '양수인'이라 한다)가 임대인의 지위를 당연히 승계한다는 의미이다. 소유권 변동의 원인이 매매 등 법률행위든 상속·경매 등 법률의 규정이든 상관없이 이 규정이 적용되므로, 상속에 따라 임차건물의 소유권을 취득한 자도 위 조항에서 말하는 임차건물의 양수인에 해당한다. 임대인 지위를 공동으로 승계한 공동임대인들의 임대차보증금 반환채무는 성질상 불가분채무에 해당한다.'고 판시하였습니다.

위 판결에 따르면, 피고 이은수와 피고 박상민은 임대차계약상 임대인의 지위를 공동으로 승계하였고, 임대인 지위를 공동으로 승계한 공동임대인들의 임차보증금 반환채무는 불가분채무에 해당합니다.

따라서 공동임대인인 피고 이은수, 박상민은 공동하여, 원고에게 임대차보증금 및 이에 대한 이 사건 상도동 주택의 인도일 다음날부터의 지연손해금을 지급할 의무가 있습니다.

나. 피고들의 주장 및 이에 대한 반박

(1) 연체차임 공제 주장

피고들은 4년간의 차임 24,000,000원(500,000원 X 48개월)의 공제를 주장할 수 있는데, 피고들의 주장과 같이 변제기로부터 3년이 도과하여 민법 제163조에 의하여 소멸시효가 완성된 부분도 임대인의 신뢰와 차임연체 상태에서 임대차관계를 지속해 온 임차인의 묵시적 의사를 감안하면 그 연체차임은 민법 제495조의 유추적용에 의하여 임대차보증금에서 공제될 수 있습니다.[2]

이에 원고는 임대차보증금에서 위 연체차임을 공제한 나머지 임대차보증금 76,000,000원(100,000,000원-24,000,000원)의 지급을 청구합니다.

(2) 부당이득 공제 주장

피고들은 원고가 임대차종료 이후에도 이 사건 상도동 주택을 점유하여 이로 인한 이득을 반환하여야 한다고 주장할 수 있습니다.

그러나, 이와 관련하여 판례[3]는 '임차인이 임대차계약 종료 이후에도 동시이행의 항변권을 행사하는 방법으로 목적물의 반환을 거부하기 위하여 임차건물부분을 계속 점유하기는 하였으나 이를 본래의 임대차계약상의 목적에 따라 사용·수익하지 아니하여 실질적인 이득을 얻은 바

---

[2] 대판 2016.11.25. 2016다211309. 임대인이 이미 소멸시효가 완성된 차임채권을 자동채권으로 삼아 임대차보증금 반환채무와 상계하는 것은 민법 제495조에 의하더라도 인정될 수 없지만, 임대차 존속 중 차임이 연체되고 있음에도 임대차보증금에서 연체차임을 충당하지 않고 있었던 임대인의 신뢰와 차임연체 상태에서 임대차관계를 지속해 온 임차인의 묵시적 의사를 감안하면 연체차임은 민법 제495조의 유추적용에 의하여 임대차보증금에서 공제할 수는 있다.
[3] 대판 2001.2.9. 2000다61398

없는 경우에는 그로 인하여 임대인에게 손해가 발생하였다 하더라도 임차인의 부당이득반환의무는 성립되지 아니한다 할 것이다.'라고 판시하였습니다.

원고는 임대차보증금을 지급받지 못하여 2018. 12. 1.부터 이 사건 상도동 주택을 비우고 사용하지 않으면서 자물쇠를 채워두었고, 임대차기간 만료 후 인도시까지 이 사건 상도동 주택을 임대차계약상의 목적에 따라 사용·수익하지 아니하여 실질적인 이득을 얻은 바 없으므로 피고들의 위 주장은 근거가 없습니다.

다. 소결

따라서 공동임대인인 피고 이은수, 박상민은 공동하여, 원고에게 연체차임을 공제한 임대차보증금 76,000,000원 및 이에 대한 이 사건 상도동 주택의 인도 다음날인 2019. 3. 1.부터 이 사건 소장부본 송달일까지는 민법에 따른 연 5%의, 그 다음날부터 다 갚는 날까지는 소송촉진등에 관한 특례법에 따른 연 12%의 각 비율로 계산한 지연손해금을 지급하여야 합니다.

2. 피고 이장훈에 대한 청구[4]

가. 임대차계약 및 이에 따른 배당절차의 개시

원고는 2018. 11. 1. 소외 김선욱으로부터 별지 목록 제2항 기재 주택(이하 '이 사건 사당동 주택')을 보증금 160,000,000원, 임대차기간 2018. 12. 1.부터 2020. 11. 30.까지로 정하여 임차하였고, 2018. 11. 1. 계약 당일 1천만 원, 같은 해 12. 1. 2천만 원, 그리고 같은 해 12. 15. 나머지 1억3천만 원을 보증금으로 지급하였으며, 2018. 12. 1. 이 사건 사당동 주택을 인도받아 같은 날 주민등록을 마치고 임대차계약서에 확정일자를 받았습니다.

이 사건 사당동 주택에 관하여 원고가 확정일자를 취득한 날에 앞서 소외 송미순이 근저당권을 취득하였고, 피고 이장훈은 원고가 확정일자를 취득한 2018. 12. 1. 이후인 같은 해 12. 7. 근저당권을 취득하였습니다. 그후 소외 김선욱이 소외 송미순에게 채무를 변제하지 못하여 소외 송미순이 이 사건 사당동 주택에 관하여 2019. 12. 15. 서울중앙지방법원 2019타경788823호로 부동산임의경매를 신청하였습니다. 그리고 2020. 6. 5. 실시된 배당절차에서 소외 송미순이 1순위로 170,000,000원, 2순위 근저당권자인 피고 이장훈이 다음 순위로 80,000,000원을 배당받는 것으로 배당표가 작성 및 확정되었고, 위 금액이 소외 송미순과 피고 이장훈에게 각 배당되었습니다.

---

[4] 원고는 주택임대차보호법의 적용을 받는 임차인이므로, 배당요구를 하여야 하는데, 기록상 배당요구를 한 사실이 확인되지 않는다. 따라서 원고는 배당권을 상실하였을 것으로 생각되나, 채점기준표를 기준으로 일단 답안을 작성하였다.
대판 1998.10.13. 98다12379. 주택임대차보호법에 의하여 우선변제청구권이 인정되는 임대차보증금반환채권은 현행법상 배당요구가 필요한 배당요구채권에 해당한다. 배당요구채권자가 적법한 배당요구를 하지 아니하여 그를 배당에서 제외하는 것으로 배당표가 작성·확정되고 그 확정된 배당표에 따라 배당이 실시되었다면 그가 적법한 배당요구를 한 경우에 배당받을 수 있었던 금액 상당의 금원이 후순위채권자에게 배당되었다고 하여 이를 법률상 원인이 없는 것이라고 할 수 없다.

원고는 주택임대차보호법 제3조의2 제2항에 따라 피고 이장훈보다 우선변제를 받을 권리가 있습니다. 그리고 이와 관련하여 판례5)는 '확정된 배당표에 의하여 배당을 실시하는 것은 실체법상의 권리를 확정하는 것이 아니므로, 배당을 받아야 할 채권자가 배당을 받지 못하고 배당을 받지 못할 자가 배당을 받은 경우에는 배당을 받지 못한 채권자로서는 배당에 관하여 이의를 한 여부에 관계없이 배당을 받지 못할 자이면서도 배당을 받았던 자를 상대로 부당이득반환청구권을 갖는다 할 것이고, 배당을 받지 못한 그 채권자가 일반채권자라고 하여 달리 볼 것은 아니다.'라고 판시하였습니다.

따라서 피고 이장훈은 원고에게, 배당된 부당이득금 80,000,000원 및 이에 대한 이 사건 소장부본 송달일 다음날부터 다 갚는 날까지 소송촉진등에 관한 특례법에 따른 연 12%의 비율로 계산한 지연손해금을 지급하여야 합니다.6)

나. 피고 이장훈의 주장 및 이에 대한 반박

피고 이장훈은 자신이 근저당권 취득 이전 원고가 임대차보증금을 전액 지급하지 않았으므로 우선변제권을 행사할 수 없다는 취지로 주장할 수 있습니다.

그러나 이와 관련하여, 판례7)는 '주택임대차보호법은 임차인에게 우선변제권이 인정되기 위하여 대항요건과 임대차계약증서상의 확정일자를 갖추는 것 외에 계약 당시 임차보증금이 전액 지급되어 있을 것을 요구하지는 않는다. 따라서 임차인이 임대인에게 임차보증금의 일부만을 지급하고 주택임대차보호법 제3조 제1항에서 정한 대항요건과 임대차계약증서상의 확정일자를 갖춘 다음 나머지 보증금을 나중에 지급하였다고 하더라도 특별한 사정이 없는 한 대항요건과 확정일자를 갖춘 때를 기준으로 임차보증금 전액에 대해서 후순위권리자나 그 밖의 채권자보다 우선하여 변제를 받을 권리를 갖는다고 보아야 한다.'고 판시하였습니다.

따라서 이와 배치되는 피고 이장훈의 주장은 근거가 없습니다.

3. 피고 김재순에 대한 청구

가. 대여금 채권 및 채권양도

소외 우경산은 2017. 10. 1. 피고 김재순에게 100,000,000원을 이자 월 1.5%, 변제기 2019. 9. 30.로 정하여 대여하였고, 2020. 10. 1. 원고에게 횡령금에 대한 일부 손해배상 명목으로 위 대여금 채권을 양도하면서, 같은 날 피고 김재순에게 채권양도 통지를 하였으며, 위 통지는 2020. 10. 5. 피고 김재순에게 도달하였습니다.

따라서 피고 김재순은 일응 채권양수인인 원고에게 위 대여금 및 이에 대한 약정이율에 의한 이자 내지 지연손해금을 지급하여야 합니다.

---

5) 대판 2007.2.9. 2006다39546 / [강사주] 위 판례의 사안은 채권자가 배당요구를 하였으나, 배당이의를 하지 않은 사안이므로, 사안과 사실관계를 달리하는 것으로 생각된다.
6) 부당이득반환채무는 이행기의 정함이 없는 채무이므로, 이행청구의 의사표시 도달일 다음날부터 지연손해금이 발생한다.
7) 대판 2017.8.29. 2017다212194

나. 피고의 주장 및 이에 대한 반박

(1) 전부명령 송달 주장

피고 김재순은, 소외 전분임이 이 사건 대여금 채권 중 5,000만 원에 대하여 2020. 10. 2. 서울북부지방법원 2020타채6459 채권압류 및 전부명령을 받아 2020. 10. 5. 결정문이 피고 김재순에게 송달되었고, 2020. 10. 13. 전부명령이 확정되었으므로, 위 대여금 채권 중 5,000만 원은 전분임에게 이전되어 피고가 지급할 수 없거나 안분지급되어야 한다고 주장할 수 있습니다.

그러나 이와 관련하여 판례[8]는 '채권양도 통지, 가압류 또는 압류명령 등이 제3채무자에 동시에 송달되어 그들 상호간에 우열이 없는 경우에도 그 채권양수인, 가압류 또는 압류채권자는 모두 제3채무자에 대하여 완전한 대항력을 갖추었다고 할 것이므로, 그 전액에 대하여 채권양수금, 압류전부금 또는 추심금의 이행청구를 하고 적법하게 이를 변제받을 수 있고, 제3채무자로서는 이들 중 누구에게라도 그 채무 전액을 변제하면 다른 채권자에 대한 관계에서도 유효하게 면책되는 것이며, 만약 양수채권액과 가압류 또는 압류된 채권액의 합계액이 제3채무자에 대한 채권액을 초과할 때에는 그들 상호간에는 법률상의 지위가 대등하므로 공평의 원칙상 각 채권액에 안분하여 이를 내부적으로 다시 정산할 의무가 있다.'고 판시하였습니다.

원고의 채권양도통지서와 소외 전분임의 채권압류 및 전부명령은 피고 김재순에게 같은 날 도달하였고, 도달의 선후를 알 수 없으므로 피고 김재순은 채권양수인인 원고에게 그 채무전액을 변제하면 다른 채권자에 대한 관계에서도 유효하게 면책되고, 같은 날 채권압류 및 전부명령이 송달되었다는 이유로 원고에게 그 지급을 거절할 수는 없는 것이므로, 이와 배치되는 피고 김재순의 주장은 근거가 없습니다.

(2) 상계항변

피고 김재순은, 소외 우경산을 상대로 제기한 불법행위에 기한 손해배상소송에서 인정된 판결원리금 채권으로 위 대여금채권과 상계하였다는 주장을 할 수 있습니다.

우경산은 2018. 10. 1. 피고 김재순의 영업소를 찾아와 물품을 손괴하여 재산상 손해를 가하였고, 이에 피고 김재순은 우경산을 상대로 서울중앙지방법원 2018가단88899호로 불법행위에 기한 손해배상청구 소송을 제기하여, 위 법원이 2019. 9. 30. "피고 우경산은 원고 김재순에게 2,000만 원 및 이에 대하여 2018. 10. 1.부터 2019. 9. 30.까지 연 5%, 그 다음날부터 다 갚는 날까지 연 12%의 각 비율로 계산한 돈을 지급하라"라는 판결을 선고하였으며, 위 판결은 2019. 10. 21. 확정되었습니다.

그리고 피고 김재순의 상계의 의사표시는 2020. 11. 30. 원고에게 도달하였습니다.

피고 김재순이 상계권을 행사하는 경우 상계적상일은 자동채권과 수동채권 중 변제기가 늦게 도달한 일자가 되므로, 사안에서 상계적상일은 이 사건 대여금채권의 변제기인 2019. 9.

---

8) 대판 1994.4.26. 93다24223 전원합의체

30.이 됩니다. 그리고 소외 전분임의 수동채권에 대한 압류가 있었더라도 압류의 효력발생일인 2020. 10. 5. 이전 아래와 같이 상계적상이 있었으므로, 피고 김재순은 상계권을 행사할 수 있습니다.[9]

위 상계적상일 기준 자동채권과 수동채권을 보면, 자동채권은 원리금 2,100만 원[= 2,000만 원 + 100만 원(2,000만 원 × 5% × 1년)]이고, 수동채권은 원금 1억 원 및 이자 3,600만 원(= 1억 원 × 1.5% × 24개월)이 됩니다.

상계로 소멸하는 수동채권은 법정변제충당의 순서에 의하므로, 민법 제499조 및 제479조에 따라 총비용, 총이자, 총원본의 순으로 소멸하는데, 위 판결원리금 채권 2,100만 원은 위 대여금 채권의 이자 3,600만 원(= 1억 원 × 1.5% × 24개월)에 우선하여 충당되어 위 대여금은 원금 1억 원 및 이자 1,500만 원이 남게 됩니다.

따라서 피고 김재순은 대여원리금 115,000,000원 및 그 중 원금 1억 원에 대한 상계적상일의 다음날인 2019. 10. 1.부터 다 갚는 날까지 약정이율 월 1.5%의 비율로 계산한 지연손해금을 지급하여야 합니다.

4. 피고 최명수에 대한 청구

가. 무권대리인에 의한 근저당권 설정

소외 우경산은 원고 명의의 위임장을 위조하여, 원고의 대리인이라고 칭하며 피고 최명수에게 원고 소유의 별지 목록 3항 기재 상가(이하 '이 사건 상가')에 관하여 서울동부지방법원 2020. 6. 30. 접수 제26013호로 근저당권설정등기를 경료해 주었습니다.

소외 우경산은 원고로부터 대리권을 수여받은 적이 없으므로 위 설정계약은 무권대리에 해당하여 무효이고, 따라서 피고 최명수는 원고에게 위 근저당권설정등기의 말소등기절차를 이행할 의무가 있습니다.

나. 피고 최명수의 주장 및 이에 대한 반박

피고 최명수는, 소외 우경산이 평소 원고의 직원으로 경리 업무를 담당하였고, 근저당권 설정계약 이행과정에서 원고 명의 위임장, 인감증명서, 주민등록증 사본을 소지하고 있었으므로 대리권이 있다고 믿을 만한 정당한 이유가 있다고 주장할 수 있습니다.

그러나, 이와 관련하여 판례는 '민법 제126조의 표현대리의 효과를 주장하려면 상대방이 자칭 대리인에게 대리권이 있다고 믿고 그와 같이 믿는 데 정당한 이유가 있을 것을 요건으로 하는 것인데, 여기의 정당한 이유의 존부는 자칭 대리인의 대리행위가 행하여질 때에 존재하는 제반 사정을 객관적으로 관찰하여 판단하여야 한다. 민법 제126조의 표현대리에 있어서 무권대리인에게 그 권한이 있다고 믿을 만한 정당한 이유가 있는가의 여부는 대리행위인 매매계약 당시를 기준으로 결정하여야 하고 매매계약 성립 이후의 사정은 고려할 것이 아니므로, 무권대

---

[9] 대판 2012.2.16. 2011다45521 전원합의체

리인이 매매계약 후 그 이행단계에서야 비로소 본인의 인감증명과 위임장을 상대방에게 교부한 사정만으로는 상대방이 무권대리인에게 그 권한이 있다고 믿을 만한 정당한 이유가 있었다고 단정할 수 없다.'고 판시하였습니다.

위 판결에 따르면, 계약이행단계에서의 사정은 정당한 이유를 인정할 수 있는 사유가 될 수 없고, 고용주가 직원의 개인적인 차용금에 대해 물상보증을 해 준다는 것은 이례적임에도 불구하고 원고에게 연락하여 원고의 의사를 확인하여 보지 않았습니다. 따라서 피고 최명수에게는 정당한 이유를 인정할 수 없습니다.

5. 결론

위와 같은 이유로 피고들에 대하여 청구취지의 기재와 같은 판결을 선고하여 주시기 바랍니다.

증 명 방 법

첨 부 서 류

2021. 6. 24.

원고 소송대리인
변호사 이희철

서울중앙지방법원 귀중

별지

부동산 목록

<생략>

민사법
기록형

2021년도 **제2차**
법전협 모의시험

문제

2021년도 제2차 변호사시험 모의시험 – 논술형(기록형)

시험과목	민사법(기록형)

응시자 준수사항

1. 시험 시작 전 문제지의 봉인을 손상하는 경우, 봉인을 손상하지 않더라도 문제지를 들추는 행위 등으로 문제 내용을 미리 보는 경우 모두 부정행위로 간주되어 그 답안은 영점 처리 됩니다.

2. 답안은 흑색 또는 청색 필기구(사인펜이나 연필 사용 금지) 중 한 가지 필기구만을 사용하여 답안 작성 난(흰색 부분) 안에 기재하여야 합니다.

3. 답안지에 성명과 수험 번호를 기재하지 않아 인적 사항이 확인되지 않는 경우에는 영점 처리 등 불이익을 받게 됩니다. 특히 답안지를 바꾸어 다시 작성하는 경우, 성명 등의 기재를 빠뜨리지 않도록 유의하여야 합니다.

4. 답안지에는 문제 내용을 기재할 필요가 없으며, 답안 내용 이외의 사항을 기재하거나 밑줄 기타 어떠한 표시도 하여서는 안 됩니다. 답안을 정정할 경우에는 두 줄로 긋고 다시 기재하여야 하며, 수정액 등은 사용할 수 없습니다.

5. 시험 종료 시각에 임박하여 답안지를 교체 요구한 경우라도 시험시간 종료 후 즉시 새로 작성한 답안지를 회수합니다.

6. 시험 종료 후에는 답안지 작성을 일절 할 수 없으며, 이에 위반하여 시험시간이 종료되었음에도 불구하고 **시험관리관의 답안지 제출 지시에 불응한 채 계속 답안을 작성하거나 답안지를 늦게 제출할 경우 그 답안은 영점 처리** 됩니다.

7. 답안은 답안지 쪽수 번호 순으로 기재하여야 하고, **배부받은 답안지는 백지 답안이라도 모두 제출**하여야 하며, **답안지를 제출하지 아니한 경우 그 시험시간 및 나머지 시험시간의 시험에 응시할 수 없습니다.**

8. 지정된 시간까지 지정된 시험실에 입실하지 아니하거나 시험관리관의 승인을 얻지 아니하고 시험시간 중에 그 시험실에서 퇴실한 경우 그 시험시간 및 나머지 시험시간의 시험에 응시할 수 없습니다.

9. 시험시간이 종료되기 전에는 어떠한 경우에도 문제지를 시험장 밖으로 가지고 갈 수 없고, 시험 종료 후 가지고 갈 수 있습니다.

법학전문대학원협의회
THE ASSOCIATION OF KOREAN LAW SCHOOLS

【문 제】

귀하는 서울 서초구 서초로 7, 305호에서 개업을 한 변호사 김이승이다. 귀하는 2021. 7. 31. 이현담에게 【의뢰인 상담일지】에 기재된 내용과 같이 상담을 해주고 사건을 수임하면서 첨부서류를 자료로 받았다. 의뢰인 이현담을 위하여 법원에 제출할 본안의 소장을 아래의 작성요령에 따라 작성하시오.

【작성요령】

1. 소장 작성일 및 소 제기일은 2021. 8. 5.로 하시오.
2. 【의뢰인의 희망사항】에 부합하도록 소장을 작성하되, 현행법과 그 해석상 승소 가능한 최대한의 범위 내에서 청구하고, 기각 또는 각하되는 부분이 생기지 않도록 하시오.
3. 【사건관계인의 주장】과 첨부자료를 통하여 상대방이 입장을 명백히 밝히고 있어 장차 소송 중에 방어방법으로 제출할 것으로 예상되는 주장 중 이유 있다고 판단되는 부분은 청구에 반영하고, 이유 없다고 판단되는 사항은 미리 반박하시오.
4. 공동소송의 요건은 갖추어진 것으로 전제하여 하나의 소장으로 작성하고, (주관적이든 객관적이든) 예비적·선택적 병합청구는 하지 마시오.
5. 부동산 등 물건의 표시가 필요한 경우 별지로 목록을 만들지 말고 소장의 해당 부분에 직접 표기하시오.
6. 당사자는 반드시 소송상 자격(원고, 피고 등)으로 지칭하고, 원고 또는 피고가 여러 명인 경우에는 소송상 자격 및 이름으로 지칭하시오(예 '피고 홍길동').
7. 【의뢰인 상담일지】와 첨부자료에 기재된 사실관계(작성자의 의견에 해당하는 사항은 제외)는 모두 진실한 것으로 간주하고, 기재되지 않은 사실은 존재하지 않는 것으로 전제하며, 첨부된 서류는 진정하게 성립된 것으로 간주하시오.
8. 청구원인은 가급적 피고별로 나누어 기재하되, 청구가 서로 관련된 경우에는 묶어서 기재하고, '증명방법' 및 '첨부서류' 란 기재는 생략하시오.
9. 공휴일이나 휴일은 고려하지 마시오.
10. 금전청구를 하는 경우, 이자나 지연손해금에 대한 지연손해금은 청구하지 마시오.

변호사 김 이 승 법률사무소

서울 서초구 서초로 7, 305호

☎: 520-1215, 팩스: 530-2345, e-mail: viB2@lawyer.go.kr

NO. 0607	의뢰인상담일지		상담일시: 2021. 7. 31.	
수임번호	2021-0607	의뢰인	이현담	연락처	010-3765-1866
관할법원		사건 번호		제출 시한	
소 명		수임 경로	지인 소개	면담자	이현담

【상 담 내 용】

1. 이현담은 2001년부터 지금까지 '나성가구' 라는 상호로 가구 판매 업체를 운영하고 있다. 이현담은 2019. 3. 9. 박진승에게 서울 서대문구 홍제동 266-150 대지 14,876㎡(이하 '홍제동 토지' 라고 한다)를 대금 20억 원에 매도하면서 아래 ①, ②와 같이 약정하였다,
   ① 계약 당일에 이현담은 홍제동 토지에 관한 소유권이전등기를 마치고, 박진승은 계약금 5억 원을 지급한다.
   ② 박진승은 2019. 4. 9. 1차 중도금 2억 원, 2019. 5. 9. 2차 중도금 3억 원, 2019. 6. 9. 잔금 10억 원을 각 지급하고, 이현담은 잔금을 지급받음과 동시에 홍제동 토지를 인도한다.

   이현담은 매매계약일에 계약금을 지급받으면서 홍제동 토지에 관하여 박진승 명의의 소유권이전등기를 마쳐 주었다. 그러나 박진승은 2019. 4. 9. 1차 중도금 2억 원을 지급하지 않았고, 이에 이현담과 박진승은 2019. 4. 27. '박진승은 중도금 합계 5억 원을 2019. 5. 9. 지급하되, 박진승이 중도금이나 잔금을 약정 지급기일까지 지급하지 않으면 매매계약은 무효가 된다' 는 내용의 약정을 하였다. 하지만 박진승은 중도금 5억 원을 2019. 5. 9.까지 지급하지 않았다. 이에 이현담은 박진승에게 '매매계약이 무효가 되었으니, 위 소유권이전등기를 말소해 달라' 고 요청하였으나, 박진승은 이를 거절하였다. 이현담은 할 수 없이 박진승을 상대로 위 소유권이전등기의 말소를 청구하는 소를 제기하였으나, 위 2019. 4. 27.자 약정이 기재된 문서를 분실하여 위 약정 사실을 증명하는 데에 실패하였고, 제1심에서 청구기각 판결이 선고되어 확정되었다. 그 후

이현담은 위 약정이 기재된 문서를 발견하였다.

2. 이현담은 박진승에게 2013. 12. 15. 2,000만 원을 변제기일은 2018. 12. 14., 이율은 연 6%로 정하여 대여하였다. 또한 이현담은 2017. 10. 4. 박진승에게 주방용 가구(모델명 Q-V21) 15세트를 대금 7,000만 원에 매도하면서, 가구 인도 및 대금 지급 기일을 2017. 10. 22.로 정하였고, 배수민은 위 매매계약일에 자신의 서명이 있는 서면으로 위 대금지급 채무를 보증하였다. 이현담은 2017. 10. 22. 박진승에게 위 가구를 인도하였지만, 박진승은 지금까지 대금을 지급하지 않았다. 이현담은 2017. 10. 29. 위 가구대금과 그 지연손해금을 청구채권으로 하여 박진승 소유의 서울 중구 신당동 665-2 토지에 대한 가압류 신청을 하였고, 그에 따라 가압류등기가 마쳐졌다.

3. 이현담은 배수민의 동생인 배수진을 상대로 매매대금 8,000만 원 및 그 지연손해금의 지급을 청구하는 소송을 제기하여 승소판결을 선고받았고, 위 판결은 2014. 2. 26. 확정되었다. 이현담은 2021. 3. 2. 배수진으로부터 1억 5,000만 원을 지급받았는데, 이현담과 배수진 사이에는 위 매매대금 외에도 여러 채권·채무 관계가 있었던 관계로 이현담은 위 1억 5,000만 원에 위 판결에서 지급을 명한 금액(이하 '판결금'이라고 한다)이 포함된 것인지 정확히 알지 못한다.

4. 이현담은 2021. 3. 5. 배수민 소유의 유일한 재산인 서울 용산구 이태원동 321-7 잡종지 100㎡(이하 '이태원동 토지'라고 한다)를 찾아내어 가압류하였는데, 당시 이태원동 토지에는 그 등기기록 기재와 같은 근저당권들이 설정되어 있었다. 배수민이 현재 부담하고 있는 채무 총액이 이태원동 토지의 시가 1억 원을 초과하여 변제의 자력이 없다.

【사건관계인의 주장】

1. 박진승의 주장
 가. 이현담이 박진승을 상대로 제기한 소유권이전등기 말소청구 소송에서 청구기각 판결이 확정되었으므로, 이현담은 박진승을 상대로 홍제동 토지에 관하여 등기기록상 소유 명의를 회복하거나 소유권을 확인받기 위한 청구를 할 수 없다.
 나. 이현담이 박진승에게 중도금을 지급하라는 최고와 매매계약을 해제한다는 의사표시를 하지 않았으므로, 중도금이 2019. 5. 9. 지급되지 않았더라도 매매계약은 여전히 유효하다.

다. 이현담의 박진승에 대한 주방용 가구 매매대금 채권은 시효로 인해 소멸하였다. 이현담의 신청에 따라 박진승 소유의 서울 중구 신당동 665-2 토지에 대하여 가압류 등기가 마쳐졌지만, 위 가압류는 제소기간의 도과로 인하여 취소되었으므로 시효중단의 효력이 없다. 뿐만 아니라 설령 위 가압류에 시효중단의 효력이 인정된다고 하더라도, 시효중단 시점부터 다시 진행한 시효기간이 도과되어 시효가 완성되었다.

2. 배수진의 주장
  가. 이현담의 배수진에 대한 판결금 채권의 소멸시효기간의 경과가 임박하지 않았으므로 이현담은 소멸시효 중단을 위한 소를 제기할 수 없다.
  나. 배수진이 2021. 3. 2. 이현담에게 판결금을 지급함으로써 판결금 채권은 소멸하였으므로 이현담은 소멸시효 중단을 위한 소를 제기할 수 없다.

【의뢰인 희망사항】

1. 홍제동 토지에 관하여 등기기록상 소유 명의를 회복하고 싶고, 소유권의 확인도 받고 싶다.

2. 박진승에 대한 대여 및 매매와 관련하여 박진승과 배수민으로부터 최대한의 돈을 지급받고 싶다.

3. 배수진에 대한 판결금 채권의 소멸시효를 중단시키되, 가능하다면 남은 시효기간이 얼마인지에 영향을 받지 않는 방법을 택하고 싶다.

4. 이태원동 토지에 근저당권이 많이 설정되어 있어서 이태원동 토지에 대한 경매절차가 진행되더라도 의뢰인이 배당받을 수 있는 금액이 적을 것 같아 걱정이다. 가능하다면 이태원동 토지에 관한 근저당권설정등기들을 말소하고 싶다.

【참고자료】

각급 법원의 설치와 관할구역에 관한 법률(일부)

제4조(관할구역) 각급 법원의 관할구역은 다음 각 호의 구분에 따라 정한다. 다만, 지방법원 또는 그 지원의 관할구역에 시·군법원을 둔 경우「법원조직법」제34조제1항 제1호 및 제2호의 사건에 관하여는 지방법원 또는 그 지원의 관할구역에서 해당 시·군법원의 관할구역을 제외한다.
 1. 각 고등법원·지방법원과 그 지원의 관할구역: 별표 3

[별표3] 고등법원·지방법원과 그 지원의 관할구역(일부)

고등법원	지방법원	지원	관할구역
서울	서울중앙		서울특별시 종로구·중구·강남구·서초구·관악구·동작구
	서울동부		서울특별시 성동구·광진구·강동구·송파구
	서울남부		서울특별시 영등포구·강서구·양천구·구로구·금천구
	서울북부		서울특별시 동대문구·중랑구·성북구·도봉구·강북구·노원구
	서울서부		서울특별시 서대문구·마포구·은평구·용산구

사 업 자 등 록 증
(일반과세자)

등록번호 : 109-36-90207

상 호 : 나성가구
성 명 : 이 현 담   생 년 월 일 : 1952년 08월 11일
개업 연월일 : 2001년 1월 21일
사업장소재지 : 서울 은평구 응암동 128

사업의 종류 :   도소매업   가구제조, 판매
          업태 서비스업   종목

교 부 사 유 : 재발급
공 동 사 업 자 :

사업자단위과세 적용사업자 여부: 여( ) 부(∨)

2019년 9월 29일

은평 세무서장

부동산매매계약서

| 세무서 검 인 | |

1. 부동산의 표시

서울 서대문구 홍제동 266-150 대지 14,876㎡	
매매대금	금 2,000,000,000원(일금이십억원)

2. 계약조건

제 1 조 위 부동산을 매도자와 매수자 합의하에 아래와 같이 계약함.
제 2 조 위 부동산 매매에 있어 매수자는 매매대금을 다음과 같이 지불키로 함.

계 약 금	금 5억 원은 계약과 동시에 매도자에게 지불하고
1차 중도금	금 2억 원은 2019년 4월 9일 지불하고
2차 중도금	금 3억 원은 2019년 5월 9일 지불하고
잔 액 금	금 10억 원은 2019년 6월 9일 지불한다.

제 3 조 매도인은 2019. 3. 9. 계약금을 수령함과 동시에 소유권이전등기에 필요한 모든 서류를 매수인에게 교부하여 소유권을 이전한다.
제 4 조 매도인은 2019. 6. 9. 잔금 지급과 상환으로 위 부동산을 매수인에게 인도한다.
제 5 조 매수인이 중도금을 지불하기 전까지 매도인은 계약금을 배액으로 상환하고, 매수인은 또한 계약금을 포기하고 이 계약을 해제할 수 있다.
제 6 조 위 부동산에 관하여 발생한 수익과 공과금 등의 지출 부담은 부동산의 인도일을 기준으로 하여 그 전일까지는 매도인에게, 그 이후부터는 매수인에게 귀속한다.

위 계약조건을 틀림없이 지키기 위하여 본 계약서를 작성하고 각각 1통씩 갖기로 함.

본 계약에 대하여 계약 당사자가 이의 없음을 확인하고 각 서명 날인한다.

2019년 3월 9일

3. 계약당사자 및 중개인의 인적사항

매도인	주 소	서울 은평구 갈현로 333, 302호(갈현동, 리치힐)				
	주민등록 번호	520811-1050424	성 명	이 현 담 (李賢談)		
매수인	주 소	서울 용산구 보광로 72-5, 205호(보광동, 보광빌라)				
	주민등록 번호	700509-1132416	성 명	박 진 승 (承朴印鎭)		
중개인	주 소	서울 서대문구 세검정로 23	상호	홍제공인중개사	신고번호	제2004호
	주민등록 번호	661021-1040747	성 명	정 상 규 (鄭相奎)		

등기사항전부증명서 (말소사항 포함) - 토지[제출용]

[토지] 서울특별시 서대문구 홍제동 266-150　　　　고유번호 2017-2000-123479

【 표　제　부 】 (토지의 표시)

표시번호	접　수	소재지번	지목	면적	등기원인 및 기타사항
1 (전 3)	2000년 5월 20일	서울특별시 서대문구 홍제동 266-150	대	14,876㎡	부동산등기법 제177조의6 제1항의 규정에 의하여 2003년 04월 8일 전산이기

【 갑　구 】 (소유권에 관한 사항)

순위번호	등기목적	접　수	등기원인	권리자 및 기타사항
1 (전 3)	소유권이전	2003년 11월 15일 제22448호	2003년 11월 10일 매매	소유자 정의진 460319-1060483 서울 동대문구 이문동 213-5 부동산등기법 제177조의6 제1항의 규정에 의하여 2003년 04월 8일 전산이기
2	소유권이전	2017년 1월 7일 제1154호	2017년 1월 2일 매매	소유자 이현담 520811-1050424 서울 은평구 갈현로 333, 302호(갈현동, 리치힐) 거래가액 금 1,800,000,000원
3	소유권이전	2019년 3월 9일 제8323호	2019년 3월 9일 매매	소유자 박진승 700509-1132416 서울 용산구 보광로 72-5, 205호(보광동, 보광빌라) 거래가액 금 2,000,000,000원

---- 이　하　여　백 ----

수수료 금 1,000원 영수함
관할등기소 서울서부지방법원 등기국 / 발행등기소 법원행정처 등기정보중앙관리소

　　　　이 등본은 부동산 등기부의 내용과 틀림없음을 증명합니다.
　　　　　　　　　서기　2021년 07월 28일

　　　　법원행정처 등기정보중앙관리소　　전산운영책임관

*실선으로 그어진 부분은 말소사항을 표시함. *등기부에 기록된 사항이 없는 갑구 또는 을구는 생략함.

문서 하단의 바코드를 스캐너로 확인하거나 인터넷등기소(http://iros.go.kr)의 발급확인 메뉴에서 발급확인번호를 입력하여 위·변조 여부를 확인할 수 있습니다. 발급확인번호를 통한 확인은 발행일부터 3개월까지 5회에 한하여 가능합니다.

발행번호 00123805201096461ALRT233943OKH16765483229 1/1　발급확인번호 GRTQ-MUJG-5807　발행일 2021/07/28

대법원

약 정 서

매도인 : 이현담 (520811-1050424)
　　　　서울 은평구 갈현로 333, 302호
매수인 : 박진승 (700509-1132416)
　　　　서울 용산구 보광로 72-5, 205호

1. 매도인과 매수인은 2019. 3. 9. 매도인 소유의 서울 서대문구 홍제동 266-150 대지 14,876㎡를 20억 원에 매매하면서, 같은 날 매도인이 계약금 5억 원을 수령하고, 매수인에게 위 토지의 소유권이전등기를 먼저 마쳐준 사실을 서로 확인함

2. 매수인이 개인 사정으로 1차 중도금 2억 원을 약정기일인 2019. 4. 9.까지 지급하지 못한 점에 관하여 매도인이 양해하되, 대신 매수인은 다음과 같이 약속함

   가. 매수인은 1차 중도금 2억 원, 2차 중도금 3억 원 합계 5억 원을 2019. 5. 9.까지 지급하기로 함

   나. 만일, 매수인이 위 중도금 지급기일 또는 잔금 지급기일까지 중도금 또는 잔금의 지급을 1회라도 지체하는 경우 위 토지 매매계약은 별도의 통지 없이 자동으로 무효가 되는 것에 대하여 이의가 없음

3. 매수인은 위 약속을 확인하기 위하여 이 약정서를 작성하여 매도인에게 교부함

2019. 4. 27.

매도인 이 현 담 (李賢談)

매수인 박 진 승 (朴鎭承)

차 용 증 서

이현담 귀하
주민등록번호 520811-1050424
주소 서울 은평구 갈현로 333, 302호(갈현동, 리치힐)

채무자: 박진승 (700509-1132416)
       서울 용산구 보광로 72-5, 205호(보광동, 보광빌라)

1. 채무자는 이현담님으로부터 이천만원(20,000,000원)을 차용하였습니다.
2. 채무자는 위 원금에 대하여 이자를 연 6%로 계산하여 지급하기로 하되, 2018.
   12. 14.에 원금 및 이자를 함께 변제하기로 약정합니다.

                    2013. 12. 15.

                채무자   박진승   (承朴印鎭)

供 給 契 約 書

매도인   나성가구 (109-36-90207)
          대표 이 현 담
          서울 은평구 응암동 128
매수인   박진승 (700509-1132416)
          서울 용산구 보광로 72-5, 205호(보광동, 보광빌라)

나성가구(대표 이현담)는 박진승에게 주방용 가구(모델명 Q-V21) 15세트를 합계 7,000만 원에 공급하기로 하고, 그 구체적 조건을 아래와 같이 정한다.

-아 래-

1. 매도인은 2017. 10. 22. 주방용 가구(모델명 Q-V21) 15세트를 매수인에게 납품한다.
2. 매수인은 납품대금 7,000만 원을 2017. 10. 22.까지 나성가구 대표 이현담 명의의 신안은행 통장(120-184-207364)으로 송금하여 지급한다.
3. 매수인이 위 납품대금의 지급을 지체하는 경우 지급기일 다음날부터 다 갚는 날까지 연 6%의 비율로 계산한 지연이자를 가산하여 지급한다.
4. 기타 사항은 법률과 상관례에 따른다.

                    2017년 10월 4일

        매 도 인   대 표 이 현 담 (李賢談 ㊞)

        매 수 인   박 진 승 (承朴印鎭 ㊞)

보 증 서

이현담(나성가구) 사장님 귀하

　보증인 배수민은 나성가구 사장님과 박진승이 2017. 10. 4. 체결한 공급계약서의 내용을 확인하였습니다.
　박진승이 위 공급계약서에 따라 지급하여야 할 주방용 가구 15SET의 대금을 연체하는 경우 보증인 배수민은 그 원리금채무를 보증합니다.
　이를 확약하기 위하여 자필로 이름을 기재하고 날인한 보증서를 작성하여 나성가구 사장님께 드립니다.

2017. 10. 4.

보증인

배 수 민 (인)
서울 마포구 마포대로 123
(661211-2047212)

내용증명서

발신인 : 박진승

수신인 : 이현담

1. 서울 서대문구 홍제동 266-150 대 14,876㎡(이하 홍제동 토지)는 발신인이 수신인으로부터 매수하여 그 소유권을 취득한 발신인의 재산입니다. 이러한 점은 법원의 판결을 보아도 명백합니다. 수신인이 발신인을 상대로 홍제동 토지에 관한 소유권이전등기 말소청구 소송을 제기하여 패소한 사실은 수신인 본인이 누구보다 잘 알고 있을 것입니다. 그럼에도 불구하고 지난 번 전화통화에서 수신인은 약정서라는 종이를 한 장 발견했다고 하면서 홍제동 토지가 자신의 것이라고 우기면서 발신인을 상대로 다시 소송을 하겠다고 말하였습니다. 그러나 수신인의 청구를 기각한 판결이 확정된 이상, 수신인은 발신인을 상대로 등기기록상 소유 명의를 회복하거나 소유권을 확인받기 위한 청구를 할 수 없습니다.

2. 신의를 목숨처럼 여기는 발신인이 홍제동 토지의 중도금을 약정한 기일에 지급하지 못한 사실은 지금도 부끄럽게 생각합니다. 그러나 이는 발신인이 고의로 그런 것이 아니라 당시 사업상의 어려움으로 인해 일시적으로 자금 조달에 어려움을 겪었기 때문입니다. 그리고 계약을 해제하려면 먼저 최고를 하고 나서 일정한 기간이 지난 다음에 해제의 의사표시를 하는 과정을 거쳐야 합니다. 그런데 수신인은 발신인에게 중도금을 지급하라는 최고와 매매계약을 해제한다는 의사표시를 하지 않았으므로, 중도금이 2019. 5. 9. 지급되지 않았더라도 수신인과 발신인 사이의 매매계약은 여전히 유효합니다. 그러니 홍제동 토지가 수신인 소유라는 황당한 주장은 이제 그만 하시고 지금이라도 홍제동 토지를 발신인에게 인도하고 중도금과 잔금을 받아 가시기 바랍니다.

3. 말이 나온 김에, 발신인이 수신인으로부터 구입한 주방용 가구(모델명 Q-V21) 15세트의 대금에 대해서도 한 마디 하겠습니다. 수신인의 발신인에 대한 대금 채권은 시효로 인해 이미 소멸하였습니다. 수신인의 신청에 따라 발신인 소유의 서울 중구 신당동 665-2 대 132㎡에 대하여 위 가구 대금과 그 지연손해금을 청구채권으로 하는 가압류 등기가 마쳐졌지만, 위 가압류는 제소기간의 도과로 인하여 취소되었으므로 시효 중단의 효력이 없습니다. 설령 위 가압류에 시효중단의 효력이 인정된다고 보더라도, 시효중단 시점부터 다시 진행한 시효기간이 도과되어 시효가 완성되었으므로, 위 가구와 관련하여 수신인이 발신인으로부터 받을 수 있는 돈은 한 푼도 없습니다.

첨부 1. 판결서

2. 확정증명

3. 등기기록

4. 제소명령

5. 가압류취소결정

2021. 4. 3.

박진승 ㊞

이 우편물은 2021년 4월 5일 등기 제13917호에 의하여
내용증명 우편물로 발송하였음을 증명함
서울동작우체국장 ㊞

서 울 서 부 지 방 법 원

제 3 민 사 부

판 결

사 건	2019가합95035 소유권이전등기말소
원 고	이현담
	서울 은평구 갈현로 333, 302호(갈현동, 리치힐)
피 고	박진숭
	서울 용산구 보광로 72-5, 205호(보광동, 보광빌라)
변론종결	2019. 11. 28.
판결선고	2019. 12. 12.

주 문

1. 원고의 청구를 기각한다.
2. 소송비용은 원고가 부담한다.

청 구 취 지

피고는 원고에게 서울 서대문구 홍제동 266-150 대 14,876㎡에 관하여 서울서부지방법원 등기국 2019. 3. 9. 접수 제8323호로 마친 소유권이전등기의 말소등기절차를 이행하라.

이 유

1. 청구원인에 관한 판단
    가. 원고의 주장

원고는, 서울 서대문구 홍제동 266-150 대 14,876㎡(이하 '이 사건 부동산'이라 한다)을 피고에게 매도하였고, 이에 따라 피고 명의로 이 사건 부동산에 관하여 소유권이전등기를 마쳤으나, 피고는 약정한 중도금을 지급하지 않았으므로, 자동해제특약에 따라 별도의 최고 절차 없이 위 매매계약은 자동으로 효력을 상실하였으며, 피고는 원고에게 원인 없이 마쳐진 이 사건 부동산에 관한 소유권이전등기의 말소등기절차를 이행할 의무가 있다고 주장한다(원고는 소유권에 기한 방해배제청구로서 위 말소등기를 청구할 수 있다고 주장하는 한편, 채권적 권리인 원상회복청구권의 행사로서도 위 말소등기를 청구할 수 있다고 주장한다).

나. 판단

갑 제1, 2호증의 각 기재와 증인 정상규의 증언에 변론 전체의 취지를 종합하면, 원고와 피고가 2019. 3. 9. 이 사건 부동산에 관하여 매매대금을 20억 원으로 정하여 매매계약을 체결한 사실, 위 매매계약에 따라 같은 날 피고가 원고에게 계약금 5억 원을 지급하고, 원고는 피고에게 이 사건 부동산에 관하여 피고 명의로 소유권이전등기를 마친 사실, 피고가 중도금의 지급을 지체한 사실을 인정할 수 있다.

그러나 위 증거만으로는 원고와 피고가 2019. 4. 27. 피고가 중도금의 이행을 지체하는 경우 위 매매계약을 별도의 통지 없이 자동으로 해제하기로 하는 내용의 특약을 체결하였다는 사실을 인정하기에 부족하고, 달리 이를 인정할 증거가 없다.

그렇다면, 원고의 위 주장은 나머지 점에 관하여 더 나아가 살필 필요 없이 받아들일 수 없다.

2. 결론

따라서 원고의 이 사건 청구는 이유 없으므로 이를 기각하기로 하여 주문과 같이 판결한다.

재판장 판사 조정대 _____

판사 정희진 _____

판사 고민지 _____

정본입니다.

2020. 2. 8.
서울서부지방법원
법원주사 이 정 석

[서울서부지방법원 법원주사 인]

확 정 증 명

사건번호: 서울서부지방법원 2019가합95035 소유권이전등기말소
원고 : 이현담
피고 : 박진승

증명신청인 : 이현담

위 사건의 판결이 2020. 1. 4.자로 확정되었음을 증명합니다. 끝.

2020. 2. 8.

서 울 서 부 지 방 법 원

법원주사 이 정 석

등기사항전부증명서 (말소사항 포함) - 토지[제출용]

[토지] 서울특별시 중구 신당동 665-2   고유번호 1743-2002-196813

【 표 제 부 】 (토지의 표시)

표시번호	접 수	소재지번	지목	면 적	등기원인 및 기타사항
1 (전 2)	2002년 11월 2일	서울특별시 중구 신당동 665-2	대	132㎡	부동산등기법 제177조의6 제1항의 규정에 의하여 2003년 03월 17일 전산이기

【 갑   구 】 (소유권에 관한 사항)

순위번호	등기목적	접 수	등기원인	권리자 및 기타사항
1 (전 4)	소유권이전	1991년 3월 13일 제6433호	1999년 3월 12일 매매	소유자 박진승 700509-1132416 서울 용산구 보광동 43-3 보광빌라 205호 부동산등기법 제177조의6 제1항의 규정에 의하여 2003년 03월 17일 전산이기
2	가압류	2017년 10월 30일 제86925호	2017년 10월 30일 서울중앙지방법원의 가압류결정 (2017카단1014)	청구금액 금 90,000,000원 채권자 이현담 520811-1050424 서울 은평구 갈현로 333, 302호(갈현동, 리치힐)

---- 이 하 여 백 ----

수수료 금 1,000원 영수함
관할등기소 서울중앙지방법원 등기국 / 발행등기소 법원행정처 등기정보중앙관리소

이 등본은 부동산 등기부의 내용과 틀림없음을 증명합니다.
서기 2021년 01월 23일

법원행정처 등기정보중앙관리소   전산운영책임관

*실선으로 그어진 부분은 말소사항을 표시함. *등기부에 기록된 사항이 없는 갑구 또는 을구는 생략함.

문서 하단의 바코드를 스캐너로 확인하거나 인터넷등기소(http://iros.go.kr)의 발급확인 메뉴에서 발급확인번호를 입력하여 위·변조 여부를 확인할 수 있습니다. 발급확인번호를 통한 확인은 발행일부터 3개월까지 5회에 한하여 가능합니다.

발행번호 56323805201099512 3UYBET946523HRV14837643129 1/1   발급확인번호 TESQ-JOVG-7974   발행일 2021/01/23

대 법 원

서 울 중 앙 지 방 법 원

결 정

사 건	2019카기278 제소명령
채권자(피신청인)	이현담
	서울 은평구 갈현로 333, 302호(갈현동, 리치힐)
채무자(신청인)	박진승
	서울 용산구 보광로 72-5, 205호(보광동, 보광빌라)

주 문

채권자는 이 결정을 송달받은 날로부터 20일 안에 서울중앙지방법원 2017카단1014 부동산가압류사건에 관하여 본안의 소를 제기하고 이를 증명하는 서류를 제출하거나, 이미 소를 제기하였으면 소송계속사실을 증명하는 서류를 제출하라.

이 유

주문 기재 가압류사건에 관한 채무자의 제소명령 신청은 이유 있으므로 주문과 같이 결정한다.

2019. 1. 15.

사법보좌관 윤민석

정본입니다.

2019. 1. 17.

서 울 중 앙 지 방 법 원

법 원 주 사   전 석 봉

서 울 중 앙 지 방 법 원

결 정

사 건	2019카단878 가압류취소
신 청 인	박진승
	서울 용산구 보광로 72-5, 205호(보광동, 보광빌라)
피신청인	이현담
	서울 은평구 갈현로 333, 302호(갈현동, 리치힐)

주 문

1. 신청인과 피신청인 사이의 이 법원 2017카단1014 부동산가압류사건에 관하여 이 법원이 2017. 10. 30. 한 가압류결정을 취소한다.
2. 소송비용은 피신청인이 부담한다.

이 유

이 사건 신청은 이유 있으므로 위 가압류결정을 취소하기로 하여 주문과 같이 결정한다.

2019. 2. 10.

판사 정소용

정본입니다.

2019.   2.   19.

서 울 중 앙 지 방 법 원

법원주사   전 석 봉

내용증명서

발신인 : 이현담

수신인 : 배수진

  1. 수신인께서는 수년 전 발신인이 수신인을 상대로 제기한 2013가단2780 매매대금청구 소송에서 80,000,000원과 이에 대한 지연손해금을 지급할 것을 명하는 판결이 확정된 사실을 기억하고 있을 것입니다.

  2. 발신인은 내년에 출국하여 미국 등에서 5년 이상 생활할 예정인데, 출국 전에 매매대금 채권의 소멸시효 중단을 위한 조치를 취하고자 합니다. 현재 위 매매대금의 소멸시효 완성까지는 상당한 시간적 여유가 있는 것으로 알고 있지만 해외 체류라는 특수한 상황을 앞두고 있어 부득이 미리 시효를 중단하려는 것이니, 법원으로부터 소장 등의 소송서류를 송달받더라도 놀라지 마시기 바랍니다.

첨부 1. 판결서
      2. 확정증명

2021. 5. 2.

이현담 ㊞

이 우편물은 2021년 5월 2일 등기 제14775호에 의하여
내용증명 우편물로 발송하였음을 증명함
서울서초우체국장 ㊞

서 울 서 부 지 방 법 원

판 결

사 건	2013가단2780 매매대금	
원 고	이현담	
	서울 은평구 갈현로 333, 302호(갈현동, 리치힐)	
피 고	배수진	
	서울 마포구 마포대로 123(아현동)	
변론종결	무변론	
판결선고	2014. 2. 8.	

주 문

1. 피고는 원고에게 80,000,000원과 이에 대하여 2013. 3. 1.부터 2013. 12. 17. 까지는 연 6%, 그 다음날부터 다 갚는 날까지는 연 20%의 각 비율로 계산한 돈을 지급하라.
2. 소송비용은 피고가 부담한다.
3. 제1항은 가집행할 수 있다.

청 구 취 지

주문과 같다.

이 유

1. 청구의 표시

   가. 원고는 2012. 12. 1. 피고에게 사무용 가구(모델명 FX-16) 40세트를 2013.

2. 28.까지 납품하고, 대금 8,000만 원을 지급받기로 하는 계약을 체결하였다.

나. 원고는 위 계약에 따라 2013. 2. 28. 피고에게 사무용 가구(모델명 FX-16) 40세트를 납품하였다.

2. 무변론 판결(민사소송법 제257조 제1항, 제208조 제3항 제1호)

판사 　　권선정 　　권 선 정 (印)

정본입니다.

2014. 3. 2.
서울서부지방법원

법원주사 박 민 정

[인: 서울서부지방법원 법원주사]

확 정 증 명

사건번호: 서울서부지방법원 2013가단2780 매매대금

원고 : 이현담

피고 : 배수진

증명신청인 : 이현담

위 사건의 판결이 2014. 2. 26.자로 확정되었음을 증명합니다. 끝.

2020. 5. 12.

서 울 서 부 지 방 법 원

법원주사 한 시 현   [서울서부지방법원 법원주사 인]

답변통지서

이현담 귀하

1. 귀하의 내용증명은 잘 받았습니다.

2. 저는 2013가단2780 판결을 선고받은 후인 2021. 3. 2. 150,000,000원을 귀하에게 지급하였습니다. 그리고 이 돈에는 위 판결에서 지급을 명한 매매대금과 그 지연손해금(이하 이 둘을 합하여 '매매대금'이라고만 하겠습니다)이 포함되어 있습니다. 따라서 귀하의 매매대금 채권은 모두 변제로 인해 소멸되었습니다. 이처럼 변제로 인해 남아 있지도 않은 채권의 소멸시효를 무슨 수로 중단시킨다는 것인지 저로서는 이해가 되지 않습니다. 일전에 귀하는 150,000,000원을 지급받은 사실은 인정하면서도, 이 돈이 매매대금으로 지급된 것인지 아니면 다른 명목으로 지급된 것인지 분명하지 않고 이를 확인하려면 시간이 더 필요하다고 주장하였습니다. 비록 귀하와 저 사이에 매매대금 외에도 다수의 채권·채무관계가 있기는 하지만, 그래도 150,000,000원이라는 거금을 지급받고 이 돈이 무슨 돈인지 모르겠다고 하는 것은 너무하다는 생각이 듭니다.

3. 백보를 양보하여 위 150,000,000원이 매매대금 채무가 아니라 다른 채무의 변제조로 지급된 것이라고 가정하더라도, 매매대금 채무의 소멸시효가 임박하지 않은 이상, 귀하는 소멸시효를 중단시키기 위한 어떠한 소도 제기할 수 없습니다.

4. 그러니 쓸데없이 소를 제기하여 시간과 노력을 낭비하지 마시고, 외국이나 잘 다녀오시기 바랍니다.

2021. 5. 7.

배수진 올림

등기사항전부증명서 (말소사항 포함) - 토지[제출용]

[토지] 서울특별시 용산구 이태원동 321-7   고유번호 2105-1999-125735

【 표 제 부 】 (토지의 표시)

표시번호	접 수	소재지번	지 목	면 적	등기원인 및 기타사항
1 (전 2)	1999년 3월 2일	서울특별시 용산구 이태원동 321-7	잡종지	100㎡	부동산등기법 제177조의6 제1항의 규정에 의하여 2003년 03월 17일 전산이기

【 갑 구 】 (소유권에 관한 사항)

순위번호	등기목적	접 수	등기원인	권리자 및 기타사항
1 (전 2)	소유권이전	1999년 6월 13일 제2463호	1999년 6월 1일 매매	소유자 전소윤 560415-1555474 서울 강남구 역삼동 835-67 금호어울림아파트 301동 1407호 부동산등기법 제177조의6 제1항의 규정에 의하여 2003년 03월 17일 전산이기
2	소유권이전	2020년 12월 20일 제2033호	2020년 12월 15일 매매	소유자 배수민 661211-2047212 서울 마포구 마포대로 123(아현동) 거래가액 금 100,000,000원
3	가압류	2021년 1월 7일 제323호	2021년 1월 5일 서울서부지방법원의 가압류결정 (2021카단177)	청구금액 금 70,000,000원 채권자 이현담 520811-1050424 서울 은평구 갈현로 333, 302호(갈현동, 리치힐)
4	임의경매개시결정	2021년 4월 13일 제34923호	2021년 4월 13일 서울서부지방법원의 임의경매개시결정 (2021타경32934)	채권자 최건양 590725-1588496 서울 서대문구 세무서길 122(홍제동)

[토지] 서울특별시 용산구 이태원동 321-7　　　　　고유번호 2105-1999-125735

【 을　　　구 】	(소유권 이외의 권리에 관한 사항)			
순위번호	등기목적	접　수	등기원인	권리자 및 기타사항
1	근저당권설정	2005년 3월 15일 제3608호	2005년 3월 12일 설정계약	채권최고액 금 50,000,000원 채무자 전소윤 560415-1555474 　서울 강남구 역삼동 835-67 금호어울림아파트 301동 1407호 근저당권자 노상철 550321-1456771 　서울 서대문구 아현동 267-1
2	근저당권설정	2009년 8월 26일 제4547호	2009년 8월 24일 설정계약	채권최고액 금 60,000,000원 채무자 전소윤 560415-1555474 　서울 강남구 역삼동 835-67 금호어울림아파트 301동 1407호 근저당권자 임솔지 560907-2765777 　서울 중구 명동1가 8-1
2-1	2번근저당권이전	2020년 7월 30일 제1949호	2020년 7월 25일 확정채권양도	근저당권자 최건양 590725-1588496 　서울 서대문구 세무서길 122(홍제동)
3	근저당권설정	2019년 4월 3일 제7656호	2019년 4월 1일 설정계약	채권최고액 금 30,000,000원 채무자 전소윤 560415-1555474 　서울 강남구 도곡로7길 22, 301동 1407호 근저당권자 노상철 550321-1456771 　서울 서대문구 마포대로 247(아현동)

---- 이　하　여　백 ----

수수료 금 1,000원 영수함
관할등기소 서울서부지방법원 등기국 / 발행등기소 법원행정처 등기정보중앙관리소

이 등본은 부동산 등기부의 내용과 틀림없음을 증명합니다.

서기　2021년 07월 29일

법원행정처 등기정보중앙관리소　　전산운영책임관

*실선으로 그어진 부분은 말소사항을 표시함. *등기부에 기록된 사항이 없는 갑구 또는 을구는 생략함.

문서 하단의 바코드를 스캐너로 확인하거나 인터넷등기소(http://iros.go.kr)의 발급확인 메뉴에서 발급확인번호를 입력하여 위·변조 여부를 확인할 수 있습니다. 발급확인번호를 통한 확인은 발행일부터 3개월까지 5회에 한하여 가능합니다.

발행번호 00219405201096462?SLBO603943WWG16858483201 2/2　발급확인번호 ALHQ-HGTE-3587 발행일 2021/07/29

발신인 : 노상철
　　　　서울 서대문구 마포대로 247(아현동)
수신인 : 이현담
　　　　서울 은평구 갈현로 333, 302호(갈현동, 리치힐)

안녕하세요. 이현담님의 2021. 4. 15.자 통고서(생략)는 2021. 4. 17. 이를 받아서 잘 읽어보았습니다. 다만 근저당권을 말소해달라는 요청은 받아들일 수 없습니다.

저는 2005. 3. 12. 전소윤에게 4,000만 원을 변제기 1년, 이자 연 5%, 매월 분할 지급으로 정하여 대여하였고, 위 대여금 채권을 담보하기 위하여 당시 전소윤이 소유하고 있던 서울 용산구 이태원동 321-7 토지에 근저당권을 설정한 것입니다. 그런데 전소윤이 위 대여 원리금을 변제하지 아니함에 따라 저는 2019. 4. 1. 전소윤과 합의하여 위 대여금 채권과는 별도로, 위 대여금 채권의 당시까지 발생한 이자 내지 지연손해금을 2,800만 원으로 정리하되 이를 1년 후 변제받고, 이에 대하여 다시 연 4%의 이자를 매월 지급받기로 약정한 다음 위 채무를 담보하기 이하여 두 번째 근저당권을 설정한 것입니다.

물론 보는 관점에 따라서는 이현담님의 주장과 같이, 첫 번째 근저당권의 피담보채무는 10년의 시효기간이 경과하였다고 볼 여지도 있습니다. 그러나 전소윤은 저에게 두 번째 근저당권을 설정해 주면서 첫 번째 근저당권의 피담보채무에 관한 시효이익을 포기하였습니다. 따라서 첫 번째 근저당권이나 두 번째 근저당권은 모두 유효한 채무를 담보하기 위한 근저당권이므로 이를 말소해 드릴 수 없음을 양지해 주시기 바랍니다.

발신인과 전소윤 사이의 약정서를 첨부하여 드리오니 참고 바랍니다.

　　　　　　　　　　2021. 4. 20. 노상철 올림. (노상철인)

약정서

甲 : 노상철
　　주소 : 서울 서대문구 마포대로 247(아현동)
乙 : 전소윤
　　주소 : 서울 강남구 도곡로7길 22, 301동 1407호

甲과 乙은 다음 사실을 확인한다.
1. 甲이 2005. 3. 12. 乙에게 4,000만 원을 변제기 1년, 이자 연 5%로 정하여 대여하였다.
1. 乙은 시효기간을 훨씬 넘긴 장기간동안 甲에게 원금은 물론 이자까지 지급하지 못지 못한 것에 대하여 사과한다.
1. 乙은 시효이익을 포기하고 甲에게 위 채무원리금을 빠른 시간 내에 변제할 것을 약속한다.
1. 甲과 乙은 기존의 근저당권이 위 대여금의 원리금을 담보하기에 부족하므로, 위 대여금 채권과 별도로, 위 대여금 채권의 2019. 3. 31.까지의 이자 내지 지연손해금을 2,800만 원으로 확정하고 乙이 이를 1년 후에 변제하되, 이에 대하여 2019. 4. 1.부터 다 갚는 날까지 연 4%의 이자를 매월 지급하기로 하고, 乙은 위 채권을 담보하기 위하여 甲에게 같은 부동산에 채권최고액 3,000만 원으로 된 근저당권을 추가로 설정해 준다.

2019. 4. 1.

노상철　

전소윤

발신인 임솔지
  서울 중구 명동길 53(명동1가)
수신인 이현담
  서울 은평구 갈현로 333, 302호

가내 평안하신지요.

이현담씨가 보낸 2021. 4. 15.자 통고서(생략)는 2021. 4. 17. 받았습니다.

그러나 근저당권을 말소해 달라는 귀하의 요청은 사리에 맞지 아니합니다.

저는 2009. 8. 24. 전소윤에게 5,000만 원을 이자 연 12%(매월 말일 지급), 변제기 2010. 8. 23.로 정하여 대여하였고, 이를 담보하기 위하여 채권최고액 6,000만 원으로 된 위 근저당권을 설정한 것입니다.

그리고는 변제기로부터 10년이 도과하기 전인 2020. 7. 25. 최건양에게 위 대여금 채권을 양도하였고, 당시 전소윤에게 위 양도사실을 통지하였으며, 그 양도통지서는 2020. 7. 28. 전소윤에게 도달하였습니다. 따라서 이로써 시효가 중단되었다고 보아야 합니다.

이상과 같은 사정이 있어서 이현담씨의 요청에 응하기 어려우니 혜량하여 주시기를 바랍니다.

2021. 4. 21.
발신인 임솔지 (인)

발신인 : 최건양
　　　　서울 서대문구 세무서길 122(홍제동)
수신인 : 이현담
　　　　서울 은평구 갈현로 333, 302호(갈현동)

　귀하가 보낸 2021. 4. 15.자 통고서(생략)는 2021. 4. 17. 받았습니다.

　다만, 요청하신 근저당권의 말소는 이를 받아들일 수 없습니다.

　임솔지는 2009. 8. 24. 전소윤에게 5,000만 원을 이자 연 12%(매월 말일 지급), 변제기 2010. 8. 23.로 정하여 대여하였는데, 2020. 7. 25. 저에게 위 대여금 채권을 양도하였고, 당시 전소윤에게 위 양도사실을 통지하였으며, 그 양도통지서는 2020. 7. 28. 전소윤에게 도달하였습니다.

　나아가 저는 위 채권을 변제받기 위해서 2021. 1. 21. 전소윤을 상대로 서울중앙지방법원에 위 대여금 5,000만 원과 이에 대한 지연손해금의 지급을 구하는 소를 제기하였고, 그 소장부본은 2021. 1. 31. 전소윤에게 도달하였습니다. 다만, 제가 조금 더 알아보니, 근저당권자는 별도의 소제기 절차 없이 곧바로 법원에 가서 임의경매를 신청하면 근저당권을 실행할 수 있다는 사실을 알게 되어, 위 소를 최근 2021. 3. 5. 전소윤의 동의 하에 취하하였고, 2021. 4. 10. 근저당권실행을 위한 임의경매를 신청하여 2021. 4. 13. 임의경매개시결정이 내려진 상태입니다. 이처럼 저의 전소윤에 대한 채권은 시효가 중단되었습니다.

　더구나 가압류권자에 불과한 귀하가 어떤 연유로 제3자들 사이의 채권의 시효를 들먹이는 것인지도 이해하기 어렵다는 점도 이해해 주시기 바랍니다.

(채권양도 통지서와 배달증명 및 관련 증명서를 참고자료로 동봉하여 드립니다)

　　　　　　　　　　　2021. 4. 22.

　　　　　　　　　　　　　　발신인 최건양

발신인 임솔지
　　　서울 중구 명동길 53(명동1가)
수신인 전소윤
　　　서울 강남구 도곡로7길 22, 301동 1407호(금호어울림)

　발신인은 2009. 8. 24. 수신인에게 5,000만 원을 이자 연 12%(매월 말일 지급), 변제기 2010. 8. 23.로 정하여 대여한 바 있습니다.

　발신인은 2020. 7. 25. 최건양[서울 서대문구 세무서길 122(홍제동)]에게 위 대여금 채권을 양도하였습니다. 이에 채무자인 수신인께, 이를 통지하여 드리오니, 이후부터는 위 채무를 최건양에게 이행하여 주시기 바랍니다.

　참고로 양도계약서를 첨부하여 드립니다.

　　　　　　　　　　　　　2020. 7. 25.
　　　　　　　　　　　　　　　　발신인 임솔지

이 우편물은 2020년 7월 25일 등기 제548586호에 의하여 내용증명 우편물로 발송하였음을 증명함
서울중앙우체국장

(첨부 생략)

우편물배달증명서

수취인의 주거 및 성명 : 서울 강남구 도곡로7길 22, 301동 1407호(역삼동, 금호어울림) 전소윤			
접수국명	서울 중앙	접수연월일	2020년 7월 25일
접수번호	제548586호	배달연월일	2020년 7월 28일
적요	전소윤	2020. 7. 30. 서울중앙우체국장	서울강남우체국장인

증 명 원

사건 2021가단38947 양수금
원고 최건양
피고 전소윤
증명신청인 원고

위 사건에 관하여 아래 사항을 증명합니다.

아　　래

원고가 제출한 위 사건의 소장이 2021. 1. 21. 법원에 접수된 사실.
위 사건의 소장이 피고에게 2021. 1. 31. 송달된 사실.
원고가 2021. 3. 5. 피고의 동의서를 첨부하여 위 사건의 소를 취하한 사실. 끝.

2021. 4. 22.

서울중앙지방법원

법원주사보　　이진영　[서울중앙지방법원법원주사보의인]

기록이면표지

확 인 : 법학전문대학원협의회

민사법

기록형

2021년도 **제2차**
법전협 모의시험

문제해결 TIP

【문 제】

귀하는 서울 서초구 서초로 7, 305호에서 개업을 한 변호사 김이승이다. 귀하는 2021. 7. 31. 이현담에게 【의뢰인 상담일지】에 기재된 내용과 같이 상담을 해주고 사건을 수임하면서 첨부서류를 자료로 받았다. 의뢰인 이현담을 위하여 법원에 제출할 본안의 소장을 아래의 작성요령에 따라 작성하시오.

【작성요령】 · 작성기준일자로 소멸시효 및 제척기간의 기준시점이 된다.

1. 소장 작성일 및 소 제기일은 2021. 8. 5.로 하시오.
2. 【의뢰인의 희망사항】에 부합하도록 소장을 작성하되, 현행법과 그 해석상 승소 가능한 최대한의 범위 내에서 청구하고, 기각 또는 각하되는 부분이 생기지 않도록 하시오.
3. 【사건관계인의 주장】과 첨부자료를 통하여 상대방이 입장을 명백히 밝히고 있어 장차 소송 중에 방어방법으로 제출할 것으로 예상되는 주장 중 이유 있다고 판단되는 부분은 청구에 반영하고, 이유 없다고 판단되는 사항은 미리 반박하시오.
4. 공동소송의 요건은 갖추어진 것으로 전제하여 하나의 소장으로 작성하고, (주관적이든 객관적이든) 예비적·선택적 병합청구는 하지 마시오.
5. 부동산 등 물건의 표시가 필요한 경우 별지로 목록을 만들지 말고 소장의 해당 부분에 직접 표기하시오. · 별지 목록 배제 지시
6. 당사자는 반드시 소송상 자격(원고, 피고 등)으로 지칭하고, 원고 또는 피고가 여러 명인 경우에는 소송상 자격 및 이름으로 지칭하시오(예 '피고 홍길동').
7. 【의뢰인 상담일지】와 첨부자료에 기재된 사실관계(작성자의 의견에 해당하는 사항은 제외)는 모두 진실한 것으로 간주하고, 기재되지 않은 사실은 존재하지 않는 것으로 전제하며, 첨부된 서류는 진정하게 성립된 것으로 간주하시오.
8. 청구원인은 가급적 피고별로 나누어 기재하되, 청구가 서로 관련된 경우에는 묶어서 기재하고, '증명방법' 및 '첨부서류' 란 기재는 생략하시오.
9. 공휴일이나 휴일은 고려하지 마시오.
10. 금전청구를 하는 경우, 이자나 지연손해금에 대한 지연손해금은 청구하지 마시오.

변호사 김 이 승 법률사무소

서울 서초구 서초로 7, 305호

☎: 520-1215, 팩스: 530-2345, e-mail: viB2@lawyer.go.kr

NO. 0607　　　　　**의뢰인상담일지**　　　　　상담일시: 2021. 7. 31.

수임번호	2021-0607	의뢰인	이현담	연락처	010-3765-1866
관할법원		사건 번호		제출 시한	
소 명		수임 경로	지인 소개	면담자	이현담

【내용】

> 선등기특약으로 합의에 따라 소유권이전등기가 경료되면 매수인은 적법하게 소유권을 취득한다.

> 원고는 상인임

1. 이현담은 2001년부터 지금까지 '나성가구'라는 상호로 가구 판매 업체를 운영하고 있다. 이현담은 2019. 3. 9. 박진승에게 서울 서대문구 홍제동 266-150 대지 14,876㎡(이하 '홍제동 토지'라고 한다)를 대금 20억 원에 매도하면서 아래 ①, ②와 같이 약정하였다.

   ① 계약 당일에 이현담은 홍제동 토지에 관한 소유권이전등기를 마치고, 박진승은 계약금 5억 원을 지급한다.

   ② 박진승은 2019. 4. 9. 1차 중도금 2억 원, 2019. 5. 9. 2차 중도금 3억 원, 2019. 6. 9. 잔금 10억 원을 각 지급하고, 이현담은 잔금을 지급받음과 동시에 홍제동 토지를 인도한다.

   이현담은 매매계약일에 계약금을 지급받으면서 홍제동 토지에 관하여 박진승 명의의 소유권이전등기를 마쳐 주었다. 그러나 박진승은 2019. 4. 9. 1차 중도금 2억 원을 지급하지 않았고, 이에 이현담과 박진승은 2019. 4. 27. '박진승은 중도금 합계 5억 원을 2019. 5. 9. 지급하되, 박진승이 중도금이나 잔금을 약정 지급기일까지 지급하지 않으면 매매계약은 무효가 된다'는 내용의 약정을 하였다. 하지만 박진승은 중도금 5억 원을 2019. 5. 9.까지 지급하지 않았다.

   > 자동해제약정

   이에 이현담은 박진승에게 '매매계약이 무효가 되었으니, 위 소유권이전등기를 말소해 달라'고 요청하였으나, 박진승은 이를 거절하였다. 이현담은 할 수 없이 박진승을 상대로 위 소유권이전등기의 말소를 청구하는 소를 제기하였으나, 위 2019. 4. 27.자 약정이 기재된 문서를 분실하여 위 약정 사실을 증명하는 데에 실패하였고, 제1심에서 청구기각 판결이 선고되어 확정되었다. 그 후

   > 말소등기청구소송이 기각, 확정되었고, 따라서 기판력이 발생한다.

이현담은 위 약정이 기재된 문서를 발견하였다.

> 단순보증이나 주채무가 상행위이므로, 연대채무를 부담한다.

2. 이현담은 박진승에게 2013. 12. 15. 2,000만 원을 변제기일은 2018. 12. 14., 이율은 연 6%로 정하여 대여하였다. 또한 이현담은 2017. 10. 4. 박진승에게 주방용 가구(모델명 Q-V21) 15세트를 대금 7,000만 원에 매도하면서, 가구 인도 및 대금 지급 기일을 2017. 10. 22.로 정하였고, 배수민은 위 매매계약일에 자신의 서명이 있는 서면으로 위 대금지급 채무를 보증하였다. 이현담은 2017. 10. 22. 박진승에게 위 가구를 인도하였지만, 박진승은 지금까지 대금을 지급하지 않았다. 이현담은 2017. 10. 29. 위 가구대금과 그 지연손해금을 청구채권으로 하여 박진승 소유의 서울 중구 신당동 665-2 토지에 대한 가압류 신청을 하였고, 그에 따라 가압류등기가 마쳐졌다.

> 가압류가 집행됨으로써 소멸시효가 중단되었다.

3. 이현담은 배수민의 동생인 배수진을 상대로 매매대금 8,000만 원 및 그 지연손해금의 지급을 청구하는 소송을 제기하여 승소판결을 선고받았고, 위 판결은 2014. 2. 26. 확정되었다. 이현담은 2021. 3. 2. 배수진으로부터 1억 5,000만 원을 지급받았는데, 이현담과 배수진 사이에는 위 매매대금 외에도 여러 채권·채무 관계가 있었던 관계로 이현담은 위 1억 5,000만 원에 위 판결에서 지급을 명한 금액(이하 '판결금'이라고 한다)이 포함된 것인지 정확히 알지 못한다.

4. 이현담은 2021. 3. 5. 배수민 소유의 유일한 재산인 서울 용산구 이태원동 321-7 잡종지 100㎡(이하 '이태원동 토지'라고 한다)를 찾아내어 가압류하였는데, 당시 이태원동 토지에는 그 등기기록 기재와 같은 근저당권들이 설정되어 있었다. 배수민이 현재 부담하고 있는 채무 총액이 이태원동 토지의 시가 1억 원을 초과하여 변제의 자력이 없다.

> 채무자 무자력. 대위에 기한 말소청구가 가능하다.

【사건관계인의 주장】

1. 박진승의 주장
   가. 이현담이 박진승을 상대로 제기한 소유권이전등기 말소청구 소송에서 청구기각 판결이 확정되었으므로, 이현담은 박진승을 상대로 홍제동 토지에 관하여 등기기록상 소유 명의를 회복하거나 소유권을 확인받기 위한 청구를 할 수 없다. …… > 기판력 항변
   나. 이현담이 박진승에게 중도금을 지급하라는 최고와 매매계약을 해제한다는 의사표시를 하지 않았으므로, 중도금이 2019. 5. 9. 지급되지 않았더라도 매매계약은 여전히 유효하다. …… > 해제의 효력이 없다는 주장

기록 4면

다. 이현담의 박진숭에 대한 주방용 가구 매매대금 채권은 시효로 인해 소멸하였다. 이현담의 신청에 따라 박진숭 소유의 서울 중구 신당동 665-2 토지에 대하여 가압류 등기가 마쳐졌지만, 위 가압류는 제소기간의 도과로 인하여 취소되었으므로 시효중단의 효력이 없다. 뿐만 아니라 설령 위 가압류에 시효중단의 효력이 인정된다고 하더라도, 시효중단 시점부터 다시 진행한 시효기간이 도과되어 시효가 완성되었다.

　　　┄┄● 소멸시효 항변　　　　　　　　● 소멸시효 중단사유의 소급적 실효의 재재항변

2. 배수진의 주장
　　　　　　　　　　　┄┄● 권리보호이익이 없다는 주장
　가. 이현담의 배수진에 대한 판결금 채권의 소멸시효기간의 경과가 임박하지 않았으므로 이현담은 소멸시효 중단을 위한 소를 제기할 수 없다.
　나. 배수진이 2021. 3. 2. 이현담에게 판결금을 지급함으로써 판결금 채권은 소멸하였으므로 이현담은 소멸시효 중단을 위한 소를 제기할 수 없다.
　　　　　　　　　　┄┄● 변종후 사정변경으로 인한 기각사유 주장

【의뢰인 희망사항】

1. 홍제동 토지에 관하여 등기기록상 소유 명의를 회복하고 싶고, 소유권의 확인도 받고 싶다. ┄┄● 기판력으로 인하여 소유권확인청구만이 가능하다.

2. 박진숭에 대한 대여 및 매매와 관련하여 박진숭과 배수민으로부터 최대한의 돈을 지급받고 싶다. ┄┄● 재판상 청구에 대한 확인청구가 가능하다.

3. 배수진에 대한 판결금 채권의 소멸시효를 중단시키되, 가능하다면 남은 시효기간이 얼마인지에 영향을 받지 않는 방법을 택하고 싶다.

4. 이태원동 토지에 근저당권이 많이 설정되어 있어서 이태원동 토지에 대한 경매절차가 진행되더라도 의뢰인이 배당받을 수 있는 금액이 적을 것 같아 걱정이다. 가능하다면 이태원동 토지에 관한 근저당권설정등기들을 말소하고 싶다.
　　　　　　　┄┄● 말소가능한 근저당권설정등기의 말소청구를 지시하였다.

부동산매매계약서

세무서 검 인

1. 부동산의 표시

서울 서대문구 홍제동 266-150 대지 14,876㎡

매매대금	금 2,000,000,000원(일금이십억원)

2. 계약조건
  제 1 조 위 부동산을 매도자와 매수자 합의하에 아래와 같이 계약함.
  제 2 조 위 부동산 매매에 있어 매수자는 매매대금을 다음과 같이 지불키로 함.

계 약 금	금 5억 원은 계약과 동시에 매도자에게 지불하고
1차 중도금	금 2억 원은 2019년 4월 9일 지불하고
2차 중도금	금 3억 원은 2019년 5월 9일 지불하고
잔 액 금	금 10억 원은 2019년 6월 9일 지불한다.

선등기특약

  제 3 조 매도인은 2019. 3. 9. 계약금을 수령함과 동시에 소유권이전등기에 필요한 모든 서류를 매수인에게 교부하여 소유권을 이전한다.
  제 4 조 매도인은 2019. 6. 9. 잔금 지급과 상환으로 위 부동산을 매수인에게 인도한다.
  제 5 조 매수인이 중도금을 지불하기 전까지 매도인은 계약금을 배액으로 상환하고, 매수인은 또한 계약금을 포기하고 이 계약을 해제할 수 있다.
  제 6 조 위 부동산에 관하여 발생한 수익과 공과금 등의 지출 부담은 부동산의 인도일을 기준으로 하여 그 전일까지는 매도인에게, 그 이후부터는 매수인에게 귀속한다.

위 계약조건을 틀림없이 지키기 위하여 본 계약서를 작성하고 각각 1통씩 갖기로 함.

본 계약에 대하여 계약 당사자가 이의 없음을 확인하고 각 서명 날인한다.

2019년 3월 9일

3. 계약당사자 및 중개인의 인적사항

매도인	주 소	서울 은평구 갈현로 333, 302호(갈현동, 리치힐)			
	주민등록번호	520811-1050424	성 명	이 현 담 (李賢談)	

매수인	주 소	서울 용산구 보광로 72-5, 205호(보광동, 보광빌라)			
	주민등록번호	700509-1132416	성 명	박 진 승 (承朴印鎭)	

중개인	주 소	서울 서대문구 세검정로 23	상호	홍제공인중개사	신고번호	제2004호
	주민등록번호	661021-1040747	성 명	정 상 규 (鄭相奎)		

기록 8면

등기사항전부증명서 (말소사항 포함) - 토지[제출용]

[토지] 서울특별시 서대문구 홍제동 266-150   고유번호 2017-2000-123479

【 표 제 부 】 (토지의 표시)

표시번호	접 수	소재지번	지목	면 적	등기원인 및 기타사항
1 (전 3)	2000년 5월 20일	서울특별시 서대문구 홍제동 266-150	대	14,876m²	부동산등기법 제177조의6 제1항의 규정에 의하여 2003년 04월 8일 전산이기

【 갑 구 】 (소유권에 관한 사항)

순위번호	등기목적	접 수	등기원인	권리자 및 기타사항
1 (전 3)	소유권이전	2003년 11월 15일 제22448호	2003년 11월 10일 매매	소유자 정의진 460319-1060483 서울 동대문구 이문동 213-5 부동산등기법 제177조의6 제1항의 규정에 의하여 2003년 04월 8일 전산이기
2	소유권이전	2017년 1월 7일 제1154호	2017년 1월 2일 매매	소유자 이현담 520811-1050424 서울 은평구 갈현로 333, 302호(갈현동, 리치힐) 거래가액 금 1,800,000,000원
3	소유권이전	2019년 3월 9일 제8323호	2019년 3월 9일 매매	소유자 박진숭 700509-1132416 서울 용산구 보광로 72-5, 205호(보광동, 보광빌라) 거래가액 금 2,000,000,000원

---- 이 하 여 백 ----

> 현재 박진승이 등기명의를 보유하고 있다.

수수료 금 1,000원 영수함
관할등기소 서울서부지방법원 등기국 / 발행등기소 법원행정처 등기정보중앙관리소

이 등본은 부동산 등기부의 내용과 틀림없음을 증명합니다.

서기 2021년 07월 28일

법원행정처 등기정보중앙관리소 전산운영책임관 [등기정보중앙관리소 전산운영책임관 印]

*실선으로 그어진 부분은 말소사항을 표시함. *등기부에 기록된 사항이 없는 갑구 또는 을구는 생략함.

문서 하단의 바코드를 스캐너로 확인하거나 인터넷등기소(http://iros.go.kr)의 발급확인 메뉴에서 발급확인번호를 입력하여 위·변조 여부를 확인할 수 있습니다. 발급확인번호를 통한 확인은 발행일부터 3개월까지 5회에 한하여 가능합니다.

발행번호 00123805201096461 7ALRT233943OKH16765483229 1/1   발급확인번호 GRTQ-MUJG-5807 발행일 2021/07/28

대 법 원

약 정 서

매도인 : 이현담 (520811-1050424)
　　　　서울 은평구 갈현로 333, 302호
매수인 : 박진승 (700509-1132416)
　　　　서울 용산구 보광로 72-5, 205호

1. 매도인과 매수인은 2019. 3. 9. 매도인 소유의 서울 서대문구 홍제동 266-150 대지 14,876㎡를 20억 원에 매매하면서, 같은 날 매도인이 계약금 5억 원을 수령하고, 매수인에게 위 토지의 소유권이전등기를 먼저 마쳐준 사실을 서로 확인함
2. 매수인이 개인 사정으로 1차 중도금 2억 원을 약정기일인 2019. 4. 9.까지 지급하지 못한 점에 관하여 매도인이 양해하되, 대신 매수인은 다음과 같이 약속함
   가. 매수인은 1차 중도금 2억 원, 2차 중도금 3억 원 합계 5억 원을 2019. 5. 9.까지 지급하기로 함
   나. 만일, 매수인이 위 중도금 지급기일 또는 잔금 지급기일까지 중도금 또는 잔금의 지급을 1회라도 지체하는 경우 위 토지 매매계약은 별도의 통지 없이 자동으로 무효가 되는 것에 대하여 이의가 없음
3. 매수인은 위 약속을 확인하기 위하여 이 약정서를 작성하여 매도인에게 교부함

　　　　● 중도금 미지급 자동해제약정

2019. 4. 27.

매도인 이 현 담 (李賢談)

매수인 박 진 승 (承朴印鎭)

供 給 契 約 書

매도인   나성가구 (109-36-90207)
         대표 이 현 담
         서울 은평구 응암동 128
매수인   박진승 (700509-1132416)
         서울 용산구 보광로 72-5, 205호(보광동, 보광빌라)

나성가구(대표 이현담)는 박진승에게 주방용 가구(모델명 Q-V21) 15세트를 합계 7,000만 원에 공급하기로 하고, 그 구체적 조건을 아래와 같이 정한다.

-아 래-

1. 매도인은 2017. 10. 22. 주방용 가구(모델명 Q-V21) 15세트를 매수인에게 납품한다.
2. 매수인은 납품대금 7,000만 원을 2017. 10. 22.까지 나성가구 대표 이현담 명의의 신안은행 통장(120-184-207364)으로 송금하여 지급한다.
3. 매수인이 위 납품대금의 지급을 지체하는 경우 지급기일 다음날부터 다 갚는 날까지 연 6%의 비율로 계산한 지연이자를 가산하여 지급한다. 약정지연손해금률
4. 기타 사항은 법률과 상관례에 따른다.

2017년 10월 4일

매 도 인   대 표 이 현 담 (李賢談 印)

매 수 인   박 진 승   (承朴 印鎭)

… 기록 13면

내용증명서

발신인 : 박진승

수신인 : 이현담

1. 서울 서대문구 홍제동 266-150 대 14,876㎡(이하 홍제동 토지)는 발신인이 수신인으로부터 매수하여 그 소유권을 취득한 발신인의 재산입니다. 이러한 점은 법원의 판결을 보아도 명백합니다. 수신인이 발신인을 상대로 홍제동 토지에 관한 소유권이전등기 말소청구 소송을 제기하여 패소한 사실은 수신인 본인이 누구보다 잘 알고 있을 것입니다. 그럼에도 불구하고 지난 번 전화통화에서 수신인은 약정서라는 종이를 한 장 발견했다고 하면서 홍제동 토지가 자신의 것이라고 우기면서 발신인을 상대로 다시 소송을 하겠다고 말하였습니다. 그러나 수신인의 청구를 기각한 판결이 확정된 이상, 수신인은 발신인을 상대로 등기기록상 소유 명의를 회복하거나 소유권을 확인받기 위한 청구를 할 수 없습니다. ……● 기판력 항변

2. 신의를 목숨처럼 여기는 발신인이 홍제동 토지의 중도금을 약정한 기일에 지급하지 못한 사실은 지금도 부끄럽게 생각합니다. 그러나 이는 발신인이 고의로 그런 것이 아니라 당시 사업상의 어려움으로 인해 일시적으로 자금 조달에 어려움을 겪었기 때문입니다. 그리고 계약을 해제하려면 먼저 최고를 하고 나서 일정한 기간이 지난 다음에 해제의 의사표시를 하는 과정을 거쳐야 합니다. 그런데 수신인은 발신인에게 중도금을 지급하라는 최고와 매매계약을 해제한다는 의사표시를 하지 않았으므로, 중도금이 2019. 5. 9. 지급되지 않았더라도 수신인과 발신인 사이의 매매계약은 여전히 유효합니다. 그러니 홍제동 토지가 수신인 소유라는 황당한 주장은 이제 그만 하시고 지금이라도 홍제동 토지를 발신인에게 인도하고 중도금과 잔금을 받아 가시기 바랍니다. ……● 해제의 효력이 없다는 주장

3. 말이 나온 김에, 발신인이 수신인으로부터 구입한 주방용 가구(모델명 Q-V21) 15세트의 대금에 대해서도 한 마디 하겠습니다. 수신인의 발신인에 대한 대금 채권은 시효로 인해 이미 소멸하였습니다. 수신인의 신청에 따라 발신인 소유의 서울 중구 신당동 665-2 대 132㎡에 대하여 위 가구 대금과 그 지연손해금을 청구채권으로 하는 가압류 등기가 마쳐졌지만, 위 가압류는 제소기간의 도과로 인하여 취소되었으므로 시효 중단의 효력이 없습니다. 설령 위 가압류에 시효중단의 효력이 인정된다고 보더라도, 시효중단 시점부터 다시 진행한 시효기간이 도과되어 시효가 완성되었으므로, 위 가구와 관련하여 수신인이 발신인으로부터 받을 수 있는 돈은 한 푼도 없습니다. ……● 소멸시효 중단사유의 소급적 실효의 재재항변

첨부 1. 판결서

확 정 증 명

사건번호: 서울서부지방법원 2019가합95035 소유권이전등기말소

원고 : 이현담

피고 : 박진승

증명신청인 : 이현담

위 사건의 판결이 2020. 1. 4.자로 확정되었음을 증명합니다. 끝.

● 말소등기청구 기각확정

2020. 2. 8.

서 울 서 부 지 방 법 원

법원주사 이 정 석   [서울서부지방법원 법원주사 인]

서울중앙지방법원

결 정

사　　　건　　2019카단878 가압류취소
신　청　인　　박진승
　　　　　　　서울 용산구 보광로 72-5, 205호(보광동, 보광빌라)
피신청인　　이현담
　　　　　　　서울 은평구 갈현로 333, 302호(갈현동, 리치힐)

주　문

1. 신청인과 피신청인 사이의 이 법원 2017카단1014 부동산가압류사건에 관하여 이 법원이 2017. 10. 30. 한 가압류결정을 취소한다.
2. 소송비용은 피신청인이 부담한다.

> 본안의 제소명령위반에 따른 가압류취소로 가압류가 취소된 시점부터 새로운 소멸시효가 진행하게 된다.

이　유

이 사건 신청은 이유 있으므로 위 가압류결정을 취소하기로 하여 주문과 같이 결정한다.

2019. 2. 10.

판사　정소용

답변통지서

이현담 귀하

1. 귀하의 내용증명은 잘 받았습니다.

2. 저는 2013가단2780 판결을 선고받은 후인 2021. 3. 2. 150,000,000원을 귀하에게 지급하였습니다. 그리고 이 돈에는 위 판결에서 지급을 명한 매매대금과 그 지연손해금(이하 이 둘을 합하여 '매매대금'이라고만 하겠습니다)이 포함되어 있습니다. 따라서 귀하의 매매대금 채권은 모두 변제로 인해 소멸되었습니다. 이처럼 변제로 인해 남아 있지도 않은 채권의 소멸시효를 무슨 수로 중단시킨다는 것인지 저로서는 이해가 되지 않습니다. 일전에 귀하는 150,000,000원을 지급받은 사실은 인정하면서도, 이 돈이 매매대금으로 지급된 것인지 아니면 다른 명목으로 지급된 것인지 분명하지 않고 이를 확인하려면 시간이 더 필요하다고 주장하였습니다. 비록 귀하와 저 사이에 매매대금 외에도 다수의 채권·채무관계가 있기는 하지만, 그래도 150,000,000원이라는 거금을 지급받고 이 돈이 무슨 돈인지 모르겠다고 하는 것은 너무하다는 생각이 듭니다. ……● 변제항변

3. 백보를 양보하여 위 150,000,000원이 매매대금 채무가 아니라 다른 채무의 변제조로 지급된 것이라고 가정하더라도, 매매대금 채무의 소멸시효가 임박하지 않은 이상, 귀하는 소멸시효를 중단시키기 위한 어떠한 소도 제기할 수 없습니다.
　　●……권리보호이익이 없다는 주장

4. 그러니 쓸데없이 소를 제기하여 시간과 노력을 낭비하지 마시고, 외국이나 잘 다녀오시기 바랍니다.

2021. 5. 7.

배수진 올림

등기사항전부증명서 (말소사항 포함) - 토지[제출용]

[토지] 서울특별시 용산구 이태원동 321-7   고유번호 2105-1999-125735

【 표 제 부 】 (토지의 표시)

표시번호	접 수	소재지번	지목	면적	등기원인 및 기타사항
1 (전 2)	1999년 3월 2일	서울특별시 용산구 이태원동 321-7	잡종지	100㎡	
					부동산등기법 제177조의6 제1항의 규정에 의하여 2003년 03월 17일 전산이기

【 갑 구 】 (소유권에 관한 사항)

순위번호	등기목적	접 수	등기원인	권리자 및 기타사항
1 (전 2)	소유권이전	1999년 6월 13일 제2463호	1999년 6월 1일 매매	소유자 전소윤 560415-1555474 서울 강남구 역삼동 835-67 금호어울림아파트 301동 1407호
				부동산등기법 제177조의6 제1항의 규정에 의하여 2003년 03월 17일 전산이기
2	소유권이전	2020년 12월 20일 제2033호	2020년 12월 15일 매매	소유자 배수민 661211-2047212 서울 마포구 마포대로 123(아현동) 거래가액 금 100,000,000원
3	가압류	2021년 1월 7일 제323호	2021년 1월 5일 서울서부지방법원의 가압류결정 (2021카단177)	청구금액 금 70,000,000원 채권자 이현담 520811-1050424 서울 은평구 갈현로 333, 302호(갈현동, 리치힐)
4	임의경매개시결정	2021년 4월 13일 제34923호	2021년 4월 13일 서울서부지방법원의 임의경매개시결정 (2021타경32934)	채권자 최건양 590725-1588496 서울 서대문구 세무서길 122(홍제동)

▶ 압류로 인한 시효중단

기록 33면

발신인 : 노상철
　　　　 서울 서대문구 마포대로 247(아현동)

수신인 : 이현담
　　　　 서울 은평구 갈현로 333, 302호(갈현동, 리치힐)

　안녕하세요. 이현담님의 2021. 4. 15.자 통고서(생략)는 2021. 4. 17. 이를 받아서 잘 읽어보았습니다. 다만 근저당권을 말소해달라는 요청은 받아들일 수 없습니다.

　저는 2005. 3. 12. 전소윤에게 4,000만 원을 변제기 1년, 이자 연 5%, 매월 분할 지급으로 정하여 대여하였고, 위 대여금 채권을 담보하기 위하여 당시 전소윤이 소유하고 있던 서울 용산구 이태원동 321-7 토지에 근저당권을 설정한 것입니다. 그런데 전소윤이 위 대여 원리금을 변제하지 아니함에 따라 저는 2019. 4. 1. 전소윤과 합의하여 위 대여금 채권과는 별도로, 위 대여금 채권의 당시까지 발생한 이자 내지 지연손해금을 2,800만 원으로 정리하되 이를 1년 후 변제받고, 이에 대하여 다시 연 4%의 이자를 매월 지급받기로 약정한 다음 위 채무를 담보하기 이하여 두 번째 근저당권을 설정한 것입니다.

　물론 보는 관점에 따라서는 이현담님의 주장과 같이, 첫 번째 근저당권의 피담보채무는 10년의 시효기간이 경과하였다고 볼 여지도 있습니다. 그러나 전소윤은 저에게 두 번째 근저당권을 설정해 주면서 첫 번째 근저당권의 피담보채무에 관한 시효이익을 포기하였습니다. 따라서 첫 번째 근저당권이나 두 번째 근저당권은 모두 유효한 채무를 담보하기 위한 근저당권이므로 이를 말소해 드릴 수 없음을 양지해 주시기 바랍니다.

　발신인과 전소윤 사이의 약정서를 첨부하여 드리오니 참고 바랍니다.

> 1번 근저당권 피담보채무의 시효이익의 포기에 해당하고, 시효이익 포기 이후 부동산을 양수한 양수인은 시효이익포기의 효력을 다투지 못한다(대판 2015.6.11. 2015다200227).

　　　　　　　　　　 2021. 4. 20. 노상철 올림. (노상철인)

발신인 임솔지
　　　　서울 중구 명동길 53(명동1가)
수신인 이현담
　　　　서울 은평구 갈현로 333, 302호

―――――――――――――――――――――――――――

가내 평안하신지요.

이현담씨가 보낸 2021. 4. 15.자 통고서(생략)는 2021. 4. 17. 받았습니다.

그러나 근저당권을 말소해 달라는 귀하의 요청은 사리에 맞지 아니합니다.

저는 2009. 8. 24. 전소윤에게 5,000만 원을 이자 연 12%(매월 말일 지급), 변제기 2010. 8. 23.로 정하여 대여하였고, 이를 담보하기 위하여 채권최고액 6,000만 원으로 된 위 근저당권을 설정한 것입니다.

그리고는 변제기로부터 10년이 도과하기 전인 2020. 7. 25. 최건양에게 위 대여금 채권을 양도하였고, 당시 전소윤에게 위 양도사실을 통지하였으며, 그 양도통지서는 2020. 7. 28. 전소윤에게 도달하였습니다. 따라서 이로써 시효가 중단되었다고 보아야 합니다.

이상과 같은 사정이 있어서 이현담씨의 요청에 응하기 어려우니 혜량하여 주시기를 바랍니다.

> 채권양도 통지는 최고의 효력이 있으나, 6개월 이내에 재판상 청구가 있어야 한다.

　　　　　　　　　　　2021. 4. 21.
　　　　　　　　　　　　　　　발신인 임솔지 (임솔지)

> 기록 36면

발신인 : 최건양
　　　　　서울 서대문구 세무서길 122(홍제동)
수신인 : 이현담
　　　　　서울 은평구 갈현로 333, 302호(갈현동)

귀하가 보낸 2021. 4. 15.자 통고서(생략)는 2021. 4. 17. 받았습니다.

다만, 요청하신 근저당권의 말소는 이를 받아들일 수 없습니다.

임솔지는 2009. 8. 24. 전소윤에게 5,000만 원을 이자 연 12%(매월 말일 지급), 변제기 2010. 8. 23.로 정하여 대여하였는데, 2020. 7. 25. 저에게 위 대여금 채권을 양도하였고, 당시 전소윤에게 위 양도사실을 통지하였으며, 그 양도통지서는 2020. 7. 28. 전소윤에게 도달하였습니다.

나아가 저는 위 채권을 변제받기 위해서 2021. 1. 21. 전소윤을 상대로 서울중앙지방법원에 위 대여금 5,000만 원과 이에 대한 지연손해금의 지급을 구하는 소를 제기하였고, 그 소장부본은 2021. 1. 31. 전소윤에게 도달하였습니다. 다만, 제가 조금 더 알아보니, 근저당권자는 별도의 소제기 절차 없이 곧바로 법원에 가서 임의경매를 신청하면 근저당권을 실행할 수 있다는 사실을 알게 되어, 위 소를 최근 2021. 3. 5. 전소윤의 동의 하에 취하하였고, 2021. 4. 10. 근저당권실행을 위한 임의경매를 신청하여 2021. 4. 13. 임의경매개시결정이 내려진 상태입니다. 이처럼 저의 전소윤에 대한 채권은 시효가 중단되었습니다.

더구나 가압류권자에 불과한 귀하가 어떤 연유로 제3자들 사이의 채권의 시효를 들먹이는 것인지도 이해하기 어렵다는 점도 이해해 주시기 바랍니다.
(채권양도 통지서와 배달증명 및 관련 증명서를 참고자료로 동봉하여 드립니다)

2021. 4. 22.

발신인 최건양

> 본안 소송을 취하하였으므로, 이는 단순 최고의 효력만을 가질 수 있고, 압류만이 유효한 소멸시효 중단사유에 해당한다.

민사법

기록형

2021년도 제2차
법전협 모의시험

답안

민사법 기록형 채점기준

구분	논점	배점	배점설명 등
당사자 (6)	원고 이름, 주소	1	
	소송대리인 이름 등	1	
	피고들 이름, 주소	4	다른 사람을 피고로 하면 각 1점 감점
사건명 (1)	소유권확인 등 청구의 소	1	
청구취지 (50)	소유권확인청구	8	불필요한 청구를 하는 경우 각 3~5 점 감점
	금전지급청구	15	
	시효중단을 위한 재판상청구 확인청구	12	
	근저당권 말소 청구	12	
	소송비용	1	
	가집행	2	불필요한 조항 추가시 각 1점 감점
청구원인 (105)	소유권확인청구 (25)	자동해제	15	
		소유권의 회복		
		확인의 이익, 소결		
		반론1(기판력)	7	
		반론2(최고, 해제)	3	
	금전지급청구 (30)	소비대차 청구원인	2	
		매매대금(보증) 청구원인	5	
		소결	5	
		반론1(시효중단 효력상실)	10	
		반론2(중단후 시효완성)	8	

	시효중단을 위한 재판상 청구 확인청구 (22)	판결의 확정, 소결	10	
		반론1(권리보호이익)	4	
		반론2(채권소멸)	8	
	근저당권말소청구 (27)	청구원인	8	
		대위행사	4	
		반론(소멸시효 중단)	15	
	결론		1	
관할, 작성일, 대리인			3	
전체적인 체계, 구성 및 논리전개(10)			10	재량 점수 부여
총 점			**175**	

소 장

원 고   이현담
        서울 은평구 갈현동 333, 302호(갈현동, 리치힐)

        소송대리인 변호사 김이승
        서울 서초구 서초로 7, 305호
        전화: (02) 520-1215, 팩스: (02) 530-2345, 이메일: viB2@lawyer.go.kr

피 고   1. 박진승
        서울 용산구 보광로 72-5, 205호(보광동, 보광빌라)

        2. 배수민
        3. 배수진
        피고 2, 3의 주소 서울 마포구 마포대로 123(아현동)

        4. 최건양
        서울 서대문구 세무서길 122(홍제동)

소유권확인 등 청구의 소

청 구 취 지

1. (원고와 피고 박진승 사이에서[1]) 서울 서대문구 홍제동 266-150 대 14,876㎡가 원고의 소유임을 확인한다.
2. 원고에게,
   가. 피고 박진승은 20,000,000원 및 이에 대한 2013. 12. 15.부터 이 사건 소장부본 송달일까지는 연 6%의, 그 다음날부터 다 갚는 날까지는 연 12%의 각 비율로 계산한 돈을,

---

[1] 기판력이 미치는 당사자의 범위를 특정한 것으로서 기재하지 않아도 무방하다.

나. 피고 박진승, 배수민은 연대하여 70,000,000원 및 이에 대한 2017. 10. 23.부터 다 갚는 날까지 연 6%의 비율로 계산한 돈을,

　　　각 지급하라.

3. (원고와 피고 배수진 사이에서) 원고와 피고 배수진 사이의 서울서부지방법원 2014. 2. 8. 선고 2013가단2780 매매대금 사건의 판결로 확정된 채권의 소멸시효 중단을 위한 재판상의 청구가 있었음을 확인한다.

4. 피고 최건양은 피고 배수민에게 서울 용산구 이태원동 321-7 잡종지 100m²에 관하여 서울서부지방법원 2009. 8. 26. 접수 제4547호로 마친 근저당권설정등기에 대하여 2020. 8. 23. 소멸시효를 원인으로 한 말소등기절차를 이행하라.[2]

5. 제2항은 가집행할 수 있다.

라는 판결을 구합니다.

청 구 원 인

1. 피고 박진승에 대한 소유권 확인청구

가. 부동산매매계약의 체결 및 자동해제

　　원고는 2017. 1. 2. 서울 서대문구 홍제동 266-150 대 14,876m²(이하 '홍제동 토지'라 합니다)를 매수하면서 서울서부지방법원 2017. 1. 7. 접수 제1154호로 소유권이전등기를 마쳤습니다[3].

　　이후 원고는 2019. 3. 9. 피고 박진승에게 홍제동 토지를 대금 20억원에 매도하면서, 계약체결일에 피고 박진승으로부터 계약금 5억 원을 수령함과 동시에 소유권이전등기에 필요한 모든 서류를 교부하여 위 토지의 소유권을 이전하고, 2019. 4. 9. 1차 중도금 2억 원을, 2019. 5. 9. 2차 중도금 3억 원을, 2019. 6. 9. 잔금 10억 원을 지급받되, 잔금을 지급받음과 동시에 피고 박진승에게 홍제동 토지를 인도하기로 약정하였습니다(이하 '이 사건 매매계약'이라 합니다).

　　이 사건 매매계약에 따라 원고는 계약체결일인 2019. 3. 9. 피고 박진승으로부터 계약금 5억 원을 수령함과 동시에 피고 박진승에게 홍제동 토지에 관한 소유권이전등기에 필요한 서류를 교부하여, 서울서부지방법원 2019. 3. 9. 접수 제8323호로 피고 박진승 명의의 소유권이전등기가 경료되었습니다.

　　그러나 피고 박진승은 1차 중도금 지급기일인 2019. 4. 9. 약정한 1차 중도금 2억 원을 지급하지 않아, 원고와 피고 박진승은 2019. 4. 27. '피고 박진승이 중도금 합계 5억 원을

---

[2] 후발적 실효사유에 의하여 장래에 향하여 실효(예컨대, 변제에 의한 저당권의 소멸, 소멸청구에 의한 전세권 또는 지상권의 소멸, 근저당권설정계약의 해지)됨을 원인으로 말소등기를 청구하는 경우에는 그 사유를 말소등기의 원인으로 기재하는 것이 원칙이다.

[3] 원고가 소유권자인 사실이고, 등기의 추정력을 원용하여 기재하여야 한다.

2019. 5. 9.까지 지급하되, 피고 박진승이 위 중도금 지급기일까지 중도금 지급을 지체하는 경우, 이 사건 매매계약은 별도 통지 없이 자동으로 무효가 된다'는 내용의 특약을 체결하였습니다.

그러나 피고 박진승은 약정한 중도금을 지급하지 않았고, 따라서 이 사건 매매계약은 위 특약에 기하여 2019. 5. 9. 자동으로 해제되었습니다.

나. 소유권의 회복 및 확인의 이익

홍제동 토지의 소유권은 피고 박진승 명의의 소유권이전등기로 인하여 피고 박진승에게 이전되었다가 위 매매계약의 해제로 인하여 원고에게 다시 복귀하였습니다.

그러나, 피고 박진승은 홍제동 토지가 자신의 소유라고 주장하고 있고, 이 사건 소유권확인청구외에 다른 구제방법을 도모할 수 없으므로, 원고로서는 홍제동 토지의 소유권 확인을 구할 이익이 있습니다.

다. 피고 박진승의 주장 및 이에 대한 반박

(1) 기판력 항변

피고 박진승은 원고가 피고 박진승을 상대로 홍제동 토지에 관한 피고 박진승 명의의 소유권이전등기의 말소를 구한 서울서부지방법원 2019가합95035 사건에서 2019. 12. 12. 원고 청구기각 판결이 선고되고, 2020. 1. 4. 확정되었으므로, 원고가 다시 피고 박진승을 상대로 홍제동 토지에 관한 소유권확인의 소를 구하는 것은 위 확정판결의 기판력에 반한다고 주장할 수 있습니다.

그러나, 말소등기청구소송의 기판력과 관련하여 판례[4]는 '확정판결의 기판력은 소송물로 주장된 법률관계의 존부에 관한 판단의 결론에만 미치고 그 전제가 되는 법률관계의 존부에까지 미치는 것은 아니므로, 계쟁 부동산에 관한 피고 명의의 소유권이전등기가 원인무효라는 이유로 원고가 피고를 상대로 그 등기의 말소를 구하는 소송을 제기하였다가 청구기각의 판결을 선고받아 확정되었다고 하더라도, 그 확정판결의 기판력은 소송물로 주장된 말소등기청구권이나 이전등기청구권의 존부에만 미치는 것이지 그 기본이 된 소유권 자체의 존부에는 미치지 아니하고, 따라서 원고가 비록 위 확정판결의 기판력으로 인하여 계쟁 부동산에 관한 등기부상의 소유 명의를 회복할 방법은 없게 되었다고 하더라도 그 소유권이 원고에게 없음이 확정된 것은 아닐 뿐만 아니라, 등기부상 소유자로 등기되어 있지 않다고 하여 소유권을 행사하는 것이 전혀 불가능한 것도 아닌 이상, 원고로서는 그의 소유권을 부인하는 피고에 대하여 계쟁 부동산이 원고의 소유라는 확인을 구할 법률상 이익이 있으며, 이러한 법률상의 이익이 있는 이상에는 특별한 사정이 없는 한 소유권확인 청구의 소제기 자체가 신의칙에 반하는 것이라고 단정할 수 없는 것이다.'고 판시하였습니다.

따라서 이와 배치되는 피고 박진승의 주장은 근거가 없습니다.

---

[4] 대판 2002.9.24. 2002다11847

(2) 해제의 효력

피고 박진승은 원고가 중도금지급의 최고와 해제의 의사표시를 하지 않았으므로, 이 사건 매매계약은 해제되지 않았다고 주장할 수 있습니다.

그러나, 중도금미지급 자동해제약정의 효력과 관련하여 판례[5]는 '매매계약에 있어서 매수인이 중도금을 약정한 일자에 지급하지 아니하면 그 계약을 무효로 한다고 하는 특약이 있는 경우 매수인이 약정한대로 중도금을 지급하지 아니하면(해제의 의사표시를 요하지 않고) 그 불이행 자체로써 계약은 그 일자에 자동적으로 해제된 것이라고 보아야 한다.'고 판시하여 그 효력을 인정하고 있습니다.

따라서 이와 배치되는 피고 박진승의 주장은 근거가 없습니다.

2. 피고 박진승, 배수민에 대한 금원청구

가. 대여금의 청구

원고는 2013. 12. 15. 피고 박진승에게 2천만 원을 이자 연 6%, 변제기 2018. 12. 14.로 정하여 대여하였습니다. 그러나 피고 박진승은 현재까지 위 대여금의 원리금을 상환하지 않고 있습니다.

따라서 피고 박진승은 원고에게 위 대여금 2천만 원 및 이에 대한 대여일인 2013. 12. 15.부터 이 사건 소장부본 송달일까지는 약정이율에 따른 연 6%의, 그 다음날부터 다 갚는 날까지는 소송촉진 등에 관한 특례법에 따른 연 12%의 각 비율로 계산한 이자 및 지연손해금을 지급하여야 합니다.

나. 매매대금의 청구

나성가구라는 상호로 가구 판매업을 운영하던 원고는 2017. 10. 4. 피고 박진승에게 주방용 가구(모델명 Q-V21) 15세트를 매매대금 7천만 원에 매도하면서, 위 가구의 인도일 및 대금지급일을 2017. 10. 22.로 정하였고, 피고 박진승이 매매대금의 지급을 연체하면 연 6%의 지연손해금을 가산하여 지급하기로 정하였습니다. 그리고 피고 배수민은 같은 날 자신의 서명이 있는 서면으로 위 대금채무의 지급을 보증하였습니다.

원고는 위 가구매매계약에 따라 2017. 10. 22. 피고 박진승에게 위 가구를 인도하였음에도 불구하고, 위 피고들은 위 매매대금을 현재까지 지급하지 않고 있습니다.

따라서 피고 박진승, 피고 배수민은 상법 제57조 제2항에 따라 연대하여 원고에게 위 매매대금 7천만 원 및 이에 대한 약정한 대금지급일 다음날인 2017. 10. 23.부터 다 갚는 날까지 약정지연손해금률에 따른 연 6%의 비율로 계산한 지연손해금을 지급하여야 합니다.[6]

---

[5] 대판 1991.8.13. 91다13717
[6] 대판 2013.4.26. 2011다50509. 원상회복의무가 이행지체에 빠진 이후의 기간에 대해서는 부당이득반환의무로서의 이자가 아니라 반환채무에 대한 지연손해금이 발생하게 되므로 거기에는 지연손해금률이 적용되어야 한다. 그 지연손해금률에 관하여도 당사자 사이에 별도의 약정이 있으면 그에 따라야 할 것이고, 설사 그것이 법정이율보다 낮다 하더라도 마찬가지이다.

다. 피고 박진승의 주장 및 이에 대한 반박

피고 박진승은 원고의 위 매매대금 채권은 시효로 소멸하였다고 주장할 수 있습니다.

원고의 위 매매대금채권은 상인이 판매한 상품의 대가이므로 단기소멸시효인 3년이 적용되고(민법 제163조 제6호), 기산점은 매매대금 지급일의 다음날인 2017. 10. 23.이므로 이 사건 소제기일 현재 소멸시효기간이 도과하였습니다.

그러나 원고는 시효완성전인 2017. 10. 29. 위 매매대금 및 그 지연손해금을 청구채권으로 피고 박진승 소유의 서울 중구 신당동 665-2 대 132m²에 대하여 서울중앙지방법원 2017카단1014호로 가압류신청을 하였고, 같은 달 30. 법원의 결정에 따른 가압류기입등기가 마쳐졌습니다. 따라서 원고의 매매대금채권은 2017. 10. 29. 소멸시효가 중단되었습니다[7].

한편, 피고 박진승은 위 원고의 가압류가 제소명령위반을 원인으로 2019. 2. 10. 취소되었으므로 가압류의 시효중단의 효력이 소멸하였다고 주장할 수 있습니다.

그러나, 이와 관련하여 판례[8]는 '민법 제175조는 가압류가 '권리자의 청구에 의하여 또는 법률의 규정에 따르지 아니함으로 인하여 취소된 때에는 소멸시효 중단의 효력이 없다'고 규정하고 있고, 이는 그러한 사유가 가압류 채권자에게 권리행사의 의사가 없음을 객관적으로 표명하는 행위이거나 또는 처음부터 적법한 권리행사가 있었다고 볼 수 없는 사유에 해당한다고 보기 때문이므로, 법률의 규정에 따른 적법한 가압류가 있었으나 제소기간의 도과로 인하여 가압류가 취소된 경우에는 위 법조가 정한 소멸시효 중단의 효력이 없는 경우에 해당한다고 볼 수 없다. 가압류결정 후 제소기간 도과를 이유로 가압류가 취소된 경우, 채권의 소멸시효는 가압류로 인하여 중단되었다가 제소기간의 도과로 가압류가 취소된 때로부터 다시 진행된다.'고 판시하였습니다.

위 판결에 따르면 원고의 가압류는 제소명령위반을 원인으로 2019. 2. 10. 취소되었으나, 이 사건 소제기일 현재 위 가압류 취소일로부터 3년이 도과하지 않았으므로 원고의 채권은 시효로 소멸하지 않았습니다. 따라서 이와 배치되는 피고 박진승의 주장은 근거가 없습니다.

3. 피고 배수진에 대한 재판상청구 확인청구

가. 매매대금채권에 대한 판결의 확정

원고는 피고 배수진을 상대로 하여 서울서부지방법원 2013가단2780호로 매매대금청구소송을 제기하였고, 위 소송에서 '피고 배수진은 원고에게 80,000,000원 및 이에 대하여 2013. 3. 1.부터 2013. 12. 17.까지는 연 6%의, 그 다음날부터 다 갚는 날까지는 연 20%[9]의 각 비율로

---

[7] 대판 2017.4.7. 2016다35451. 가압류를 시효중단사유로 규정한 이유는 가압류에 의하여 채권자가 권리를 행사하였다고 할 수 있기 때문이다. 가압류채권자의 권리행사는 가압류를 신청한 때에 시작되므로, 이 점에서도 가압류에 의한 시효중단의 효력은 가압류신청을 한 때에 소급한다.
[8] 대판 2011.1.13. 2010다88019
[9] 사안의 일자에 따른 소촉법 이율을 달리 계산하여야 한다. 즉, 2015.10.1.이전에는 연 20%, 2015.10.1.부터는 연 15%, 2019.6.1 이후는 연 12%의 비율로 계산하여야 한다.

계산한 돈을 지급하라.'는 내용의 판결이 2014. 2. 8. 선고되고, 같은 달 26. 확정되었습니다.

한편 원고는 내년에 출국하여 해외에서 5년 이상 생활할 예정이기 때문에 출국 전 위 매매대금 채권의 소멸시효 중단을 위한 조치를 취할 필요성이 있고, 이를 위해서는 재판상 청구를 통해 위 매매대금 채권의 소멸시효를 10년 더 연장하는 것이 가장 유효 적절한 수단이므로, 소멸시효 중단을 위하여 위 매매대금 채권에 관하여 원고가 승소확정판결을 받았음을 확인하는 내용의 소를 제기할 법률상 이익이 인정됩니다.

나. 피고 배수진의 주장 및 이에 대한 반박

피고 배수진은 (1) 위 판결에 의해 확정된 채권의 소멸시효 기간의 도과가 임박하지 않았고, (2) 자신이 이미 판결금을 지급하였으므로 원고의 청구는 이유가 없다고 주장할 수 있습니다.

그러나 이와 관련하여 판례[10]는 '시효중단을 위한 이행소송은 다양한 문제를 야기한다. 그와 같은 문제들의 근본적인 원인은 시효중단을 위한 후소의 형태로 전소와 소송물이 동일한 이행소송이 제기되면서 채권자가 실제로 의도하지도 않은 청구권의 존부에 관한 실체 심리를 진행하는 데에 있다. 채무자는 그와 같은 후소에서 전소 판결에 대한 청구이의사유를 조기에 제출하도록 강요되고 법원은 불필요한 심리를 해야 한다. 채무자는 이중집행의 위험에 노출되고, 실질적인 채권의 관리보전비용을 추가로 부담하게 되며 그 금액도 매우 많은 편이다. 채권자 또한 자신이 제기한 후소의 적법성이 10년의 경과가 임박하였는지 여부라는 불명확한 기준에 의해 좌우되는 불안정한 지위에 놓이게 된다. 위와 같은 종래 실무의 문제점을 해결하기 위해서, 시효중단을 위한 후소로서 이행소송 외에 전소 판결로 확정된 채권의 시효를 중단시키기 위한 조치, 즉 '재판상의 청구'가 있다는 점에 대하여만 확인을 구하는 형태의 '새로운 방식의 확인소송'이 허용되고, 채권자는 두 가지 형태의 소송 중 자신의 상황과 필요에 보다 적합한 것을 선택하여 제기할 수 있다고 보아야 한다.'고 판시하였습니다.

위 판결에 따르면, (1) 시효기간 도과가 임박하지 않은 경우라도 재판상의 청구가 있다는 점에 대해서만 확인을 구할 수 있고, (2) 위와 같은 확인청구소송이 제기된 후소 법원은 변론종결이후의 사정변경과 같은 사유에 대하여 실체심리를 할 필요가 없으므로, 이와 배치되는 피고 배수진의 주장은 근거가 없습니다[11].

---

10) 대판 2018.10.18. 2015다232316 전원합의체
11) 채점기준표는 확인청구의 경우에는 후소법원이 실체심리를 할 수 없고, 이행청구인 경우에만 실체심리를 할 수 있다는 입장인 것으로 보이는데, 대법원 2019. 1. 17. 선고 2018다24349 판결이 '시효중단을 위한 후소의 판결은 전소의 승소 확정판결의 내용에 저촉되어서는 아니 되므로, 후소 법원으로서는 그 확정된 권리를 주장할 수 있는 모든 요건이 구비되어 있는지에 관하여 다시 심리할 수 없으나, 위 후소 판결의 기판력은 후소의 변론종결 시를 기준으로 발생하므로, 전소의 변론종결 후에 발생한 변제, 상계, 면제 등과 같은 채권소멸사유는 후소의 심리대상이 된다. 따라서 채무자인 피고는 후소 절차에서 위와 같은 사유를 들어 항변할 수 있고 심리 결과 그 주장이 인정되면 법원은 원고의 청구를 기각하여야 한다. 이는 채권의 소멸사유 중 하나인 소멸시효 완성의 경우에도 마찬가지이다.'라고 판시한 점에 비추어 위와 같이 해석하는 것이 적절한지는 다소 의문이다.

4. 피고 최건양에 대한 근저당권 설정등기 말소청구

가. 근저당권의 설정 및 피담보채무의 소멸

소외 전소윤은 2009. 8. 24. 소외 임솔지로부터 5천만 원을 이자 연 12%, 변제기 2010. 8. 23.로 정하여 차용하면서, 위 차용금의 상환을 담보하기 위하여 같은 날 자신이 소유한 서울 용산구 이태원동 321-7 잡종지 100m^2(이하 '이태원동 토지'라 합니다)에 관하여 채권최고액 6천만원, 채무자 전소윤으로 서울서부지방법원 2009. 8. 26. 접수 제4547호로 근저당권설정등기를 마쳐주었습니다.

이후 임솔지는 2020. 7. 25. 전소윤에 대한 위 대여금채권을 피고 최건양에서 양도하면서 2020. 7. 30. 확정채권양도를 원인으로 한 근저당권이전의 부기등기를 마쳐주었습니다.

그러나, 위 대여금채권은 변제기인 2010. 8. 23.부터 10년이 도과하여 시효로 소멸하였고, 따라서 위 근저당권 역시 피담보채권이 없는 무효의 등기이므로 말소되어야 합니다.

나. 대위청구

피고 배수민은 2020. 12. 15. 전소윤으로부터 이태원동 토지를 매수하여 2020. 12. 20. 소유권이전등기를 마쳤으나, 피고 최건양을 상대로 근저당권설정등기의 말소청구를 하지 않았고, 원고는 피고 배수민에 대해 보증채권을 가지고 있으며, 채무초과상태에 있는 피고 배수민을 대위할 필요성이 인정됩니다. 따라서 원고는 피고 배수민의 소유권에 기한 방해배제청구권을 대위행사하여, 현재 근저당권자인 피고 최건양에 대하여 근저당권설정등기의 말소등기절차의 이행을 청구합니다.

다. 피고 최건양의 주장 및 이에 대한 반박

피고 최건양은 자신이 2020. 7. 25. 임솔지로부터 2009. 8. 24.자 대여금채권을 양수하였고, 당일 임솔지가 전소윤에게 이를 통지하였으며 그 통지서가 2020. 7. 28. 도달하였고, 2021. 1. 21. 전소윤 상대로 위 양수금채권의 지급을 구하는 소를 제기하였다가 2021. 3. 5. 그 소를 취하한 후 2021. 4. 10. 근저당권 실행을 위한 임의경매를 신청해 2021. 4. 13. 임의경매개시결정이 내려졌으므로 자신의 양수금채권의 소멸시효는 적법하게 중단되었다고 주장할 수 있습니다.

그러나, 소가 취하되면 6월 내 다시 재판상 청구 또는 압류 등을 하지 않는 한 재판상 청구로서의 소멸시효 중단의 효력은 소급적으로 소멸합니다(민법 제170조).

또한 최고는 6월 내 재판상 청구 등의 조치를 취하지 않으면 시효중단 효력이 없고(민법 제174조), 여러번 최고를 거듭하다가 재판상 청구를 한 경우 시효중단 효력은 재판상 청구 시점으로부터 소급하여 6월 내에 한 (최초의) 최고시에 발생합니다[12].

따라서 압류에 기하여 시효중단 효력 있는 임의경매를 신청한 2021. 4. 10.로부터 소급하여 6월 내인 2021. 1. 21. 재판상 청구만이 그 취하로 인해 최고의 효력이 인정될 수 있는데,

---

[12] 대판 1987.12.22. 87다카2337

위 청구는 변제기로부터 10년이 도과하여 이루어진 것이므로 시효중단 효력이 발생하지 않습니다. 따라서 이와 배치되는 피고 최건양의 주장은 근거가 없습니다.

5. 결론

위와 같은 이유로 피고들에 대하여 청구취지의 기재와 같은 판결을 선고하여 주시기 바랍니다.

증 명 방 법

첨 부 서 류

2021. 8. 5.

원고 소송대리인
변호사 김이승

서울서부지방법원 귀중[13]

---
13) 피고들의 보통재판적, 부동산 소재지 모두 서울서부지방법원의 관할임.

민사법

기록형

2021년도 제3차
법전협 모의시험

문제

2021년도 제3차 변호사시험 모의시험 – 논술형(기록형)

시험과목	민사법(기록형)

응시자 준수사항

1. 시험 시작 전 문제지의 봉인을 손상하는 경우, 봉인을 손상하지 않더라도 문제지를 들추는 행위 등으로 문제 내용을 미리 보는 경우 모두 부정행위로 간주되어 그 답안은 영점 처리 됩니다.

2. 답안은 흑색 또는 청색 필기구(사인펜이나 연필 사용 금지) 중 한 가지 필기구만을 사용하여 답안 작성 난(흰색 부분) 안에 기재하여야 합니다.

3. 답안지에 성명과 수험 번호를 기재하지 않아 인적 사항이 확인되지 않는 경우에는 영점 처리 등 불이익을 받게 됩니다. 특히 답안지를 바꾸어 다시 작성하는 경우, 성명 등의 기재를 빠뜨리지 않도록 유의하여야 합니다.

4. 답안지에는 문제 내용을 기재할 필요가 없으며, 답안 내용 이외의 사항을 기재하거나 밑줄 기타 어떠한 표시도 하여서는 안 됩니다. 답안을 정정할 경우에는 두 줄로 긋고 다시 기재하여야 하며, 수정액 등은 사용할 수 없습니다.

5. 시험 종료 시각에 임박하여 답안지를 교체 요구한 경우라도 시험시간 종료 후 즉시 새로 작성한 답안지를 회수합니다.

6. 시험 종료 후에는 답안지 작성을 일절 할 수 없으며, 이에 위반하여 시험시간이 종료되었음에도 불구하고 **시험관리관의 답안지 제출 지시에 불응한 채 계속 답안을 작성하거나 답안지를 늦게 제출할 경우 그 답안은 영점 처리** 됩니다.

7. 답안은 답안지 쪽수 번호 순으로 기재하여야 하고, **배부받은 답안지는 백지 답안이라도 모두 제출**하여야 하며, **답안지를 제출하지 아니한 경우 그 시험시간 및 나머지 시험시간의 시험에 응시할 수 없습니다.**

8. 지정된 시간까지 지정된 시험실에 입실하지 아니하거나 시험관리관의 승인을 얻지 아니하고 시험시간 중에 그 시험실에서 퇴실한 경우 그 시험시간 및 나머지 시험시간의 시험에 응시할 수 없습니다.

9. 시험시간이 종료되기 전에는 어떠한 경우에도 문제지를 시험장 밖으로 가지고 갈 수 없고, 시험 종료 후 가지고 갈 수 있습니다.

법학전문대학원협의회
THE ASSOCIATION OF KOREAN LAW SCHOOLS

【문 제】

　귀하는 변호사 민현욱으로서, 의뢰인 김정민과의 상담을 통해 아래 【상담내용】과 같은 사실관계를 청취하고, 【의뢰인 희망사항】 기재사항에 관한 본안소송의 대리권을 수여받고, 첨부된 서류를 자료로 받았습니다.
　의뢰인을 위한 본안의 소를 제기하기 위한 소장을 작성하시오.

【작성요령】

1. 소장 작성일 및 소 제기일은 2021. 10. 18.로 하시오.
2. 일방 당사자가 여러 명인 경우 성명으로 특정하시오(예, '피고 홍길동').
3. 청구취지와 청구원인은 가급적 피고별로 나누어 기재하시오.
　　　[이하의 작성요령은 실무의 기준과 다를 수 있음]
4. 1건의 공동소송으로 제기하되, 공동소송의 요건은 갖추어진 것으로 전제하고, 전속관할이 있는 청구가 있으면 반드시 그 관할법원에 소를 제기하며, (주관적이든 객관적이든) 예비적·선택적 병합청구는 하지 마시오.
5. 【의뢰인 희망사항】 란에 기재된 희망사항에 부합하되, 현행법과 그 해석상 승소 가능한 최대한의 범위에서 청구하고, 소 각하나 청구기각 부분이 발생하지 않도록 하시오.
6. 첨부자료를 통하여 상대방이 명백히 의견을 밝히고 있어서 소송 중 방어방법으로 제출할 것으로 예상되는 법률상 주장이나 항변 중 이유 있다고 생각되는 부분은 청구에 미리 반영하고, 이유 없다고 판단되는 사항은 청구원인란을 통해 미리 반박하시오.
7. 【의뢰인 상담일지】와 첨부자료에 기재된 사실관계는 모두 사실에 부합한 것으로 보고(작성자의 의견에 해당하는 사항은 제외), 기재되지 않은 사실은 없는 것으로 전제하며, 첨부된 서류는 모두 진정하게 성립된 것으로 간주하시오. 기록에 (인)으로 표시된 부분은 적법하게 날인된 것으로 간주하시오.
8. <증명방법>과 <첨부서류>란 기재는 생략하고, 부동산의 표시는 아래 [목록(부동산의 표시)]을 소장 말미에 첨부함을 전제로 하여 작성하므로 소장 말미에 [목록(부동산의 표시)]을 기재하지 마시오.
9. 이자나 지연손해금, 차임에 대하여는 다시 지연손해금 청구를 하지 마시오.
10. 관련 증거자료를 제시하여 기술할 필요는 없습니다.
11. 기록상의 날짜가 공휴일인지 여부, 문서의 서식이 실제와 부합하는지 여부는 고려하지 마시오.

목   록 (부동산의 표시)

1. 서울 동작구 상도동 45 대 400㎡
2. 서울 동작구 상도동 45(상도로12길 14) 지상 철근콘크리트조 슬래브지붕 단층 주택 300㎡
3. 익산시 팔봉동 845-1 공장용지 12,000㎡.   끝.

[참고자료]

각급 법원의 설치와 관할구역에 관한 법률(일부)

제4조(관할구역) 각급 법원의 관할구역은 다음 각 호의 구분에 따라 정한다. 다만, 지방법원 또는 그 지원의 관할구역에 시·군법원을 둔 경우「법원조직법」제34조 제1항 제1호 및 제2호의 사건에 관하여는 지방법원 또는 그 지원의 관할구역에서 해당 시·군법원의 관할구역을 제외한다.
 1. 각 고등법원·지방법원과 그 지원의 관할구역: 별표 3
    (이하 제2호 내지 제8호는 생략)

[별표3] 고등법원·지방법원과 그 지원의 관할구역(일부)

고등법원	지방법원	지원	관할구역
서 울	서울중앙		서울특별시 종로구·중구·강남구·서초구·관악구·동작구
	서울동부		서울특별시 성동구·광진구·강동구·송파구
	서울남부		서울특별시 영등포구·강서구·양천구·구로구·금천구
	서울북부		서울특별시 동대문구·중랑구·성북구·도봉구·강북구·노원구
	서울서부		서울특별시 서대문구·마포구·은평구·용산구
광주	전주	군산	군산시·익산시

의뢰인 상담일지

변호사 민 현 욱 법률사무소

서울 서초구 서초중앙로18길 17, 406호(서초동)
☎ : 02-535-1321, 팩스 : 02-535-1090, e-mail : minhu@kmail.com

접수번호	2021-131	상담일시	2021. 10. 12.
상담인	김정민 010-2453-9600	내방경위	지인 소개

【상 담 내 용】

1. 양수금 관련
 가. 의뢰인은 2019. 9. 13. 김상수가 운전하는 무보험 차량에 교통사고를 당하여 큰 부상을 당하고 차량이 파손되는 등의 손해를 입었고, 그 무렵 김상수와 사이에 위 교통사고로 인한 손해배상금을 1억 원으로 합의하여 김상수에 대하여 1억 원의 손해배상금 채권을 가지게 되었다.
 나. 그런데 김상수는 위 손해배상금의 지급을 차일피일 미루던 중 의뢰인에게 위 손해배상금의 지급을 위하여 자신이 차주용에 대하여 가지는 2019. 3. 17.자 대여금 채권을 양도하겠다고 제안하였고, 이에 응하여 의뢰인은 2020. 5. 22. 김상수로부터 위 대여금 채권을 양수하였다.

2. 상도동 소재 토지 관련
 가. 의뢰인은 작년에 상도동 소재 토지를 매수하여 현재 이를 소유하고 있다. 위 토지 상에는 김장호가 소유하고 있는 건물이 있는데, 위 토지 전부가 건물의 부지로 사용되고 있다.
 나. 주변 공인중개사들에게 위 토지의 적정한 차임을 문의하니, 보증금이 없을 경우 2020. 1. 1.부터 현재까지 위 토지의 차임은 월 500만 원이라고 한다.

3. 익산시 소재 토지 관련

가. 의뢰인은 익산시 소재 토지를 윤종명에게 임대하였다.
나. 그런데 윤종명은 위 토지에 관해 토목공사를 실시한 바 있다는 이유로 위 토지의 반환을 거부하고 있다. 윤종명은 매월 임대료 200만 원은 꼬박꼬박 지급하고 있다.

4. 망 서진용에 대한 대여금 관련
가. 의뢰인은 서진용에게 7,000만 원을 대여하였는데, 가스폭발사고로 서진용이 사망하였다.
나. 서진용이 생전에 운영하던 과일가게가 있는데, 위 가게를 찾아가보니 주인도 김승민이라는 자로 바뀌었고, 김승민은 서진용의 며느리가 자기에게 가게를 팔고 갔다며 매매계약서를 보여주었다.

【의뢰인 희망사항】
1. 가능한 범위에서 차주용으로부터 양수금과 지연손해금을 받기를 원한다.
2. 가능하다면 김장호의 건물을 철거한 후 상도동 소재 토지를 인도받고 싶고, 토지의 사용으로 인한 이익도 반환받고 싶다.
3. 익산시 소재 토지를 반환받고 싶다.
4. 가능하다면 망 서진용의 상속인에게 대여금을 청구하고 싶다. 다만, 망 서진용의 상속인 중 미성년자에게는 소를 제기하고 싶지 않다.

채권양도약정서

양도인   김 상 수
          서울 노원구 마들로 117, 9동 301호(월계동, 월계삼호아파트)

양수인   김 정 민
          서울 관악구 관악로 103(봉천동)

양도인 김상수는 양수인 김정민에게 아래 채권을 양도합니다.

- 아 래 -

김상수가 차주용에 대하여 가지는 2019. 3. 17.자 1억 5천 만 원의 대여금(지연손해금 포함) 채권 일체

첨부 서류: 차용증

2020. 5. 22.

양도인   김 상 수   (인)

양수인   김 정 민   (인)

借 用 證

금 1억 5천 만(150,000,000)원

차주용은 친구 김상수로부터 위 돈을 무이자로 차용하며, 2020. 3. 16.까지 이를 변제하기로 약정합니다. 친구 김상수와의 우정을 걸고 반드시 제때 갚을 것을 맹세합니다.

2019. 3. 17.

차용인 차주용 (인)

김상수 귀하
서울 노원구 마들로 117, 9동 301호(월계동, 월계삼호아파트)

채권양도통지서

채권의 표시

김상수가 차주용에 대하여 가지는 2019. 3. 17.자 대여금(원금 1억 5천 만 원, 지연손해금 포함) 채권 일체

양도인 김상수는 2020. 5. 17. 양수인 김정민에게 위 채권을 양도하기로 하고 양수인 김정민은 이를 수락하였습니다.

따라서 귀하께서는 위 돈을 양수인 김정민에게 지급하여 주시기 바랍니다.

2020. 5. 22.

통지인 : 김 상 수 (인)
　　　　　서울 노원구 마들로 117, 9동 301호(월계동, 월계삼호아파트)

차주용　귀하
주소 서울 광진구 광장로 51, 508동 2201호(광장동, 미소아파트)

본 우편물은 2020-05-22
제1925호에 의하여
내용증명우편물로 발송하였음을 증명함
서울노원우체국장

보내는 사람

서울광진우체국

20-1925 접수국: 서울노원우체국

받는 사람 (배달증명서 재중)

서울 노원구 마들로 117, 9동 301호(월계동, 월계삼호아파트)

김 상 수 귀하

우 편 물 배 달 증 명 서

수취인의 주거 및 성명

서울 광진구 광장로 51, 508동 2201호(광장동, 미소아파트)

차 주 용 귀하

접수국명	서울노원우체국	접수년월일	2020년 05월 22일
등기번호	제1925호	배달년월일	2020년 05월 24일
적 요	수취인과의 관계 본인 수령 **차 주 용**		서울광진 2020.05.27. 1018604 우 체 국

이행최고서

발신인 김정민
　　서울 관악구 관악로 103(봉천동)

수신인 차주용
　　서울 광진구 광장로 51, 508동 2201호(광장동, 미소아파트)

1. 귀하의 댁내 두루 평안하시길 기원합니다.

2. 다름이 아니라, 저는 귀하와 김상수 사이에 작성된 2019. 3. 17.자 차용증에 기한 대여금 채권을 양수한 사람입니다. 귀하도 채권양도 통지를 직접 받아서 잘 알고 계시리라 생각합니다.

3. 귀하도 아시다시피, 위 대여금 채권은 변제기가 6개월 이상 지났습니다. 대여 원금 및 지연손해금을 저에게 신속히 지급하시길 바라고, 즉시 지급하지 않을 경우 법적 조치를 강구할 수밖에 없다는 점을 양지하시기 바랍니다.

　　　　　　　　　　　2020. 9. 20.

　　　　　　　　　김 정 민　　(인)

본 우편물은 2020-09-20
제2639호에 의하여
내용증명우편물로 발송하였음을 증명함
서울관악우체국장

이행최고서에 대한 답신

발신인: 차주용
   서울 광진구 광장로 51, 508동 2201호(광장동, 미소아파트)
수신인: 김정민
   서울 관악구 관악로 103(봉천동)

1. 귀하가 보낸 통고서는 9월 말에 잘 받아보았습니다. 그런데 저는 말씀하시는 돈을 지급할 수 없습니다.
2. 제가 김상수로부터 돈을 빌린 것은 사실입니다. 그러나 김세영이라는 사람이 김상수의 대여금 채권 전액인 1억 5천 만 원에 대하여 이미 채권압류 및 전부명령을 받았고, 위 압류 및 전부명령은 2020. 2. 17. 저한테 송달되었습니다.
3. 법무사 사무실에 물어보니, 위 압류 및 전부명령 송달일(2020. 2. 17.)이 귀하의 채권양도통지서 송달일(2020. 5. 24.)보다 빨라서 귀하한테 돈을 주면 큰일난다고 하길래, 저는 나중에 김세영이라는 사람한테 돈을 줄 생각입니다. 귀하도 법은 잘 모르실테니, 한 번 알아보시길 바랍니다.
4. 사정이 이러하니, 더 이상 저를 괴롭히지 마시길 바랍니다.

첨부 : 채권압류 및 전부명령, 송달 및 확정 증명원

2020. 10. 2.

차주용 (인)

본 우편물은 2020-10-03
제4021호에 의하여
내용증명우편물로 발송하였음을 증명함
서울광진우체국장

서 울 중 앙 지 방 법 원
결 정

사　　건　　　2020타채2913　채권압류 및 전부명령
채 권 자　　　김세영
　　　　　　　서울 종로구 명륜2가 81, 101동 605호(혜화동, 명륜아파트)
채 무 자　　　김상수
　　　　　　　서울 노원구 마들로 117, 9동 301호(월계동, 월계삼호아파트)
제3채무자　　　차주용
　　　　　　　서울 광진구 광장로 51, 508동 2201호(광장동, 미소아파트)

주 문

채무자의 제3채무자에 대한 별지 기재 채권을 압류한다.
제3채무자는 채무자에 대하여 위 채권에 관한 지급을 하여서는 아니 된다.
채무자는 위 채권의 처분과 영수를 하여서는 아니 된다.
위 압류된 채권은 지급에 갈음하여 채권자에게 전부한다.

청 구 금 액

금 200,000,000원(공증인가 승소합동법률사무소 2020년 증서 제3512호에 의한 약속어음금)

이 유

채권자가 위 청구금액을 변제받기 위하여 공증인가 승소합동법률사무소 2020년 증서 제3512호 집행력 있는 약속어음공정증서 정본에 기초하여 한 이 사건 신청은 이유 있으므로 주문과 같이 결정한다.

2020. 2. 10.

사법보좌관　　명 장 수

정본입니다.
2020. 2. 10.
법원주사　손일순

[별지]

채권의 표시

금 150,000,000원

채무자가 제3채무자에 대하여 가지는 2019. 3. 17.자 대여금(지연손해금 포함) 채권

대여일: 2019. 3. 17.
대여금: 150,000,000원(지연손해금 포함)
변제기: 2020. 3. 16. 끝.

송달 및 확정 증명원

사　　　건　　　서울중앙지방법원 2020타채2913　채권압류 및 전부명령

채권자(신 청 인)　　김세영
채무자(피신청인)　　김상수
제 3 채 무 자　　　차주용

증명신청인:　　　차주용

위 사건에 관하여 2020. 2. 10. 채권압류 및 전부명령이 있었는바, 동 결정정본이 2020. 2. 17. 채무자 및 제3채무자에게 각 송달되어 위 압류 및 전부명령이 2020. 2. 25. 확정되었음을 증명하여 주시기 바랍니다.

2020. 10. 1.

제3채무자　차주용　　(인)

위 증명합니다.
2020. 10. 1.
서울중앙지방법원
법원주사 손일순

[서울중앙지방법원 법원주사 인]

서울중앙지방법원 귀중

통고서

발신인: 김정민
       서울 관악구 관악로 103(봉천동)

수신인: 차주용
       서울 광진구 광장로 51, 508동 2201호(광장동, 미소아파트)

1. 귀하가 2020. 10.초에 보낸 이행최고서에 대한 답신은 잘 받아보았습니다.
2. 그러나 귀하가 말씀하시는 전부명령보다 제가 받은 가압류가 귀하에게 먼저 송달되었다는 점을 간과하고 계신 것이 아닌가 생각됩니다.
3. 물론 제가 채권을 양수한 다음 더 이상 가압류는 필요 없다고 생각한 나머지 2020. 6. 1. 가압류 신청 취하 및 집행취소 신청을 하여 현재로서는 더 이상 유효한 가압류라고 할 수 없지만, 원래는 분명히 살아 있는 가압류였습니다.
4. 저는 전부명령에 대해 전혀 알지 못한 채 채권을 양수한 것이라서 귀하의 답신을 보고 깜짝 놀라 다시 법무사 사무실에 찾아가서 물어 보았는데, 귀하가 말씀하시는 전부명령은 이러한 사정으로 무효라고 합니다. 법무사님이 뭐라고 설명하긴 하시던데, 설명을 들어도 저로서는 잘 이해하지 못하겠지만, 아무튼 귀하가 받은 전부명령이 무효인 것만큼은 확실하다고 하니, 귀하도 법을 잘 아는 사람한테 물어보신 후 저한테 돈을 주시길 바랍니다.
5. 귀하와 법적 다툼이 생기지 않기를 바랍니다.

첨부 : 가압류 결정문, 송달 증명원

2020. 10. 12.

김 정 민 (인)

본 우편물은 2020-10-13
제3721호에 의하여
내용증명우편물로 발송하였음을 증명함
서울관악우체국장

서 울 중 앙 지 방 법 원
결 정

사 건	2019카단29934 채권가압류
채 권 자	김정민
	서울 관악구 관악로 103(봉천동)
채 무 자	김상수
	서울 노원구 마들로 117, 9동 301호(월계동, 월계삼호아파트)
제3채무자	차주용
	서울 광진구 광장로 51, 508동 2201호(광장동, 미소아파트)

주 문

채무자의 제3채무자에 대한 별지 기재 채권을 가압류한다.

제3채무자는 채무자에게 위 채권을 지급하여서는 아니 된다.

채무자는 다음 청구금액을 공탁하고 가압류의 집행정지 또는 그 취소를 신청할 수 있다.

청구채권의 내용 2019. 9. 13.자 교통사고로 인한 손해배상금 채권
청구금액   100,000,000원

이 유

이 사건 채권가압류신청은 이유 있으므로 담보로 공탁보증보험증권(서울보증보험주식회사 증권번호 제110-000-201902930004호)을 제출받고 주문과 같이 결정한다.

2019. 10. 31.

판사 김 태 훈

정본입니다.
2019. 10. 31.
법원주사 김상훈

[별지]

채권의 표시

금 100,000,000원

채무자가 제3채무자에 대하여 가지는 2019. 3. 17.자 대여금 150,000,000원 중 일부 100,000,000원

대여일: 2019. 3. 17.
대여금: 150,000,000원 중 일부 100,000,000원
변제기: 2020. 3. 16.   끝.

송 달 증 명 원

사　　건　　　　서울중앙지방법원 2019카단29934　채권가압류
채 권 자　　　　김정민
채 무 자　　　　김상수
제3채무자　　　 차주용

증명신청인:　　　김정민

위 사건에 관하여 아래와 같이 송달되었음을 증명합니다.

채무자 김상수　　　2019. 11. 4. 채권가압류결정정본 송달
제3채무자 차주용　 2019. 11. 4. 채권가압류결정정본 송달. 끝.

　　　　　　　　　　2020. 10. 10.

　　　　　　　서울중앙지방법원　[서울중앙지방법원 법원주사 인]
　　　　　　　법원주사　김상훈

통고서에 대한 회신

발신인: 차주용
　　　　서울 광진구 광장로 51, 508동 2201호(광장동, 미소아파트)
수신인: 김정민
　　　　서울 관악구 관악로 103(봉천동)

1. 왜 자꾸 저한테 이러시는지 알 수가 없습니다.
2. 저도 법을 잘 아는 동생한테 충분히 물어보았는데, 전부명령의 효력 여하를 막론하고, 적어도 압류명령은 여전히 유효하므로, 저는 귀하에게 돈을 드릴 수 없습니다.
3. 이제 그만 연락하시고, 원한다면 법대로 하시길 바랍니다.

2020. 10. 23.

차주용　(인)

본 우편물은 2020-10-23
제5033호에 의하여
내용증명우편물로 발송하였음을 증명함
서울광진우체국장

등기사항전부증명서 (말소사항 포함) - 토지 [제출용]

[토지] 서울 동작구 상도동 45   고유번호 1150-1985-781355

【 표 제 부 】 (토지의 표시)

표시번호	소 재 지 번	지목	면 적	등기원인 및 기타사항
1 (전 3)	서울 동작구 상도동 45	대	400㎡	부동산등기법 제177조의6 제1항의 규정에 의하여 1999년 06월 21일 전산이기

【 갑 구 】 (소유권에 관한 사항)

순위번호	등기목적	접 수	등 기 원 인	권리자 및 기타사항
1 (전 3)	소유권이전	1991년4월16일 제11223호	1991년3월7일 매매	소유자 원소유 620818-1****** 서울 서초구 방배동 731 그린빌라 501호 부동산등기법 제177조의6 제1항의 규정에 의하여 1999년 06월 21일 전산이기
2	가압류	2014년11월9일 제13106호	2014년11월8일 서울중앙지방법원의 가압류결정 (2014카단23134)	청구금액 금50,000,000원 채권자 신안은행 114271-3421534 서울 강남구 논현동 152
3	소유권이전	2015년4월5일 제12344호	2015년3월18일 매매	소유자 김장호 680331-1****** 서울 서초구 남부순환로 234(서초동) 거래가액 200,000,000원
4	강제경매개시결정 (2번가압류의 본압류로의 이행)	2017년3월2일 제18006호	2017년3월1일 서울중앙지방법원의 강제경매개시결정 (2017타경12825)	채권자 신안은행 114271-3421534 서울 강남구 논현동 152
5	3번소유권이전등기말소	2018년4월18일 제19703호	2018년4월12일 강제경매로 인한 매각	
6	소유권이전	2018년4월18일 제19703호	2018년4월12일 강제경매로 인한 매각	소유자 이준상 580912-1****** 서울 서초구 남부순환로 1(서초동)

[토지] 서울 동작구 상도동 45　　　　　　　　　　　고유번호 1150-1985-781355

순위번호	등기목적	접 수	등 기 원 인	권리자 및 기타사항
7	2번가압류, 4번강제경매 개시결정 등기말소	2018년4월18일 제19703호	2018년4월12일 강제경매로 인한 매각	
8	소유권이전	2020년4월5일 제22384호	2020년4월4일 매매	소유자 김정민 700406-1****** 　　　서울 관악구 관악로 103(봉천동) 거래가액 500,000,000원

― 이 하 여 백 ―

수수료 금 1,000원 영수함　관할등기소 서울중앙지방법원 등기국 / 발행등기소 법원행정처 등기정보중앙관리소

　　이 증명서는 등기기록의 내용과 틀림없음을 증명합니다.

　　　　　　　　서기　2021년 10월 01일

　　　　　법원행정처 등기정보중앙관리소 전산운영책임관

*실선으로 그어진 부분은 말소사항을 표시함.　　*등기기록에 기록된 사항이 없는 갑구 또는 을구는 생략함.

문서 하단의 바코드를 스캐너로 확인하거나 인터넷등기소(http://iros.go.kr)의 발급확인 메뉴에서 발급확인번호를 입력하여 위·변조 여부를 확인할 수 있습니다. 발급확인번호를 통한 확인은 발행일부터 3개월까지 5회에 한하여 가능합니다.

발행번호 00219405211494019OSLBO603943WOG16858151112　　2/2　　발급확인번호 QDHT-COHR-3758　　발행일 2021/10/01

등기사항전부증명서 (말소사항 포함) - 건물 [제출용]

[건물] 서울 동작구 상도동 45 　　　　　　　　　　　　　고유번호 1150-2104-138235

【 표　제　부 】		（건물의 표시）		
표시번호	접　수	소 재 지 번	건물 내역	등기원인 및 기타사항
1	2014년 8월 5일	서울 동작구 상도동 45 [도로명 주소] 서울 동작구 상도로 12길 14	철근콘크리트조 슬래브지붕 단층 주택 300㎡	

【 갑　　구 】		（소유권에 관한 사항）		
순위번호	등 기 목 적	접　　수	등 기 원 인	권 리 자 및 기 타 사 항
1	소유권보존	2014년8월5일 제23847호		소유자　김장호　680331-1****** 서울 서초구 남부순환로 234(서초동)

— 이　하　여　백 —

수수료 금 1,000원 영수함　관할등기소　서울중앙지방법원 등기국 / 발행등기소 법원행정처 등기정보중앙관리소

이 증명서는 등기기록의 내용과 틀림없음을 증명합니다.

서기　2021년 10월 01일

법원행정처 등기정보중앙관리소 전산운영책임관

*실선으로 그어진 부분은 말소사항을 표시함. 　　*등기기록에 기록된 사항이 없는 갑구 또는 을구는 생략함.

문서 하단의 바코드를 스캐너로 확인하거나 인터넷등기소(http://iros.go.kr)의 발급확인 메뉴에서 발급확인번호를 입력하여 위·변조 여부를 확인할 수 있습니다. 발급확인번호를 통한 확인은 발행일부터 3개월까지 5회에 한하여 가능합니다.

발행번호 00219405211494019OSLBO603943WOG16858151113　　1/1　　발급확인번호 QDHT-COHR-3759　　발행일 2021/10/01

통고서에 대한 회신

발신인: 김장호
　　　　서울 서초구 남부순환로 234(서초동)
수신인: 김정민
　　　　서울 관악구 관악로 103(봉천동)

1. 귀하가 철거를 요구한 통고서는 2021. 9. 30. 잘 받아보았습니다.
2. 제 건물이 귀하의 토지 상에 있는 것은 맞지만, 저는 토지와 건물을 모두 소유하고 있었는데(토지는 원소유로부터 매수하여 2015. 4. 5. 소유권이전등기를 마쳤고, 건물은 원소유의 승낙을 받아 신축한 후 2014. 8. 5. 소유권보존등기까지 마쳤기 때문에, 제 토지와 제 건물이었습니다), 토지에 대해 경매절차가 진행되고 있는 것을 기화로 이준상이라는 자가 토지를 경락받은 것입니다.
3. 이로써 토지와 건물의 소유자가 달라지게 된 것이니, 저는 관습법상 법정지상권을 취득하지 않았겠습니까?
4. 게다가 이준상은 저한테 토지를 내놓으라면서 소까지 제기했었지만, 세상 일은 다 사필귀정이라고 할까, 빚쟁이인 이준상은 채권자들에게 쫓겨서인지 소만 제기해 놓고서 증거도 전혀 제출하지 않은 채 아무 것도 안하다가 결국 패소 판결을 받았고, 그 패소 판결은 그대로 확정되었습니다. 지금 생각해 보면, 저한테 관습법상 법정지상권이 인정되니, 어차피 이준상이 질 것이라서 대충 한 것이 아닌가 싶기도 합니다.
5. 아무튼 저한테 관습법상 법정지상권도 있는데 철거, 인도를 구하거나 사용이익을 달라는 것은 이치에 닿지 않고, 더욱이 확정 판결도 있는 상황에서 이처럼 토지 인도를 요구하는 것은 더더욱 부당합니다.

첨부 : 판결문, 확정 증명원

2021. 10. 14.

　　　　　　　　김장호　(인)

본 우편물은 2021-10-14
제3021호에 의하여
내용증명우편물로 발송하였음을 증명함
서울서초우체국장

서 울 중 앙 지 방 법 원

제 28 민사부

판 결

사 건	2019가합21231 토지인도
원 고	이준상
	서울 서초구 남부순환로 1(서초동)
피 고	김장호
	서울 서초구 남부순환로 234(서초동)
변론종결	2019. 3. 5.
판결선고	2019. 3. 19.

주 문

1. 원고의 청구를 기각한다.
2. 소송비용은 원고가 부담한다.

청 구 취 지

피고는 원고에게 서울 동작구 상도동 45 대 400㎡(이하 '이 사건 토지'라 한다)를 인도하라.

이 유

원고는, 피고가 무단으로 이 사건 토지를 점유·사용하고 있다고 주장하며 이 사건 토지의 소유권에 기하여 피고를 상대로 이 사건 토지의 인도를 구한다.

살피건대, 갑 제1호증의 기재에 변론 전체의 취지를 종합하면, 원고가 이 사건 토지를 소유하고 있는 사실은 인정되나, 피고가 이 사건 토지를 점유·사용하고 있다는 점에 대한 아무런 증거가 없다(이 점에 관하여 입증을 촉구하는 이 법원의 석명준비명령을 송달받고도 원고는 아무런 증거를 제출하지 않고 있다).

따라서 피고가 이 사건 토지를 점유·사용하고 있음을 전제로 하는 원고의 청구는 이유 없으므로, 주문과 같이 판결한다.

재판장   판사   김장환 _____

판사   이상철 _____

판사   송정훈 _____

등본입니다.
2021. 9. 30.
법원주사 이도형

[서울중앙지방법원 법원주사 인]

확 정 증 명 원

사　　건　　2019가합21231　토지인도
원　　고　　이준상
피　　고　　김장호

위 당사자 간 귀원 2019가합21231 토지인도 사건에 관하여 2019. 3. 19. 선고된 판결이 2019. 5. 12. 확정되었음을 증명하여 주시기 바랍니다.

2021. 9. 30.

신청인　피고 김장호 (인)

위 증명합니다.
2021. 9. 30.
서울중앙지방법원
법원주사 김정주　(서울중앙지방법원 법원주사 인)

서울중앙지방법원 귀중

토지임대차계약서

1. 계약 당사자

임대인	성 명	김정민
	주민등록번호	700406-1257965
	주 소	서울 관악구 관악로 103(봉천동)
임차인	성 명	윤종명
	주민등록번호	700623-1357466
	주 소	서울 도봉구 마들로 725, 108동 1202호(도봉동)

2. 임대차목적물의 표시

토지 : 익산시 팔봉동 845-1 임야 12,000㎡

3. 계약조건

구 분	임대보증금	월 임대료
금 액	없음	금 이백만 원정(₩2,000,000)
임대차 계약기간	2010. 4. 18.부터 2020. 4. 17.까지	

4. 특약사항

 1) 임차인은 이 사건 토지를 장차 공장용지로 사용하고자 하는바, 향후 임대인은 이 사건 토지의 지목변경(임야→공장용지) 절차에 적극 협조하기로 한다.
 2) 향후 이 사건 임대차와 관련하여 임차인에게 각종 비용상환청구권이 발생한다고 하더라도 임차인은 원금만 청구할 수 있을 뿐, 이에 대한 지연손해금은 청구하지 않기로 한다.

2010. 4. 18.

임대인 김정민 (인)

임차인 윤종명 (인)

통고서

발신인: 김정민
　　　　서울 관악구 관악로 103(봉천동)
수신인: 윤종명
　　　　서울 도봉구 마들로 725, 108동 1202호(도봉동)

1. 본인은 2010. 4. 18. 귀하에게 본인 소유의 익산시 팔봉동 845-1 공장용지 12,000㎡를 임대하고 당일 인도한 바 있으나, 그 임대차기간은 2020. 4. 17. 만료되었습니다.
2. 그 무렵 저희가 임대차 유지 여부에 관하여 별다른 얘기를 하지 않는 바람에 귀하가 계속 사용하게 되었는데, 이 통고서로 임대차계약의 해지를 알려드립니다.
3. 귀하는 속히 위 토지를 본인에게 반환하여 주시기 바랍니다.

2021. 1. 14.

발신인　김 정 민 (인)

본 우편물은 2021-01-14
제529호에 의하여
내용증명우편물로 발송하였음을 증명함
서울관악우체국장

통고서에 대한 회신서

발신인: 윤종명
　　　　서울 도봉구 마들로 725, 108동 1202호(도봉동)
수신인: 김정민
　　　　서울 관악구 관악로 103(봉천동)

1. 귀하의 2021. 1. 14.자 통고서는 같은 달 17. 잘 받아보았습니다. 그러나 본인은 귀하의 일방적인 계약해지를 인정할 수 없습니다. 귀하는 계약해지를 운운하나, 저는 여전히 임대차관계가 유효하다고 생각하므로, 귀하가 법적으로 다투든 말든 앞으로도 임대료는 꼬박꼬박 지급할 생각입니다.

2. 또한, 설령 백 보를 양보하여 귀하의 말대로 임대차가 끝났다고 하더라도, 본인은 이 사건 토지의 지목을 공장용지로 변경하기 위해 거액의 공사비용을 들였습니다. 본인이 개인적으로 감정을 의뢰한 결과, 위 공사로 인한 토지 가치 증가액만 하더라도 5,000만 원이 된다고 하므로, 적어도 5,000만 원을 반환받기 전까지는 절대 토지를 넘겨줄 수 없습니다.

첨부 : 이체확인서(공사비용), 감정평가서

　　　　　　　　　　　2021. 5. 21.

　　　　　　　　　　발신인　윤 종 명 (인)

　　　　　　　　　　　　본 우편물은 2021-05-21
　　　　　　　　　　　　제17535호에 의하여
　　　　　　　　　　　　내용증명우편물로 발송하였음을 증명함
　　　　　　　　　　　　서울도봉우체국장

이체확인서

이체일시: 2011-03-09 14:48

보내는분	윤종명	받는분	한원범(삼명토건)
출금계좌	235-675-274833	입금은행/입금계좌	명성 232-76-13425
수수료	0원	이체금액	80,000,000원
내 통장 표시내용	토목공사(지목변경)	받는분 통장 표시내용	윤종명(공장용지)

* 위의 내용이 정상적으로 거래되었음을 확인합니다.

출력일
2021. 1. 21.
대한은행

감 정 평 가 서

1. 감정목적물

토지 : 익산시 팔봉동 845-1 공장용지 12,000㎡

2. 감정사항

감정목적물의 지목변경으로 인한 토지 가액 상승분

3. 감정결과

2011년 4월경 감정목적물의 지목이 임야에서 공장용지로 변경됨으로 인한 감정목적물의 가치증가 현존액은 5,000만 원으로 평가됨. 이는 2021. 4. 13. 기준이며, 향후에도 동일한 금액일 것으로 사료됨.

2021. 4. 15.

동신감정평가사사무소

감정평가사 이울림 (인)

통고서

발신인: 김정민
　　　　서울 관악구 관악로 103(봉천동)
수신인: 윤종명
　　　　서울 도봉구 마들로 725, 108동 1202호(도봉동)

1. 귀하가 필요해서 지출한 돈을 왜 본인이 줘야 하는지 모르겠습니다. 이 부분은 법정에서 따져보겠습니다.
2. 다만, 귀하의 주장대로 본인이 귀하에게 5,000만 원을 줘야 하는 상황이 된다 하더라도, 귀하도 본인에게 갚을 돈이 있음을 잊지 마시기 바랍니다. 본인은 앞서 귀하에게 2011. 4. 18. 1,000만 원, 2011. 8. 18. 1,000만 원 총 2,000만 원을 대여한 바 있습니다. 본인은 위 대여금 채권으로 귀하가 주장하는 5,000만 원과 상계하겠습니다.

첨부 : 차용증 2부

　　　　　　　　　　　　2021. 9. 27.

　　　　　　　　　　발신인　김 정 민 (인)

본 우편물은 2021-09-27
제103853호에 의하여
내용증명우편물로 발송하였음을 증명함
서울관악우체국장

借 用 證

금 1천만(10,000,000)원

윤종명은 김정민으로부터 위 돈을 무이자로 차용하며, 2011. 5. 17.까지 이를 변제하기로 약정합니다. 위 날짜까지 돈을 변제하지 못할 경우 월 1%의 지연손해금을 지급하겠습니다.

2011. 4. 18.

차용인   윤종명 (인)

김정민 귀하
서울 관악구 관악로 103(봉천동)

借 用 證

금 1천만(10,000,000)원

윤종명은 김정민으로부터 위 돈을 무이자로 차용하며, 2011. 9. 17.까지 이를 변제하기로 약정합니다. 위 날짜까지 돈을 변제하지 못할 경우 월 1%의 지연손해금을 지급하겠습니다.

2011. 8. 18.

차용인 윤종명 (인)

김정민 귀하
서울 관악구 관악로 103(봉천동)

통고서에 대한 회신서

발신인: 윤종명
        서울 도봉구 마들로 725, 108동 1202호(도봉동)
수신인: 김정민
        서울 관악구 관악로 103(봉천동)

1. 귀하의 2021. 9. 27.자 통고서는 같은 달 30. 잘 받아보았습니다.
2. 당시 귀하가 급전을 빌려줬던 것은 고마운 일입니다.
3. 귀하가 상계 운운하나, 모두 소멸시효가 지나 본인으로서는 갚을 이유가 없습니다. 법을 확인해 보시기 바랍니다.

                2021. 10. 4.

              발신인   윤 종 명 (인)

                                        본 우편물은 2021-10-04
                                        제94559호에 의하여
                                        내용증명우편물로 발송하였음을 증명함
                                        서울도봉우체국장

차 용 증

차용금액 : 금 칠천만 원정 (₩70,000,000)

서진용(560319-1492759)은 2020. 2. 13. 김정면으로부터 7,000만 원을 아래의 조건으로 차용하였음을 확인함.
이자 : 연 3%, 변제기한 : 2020. 6. 12.까지
사용용도 : '싱싱청과' 운영자금

2020. 2. 13.

서 진 용 (인)

서 울 금 천 경 찰 서

수신 : 경 찰 서 장
참조 : 형 사 과 장
제목 : 수사보고(사건발생보고 등)

관내 가스폭발 사건이 발생하였기에 이를 보고합니다.
1. 사건발생일시 : 2020. 12. 27. 15:37
2. 사건발생장소 : 서울 금천구 벚꽃로 425(가산동)
3. 피해상황 : 사건발생장소는 서경일(840918-1573028) 소유의 자택으로, 위 장소에서 발생한 가스폭발로 인하여 위 서경일과 그의 부친 서진용(560319-1492759)이 현장에서 즉사함
4. 향후 수사계획 : 국립과학수사연구원에 의뢰하여 방화혐의점 등을 조사할 예정임

2020. 12. 27.

사법경찰관   경위   오성한 (인)

| 가 | 족 |

가족관계증명서 [폐쇄]

| 등록기준지 | 경기도 이천시 중리동 945 |

구 분	성 명	출생연월일	주민등록번호	성별	본
본 인	서경일(徐慶一) 사망	1984년 09월 18일	840918-1573028	남	利川

가 족 사 항

구 분	성 명	출생연월일	주민등록번호	성별	본
부	서진용(徐眞勇) 사망	1956년 03월 19일	560319-1492759	남	利川
모	민경자(閔京子) 사망	1960년 01월 24일	600124-2572057	여	驪興
배우자	이강희(李姜姬)	1985년 07월 02일	850702-2429583	여	全州
자녀	서상우(徐相佑)	2016년 05월 29일	160529-3972039	남	利川
자녀	서예린(徐藝悧)	2018년 12월 02일	181202-4972064	여	利川

위 가족관계증명서는 가족관계등록부의 기록사항과 틀림없음을 증명합니다.

서기 2021년 09월 02일

서울특별시 금천구청장

| 기 | 본 |

기본증명서   [폐쇄]

등록기준지	경기도 여주시 상동 984

구분	상세내용
작성	[가족관계등록부 작성일] 2008년 01월 01일 [작성사유] 가족관계의 등록 등에 관한 법률 부칙 제3조 제1항
폐쇄	[폐쇄일] 2017년 06월 30일 [폐쇄사유] 사망

구분	성 명	출생연월일	주민등록번호	성별	본
본인	민경자(閔京子) 사망	1960년 01월 24일	600124-2572057	여	驪興

일반등록사항

구분	상세내용
출생	[출생장소] 경기도 여주시 상동 984 [신고일] 1960년 01월 29일 [신고인] 부
사망	[사망일시] 2017년 06월 22일 [사망장소] 서울 금천구 남부순환로 138, 금천구립병원(가산동) [신고일] 2017년 06월 30일 [신고인] 배우자 서진용 [처리관서] 서울특별시 금천구

위 기본증명서는 가족관계등록부의 기록사항과 틀림없음을 증명합니다.

서기 2021년 09월 02일

서울특별시 금천구청장

통고서에 대한 회신서

발신인: 이강희
       서울 영등포구 영중로 150, 302호(영등포동4가)
수신인: 김정민
       서울 관악구 관악로 103(봉천동)

1. 귀하가 보낸 2021. 1. 19.자 통고서는 잘 받아보았습니다. 본인은 불의의 사고로 시아버지와 그분의 유일한 혈육인 제 남편을 잃고 황망한 가운데 귀하의 통고서를 받고 큰 충격을 받았습니다.
2. 돌아가신 시아버지께서 귀하에게 빚이 있으셨다는 얘기는 금시초문입니다.
3. 다만, 본인은 만일에 대비해 이미 상속포기 절차를 마친 상태이므로, 귀하에게 채무를 변제할 이유는 없어 보입니다.

첨부 : 상속포기 결정문

2021. 2. 27.

발신인 이 강 희 (인)

본 우편물은 2021-02-27
제12393호에 의하여
내용증명우편물로 발송하였음을 증명함
서울영등포우체국장

서 울 가 정 법 원

심 판

사 건	2021느단18 상속포기
청 구 인	이강희 (850702-2429583)
	주소 서울 영등포구 영중로 150, 302호(영등포동4가)
피 상 속 인	망 서진용 (560319-1492759)
	2020. 12. 27. 사망
	최후주소 서울 금천구 벚꽃로 425(가산동)
	등록기준지 이천시 중리동 945

주 문

청구인이 피상속인 망 서진용의 재산상속을 포기하는 2021. 1. 25.자 신고는 이를 수리한다.

이 유

이 사건 청구는 이유 있으므로 주문과 같이 심판한다.

2021. 2. 8.

사법보좌관 윤민한

정본입니다
2021. 2. 8.
법원주사 노은선

서울가정법원
주사인

매매계약서

망 서진용의 상속인인 이강희는 2021. 1. 28. 망 서진용이 운영하던 '싱싱청과'[서울 금천구 시흥대로 547(독산동)]의 내부설비 및 집기, 차량, 물품대금 채권 등 일체를 대금 2,500만 원에 김승민에게 매도하고, 당일 그 대금을 모두 영수하면서 위 내부설비 등을 인도하였음을 확인함. 양측은 오늘 날짜 이후 이강희에게 '싱싱청과'에 대한 어떠한 권리도 없음을 확인함.

2021. 1. 28.

매도인 이강희 (850702-2429583)   이강희 (인)

매수인 김승민 (831206-1382947)   김승민 (인)

기록이면표지

확 인 : 법학전문대학원협의회

민사법

기록형

2021년도 **제3차**
법전협 모의시험

문제해결 TIP

기록 1면

【문 제】

　귀하는 변호사 민현욱으로서, 의뢰인 김정민과의 상담을 통해 아래 【상담내용】과 같은 사실관계를 청취하고, 【의뢰인 희망사항】 기재사항에 관한 본안소송의 대리권을 수여받고, 첨부된 서류를 자료로 받았습니다.
　의뢰인을 위한 본안의 소를 제기하기 위한 소장을 작성하시오.

【작성요령】
(작성기준일자로 소멸시효 및 제척기간의 기준시점이 된다.)

1. 소장 작성일 및 소 제기일은 2021. 10. 18.로 하시오.
2. 일방 당사자가 여러 명인 경우 성명으로 특정하시오(예, '피고 홍길동').
3. 청구취지와 청구원인은 가급적 피고별로 나누어 기재하시오.
　　　　　[이하의 작성요령은 실무의 기준과 다를 수 있음]
4. 1건의 공동소송으로 제기하되, 공동소송의 요건은 갖추어진 것으로 전제하고, 전속관할이 있는 청구가 있으면 반드시 그 관할법원에 소를 제기하며, (주관적이든 객관적이든) 예비적·선택적 병합청구는 하지 마시오.
5. 【의뢰인 희망사항】 란에 기재된 희망사항에 부합하되, 현행법과 그 해석상 승소 가능한 최대한의 범위에서 청구하고, 소 각하나 청구기각 부분이 발생하지 않도록 하시오.
6. 첨부자료를 통하여 상대방이 명백히 의견을 밝히고 있어서 소송 중 방어방법으로 제출할 것으로 예상되는 법률상 주장이나 항변 중 이유 있다고 생각되는 부분은 청구에 미리 반영하고, 이유 없다고 판단되는 사항은 청구원인란을 통해 미리 반박하시오.
7. 【의뢰인 상담일지】와 첨부자료에 기재된 사실관계는 모두 사실에 부합한 것으로 보고(작성자의 의견에 해당하는 사항은 제외), 기재되지 않은 사실은 없는 것으로 전제하며, 첨부된 서류는 모두 진정하게 성립된 것으로 간주하시오. 기록에 (인)으로 표시된 부분은 적법하게 날인된 것으로 간주하시오.
8. <증명방법>과 <첨부서류>란 기재는 생략하고, 부동산의 표시는 아래 [목록(부동산의 표시)]을 소장 말미에 첨부함을 전제로 하여 작성하므로 소장 말미에 [목록(부동산의 표시)]을 기재하지 마시오.
9. 이자나 지연손해금, 차임에 대하여는 다시 지연손해금 청구를 하지 마시오.
10. 관련 증거자료를 제시하여 기술할 필요는 없습니다.
11. 기록상의 날짜가 공휴일인지 여부, 문서의 서식이 실제와 부합하는지 여부는 고려하지 마시오.

의뢰인 상담일지

변호사 민 현 욱 법률사무소

서울 서초구 서초중앙로18길 17, 406호(서초동)
☎ : 02-535-1321, 팩스 : 02-535-1090, e-mail : minhu@kmail.com

접수번호	2021-131	상담일시	2021. 10. 12.
상담인	김정민 010-2453-9600	내방경위	지인 소개

【상 담 내 용】

― 상담일자

1. 양수금 관련

　가. 의뢰인은 2019. 9. 13. 김상수가 운전하는 무보험 차량에 교통사고를 당하여 큰 부상을 당하고 차량이 파손되는 등의 손해를 입었고, 그 무렵 김상수와 사이에 위 교통사고로 인한 손해배상금을 1억 원으로 합의하여 김상수에 대하여 1억 원의 손해배상금 채권을 가지게 되었다.

　나. 그런데 김상수는 위 손해배상금의 지급을 차일피일 미루던 중 의뢰인에게 위 손해배상금의 지급을 위하여 자신이 차주용에 대하여 가지는 2019. 3. 17.자 대여금 채권을 양도하겠다고 제안하였고, 이에 응하여 의뢰인은 2020. 5. 22. 김상수로부터 위 대여금 채권을 양수하였다.

　　― 양수금의 청구

2. 상도동 소재 토지 관련

　가. 의뢰인은 작년에 상도동 소재 토지를 매수하여 현재 이를 소유하고 있다. 위 토지 상에는 김장호가 소유하고 있는 건물이 있는데, 위 토지 전부가 건물의 부지로 사용되고 있다. ― 철거, 인도, 부당이득반환청구를 하여야 함.

　나. 주변 공인중개사들에게 위 토지의 적정한 차임을 문의하니, 보증금이 없을 경우 2020. 1. 1.부터 현재까지 위 토지의 차임은 월 500만 원이라고 한다.　― 부당이득의 산정기준

3. 익산시 소재 토지 관련

가. 의뢰인은 익산시 소재 토지를 윤종명에게 임대하였다.
나. 그런데 윤종명은 위 토지에 관해 토목공사를 실시한 바 있다는 이유로 위 토지의 반환을 거부하고 있다. 윤종명은 매월 임대료 200만 원은 꼬박꼬박 지급하고 있다.

> 임대목적물반환청구에 대한 유치권항변

4. 망 서진용에 대한 대여금 관련

가. 의뢰인은 서진용에게 7,000만 원을 대여하였는데, 가스폭발사고로 서진용이 사망하였다.
나. 서진용이 생전에 운영하던 과일가게가 있는데, 위 가게를 찾아가보니 주인도 김승민이라는 자로 바뀌었고, 김승민은 서진용의 며느리가 자기에게 가게를 팔고 갔다며 매매계약서를 보여주었다.

> 상속인의 확정 및 상속재산의 처분으로 인한 단순승인이 문제된다.

【의뢰인 희망사항】

1. 가능한 범위에서 차주용으로부터 양수금과 지연손해금을 받기를 원한다.
2. 가능하다면 김장호의 건물을 철거한 후 상도동 소재 토지를 인도받고 싶고, 토지의 사용으로 인한 이익도 반환받고 싶다.
3. 익산시 소재 토지를 반환받고 싶다.
4. 가능하다면 망 서진용의 상속인에게 대여금을 청구하고 싶다. 다만, 망 서진용의 상속인 중 미성년자에게는 소를 제기하고 싶지 않다.

> 미성년자들을 피고에서 제외할 것을 지시하였다.

借 用 證

금 1억 5천 만(150,000,000)원

> 민사채무이고, 무이자약정이 있다.

차주용은 친구 김상수로부터 위 돈을 무이자로 차용하며, 2020. 3. 16.까지 이를 변제하기로 약정합니다. 친구 김상수와의 우정을 걸고 반드시 제때 갚을 것을 맹세합니다.

2019. 3. 17.

차용인 차주용 (인)

김상수 귀하
서울 노원구 마들로 117, 9동 301호(월계동, 월계삼호아파트)

기록 8면

보내는 사람
  서울광진우체국
  20-1925   접수국: 서울노원우체국

                    받는 사람   (배달증명서 재중)
                        서울 노원구 마들로 117, 9동 301호(월계동,
                        월계삼호아파트)
                        김 상 수   귀하

우 편 물 배 달 증 명 서

수취인의 주거 및 성명

  서울 광진구 광장로 51, 508동 2201호(광장동, 미소아파트)

                    차 주 용   귀하

채권양도통지 도달일자

접수국명	서울노원우체국	접수년월일	2020년 05월 22일
등기번호	제1925호	배달년월일	2020년 05월 24일
적 요	수취인과의 관계 본인 수령 차 주 용		서울광진 2020.05.27. 1018604 우 체 국

이행최고서에 대한 답신

발신인: 차주용
　　　　서울 광진구 광장로 51, 508동 2201호(광장동, 미소아파트)
수신인: 김정민
　　　　서울 관악구 관악로 103(봉천동)

> 압류 및 전부명령 항변

1. 귀하가 보낸 통고서는 9월 말에 잘 받아보았습니다. 그런데 저는 말씀하시는 돈을 지급할 수 없습니다.
2. 제가 김상수로부터 돈을 빌린 것은 사실입니다. 그러나 김세영이라는 사람이 김상수의 대여금 채권 전액인 1억 5천 만 원에 대하여 이미 채권압류 및 전부명령을 받았고, 위 압류 및 전부명령은 2020. 2. 17. 저한테 송달되었습니다.
3. 법무사 사무실에 물어보니, 위 압류 및 전부명령 송달일(2020. 2. 17.)이 귀하의 채권양도통지서 송달일(2020. 5. 24.)보다 빨라서 귀하한테 돈을 주면 큰일난다고 하길래, 저는 나중에 김세영이라는 사람한테 돈을 줄 생각입니다. 귀하도 법은 잘 모르실테니, 한 번 알아보시길 바랍니다.
4. 사정이 이러하니, 더 이상 저를 괴롭히지 마시길 바랍니다.

첨부 : 채권압류 및 전부명령, 송달 및 확정 증명원

　　　　　　　　　　2020.　10.　2.

　　　　　　　　　　차주용　(인)

본 우편물은 2020-10-03
제4021호에 의하여
내용증명우편물로 발송하였음을 증명함
서울광진우체국장

기록 13면

송달 및 확정 증명원

사　　　　건　　　서울중앙지방법원 2020타채2913　　채권압류 및 전부명령

채권자(신 청 인)　　　김세영
채무자(피신청인)　　　김상수
제 3 채 무 자　　　　 차주용

증명신청인:　　　　　차주용

위 사건에 관하여 2020. 2. 10. 채권압류 및 전부명령이 있었는바, 동 결정정본이 2020. 2. 17. 채무자 및 제3채무자에게 각 송달되어 위 압류 및 전부명령이 2020. 2. 25. 확정되었음을 증명하여 주시기 바랍니다.

　　　　　　　　　　　　2020. 10. 1.

> 제3채무자 송달일인 2020. 2. 17.이 압류의 경합의 판단기준일이 된다.

　　　　　　　　　　제3채무자　차주용　　(인)

　　　　　　　　　　　　　　　　　위 증명합니다.
　　　　　　　　　　　　　　　　　 2020. 10. 1.
　　　　　　　　　　　　　　　　　서울중앙지방법원
　　　　　　　　　　　　　　　　　법원주사 손일순　　[서울중앙지방법원 법원주사 인]

서울중앙지방법원 귀중

[기록 14면]

통고서

발신인: 김정민
　　　　서울 관악구 관악로 103(봉천동)

수신인: 차주용
　　　　서울 광진구 광장로 51, 508동 2201호(광장동, 미소아파트)

> 전부명령 무효의 재항변

1. 귀하가 2020. 10.초에 보낸 이행최고서에 대한 답신은 잘 받아보았습니다.

2. 그러나 귀하가 말씀하시는 전부명령보다 제가 받은 가압류가 귀하에게 먼저 송달되었다는 점을 간과하고 계신 것이 아닌가 생각됩니다.

3. 물론 제가 채권을 양수한 다음 더 이상 가압류는 필요 없다고 생각한 나머지 2020. 6. 1. 가압류 신청 취하 및 집행취소 신청을 하여 현재로서는 더 이상 유효한 가압류라고 할 수 없지만, 원래는 분명히 살아 있는 가압류였습니다.

4. 저는 전부명령에 대해 전혀 알지 못한 채 채권을 양수한 것이라서 귀하의 답신을 보고 깜짝 놀라 다시 법무사 사무실에 찾아가서 물어 보았는데, 귀하가 말씀하시는 전부명령은 이러한 사정으로 무효라고 합니다. 법무사님이 뭐라고 설명하긴 하시던데, 설명을 들어도 저로서는 잘 이해하지 못하겠지만, 아무튼 귀하가 받은 전부명령이 무효인 것만큼은 확실하다고 하니, 귀하도 법을 잘 아는 사람한테 물어보신 후 저한테 돈을 주시길 바랍니다.

5. 귀하와 법적 다툼이 생기지 않기를 바랍니다.

　　첨부 : 가압류 결정문, 송달 증명원

　　　　　　　　　　2020. 10. 12.

　　　　　　　　　　김 정 민 (인)

　　　　　　　　　　본 우편물은 2020-10-13
　　　　　　　　　　제3721호에 의하여
　　　　　　　　　　내용증명우편물로 발송하였음을 증명함
　　　　　　　　　　서울관악우체국장

[별지]

채권의 표시

금 100,000,000원 — 1억 5천만원 중 1억원에 대해서 가압류가 집행되었다

채무자가 제3채무자에 대하여 가지는 2019. 3. 17.자 대여금 150,000,000원 중 일부 100,000,000원

대여일: 2019. 3. 17.
대여금: 150,000,000원 중 일부 100,000,000원
변제기: 2020. 3. 16. 끝.

기록 17면

송 달 증 명 원

사   건   서울중앙지방법원 2019카단29934 채권가압류
채 권 자   김정민
채 무 자   김상수
제3채무자   차주용

증명신청인: 김정민

위 사건에 관하여 아래와 같이 송달되었음을 증명합니다.

채무자 김상수   2019. 11. 4. 채권가압류결정정본 송달
제3채무자 차주용   2019. 11. 4. 채권가압류결정정본 송달. 끝.

> 압류의 경합이 있으므로, 전부명령은 효력이 없다.

2020. 10. 10.

서울중앙지방법원
법원주사 김상훈   [서울중앙지방법원 법원주사]

기록 18면

통고서에 대한 회신

발신인: 차주용

　　　　서울 광진구 광장로 51, 508동 2201호(광장동, 미소아파트)

수신인: 김정민

　　　　서울 관악구 관악로 103(봉천동)

1. 왜 자꾸 저한테 이러시는지 알 수가 없습니다.
2. 저도 법을 잘 아는 동생한테 충분히 물어보았는데, 전부명령의 효력 여하를 막론하고, 적어도 압류명령은 여전히 유효하므로, 저는 귀하에게 돈을 드릴 수 없습니다. ····· 압류가 유효하다는 취지의 재재항변
3. 이제 그만 연락하시고, 원한다면 법대로 하시길 바랍니다.

　　　　　　　　　　　　2020. 10. 23.

　　　　　　　　　　　　　　차주용　(인)

서울광진우체국
2020. 10. 23.
20 - 5033

본 우편물은 2020-10-23
제5033호에 의하여
내용증명우편물로 발송하였음을 증명함
서울광진우체국장

기록 19면

등기사항전부증명서 (말소사항 포함) - 토지 [제출용]

[토지] 서울 동작구 상도동 45   고유번호 1150-1985-781355

【 표 제 부 】 (토지의 표시)

표시번호	소재지번	지목	면적	등기원인 및 기타사항
1 (전 3)	서울 동작구 상도동 45	대	400㎡	부동산등기법 제177조의6 제1항의 규정에 의하여 1999년 06월 21일 전산이기

【 갑 구 】 (소유권에 관한 사항)

순위번호	등기목적	접 수	등 기 원 인	권리자 및 기타사항
1 (전 3)	소유권이전	1991년4월16일 제11223호	1991년3월7일 매매	소유자 원소유 620818-1****** 서울 서초구 방배동 731 그린빌라 501호 부동산등기법 제177조의6 제1항의 규정에 의하여 1999년 06월 21일 전산이기
2	가압류	2014년11월9일 제13106호	2014년11월8일 서울중앙지방법원의 가압류결정 (2014카단23134)	청구금액 금50,000,000원 채권자 신안은행 114271-3421534 서울 강남구 논현동 152
3	소유권이전	2015년4월5일 제12344호	2015년3월18일 매매	소유자 김장호 680331-1****** 서울 서초구 남부순환로 234(서초동) 거래가액 200,000,000원
4	강제경매개시결정 (2번가압류의 본압류로의 이행)	2017년3월2일 제18006호	2017년3월1일 서울중앙지방법원 강제경매개시결정 (2017타경12825)	채권자 신안은행 114271-3421534 서울 강남구 논현동 152
5	3번소유권이전등기말소	2018년4월18일 제19703호	2018년4월12일 강제경매로 인한 매각	
6	소유권이전	2018년4월18일 제19703호	2018년4월12일 강제경매로 인한 매각	소유자 이준상 580912-1****** 서울 서초구 남부순환로 1(서초동)

※ 토지에 가압류가 집행되었다.

[토지] 서울 동작구 상도동 45　　　　　　　　　　고유번호 1150-1985-781355

순위번호	등기목적	접 수	등 기 원 인	권리자 및 기타사항
7	2번가압류, 4번강제경매 개시결정 등기말소	2018년4월18일 제19703호	2018년4월12일 강제경매로 인한 매각	
8	소유권이전	2020년4월5일 제22384호	2020년4월4일 매매	소유자 김정민 700406-1******　　서울 관악구 관악로 103(봉천동) 거래가액 500,000,000원

— 이 하 여 백 —

(원고의 토지소유권 취득일)

수수료 금 1,000원 영수함　　관할등기소 서울중앙지방법원 등기국 / 발행등기소 법원행정처 등기정보중앙관리소

이 증명서는 등기기록의 내용과 틀림없음을 증명합니다.

서기　2021년 10월 01일

법원행정처 등기정보중앙관리소 전산운영책임관

*실선으로 그어진 부분은 말소사항을 표시함.　　*등기기록에 기록된 사항이 없는 갑구 또는 을구는 생략함.

문서 하단의 바코드를 스캐너로 확인하거나 인터넷등기소(http://iros.go.kr)의 발급확인 메뉴에서 발급확인번호를 입력하여 위·변조 여부를 확인할 수 있습니다. 발급확인번호를 통한 확인은 발행일부터 3개월까지 5회에 한하여 가능합니다.

발행번호 00219405211494019OSLBO603943WOG16858151112　2/2　발급확인번호 QDHT-COHR-3758　발행일 2021/10/01

기록 21면

등기사항전부증명서 (말소사항 포함) - 건물 [제출용]

[건물] 서울 동작구 상도동 45   고유번호 1150-2104-138235

【 표 제 부 】 (건물의 표시)

표시번호	접 수	소재지번	건물내역	등기원인 및 기타사항
1	2014년 8월 5일	서울 동작구 상도동 45 [도로명 주소] 서울 동작구 상도로12길 14	철근콘크리트조 슬래브지붕 단층 주택 300㎡	

【 갑 구 】 (소유권에 관한 사항)

순위번호	등기목적	접 수	등기원인	권리자 및 기타사항
1	소유권보존	2014년8월5일 제23847호		소유자 김장호 680331-1****** 서울 서초구 남부순환로 234(서초동)

― 이 하 여 백 ―

> 토지에 대한 가압류 집행 당시 토지와 건물의 소유자가 동일인이 아니므로 관습법상 법정지상권은 성립하지 않는다.

수수료 금 1,000원 영수함   관할등기소 서울중앙지방법원 등기국 / 발행등기소 법원행정처 등기정보중앙관리소

이 증명서는 등기기록의 내용과 틀림없음을 증명합니다.

서기   2021년 10월 01일

법원행정처 등기정보중앙관리소 전산운영책임관

*실선으로 그어진 부분은 말소사항을 표시함.   *등기기록에 기록된 사항이 없는 갑구 또는 을구는 생략함.

문서 하단의 바코드를 스캐너로 확인하거나 인터넷등기소(http://iros.go.kr)의 발급확인 메뉴에서 발급확인번호를 입력하여 위·변조 여부를 확인할 수 있습니다. 발급확인번호를 통한 확인은 발행일부터 3개월까지 5회에 한하여 가능합니다.

발행번호 002194052114940190SLBO603943WOG16858151113   1/1   발급확인번호 QDHT-COHR-3759   발행일 2021/10/01

> 기록 22면

통고서에 대한 회신

발신인: 김장호
　　　　서울 서초구 남부순환로 234(서초동)

수신인: 김정민
　　　　서울 관악구 관악로 103(봉천동)

> **관습법상 법정지상권 항변**

1. 귀하가 철거를 요구한 통고서는 2021. 9. 30. 잘 받아보았습니다.
2. 제 건물이 귀하의 토지 상에 있는 것은 맞지만, 저는 토지와 건물을 모두 소유하고 있었는데(토지는 원소유로부터 매수하여 2015. 4. 5. 소유권이전등기를 마쳤고, 건물은 원소유의 승낙을 받아 신축한 후 2014. 8. 5. 소유권보존등기까지 마쳤기 때문에, 제 토지와 제 건물이었습니다), 토지에 대해 경매절차가 진행되고 있는 것을 기화로 이준상이라는 자가 토지를 경락받은 것입니다.
3. 이로써 토지와 건물의 소유자가 달라지게 된 것이니, **저는 관습법상 법정지상권을 취득하지 않았겠습니까?**
4. 게다가 **이준상은 저한테 토지를 내놓으라면서 소까지 제기했었지만, 세상 일은 다 사필귀정이라고 할까, 빚쟁이인 이준상은 채권자들에게 쫓겨서인지 소만 제기해 놓고서 증거도 전혀 제출하지 않은 채 아무 것도 안하다가 결국 패소 판결을 받았고, 그 패소 판결은 그대로 확정되었습니다.** 지금 생각해 보면, 저한테 관습법상 법정지상권이 인정되니, 어차피 이준상이 질 것이라서 대충 한 것이 아닌가 싶기도 합니다.
5. 아무튼 저한테 관습법상 법정지상권도 있는데 철거, 인도를 구하거나 사용이익을 달라는 것은 이치에 닿지 않고, 더욱이 확정 판결도 있는 상황에서 이처럼 토지 인도를 요구하는 것은 더더욱 부당합니다.

> **기판력 항변**

첨부 : 판결문, 확정 증명원

　　　　　　　　　　　2021. 10. 14.

　　　　　　　　　　　김장호　(인)

　　　　　　　　　　　　　　　　본 우편물은 2021-10-14
　　　　　　　　　　　　　　　　제3021호에 의하여
　　　　　　　　　　　　　　　　내용증명우편물로 발송하였음을 증명함
　　　　　　　　　　　　　　　　서울서초우체국장

(서울서초우체국 / 2021. 10. 14. / 21 - 3021)

서 울 중 앙 지 방 법 원

제 28 민사부

판   결

사　　건	2019가합21231 토지인도
원　　고	이준상
	서울 서초구 남부순환로 1(서초동)
피　　고	김장호
	서울 서초구 남부순환로 234(서초동)
변론종결	2019. 3. 5.
판결선고	2019. 3. 19.

주   문

1. 원고의 청구를 기각한다.
2. 소송비용은 원고가 부담한다.

청 구 취 지

피고는 원고에게 서울 동작구 상도동 45 대 400㎡(이하 '이 사건 토지'라 한다)를 인도하라.

· · · · · · · · · · · · · · · · · · ● 전소유자의 토지인도청구 소송 기각 확정됨.

이   유

기록 26면

토지임대차계약서

1. 계약 당사자

임대인	성 명	김정민
	주민등록번호	700406-1257965
	주 소	서울 관악구 관악로 103(봉천동)
임차인	성 명	윤종명
	주민등록번호	700623-1357466
	주 소	서울 도봉구 마들로 725, 108동 1202호(도봉동)

2. 임대차목적물의 표시

토지 : 익산시 팔봉동 845-1 임야 12,000㎡

3. 계약조건

구 분	임대보증금	월 임대료
금 액	없음	금 이백만 원정(₩2,000,000)
임대차 계약기간	2010. 4. 18.부터 2020. 4. 17.까지	

임대차보증금이 없고, 임대차가 묵시적으로 갱신되었음.

4. 특약사항

1) 임차인은 이 사건 토지를 장차 공장용지로 사용하고자 하는바, 향후 임대인은 이 사건 토지의 지목변경(임야→공장용지) 절차에 적극 협조하기로 한다.

2) 향후 이 사건 임대차와 관련하여 임차인에게 각종 비용상환청구권이 발생한다고 하더라도 임차인은 원금만 청구할 수 있을 뿐, 이에 대한 지연손해금은 청구하지 않기로 한다.

지연손해금 면제특약

2010. 4. 18.

임대인 김정민 (인)

임차인 윤종명 (인)

통고서

발신인: 김정민

　　　　서울 관악구 관악로 103(봉천동)

수신인: 윤종명

　　　　서울 도봉구 마들로 725, 108동 1202호(도봉동)

1. 본인은 2010. 4. 18. 귀하에게 본인 소유의 익산시 팔봉동 845-1 공장용지 12,000㎡를 임대하고 당일 인도한 바 있으나, 그 임대차기간은 2020. 4. 17. 만료되었습니다.
2. 그 무렵 저희가 임대차 유지 여부에 관하여 별다른 얘기를 하지 않는 바람에 귀하가 계속 사용하게 되었는데, 이 통고서로 임대차계약의 해지를 알려드립니다.
3. 귀하는 속히 위 토지를 본인에게 반환하여 주시기 바랍니다.

　　　　　　　　　　　　　　　　　　　　　　　　임대차해지통고

　　　　　　　　　2021. 1. 14.

　　　　　　　발신인　김 정 민 (인)

본 우편물은 2021-01-14
제529호에 의하여
내용증명우편물로 발송하였음을 증명함
서울관악우체국장

통고서에 대한 회신서

발신인: 윤종명
   서울 도봉구 마들로 725, 108동 1202호(도봉동)
수신인: 김정민
   서울 관악구 관악로 103(봉천동)

1. 귀하의 2021. 1. 14.자 통고서는 같은 달 17. 잘 받아보았습니다. 그러나 본인은 귀하의 일방적인 계약해지를 인정할 수 없습니다. 귀하는 계약해지를 운운하나, 저는 여전히 임대차관계가 유효하다고 생각하므로, 귀하가 법적으로 다투든 말든 앞으로도 임대료는 꼬박꼬박 지급할 생각입니다.

2. 또한, 설령 백 보를 양보하여 귀하의 말대로 임대차가 끝났다고 하더라도, 본인은 이 사건 토지의 지목을 공장용지로 변경하기 위해 거액의 공사비용을 들였습니다. 본인이 개인적으로 감정을 의뢰한 결과, 위 공사로 인한 토지 가치 증가액만 하더라도 5,000만 원이 된다고 하므로, 적어도 5,000만 원을 반환받기 전까지는 절대 토지를 넘겨줄 수 없습니다.

첨부 : 이체확인서(공사비용), 감정평가서

2021. 5. 21.

발신인 윤 종 명 (인)

본 우편물은 2021-05-21
제17535호에 의하여
내용증명우편물로 발송하였음을 증명함
서울도봉우체국장

통고서

발신인: 김정민
　　　　서울 관악구 관악로 103(봉천동)
수신인: 윤종명
　　　　서울 도봉구 마들로 725, 108동 1202호(도봉동)

1. 귀하가 필요해서 지출한 돈을 왜 본인이 줘야 하는지 모르겠습니다. 이 부분은 법정에서 따져보겠습니다.

2. 다만, 귀하의 주장대로 본인이 귀하에게 5,000만 원을 줘야 하는 상황이 된다 하더라도, 귀하도 본인에게 갚을 돈이 있음을 잊지 마시기 바랍니다. 본인은 앞서 귀하에게 2011. 4. 18. 1,000만 원, 2011. 8. 18. 1,000만 원 총 2,000만 원을 대여한 바 있습니다. 본인은 위 대여금 채권으로 귀하가 주장하는 5,000만 원과 상계하겠습니다.

　　　　　　　　　　　　　　상계의 재항변

첨부 : 차용증 2부

2021. 9. 27.

발신인　김 정 민 (인)

본 우편물은 2021-09-27
제103853호에 의하여
내용증명우편물로 발송하였음을 증명함
서울관악우체국장

借 用 證

금 1천만(10,000,000)원   [수동채권의 변제기 도래시에 이미 자동채권의 소멸시효가 완성되었으므로, 위 채권으로는 상계할 수 없다.]

윤종명은 김정민으로부터 위 돈을 무이자로 차용하며, 2011. 5. 17.까지 이를 변제하기로 약정합니다. 위 날짜까지 돈을 변제하지 못할 경우 월 1%의 지연손해금을 지급하겠습니다.

2011. 4. 18.

차용인   윤종명 (인)

김정민 귀하
서울 관악구 관악로 103(봉천동)

기록 33면

借 用 證

금 1천만(10,000,000)원   [수동채권의 변제기 도래시에 자동채권의 소멸시효가 완성되지 않았으므로, 민법 제495조에 따라 상계가 가능하다.]

윤종명은 김정민으로부터 위 돈을 무이자로 차용하며, 2011. 9. 17.까지 이를 변제하기로 약정합니다. 위 날짜까지 돈을 변제하지 못할 경우 월 1%의 지연손해금을 지급하겠습니다.

2011. 8. 18.

차용인   윤종명 (인)

김정민 귀하
서울 관악구 관악로 103(봉천동)

[기록 34면]

통고서에 대한 회신서

발신인: 윤종명
　　　　서울 도봉구 마들로 725, 108동 1202호(도봉동)
수신인: 김정민
　　　　서울 관악구 관악로 103(봉천동)

1. 귀하의 2021. 9. 27.자 통고서는 같은 달 30. 잘 받아보았습니다.
2. 당시 귀하가 급전을 빌려줬던 것은 고마운 일입니다.
3. 귀하가 상계 운운하나, 모두 소멸시효가 지나 본인으로서는 갚을 이유가 없습니다. 법을 확인해 보시기 바랍니다.

　　　　　　　　　　　　　　　　　　→ 자동채권 소멸시효완성의 재재항변

　　　　　　　　　　　　2021. 10. 4.

　　　　　　　　　　발신인　윤 종 명 (인)

[서울도봉우체국 / 2021. 10. 4. / 21 - 94559]

본 우편물은 2021-10-04
제94559호에 의하여
내용증명우편물로 발송하였음을 증명함
서울도봉우체국장

차 용 증

차용금액 : 금 칠천만 원정 (₩70,000,000)

서진용(560319-1492759)은 2020. 2. 13. 김정민으로부터 7,000만 원을 아래의 조건으로 차용하였음을 확인함.

이자 : **연 3%**, 변제기한 : 2020. 6. 12. 까지

사용용도 : '싱싱청과' 운영자금 ·········· • 상사채무

········ • 법정이율보다 낮은 약정이율로, 지연손해금은 법정이율에 따라 청구할 수 있다

2020. 2. 13.

서 진 용 (인)

서 울 금 천 경 찰 서

수신 : 경찰서장
참조 : 형사과장
제목 : 수사보고(사건발생보고 등)

관내 가스폭발 사건이 발생하였기에 이를 보고합니다.
1. 사건발생일시 : 2020. 12. 27. 15:37
2. 사건발생장소 : 서울 금천구 벚꽃로 425(가산동)
3. 피해상황 : 사건발생장소는 서경일(840918-1573028) 소유의 자택으로, 위 장소에서 발생한 가스폭발로 인하여 위 서경일과 그의 부친 서진용(560319-1492759)이 현장에서 즉사함 〔동시사망으로 추정된다.〕
4. 향후 수사계획 : 국립과학수사연구원에 의뢰하여 방화혐의점 등을 조사할 예정임

2020. 12. 27.

사법경찰관   경위   오성한 (인)

기록 37면

| 가 | 족 |

가족관계증명서 [폐쇄]

| 등록기준지 | 경기도 이천시 중리동 945 |

구 분	성 명	출생연월일	주민등록번호	성별	본
본 인	서경일(徐慶一) 사망	1984년 09월 18일	840918-1573028	남	利川

| 가 족 사 항 |

구 분	성 명	출생연월일	주민등록번호	성별	본
부	서진용(徐眞勇) 사망	1956년 03월 19일	560319-1492759	남	利川
모	민경자(閔京子) 사망	1960년 01월 24일	600124-2572057	여	驪興
배우자	이강희(李姜姬)	1985년 07월 02일	850702-2429583	여	全州
자녀	서상우(徐相佑)	2016년 05월 29일	160529-3972039	남	利川
자녀	서예린(徐藝閔)	2018년 12월 02일	181202-4972064	여	利川

위 가족관계증명서는 가족관계등록부의 기록사항과 틀림없음을 증명합니다.

서기 2021년 09월 02일

서울특별시 금천구청장

이강희, 서상우, 서예린이 서진용의 채무를 대습상속하지만, 지시사항에 따라 미성년 자녀들에 대해서는 소를 제기할 수 없다.

기록 38면

| 기 | 본 |

기본증명서 [폐쇄]

등록기준지	경기도 여주시 상동 984

구분	상 세 내 용
작성	[가족관계등록부 작성일] 2008년 01월 01일 [작성사유] 가족관계의 등록 등에 관한 법률 부칙 제3조 제1항
폐쇄	[폐쇄일] 2017년 06월 30일 [폐쇄사유] 사망

구분	성 명	출생연월일	주민등록번호	성별	본
본인	민경자(閔京子) 사망	1960년 01월 24일	600124-2572057	여	驪興

일반등록사항

구분	상 세 내 용
출생	[출생장소] 경기도 여주시 상동 984 [신고일] 1960년 01월 29일 [신고인] 부
사망	[사망일시] 2017년 06월 22일 [사망장소] 서울 금천구 남부순환로 138, 금천구립병원(가산동) [신고일] 2017년 06월 30일 [신고인] 배우자 서진용 [처리관서] 서울특별시 금천구

> 서진용의 배우자 민경자는 폭발 사고 이전 사망하였으므로, 상속인이 될 수 없다.

위 기본증명서는 가족관계등록부의 기록사항과 틀림없음을 증명합니다.

서기 2021년 09월 02일

서울특별시 금천구청장

기록 39면

통고서에 대한 회신서

발신인: 이강희
　　　　서울 영등포구 영중로 150, 302호(영등포동4가)
수신인: 김정민
　　　　서울 관악구 관악로 103(봉천동)

1. 귀하가 보낸 2021. 1. 19.자 통고서는 잘 받아보았습니다. 본인은 불의의 사고로 시아버지와 그분의 유일한 혈육인 제 남편을 잃고 황망한 가운데 귀하의 통고서를 받고 큰 충격을 받았습니다.
2. 돌아가신 시아버지께서 귀하에게 빚이 있으셨다는 얘기는 금시초문입니다.
3. 다만, 본인은 만일에 대비해 이미 상속포기 절차를 마친 상태이므로, 귀하에게 채무를 변제할 이유는 없어 보입니다.

　　　　　　　　　　　　　　　　상속포기항변

첨부 : 상속포기 결정문

　　　　　　　　　　2021. 2. 27.

　　　　　　　　발신인　이 강 희 (인)

본 우편물은 2021-02-27
제12393호에 의하여
내용증명우편물로 발송하였음을 증명함
서울영등포우체국장

기록 41면

매매계약서

망 서진용의 상속인인 이강희는 2021. 1. 28. 망 서진용이 운영하던 '싱싱청과'[서울 금천구 시흥대로 547(독산동)]의 내부설비 및 집기, 차량, 물품대금 채권 등 일체를 대금 2,500만 원에 김승민에게 매도하고, 당일 그 대금을 모두 영수하면서 위 내부설비 등을 인도하였음을 확인함. 양측은 오늘 날짜 이후 이강희에게 '싱싱청과'에 대한 어떠한 권리도 없음을 확인함.

> 상속포기심판고지 전 상속재산을 처분하였으므로, 단순승인 사유가 된다.

2021. 1. 28.

매도인 이강희 (850702-2429583) 이강희 (인)

매수인 김승민 (831206-1382947) 김승민 (인)

민사법 / 기록형

2021년도 제3차 법전협 모의시험
답안

민사법 기록형 채점 기준

평가대상		논점	배점	기타
당사자 (6)		원고 이름, 주소	1	
		소송대리인 이름, 주소, 전화, 팩스, 전자우편	1	
		피고들 이름, 주소 각 1점	4	
사건명(1)		양수금 등 청구의 소	1	
청구취지 (50)		피고 차주용에 대한 양수금 청구	11	
		피고 김장호에 대한 토지 인도 등 청구	12	
		피고 윤종명에 대한 임대차목적물 반환 청구	12	
		피고 이강희에 대한 상속채무금 청구	12	
		소송비용	1	
		가집행	2	
청구 원인 (105)	피고 차주용 (28)	양수금 청구 요건사실	6	
		선행 전부명령이 있지만 압류 경합으로 무효임	12	
		선행 압류명령이 있어도 이행청구를 배척할 수 없음	7	
		소결론	3	
	피고 김장호 (28)	토지 인도 등 청구 요건사실	6	
		전 소유자가 받은 확정 판결의 기판력에 반하지 않음	8	
		관습법상 법정지상권은 성립할 여지가 없음	9	
		소결론	5	

		임대차목적물 반환 청구 요건사실	7
	피고 윤종명 (27)	유익비상환청구권에 기한 유치권 행사는 가능함	5
		상계로 유익비상환청구권이 일부 소멸됨	7
		자동채권 소멸시효 완성 후에도 상계가 가능한 경우임	5
		소결론	3
	피고 이강희 (22)	상속채무금 청구 요건사실	12
		법정단순승인 사유가 있으므로 상속포기 불가	10
	작성일, 대리인, 관할법원(3)		3
	전체적인 체계, 구성 및 논리전개(10)		10	재량 점수 부여
총 점			**175**

소 장

원 고 김정민
서울 관악구 관악로 103 (봉천동)

소송대리인 변호사 민현욱
서울 서초구 서초중앙로 18길 17, 406호 (서초동)
전화: (02) 535-1321, 팩스: (02) 535-1090, 이메일: minhu@kmail.com

피 고 1. 차주용
서울 광진구 광장로 51, 508동 2201호 (광장동, 미소아파트)

2. 김장호
서울 서초구 남부순환로 234 (서초동)

3. 윤종명
서울 도봉구 마들로 725, 108동 1202호 (도봉동)

4. 이강희
서울 영등포구 영중로 150, 302호 (영등포동 4가)

양수금 등 청구의 소

청 구 취 지

1. 피고 차주용은 원고에게 150,000,000원 및 이에 대한 2020. 3. 17.부터 이 사건 소장부본 송달일까지는 연 5%의, 그 다음날부터 다 갚는 날까지는 연 12%의 각 비율로 계산한 돈을 지급하라.
2. 피고 김장호는 원고에게,
   가. 별지 목록 제2항 기재 부동산을 철거하고, 별지 목록 제1항 기재 부동산을 인도하고,
   나. 2020. 4. 5.부터 별지 목록 제1항 기재 부동산의 인도 완료일까지 월 5,000,000원의 비율로 계산한 돈을 지급하라.

3. 피고 윤종명은 원고로부터 28,200,000원을 지급받음과 동시에 원고에게 별지 목록 제3항 기재 부동산을 인도하라.
4. 피고 이강희는 30,000,000원 및 이에 대한 2020. 2. 13.부터 2020. 6. 12.까지는 연 3%의, 그 다음날부터 이 사건 소장부본 송달일까지는 연 6%의, 그 다음날부터 다 갚는 날까지는 연 12%의 각 비율로 계산한 돈을 지급하라.
5. 소송비용은 피고들이 부담한다.
6. 제1항 내지 제4항은 가집행할 수 있다.
라는 판결을 구합니다.

청 구 원 인

1. 피고 차주용에 대한 청구

가. 소비대차계약의 체결 및 채권양도

소외 김상수는 2019. 3. 17. 피고 차주용에게 150,000,000원을 무이자로 변제기 2020. 3. 16.로 정하여 대여하였습니다(이하 '이 사건 대여금'이라 합니다).

그리고 소외 김상수는 원고에게 교통사고로 인한 손해배상채무를 부담하고 있었는데, 위 손해배상채무의 지급을 위하여 2020. 5. 22. 원고에게 이 사건 대여금 채권을 양도하고, 같은 날 피고 차주용에게 확정일자 있는 증서로 채권양도통지를 하였으며, 위 양도통지가 2020. 5. 24. 피고 차주용에게 도달하였습니다.

따라서 피고 차주용은 원고에게 양수금 150,000,000원 및 이에 대한 변제기 다음날인 2020. 3. 17.부터 이 사건 소장부본 송달일까지는 민법에 따른 연 5%의, 그 다음날부터 다 갚는 날까지는 소송촉진 등에 관한 특례법에 따른 연 12%의 각 비율로 계산한 지연손해금을 지급하여야 합니다.

나. 피고 차주용의 주장 및 이에 대한 반박

(1) 전부명령 항변

피고 차주용은, 소외 김세영이 공증인가 승소합동법률사무소 2020년 증서 제3512호 집행력 있는 약속어음공정증서 정본에 기초하여 2020. 2. 10. 서울중앙지방원 2020타채2913호로 이 사건 대여금 채권 150,000,000원 전액에 대하여 채권압류 및 전부명령을 받았고, 위 압류 및 전부명령이 2020. 2. 17. 제3채무자에게 송달된 이후 확정되었으므로, 원고의 채권양도는 위 압류 및 전부명령 이후에 이루어진 것이어서 효력이 없다는 취지로 주장할 수 있습니다.

그러나, 위 김세영의 압류 및 전부명령이 집행되기 전 원고가 서울중앙지방법원 2019카단29934호로 이 사건 대여금 채권 중 일부인 100,000,000원에 대하여 채권가압류 결정을 받아, 위 가압류결정문이 2019. 11. 4. 제3채무자인 피고 차주용에게 송달되었습니다.

위 가압류된 피압류채권과 압류 및 전부명령된 피압류채권의 합계금이 피압류채권의 권면액인 150,000,000원을 초과하므로, 위 전부명령은 압류의 경합으로 인하여 무효입니다.

따라서 이에 관한 피고 차주용의 주장은 근거가 없습니다.

(2) 압류명령 항변[1]

또한 피고 차주용은 위 전부명령이 무효라 하더라도 압류가 유효이므로, 원고의 청구에 응할 수 없다고 주장할 수 있으나[2], 채권에 대한 압류 또는 가압류가 있더라도 이는 채무자가 제3채무자로부터 현실로 급부를 추심하는 것만을 금지하는 것일 뿐 채무자는 제3채무자를 상대로 그 이행을 구하는 소송을 제기할 수 있고 법원은 압류 또는 가압류가 되어 있음을 이유로 이를 배척할 수는 없는 것이 원칙이므로, 이와 배치되는 피고 차주용의 주장은 근거가 없습니다.

2. 피고 김장호에 대한 청구

가. 토지인도, 건물철거, 부당이득반환청구

원고는 2020. 4. 4. 소외 이준상으로부터 별지 목록 제1항 기재 토지를 매수하고, 그 다음날 소유권이전등기를 마친 위 토지의 소유자입니다.

한편, 피고 김장호는 별지 목록 제1항 기재 토지 위에 별지 목록 제2항 기재 건물을 신축한 후 2014. 8. 5. 소유권보존등기를 마쳤습니다.

그러나 피고 김장호가 위 토지 위에 위 건물을 신축한 것은 원고와의 관계에서 아무런 권원이 없는 것이므로 원고는 소유권에 기한 방해배제청구권의 행사로써 위 건물의 철거 및 위 토지의 인도를 청구할 수 있습니다.

또한 피고 김장호는 적법한 권원없이 위 건물을 신축하여 위 토지를 점유, 사용함으로써 이익을 얻고, 그로 인하여 소유권자인 원고에게 같은 액수 상당의 재산상 손해를 입히고 있으므로, 피고 김장호는 원고에게 사용이득상당의 부당이득을 반환할 의무가 있습니다.

---

[1] 채점기준표는 대법원 2002. 4. 26. 선고 2001다59033 판결을 근거로 압류된 채권도 압류채무자가 이행청구를 할 수 있는 것으로 해설하고 있으나, 위 판결이 '채권가압류의 처분금지의 효력은 본안소송에서 가압류채권자가 승소하여 채무명의를 얻는 등으로 피보전권리의 존재가 확정되는 것을 조건으로 하여 발생하는 것이므로 채권가압류결정의 채권자가 본안소송에서 승소하는 등으로 채무명의를 취득하는 경우에는 가압류에 의하여 권리가 제한된 상태의 채권을 양수받는 양수인에 대한 채권양도는 무효가 된다.'고 판시한 점에 비추어 원고의 채권양도는 압류의 처분금지효에 배치되어 효력이 없다. 단, 압류의 상대효에 따라 압류채권자가 아닌 다른 채권자에 대한 관계에서는 채권양도의 효력이 있다고 접근한다면 양수금청구가 가능할 것으로 생각된다(대판 2015.5.14. 2014다12072. 채권에 대한 압류의 처분금지의 효력은 절대적인 것이 아니고, 이에 저촉되는 채무자의 처분행위가 있어도 압류의 효력이 미치는 범위에서 압류채권자에게 대항할 수 없는 상대적 효력을 가지는 데 그치므로, 압류 후에 피압류채권이 제3자에게 양도된 경우 채권양도는 압류채무자의 다른 채권자 등에 대한 관계에서는 유효하다).

[2] 대판 1976.9.28. 76다1145. 원고의 위 채권압류 및 전부명령은 그 압류명령이 같은 공사대금채권에 대하여 얻은 원판시 소외 신풍건업주식회사의 채권가압류와 경합된 상태에서 전부명령이 발부된 것이므로 그 전부명령은 무효라 할지라도 채권압류의 효력은 유효히 지속된다.

피고 김장호의 점유는 권원이 없는 악의의 점유이므로, 원고는 위 토지의 소유권취득일로부터 위 토지의 인도완료일까지 발생한 부당이득의 반환을 구합니다. 또한 피고 김장호가 위 토지를 점유하는 사정은 위 건물의 철거 전까지는 계속될 것으로 예상되므로 이를 미리 청구할 필요도 있습니다.

한편 부당이득의 액수는 위 토지의 보증금없는 차임 상당액을 기준으로 산정하여야 하는데, 최근 원고가 확인한 바에 따르면 위 토지의 보증금없는 차임은 2020. 1. 1.이후 월 5,000,000원에 달합니다. 이에 피고 김장호는 원고에게 원고가 위 토지의 소유권을 취득한 2020. 4. 5.부터 위 토지의 인도완료일까지 월 5,000,000원의 비율로 계산한 돈을 지급하여야 합니다.

나. 피고 김장호의 주장 및 이에 대한 반박

(1) 기판력 항변

피고 김장호는 위 토지의 전 소유자인 소외 이준상이 피고 김장호를 상대로 위 토지의 인도청구소송을 제기하였지만 패소 판결이 확정되었으므로, 원고의 토지인도청구는 전소 확정판결의 기판력에 저촉된다고 주장할 수 있습니다.

그러나 이와 관련하여 판례[3]는 '건물 소유권에 기한 물권적 청구권을 원인으로 하는 건물명도소송의 소송물은 건물 소유권이 아니라 그 물권적 청구권인 건물명도청구권이므로 그 소송에서 청구기각된 확정판결의 기판력은 건물명도청구권의 존부 그 자체에만 미치는 것이고, 소송물이 되지 아니한 건물 소유권의 존부에 관하여는 미치지 아니하므로, 그 건물명도소송의 사실심 변론종결 후에 그 패소자인 건물 소유자로부터 건물을 매수하고 소유권이전등기를 마침으로써 그 소유권을 승계한 제3자의 건물 소유권의 존부에 관하여는 위 확정판결의 기판력이 미치지 않으며, 또 이 경우 위 제3자가 가지게 되는 물권적 청구권인 건물명도청구권은 적법하게 승계한 건물 소유권의 일반적 효력으로서 발생된 것이고, 위 건물명도소송의 소송물인 패소자의 건물명도청구권을 승계함으로써 가지게 된 것이라고는 할 수 없으므로, 위 제3자는 위 확정판결의 변론종결 후의 승계인에 해당한다고 할 수 없다.'고 판시하였는데, 위 판결에 따르면 원고는 소외 이준상의 변론종결 후의 승계인이 아니므로, 피고 김장호의 위 주장은 근거가 없습니다.

(2) 관습법상 법정지상권 항변

또한 피고 김장호는 본인이 위 토지 및 건물을 모두 소유하고 있다가 위 토지에 대한 강제경매절차로 인하여 토지의 소유권이 분리되었으므로 위 건물을 위한 관습법상 법정지상권을 취득하였다고 주장할 수 있습니다.

그러나 이와 관련하여 판례[4]는 '강제경매의 목적이 된 토지 또는 그 지상 건물의 소유권이 강제경매로 인하여 그 절차상의 매수인에게 이전된 경우에 건물의 소유를 위한 관습상 법정지

---

[3] 대판 1999.10.22. 98다6855
[4] 대판 2012.10.18. 2010다52140 전원합의체

상권이 성립하는가 하는 문제에 있어서는 그 매수인이 소유권을 취득하는 매각대금의 완납시가 아니라 그 압류의 효력이 발생하는 때를 기준으로 하여 토지와 그 지상 건물이 동일인에 속하였는지가 판단되어야 한다. 한편 강제경매개시결정 이전에 가압류가 있는 경우에는, 그 가압류가 강제경매개시결정으로 인하여 본압류로 이행되어 가압류집행이 본집행에 포섭됨으로써 당초부터 본집행이 있었던 것과 같은 효력이 있다. 따라서 경매의 목적이 된 부동산에 대하여 가압류가 있고 그것이 본압류로 이행되어 경매절차가 진행된 경우에는, 애초 가압류가 효력을 발생하는 때를 기준으로 토지와 그 지상 건물이 동일인에 속하였는지를 판단하여야 한다.'고 판시하였습니다.

위 판결에 따르면 토지에 대한 신안은행의 압류가 집행된 시점인 2017. 3. 2.에는 토지와 건물의 소유자가 동일하였으나, 위 압류의 기초가 된 가압류가 집행된 시점인 2014. 11. 9.에는 토지와 건물의 소유자가 동일인이 아니었으므로 관습법상 법정지상권이 성립할 수 없습니다.

따라서 피고 김장호의 위 주장은 근거가 없습니다.

3. 피고 윤종명에 대한 청구

가. 임대차계약의 체결 및 종료

원고는 2010. 4. 18. 피고 윤종명에게 별지 목록 제3항 기재 공장용지를 임대차보증금없이 차임 월 2,000,000원, 임대차기간 2010. 4. 18.부터 2020. 4. 17.까지로 정하여 임대하였고, 위 계약 당일 위 공장용지를 임차인에게 인도하였습니다.

위 임대차계약은 기간 만료 이후 묵시적으로 갱신되었다가 원고가 2021. 1. 14. 피고 윤종명에게 민법 제639조 제1항 단서에 따른 해지통고를 하고, 위 해지통고가 도달한 2021. 1. 17.부터 6개월이 도과한 2021. 7. 17. 적법하게 종료되었습니다.

따라서 피고 윤종명은 원고에게 일응 위 공장용지를 인도하여야 합니다.

나. 피고 윤종명의 주장 및 이에 대한 반박

(1) 유치권 항변

피고 윤종명은 위 공장용지의 지목변경을 위하여 토목공사를 하였고, 그로 인한 토지의 지가가 상승하여 그 상승분에 해당하는 금액인 유익비상환채권 50,000,000원을 피담보채권으로 한 유치권을 주장할 수 있는데, 피고 윤종명의 주장과 같이 유치권이 성립할 수 있음은 일응 인정합니다.

(2) 유치권 항변에 대한 원고의 상계의 재항변

그러나 피고 윤종명의 유치권행사에 대하여 원고는 아래와 같이 상계권을 행사하였으므로, 상계행사 이후 잔존한 금액만으로 유치권의 피담보채권이 제한됩니다.

원고는 2011. 8. 18. 피고 윤종명에서 10,000,000원을 무이자로 변제기 2011. 9. 17., 약정지연손해금률 월 1%로 정하여 대여하였습니다. 그리고 피고 윤종명의 유익비상환채권은 임대차계약이 종료한 2021. 7. 17. 변제기가 도래하였으며, 원고의 상계의 의사표시는 2021. 9. 30. 도달하였습니다.

따라서 피고 윤종명의 유익비채권은 상계적상일인 2021. 7. 17. 기준 원고의 대여금채권의 원리금 21,800,000원(=10,000,000원 + 10,000,000원X 0.01 X 118개월)과 대등액의 범위에서 소멸하여, 현재 28,200,000원만이 남아 있습니다.

(3) 소멸시효완성의 재재항변

한편 피고 윤종명은 원고의 대여금채권이 시효로 소멸하였다고 주장할 수 있습니다.

피고 윤종명의 주장과 같이 2011. 4. 18.자 대여금채권은 시효로 소멸하였으나, 아래와 같이 2011. 8. 18.자 대여금채권은 시효로 소멸하지 않습니다.

소멸시효가 완성된 자동채권으로 한 상계와 관련하여 민법 제495조는 '소멸시효가 완성된 채권이 그 완성전에 상계할 수 있었던 것이면 그 채권자는 상계할 수 있다.'고 규정하고 있습니다.

원고가 상계권을 행사한 시점인 2021. 9. 30. 기준 원고의 2011. 8. 18.자 대여금채권의 소멸시효는 완성되었으나, 상계적상일인 2021. 7. 17. 기준 위 대여금채권의 변제기인 2011. 9. 17.로부터 10년이 도과하지 않았으므로, 위 채권은 시효로 소멸하지 않았습니다.

다. 소결

그렇다면 피고 윤종명은 원고로부터 잔존한 유익비 28,200,000원[5]을 지급받음과 동시에 원고에게 위 공장용지를 인도하여야 합니다.

4. 피고 이강희에 대한 청구

가. 망 서진용에 대한 대여금 및 피고 이강희의 채무상속

원고는 2020. 2. 13. 상인인 망 서진용에게 청과점의 운영자금으로 70,000,000원을 이자 연 3%, 변제기 2020. 6. 12.로 정하여 대여하였습니다. 그리고 망 서진용은 2020. 12. 27. 자택에서 발생한 가스 폭발사고로 사망하였는데, 상속인으로 아들인 망 서경일이 있었지만 서경일도 위 가스 폭발사고로 같이 사망하였습니다.

망 서경일의 상속인으로 배우자 피고 이강희, 자녀 서상우, 서예린이 있습니다.

동일위난으로 인한 사망과 관련하여 민법 제30조는 '2인 이상이 동일한 위난으로 사망한 경우에는 동시에 사망한 것으로 추정한다.'고 규정하고 있고 서진용과 서경일의 사망의 선후가 밝혀지지 않았으므로, 서진용과 서경일사이에는 원칙적으로 상속이 발생하지 않습니다.

---

[5] 유익비상환채권에 대해서 지연손해금 면제특약이 있으므로, 지연손해금은 청구하지 않는다.

그러나 동시사망으로 인한 대습상속과 관련하여 판례[6]는 '상속인이 될 직계비속이나 형제자매(피대습자)의 직계비속 또는 배우자(대습자)는 피대습자가 상속개시 전에 사망한 경우에는 대습상속을 하고, 피대습자가 상속개시 후에 사망한 경우에는 피대습자를 거쳐 피상속인의 재산을 본위상속을 하므로 두 경우 모두 상속을 하는데, 만일 피대습자가 피상속인의 사망, 즉 상속개시와 동시에 사망한 것으로 추정되는 경우에만 그 직계비속 또는 배우자가 본위상속과 대습상속의 어느 쪽도 하지 못하게 된다면 동시사망 추정 이외의 경우에 비하여 현저히 불공평하고 불합리한 것이라 할 것이고, 이는 앞서 본 대습상속제도 및 동시사망 추정규정의 입법 취지에도 반하는 것이므로, 민법 제1001조의 '상속인이 될 직계비속이 상속개시 전에 사망한 경우'에는 '상속인이 될 직계비속이 상속개시와 동시에 사망한 것으로 추정되는 경우'도 포함하는 것으로 합목적적으로 해석함이 상당하다.'고 판시하여 상속인이 될 직계비속의 상속인들의 대습상속을 인정하였습니다.

위 판결에 따르면 피고 이강희는 서진용의 채무 70,000,000원 중 자신의 상속분에 해당하는 30,000,000원의 채무를 대습상속하게 됩니다.

따라서 피고 이강희[7]는 원고에게 30,000,000원 및 이에 대한 대여일인 2020. 2. 13.부터 변제기인 2020. 6. 12.까지는 약정이율인 연 3%의, 그 다음날부터 이 사건 소장부본 송달일까지는 상사법정이율에 따른 연 6%의, 그 다음날부터 다 갚는 날까지는 소송촉진 등에 관한 특례법에 따른 연 12%의 각 비율로 계산한 이자 및 지연손해금을 지급하여야 합니다.

나. 피고 이강희의 주장 및 이에 대한 반박

한편, 피고 이강희는 망 서진용을 피상속인으로 한 상속을 포기하였으므로 자신은 위 상속채무를 변제할 의무가 없다고 주장할 수 있습니다.

그러나 상속포기의 효력과 관련하여 판례[8]는 '민법 제1026조 제1호는 상속인이 상속재산에 대한 처분행위를 한 때에는 단순승인을 한 것으로 본다고 규정하고 있다. 그런데 상속의 한정승인이나 포기의 효력이 생긴 이후에는 더 이상 단순승인으로 간주할 여지가 없으므로, 이 규정은 한정승인이나 포기의 효력이 생기기 전에 상속재산을 처분한 경우에만 적용된다. 한편 상속의 한정승인이나 포기는 상속인의 의사표시만으로 효력이 발생하는 것이 아니라 가정법원에 신고를 하여 가정법원의 심판을 받아야 하며, 심판은 당사자가 이를 고지받음으로써 효력이 발생한다. 이는 한정승인이나 포기의 의사표시의 존재를 명확히 하여 상속으로 인한 법률관계가 획일적으로 처리되도록 함으로써, 상속재산에 이해관계를 가지는 공동상속인이나 차순위 상속인, 상속채권자, 상속재산의 처분 상대방 등 제3자의 신뢰를 보호하고 법적 안정성을 도모하고자 하는 것이다. 따라서 상속인이 가정법원에 상속포기의 신고를 하였더라도 이를 수리하는 가정법원의 심판이 고지되기 이전에 상속재산을 처분하였다면, 이는 상속포기의 효력 발생 전에 처분행위를 한 것이므로 민법 제1026조 제1호에 따라 상속의 단순승인을 한 것으로 보아야 한다.'고 판시하였습니다.

---

[6] 대판 2001.3.9. 99다13157
[7] 서경일의 미성년자녀에 대해서는 소를 제기하지 말 것을 지시하였다.
[8] 대판 2016.12.29. 2013다73520

위 판결에 따르면 피고 이강희는 상속포기신고를 수리하는 법원의 심판이 있었던 2021. 2. 8. 이전인 2021. 1. 28. 피상속인이 운영하던 점포의 내부설비, 집기, 차량, 물품대금채권 일체를 처분하였고, 이는 민법 제1026조 제1호의 법정단순승인사유에 해당하므로, 상속포기가 유효하다는 취지의 피고 이강희의 주장은 근거가 없습니다.

5. 결론

위와 같은 이유로 피고들에 대하여 청구취지의 기재와 같은 판결을 선고하여 주시기 바랍니다.

증 명 방 법

첨 부 서 류

2021. 10. 18.

원고 소송대리인
변호사 민현욱

서울중앙지방법원 귀중

민사법
기록형

2020년도 **제1차**
법전협 모의시험
문제

2020년도 제1차 변호사시험 모의시험 – 논술형(기록형)

| 시험과목 | 민사법(기록형) |

응시자 준수사항

1. 시험 시작 전 문제지의 봉인을 손상하는 경우, 봉인을 손상하지 않더라도 문제지를 들추는 행위 등으로 문제 내용을 미리 보는 경우 모두 부정행위로 간주되어 그 답안은 영점 처리 됩니다.

2. 답안은 흑색 또는 청색 필기구(사인펜이나 연필 사용 금지) 중 한 가지 필기구만을 사용하여 답안 작성 난(흰색 부분) 안에 기재하여야 합니다.

3. 답안지에 성명과 수험 번호를 기재하지 않아 인적 사항이 확인되지 않는 경우에는 영점 처리 등 불이익을 받게 됩니다. 특히 답안지를 바꾸어 다시 작성하는 경우, 성명 등의 기재를 빠뜨리지 않도록 유의하여야 합니다.

4. 답안지에는 문제 내용을 기재할 필요가 없으며, 답안 내용 이외의 사항을 기재하거나 밑줄 기타 어떠한 표시도 하여서는 안 됩니다. 답안을 정정할 경우에는 두 줄로 긋고 다시 기재하여야 하며, 수정액 등은 사용할 수 없습니다.

5. 시험 종료 시각에 임박하여 답안지를 교체 요구한 경우라도 시험시간 종료 후 즉시 새로 작성한 답안지를 회수합니다.

6. 시험 종료 후에는 답안지 작성을 일절 할 수 없으며, 이에 위반하여 시험시간이 종료되었음에도 불구하고 **시험관리관의 답안지 제출 지시에 불응한 채 계속 답안을 작성하거나 답안지를 늦게 제출할 경우 그 답안은 영점 처리** 됩니다.

7. 답안은 답안지 쪽수 번호 순으로 기재하여야 하고, **배부받은 답안지는 백지 답안이라도 모두 제출**하여야 하며, **답안지를 제출하지 아니한 경우 그 시험시간 및 나머지 시험시간의 시험에 응시할 수 없습니다.**

8. 지정된 시간까지 지정된 시험실에 입실하지 아니하거나 시험관리관의 승인을 얻지 아니하고 시험시간 중에 그 시험실에서 퇴실한 경우 그 시험시간 및 나머지 시험시간의 시험에 응시할 수 없습니다.

9. 시험시간이 종료되기 전에는 어떠한 경우에도 문제지를 시험장 밖으로 가지고 갈 수 없고, 시험 종료 후 가지고 갈 수 있습니다.

법학전문대학원협의회
THE ASSOCIATION OF KOREAN LAW SCHOOLS

【문 제】

귀하는 서울 서초구 사평대로40길 5, 605호(서초동, 방소빌딩)에서 개업을 한 변호사 김시혁이다. 귀하는 2020. 6. 20. 박호동에게 【의뢰인 상담일지】에 기재된 내용과 같이 상담을 해주고 사건을 수임하면서 첨부서류를 자료로 받았다. 의뢰인 박호동을 위하여 법원에 제출할 본안의 소 소장을 아래의 작성요령에 따라 작성하시오.

【작성요령】

1. 소장 작성일 및 소 제기일은 2020. 7. 2.로 하시오.
2. 【의뢰인의 희망사항】을 존중하여 법령과 판례에 따라 의뢰인에게 가장 유리하게 작성하되, 기록 내에서 상대방이 입장을 명백히 밝히고 있어 장차 소송중에 주장, 항변 등으로 제출할 것으로 예상되는 것은 그것이 정당한 경우 청구에 미리 반영하여 기각 또는 각하되는 부분이 생기지 않도록 하고, 그것이 부당한 경우 '예상 가능한 상대방의 주장'에 대한 반박을 소장에 기재하시오.
3. 공동소송의 요건은 갖추어진 것으로 전제하여 하나의 소장으로 작성하고, (주관적이든 객관적이든) 예비적·선택적 병합청구는 하지 마시오.
4. 부동산 등 물건의 표시가 필요한 경우 별지로 목록을 만들지 말고 소장의 해당 부분에 직접 표기하시오.
5. 당사자는 반드시 소송상 자격(원고, 피고 등)으로 지칭하고, 원고 또는 피고가 여러 명인 경우에는 소송상 자격 및 이름으로 지칭하시오(예 '피고 홍길동').
6. 【의뢰인 상담일지】에 기재된 사실관계(작성자의 의견에 해당하는 사항은 제외)는 모두 진실한 것으로 간주하고, 첨부된 서류는 진정하게 작성된 것으로 전제하시오.
7. 청구원인은 피고별로 나누어 기재하되, 청구가 서로 관련된 경우에는 묶어서 기재하고, '증명방법' 및 '첨부서류' 란 기재는 '생략'하시오.
8. 공휴일이나 휴일은 고려하지 마시오.
9. (생략)으로 표시되어 있는 부분은 원래 들어가야 할 내용들이 모두 제대로 기재되어 있는 것으로 보고, 각 문서의 서명·날인은 모두 적법한 것으로 전제하시오.

변호사 김 시 혁 법률사무소

서울 서초구 사평대로40길 5, 605호(서초동, 방소빌딩)
☎: 533-5000, 팩스: 533-5001, e-mail: producerk@gmail.com

NO.0607	**의뢰인상담일지**	상담일시: 2020. 6. 20.

수임번호	2020-0607	의뢰인	박호동	연락처	010-3765-1866
관할법원		사건 번호		제출 시한	
소 명		수임 경로	지인 소개	면담자	박호동

【상 담 내 용】

I. 상도동 토지 관련

1. 의뢰인은 2020. 1. 31. 서울 동작구 상도동 214 토지(이하 '상도동 토지')를 송우식으로부터 3억 원에 매수하는 계약을 체결하였다. 송우식은 의뢰인에게 상도동 토지에 설정되어 있는 근저당권설정등기는 이미 피담보채무가 모두 변제되어 언제든지 말소할 수 있다고 하면서 이를 중도금 기일까지 말소하고, 잔금 기일에 소유권이전등기 서류를 모두 교부하기로 하였다.

2. 송우식은 2020. 2. 19. 의뢰인에게 위 매매계약을 해제하겠다고 내용증명우편을 보냈고, 2020. 2. 27. 1억 8,000만 원을 공탁하였다.

3. 의뢰인은 매매계약대로 이행할 것을 요구하며 2020. 4. 29. 송우식에게 잔금을 지급할테니 약속한 법무사 사무소에서 만나자고 하였는데, 송우식은 의뢰인의 요구에 응할 수 없다며 거절하고 다시 의뢰인에게 통지서를 보냈다.

4. 최근에 확인해 보니 상도동 토지에 설정되어 있는 근저당권설정등기는 말소되지 않았고, 오히려 제3자에게 이전되었다.

II. 물품대금, 손해배상금 청구 관련

1. 장난감 제조업을 하는 의뢰인은 2013. 6.경 강상민에게 납품한 장난감 대금을 지급받지 못하였다.

2. 의뢰인은 강상민이 위 물품대금 지급을 차일피일 미루자 이를 요구하기 위해 2013. 10. 30. 강상민을 찾아갔는데, 강상민은 오히려 의뢰인이 납품하기로 한 장난감 중 일부를 납품하지 않아 손해를 입었고, 이미 지급한 대금 중 초과 지급한 금액을 돌려받아야 한다는 주장을 하며 위 물품대금을 지급하지 못한다고 하여 서로 말다툼을 하였다.
   그 날 밤 누군가 의뢰인의 자동차를 손괴하였고, 의뢰인은 위 자동차를 수리하기 위하여 수리비 800만 원을 지급하였다. 의뢰인은 강상민이 앙심을 품고 저지른 일이라고 생각하여 강상민을 손괴 혐의로 고소하였으나, 강상민은 혐의를 부인하였고, 경찰은 결정적인 증거를 찾지 못하여 혐의 없음 의견으로 사건을 검찰에 송치하였다.

3. 강상민은 2013. 11.경 의뢰인을 상대로 부당이득금 3,000만 원, 손해배상금 2,000만 원 및 이에 대한 지연손해금의 지급을 청구하는 소를 제기하였다. 의뢰인은 이에 응소하여 강상민의 위 청구에 대하여 다투면서, 의뢰인의 강상민에 대한 손해배상채권 등을 주장하며 상계 항변하였고, 그 중 물품대금 채권 부분을 반소로 청구하였다. 위 소송에서 결국 강상민의 본소는 기각되고, 의뢰인의 반소가 인용된 판결이 선고되었으며, 위 판결은 그대로 확정되었다.

4. 강상민은 의뢰인에게 위 판결에서 인정된 물품대금과 지연손해금을 지급하겠다고 지불각서를 작성하였고, 강상민의 지인 정중동은 위 채무를 연대보증하였다.

5. 의뢰인은 2018. 6.경 강상민이 의뢰인의 자동차를 손괴하는 것이 촬영된 블랙박스 영상과 이를 본 증인을 확보하여 그 영상과 진술을 수사기관에 제출하였고, 2018. 11.경 강상민은 손괴 혐의로 기소되었으며, 2019. 6.경 유죄 취지의 제1심 판결이 선고되어 확정되었다.

【의뢰인 희망사항】

1. 상도동 토지에 관하여 소유권을 이전받고 싶고, 완전한 소유권 확보를 위하여 그에 설정된 근저당권도 말소하고 싶다.

2. 강상민에게 자동차 손괴와 관련한 손해배상청구를 하였으면 좋겠고, 정중동에게는 연대보증에 기초한 보증채무금청구를 해주기를 원한다.

【참고자료】

각급 법원의 설치와 관할구역에 관한 법률(일부)

제4조(관할구역) 각급 법원의 관할구역은 다음 각 호의 구분에 따라 정한다. 다만, 지방법원 또는 그 지원의 관할구역에 시·군법원을 둔 경우 「법원조직법」 제34조제1항 제1호 및 제2호의 사건에 관하여는 지방법원 또는 그 지원의 관할구역에서 해당 시·군법원의 관할구역을 제외한다.
 1. 각 고등법원·지방법원과 그 지원의 관할구역: 별표 3

[별표3] 고등법원·지방법원과 그 지원의 관할구역[일부]

고등법원	지방법원	지원	관할구역
서울	서울중앙		서울특별시 종로구·중구·강남구·서초구·관악구·동작구
	서울동부		서울특별시 성동구·광진구·강동구·송파구
	서울남부		서울특별시 영등포구·강서구·양천구·구로구·금천구
	서울북부		서울특별시 동대문구·중랑구·성북구·도봉구·강북구·노원구
	서울서부		서울특별시 서대문구·마포구·은평구·용산구

부동산매매계약서

매도인과 매수인은 합의 하에 다음과 같이 부동산 매매 계약을 체결한다.

1. 부동산의 표시:
서울 동작구 상도동 214 대지 200㎡

2. 계약 내용

제1조 매수인은 위 부동산을 대금 3억 원에 매수하되, 매매 대금은 다음과 같이 지불하기로 한다.

계약금	금 *3,000만* 원을 계약 당시 지불한다.
중도금	금 *1억 2,000만* 원을 *2020년 2월 29일* 지불한다.
잔금	금 *1억 5,000만* 원을 *2020년 4월 30일* 지불한다.

제2조 매도인은 2020. 4. 30. 잔금과 상환으로 위 부동산을 매수인에게 인도한다.
제3조 매도인은 매매 대금의 잔금을 수령함과 동시에 소유권이전등기에 필요한 모든 서류를 매수인에게 교부하여 소유권을 이전한다.
제4조 위 부동산에 관하여 발생한 수익과 공과금 등의 지출 부담은 부동산의 인도일을 기준으로 하여 그 전일까지는 매도인에게, 그 이후부터는 매수인에게 귀속한다.
제5조 본 계약을 매도인이 위약시는 계약금의 배액을 변상하고, 매수인이 위약시는 계약금을 포기하고 반환 청구를 하지 않기로 한다.
특약- 매도인은 중도금 기일까지 근저당권자 김태만의 명의로 설정된 근저당권설정등기를 말소한다.

본 계약에 대하여 계약 당사자가 이의 없음을 확인하고 각 서명 날인한다.
2020년 1월 31일

3. 계약당사자 및 중개인의 인적사항

매도인	주 소	서울 서초구 서초대로 1189 11동 210호 (우리아파트)			
	주민등록번호	620111-1067883	성 명	송 우 식 (宋友植)	
매수인	주 소	서울 강남구 언주로30길 74			
	주민등록번호	670311-1036692	성 명	박 호 동 (動朴印浩)	
중개인	주 소	서울 동작구 상도로34길 12 1층	상호	삼오공인중개사	신고번호	제2006호
	주민등록번호		성 명	이 규 영 (李奎英)		

領 收 證

수신인: 박 호 동
　　　 서울 강남구 언주로30길 74

서울 동작구 상도동 214 대지 200㎡ 매매계약과 관련하여 2020. 1. 31. 계약금 3,000만 원과 중도금 1억 2,000만 원, 총 1억 5,000만 원을 본인의 신기은행 계좌로 입금 받았음을 확인합니다.

이에 영수증을 작성해 드립니다.

2020. 1. 31.

송 우 식

通 知 書

발신인: 송 우 식   서울 서초구 서초동 우리아파트 11동 210호
수신인: 박 호 동   서울 강남구 언주로30길 74

1. 귀하와 2020. 1. 31. 서울 동작구 상도동 214 대지 200㎡에 관하여 매매대금 3억 원에 매매계약을 체결하였습니다. 계약 당일에 계약금도 모두 교부 받은 사실은 인정합니다.

2. 그런데 아시겠지만 상도동의 땅값은 어제오늘 달라지고 있습니다. 우리나라의 부동산이 다 주춤하고 있지만, 동작구, 그 중에서도 상도동만은 앞으로도 계속 오를 것으로 모두들 예상하고 있습니다. 요사이는 동작구를 강남4구로 포함시킨다지요. 주변의 모든 사람들이 마음 좋은 제가 성급하게 싸게 팔았다고 질타하는 바람에 저는 밤잠을 이루지 못하고 있습니다.

3. 이런 사정을 뻔히 알면서도 그 가격에 거래를 중개한 공인중개사에게 책임을 묻고, 착오를 이유로 계약을 취소해버리고 싶은 심정이지만, 아직 중도금 지급기일도 지나지 않은 상태이므로 비록 제가 피해를 보더라도 원만히 마무리하고자 합니다. 따라서 귀하가 지급한 계약금 두 배를 지불하고 계약을 물리는 것으로 생각하고 있습니다.

4. 귀하의 은행계좌 번호를 주면 곧바로 계약금의 두 배와 미리 받은 중도금을 모두 송금할테니 그 돈을 수령함으로써 이와 같이 하여 계약을 없었던 것으로 합시다. 그렇게 하면 피차 손해 없이 원만히 계약이 해제될 수 있을 것으로 생각합니다. 손해가 아니라 가만히 앉아서 3,000만 원을 버는 격으로 귀하에게도 큰 이익이 되는 것이니 기분 나쁘게 생각하지 마시고 이렇게 마무리하는 것이 좋을 것 같습니다.

5. 이상 마칩니다. 건강하게 지내십시오.

2020. 2. 19.

송 우 식 (宋友植)

서울서초우체국 2020. 2. 19. 20 - 5035	이 우편물은 2020년 2월 19일 등기 제5035호에 의하여 내용증명 우편물로 발송하였음을 증명함 서울서초우체국장 (서울서초우체국장인)

금전 공탁서(변제 등)

공탁번호	2020년 금 제7748호	2020년 2월 27일 신청	법령조항	민법 제487조
공탁자	성 명 (상호, 명칭): 송우식 주민등록번호 (법인등록번호): 620111-1067883 주 소 (본점, 주사무소): 서울 서초구 서초동 우리아파트 11동 210호 전화번호: 543-5775	피공탁자	성 명 (상호, 명칭): 박호동 주민등록번호 (법인등록번호): 670311-1036692 주 소 (본점, 주사무소): 서울 강남구 언주로30길 74 전화번호: 010-3765-1866	
공탁금액	한글 일억팔천만원 숫자 금180,000,000원	보관은행	신기은행 서초동지점 법원출장소	
공탁원인사실	공탁자는 피공탁자에게 매매계약 해제에 따른 계약금 배액 및 중도금을 변제하려 하였으나, 피공탁자가 수령을 거부하므로 그 변제를 위하여 공탁함			
비고(첨부서류 등)	매매계약서 사본 1부, 영수증 사본 1부, 통지서 사본 1부 ■ 계좌납입신청 (기록의 편의상 실제 첨부는 생략)			
1. 공탁으로 인하여 소멸하는 질권, 전세권 또는 저당권 2. 반대급부 내용	없음			

위와 같이 신청합니다.   대리인 주소
                                    전화번호
  공탁자 성명   송우식 송우식   성명   인(서명)

위 공탁을 수리합니다.
공탁금을 2020년 2월 27일까지 위 보관은행의 공탁관 계좌에 납입하시기 바랍니다.
위 납입기일까지 공탁금을 납입하지 않을 때는 이 공탁 수리결정의 효력이 상실됩니다.

2020년 2월 27일
서울중앙지방법원   공탁관 이태리 (인)

(영수증) 위 공탁금이 납입되었음을 증명합니다.

2020년 2월 27일

공탁금 보관은행(공탁관) 신기은행 서초동지점 법원출장소
지점장대리 손 보 관 (인)

통 지 서

발 신 : 송 우 식 [서울 서초구 서초동 우리아파트 11동 210호]
수 신 : 박 호 동 [서울 강남구 언주로30길 74]

1. 귀하의 사업이 번창하기를 기원합니다.

2. 귀하는 지난 번에 계약한 상도동 토지와 관련하여 잔금지급일에 부동산중개사무소에서 만나자고 하나, 아시는 바와 같이 저는 이미 매매계약을 모두 해제하고 귀하가 은행 계좌번호를 주지 않아서 부득이 계약금의 두 배와 중도금까지 모두 공탁하였으므로 상도동 토지와 관련된 계약은 적법하게 해제되었습니다.

3. 또한 발신인은 오장원이라는 사람이 소유권이전등기청구권을 가압류하였다는 첨부 결정문을 받았습니다. 그에 따르면 채무자인 귀하에게 상도동 토지에 관한 소유권이전등기절차 이행이 금지되므로 발신인은 상도동 토지를 소유권이전등기 해달라는 귀하의 요구에 더더욱 응할 수 없습니다.

4. 귀하가 이러한 법적 상황을 조속히 인정하고 원만하게 계약을 마무리하기를 바랍니다.

2020. 4. 30.

발신인 송우식 (宋友植)

서울서초우체국
2020. 4. 30.
20 - 7835

이 우편물은 2020년 4월 30일 등기 제7835호에 의하여 내용증명 우편물로 발송하였음을 증명함

서울서초우체국장 (서울서초우체국장인)

서 울 중 앙 지 방 법 원
결 정

사　　　건　　　2020카단45009　소유권이전등기청구권가압류

채　권　자　　　오장원(750312-1045623)

　　　　　　　　부산 해운대구 해안로77, 1203동 1203호(해운대동, 해운대팰리스)

채　무　자　　　박호동

　　　　　　　　서울 강남구 언주로30길 74

제 3 채무자　　　송우식

　　　　　　　　서울 서초구 서초대로 1189, 11동 210호(서초동, 우리아파트)

주　문

1. 채무자의 제3채무자에 대한 별지 목록 기재 부동산의 소유권이전등기청구권을 가압류한다.

2. 제3채무자는 채무자에게 위 부동산에 관한 소유권이전등기절차를 이행하여서는 아니 된다.

3. 채무자는 위 소유권이전등기청구권을 양도하거나 그 밖의 처분을 하여서는 아니 된다.

4. 채무자는 다음 청구금액을 공탁하고 가압류의 집행정지 또는 그 취소를 신청할 수 있다.

청구채권의 내용　　2018. 12. 25.자 대여금

청구금액　　　　　　금 150,000,000원

이　유

이 사건 가압류신청은 이유 있으므로 담보로 별지 첨부의 지급보증위탁계약을 맺은 문서를 제출받고 주문과 같이 결정한다.

2020. 3. 16.

판사   김대영   (印)

(공탁보증보험증권의 첨부는 생략함)

목 록

채무자가 2020. 1. 31. 매매계약에 기하여 제3채무자에 대하여 가지고 있는 서울 동작구 상도동 214 대 200㎡에 관한 소유권이전등기청구권. 끝.

정본입니다.
2020. 03. 17.
서울중앙지방법원
법원주사 강 수 형

등기사항전부증명서 (말소사항 포함) - 토지 [제출용]

[토지] 서울특별시 동작구 상도동 214　　　고유번호 1150-1996-145554

【 표 제 부 】 (토지의 표시)

표시번호	접 수	소재지번	지목	면적	등기원인 및 기타사항
1 (전 2)	1984년 1월 12일	서울특별시 동작구 상도동 214	대	200㎡	
					부동산등기법 제177조의 6 제1항의 규정에 의하여 1999년 06월 23일 전산이기

【 갑 구 】 (소유권에 관한 사항)

순위번호	등기목적	접 수	등기원인	권리자 및 기타사항
1 (전 5)	소유권이전	1986년 2월 1일 제7894호	1985년 1월 1일 매매	소유자 박병구 670505-1041998 서울 강남구 삼성동 21
				부동산등기법 제177조의 6 제1항의 규정에 의하여 1999년 06월 23일 전산이기
2	소유권이전	2008년 10월 11일 제34111호	2008년 10월 3일 매매	소유자 송우식 620111-1067883 서울 동작구 상도동 209-17 거래가액 금 170,000,000원

【 을 구 】 (소유권 이외의 권리에 관한 사항)

순위번호	등기목적	접 수	등기원인	권리자 및 기타사항
1	근저당권설정	2008년 11월 1일 제35217호	2008년 11월 1일 설정계약	채권최고액 금 150,000,000원 채무자 송우식 ~~근저당권자 김태만 650918-1045321 서울 서초구 서초동 263-1~~
1-1	1번근저당권이전	2020년 5월 20일 제13217호	2020년 5월 15일 확정채권양도계약	근저당권자 이대박 550315-2274565 서울 서초구 반포대로23길 84(서초동)

*실선으로 그어진 부분은 말소사항을 표시함. *등기기록에 기록된 사항이 없는 갑구 또는 을구는 생략함.
*증명서는 컬러 또는 흑백으로 출력 가능함.

[인터넷 발급] 문서 하단의 바코드를 스캐너로 확인하거나, 인터넷등기소(http://www.iros.go.kr)의 발급확인 메뉴에서 발급확인번호를 입력하여 위·변조 여부를 확인할 수 있습니다. 발급확인번호를 통한 확인은 발행일로부터 3개월까지 5회에 한하여 가능합니다.

발행번호 12389234789452836718934082939023444　1/2　발급확인번호 BAIK-VPTF-3295　발행일 2020/06/08

대 법 원

[토지] 서울특별시 동작구 상도동 214 　　　　　　　고유번호 1150-1996-145554

수수료 1,000원 영수함
관할등기소　서울중앙지방법원 등기국 / 발행등기소　법원행정처 등기정보중앙관리소

　　　　　　　　　이 증명서는 등기기록의 내용과 틀림없음을 증명합니다.
　　　　　　　　　　　　서기 2020년 6월 8일
　　　　　　　　　법원행정처 등기정보중앙관리소 전산운영책임관

　　*실선으로 그어진 부분은 말소사항을 표시함. *등기기록에 기록된 사항이 없는 갑구 또는 을구는 생략함.
　　*증명서는 컬러 또는 흑백으로 출력 가능함.
　　[인터넷 발급] 문서 하단의 바코드를 스캐너로 확인하거나, **인터넷등기소**(http://www.iros.go.kr)의 **발급확인** 메뉴에서 **발급확인번호**를 입력하여 **위.변조 여부**를 확인할 수 있습니다. **발급확인번호**를 통한 확인은 발행일로부터 3개월까지 5회에 한하여 가능합니다.

　　발행번호 12389234789452836718934082939023440　　2/2　　　　**발급확인번호 BAIK-VPTF-3295**　　발행일 2020/06/08

차 용 증 서

김태만 귀하
주민등록번호 650918-1045321
주소 서울 서초구 서초동 263-1

채무자: 송우식 (620111-1067883)
　　　　서울 동작구 상도동 209-17

1. 채무자는 김태만님으로부터 1억원(100,000,000원)을 차용하였습니다.
2. 채무자는 위 원금에 대하여 이자를 연 10%로 하여, 3개월 후에 원금 및 이자를 변제하기로 약정합니다.

2008. 10. 23.

채무자　송우식 (宋友植)

서 울 중 앙 지 방 법 원

판 결

사 건	2013가단266521(본소) 손해배상(기) 등
	2014가단42412(반소) 물품대금
원고(반소피고)	강상민
	서울 용산구 독서당로 77, 102동 104호(한남동, 강서맨숀)
피고(반소원고)	박호동
	서울 강남구 언주로30길 74(신사동)
변 론 종 결	2014. 3. 3.
판 결 선 고	2014. 3. 17.

주 문

1. 원고(반소피고)는 피고(반소원고)에게 46,400,000원과 이에 대하여 2013. 12. 1.부터 2014. 3. 17.까지는 연 6%, 그 다음날부터 다 갚는 날까지는 연 20%의 각 비율로 계산한 돈을 지급하라.

2. 원고(반소피고)의 피고(반소원고)에 대한 본소 청구를 기각한다.

3. 본소, 반소를 합하여 소송비용은 원고(반소피고)가 부담한다.

4. 제1항은 가집행할 수 있다.

청 구 취 지

본소: 피고(반소원고, 이하 '피고'라고만 한다)는 원고(반소피고, 이하 '원고'라고만 한다)에게 50,000,000원과 이에 대하여 이 사건 소장부본 송달 다음날부터 다 갚

는 날까지 연 20%의 비율로 계산한 돈을 지급하라.

반소: 제1항과 같은 판결

이 유

1. 원고의 본소 청구에 관한 판단

가. 손해배상청구에 관한 판단

1) 원고는 피고가 2011. 12. 31.까지 납품하기로 한 장난감(품번 FX-412) 5,000개 중 3,000개를 납품하지 않아 20,000,000원 상당의 손해를 입었다고 주장하면서, 채무불이행을 원인으로 피고에게 손해배상금 20,000,000원 및 이에 대한 지연손해금을 구한다.

2) 갑 제1 내지 3호증의 각 기재에 의하면, 원고와 피고가 2011. 6. 1. 피고가 생산한 장난감(품번 FX-412) 2,000개를 원고에게 2011. 12. 31.까지 납품하고, 원고는 피고에게 40,000,000원을 지급하기로 하는 취지의 계약을 체결한 사실, 위 계약에 따라 피고는 2011. 12. 21.까지 원고에게 위 장난감 2,000개를 모두 납품한 사실이 인정된다.

3) 나아가 갑 제4, 5호증의 각 기재만으로는, 피고가 2011. 12. 31.까지 원고에게 위 장난감 3,000개를 추가로 납품하기로 한 사실을 인정하기에 부족하고, 달리 이를 인정할 증거가 없다.

4) 그러므로 원고의 피고에 대한 이 부분 손해배상청구는 더 나아가 살필 필요 없이 이유 없다.

나. 부당이득반환청구에 관한 판단

1) 원고는 2012. 6. 1. 피고에게 지급한 물품대금 50,000,000원 중 30,000,000원은 실제 지급하여야 할 금액을 초과하여 지급된 것이라고 주장하면서, 피고에게 부당

이득금 30,000,000원 및 이에 대한 지연손해금을 구한다.

  2) 갑 제8 내지 10호증의 각 기재와 증인 이경리의 증언 및 변론 전체의 취지를 종합하면, 피고는 2012. 6. 1. 원고에 대하여 물품대금 채권 25,000,000원을 가지고 있었던 사실, 원고의 직원 이경리는 피고에게 지급하여야 할 물품대금을 제대로 확인하지 않은 채 피고의 은행계좌로 50,000,000원을 송금한 사실이 인정된다.

  3) 이에 대하여 피고는 2012. 2.경 원고에게 대여한 20,000,000원 및 이에 대한 지연손해금의 변제로 2012. 6. 1. 25,000,000원을 추가로 송금받은 것이라고 주장하나, 피고가 2012. 2.경 원고에게 20,000,000원을 대여한 사실을 인정할 아무런 증거가 없으므로, 피고의 이 부분 주장은 받아들이지 않는다.

  4) 그렇다면 특별한 사정이 없는 한 피고는 원고에게 부당이득금 25,000,000원 및 이에 대한 이 사건 소장부본 송달 다음날인 2013. 11. 30.부터 피고가 이행의무의 존부 및 범위에 관하여 항쟁함이 상당한 이 판결 선고일인 2014. 3. 17.까지 민법에서 정한 연 5%, 그 다음날부터 다 갚는 날까지 소송촉진 등에 관한 특례법에서 정한 연 20%의 각 비율로 계산한 지연손해금을 지급할 의무가 있다.

  5) 원고의 이 부분 부당이득반환청구는 위 인정범위 내에서 이유 있고, 나머지 청구는 이유 없다.

2. **피고의 상계항변 및 반소 청구에 관한 판단**

 가. 손해배상 채권 상계항변에 관한 판단

  1) 피고는, 원고가 2013. 10. 30. 피고 소유의 자동차를 손괴하였고, 이로 인하여 피고는 위 자동차 수리비 8,000,000원 상당의 손해를 입었다고 주장하면서, 피고의 원고에 대한 손해배상채권 8,000,000원 및 이에 대한 지연손해금 채권으로 위 부당이득금 채권과 상계한다고 항변한다.

2) 을 제4 내지 7호증의 각 기재만으로는, 원고가 2013. 10. 30. 피고 소유의 자동차를 손괴한 사실을 인정하기에 부족하고, 달리 이를 인정할 증거가 없다.

	3) 오히려 을 제8, 9호증의 각 기재에 변론 전체의 취지를 종합하면, 피고는 2013. 11.경 원고를 손괴 혐의로 고소한 사실, 용산경찰서는 2014. 2.경 원고에 대하여 증거 불충분을 이유로 혐의 없음 의견으로 검찰에 송치한 사실이 인정될 뿐이다.

	4) 피고의 이 부분 상계 항변은 이유 없다.

나. 물품대금 채권 상계 항변 및 반소 청구에 관한 판단

	1) 피고는, 원고에 대한 물품대금채권 70,000,000원 및 이에 대한 지연손해금 채권으로 위 부당이득금 채권과 상계한다고 항변함과 아울러 반소로써 나머지 물품대금 46,400,000원과 이에 대한 지연손해금의 지급을 구한다.

	2) 을 제10 내지 14호증의 각 기재와 변론 전체의 취지를 종합하면, 피고는 원고와 2013. 6.경 체결한 장난감 납품계약에 따라 2013. 6. 30.까지 원고에게 장난감(품번 AOA-102) 7,000개를 납품한 사실, 원고는 위 납품계약에 따라 2013. 7. 31.까지 피고에게 70,000,000원을 지급하기로 약정한 사실을 인정할 수 있고, 달리 반증이 없다.

	3) 그렇다면 피고는 원고에 대하여 물품대금 70,000,000원 및 이행기 다음날인 2013. 8. 1.부터 다 갚는 날까지 상법에 따른 연 6%의 비율로 계산한 지연손해금 채권이 있음을 인정할 수 있고, 위 부당이득금 채권의 변제기가 2013. 11. 30. 도래함으로써 위 양 채권은 모두 변제기에 도달하여 같은 날 상계적상에 있었다 할 것이며, 피고가 2014. 1. 18. 이 사건 제3차 변론기일에서 원고에 대하여 위 양 채권을 대등액에서 상계한다는 의사를 표시한 사실은 기록상 분명하다.

	4) 이로써 원고의 위 부당이득금 채권 25,000,000원은 위 상계적상일인 2013. 11. 30.에 소급하여 피고의 물품대금 채권의 위 상계적상일까지 지연손해금 1,400,000원(=

물품대금 채권 70,000,000원에 대한 2013. 8. 1.부터 2013. 11. 30.까지 연 6%의 지연손해금) 및 물품대금 채권 원금 23,600,000원과 대등액의 범위에서 소멸하였다.

5) 따라서 원고는 피고에게 나머지 물품대금 46,400,000원(= 70,000,000원 - 23,600,000원)과 이에 대하여 상계적상일 다음날인 2013. 12. 1.부터 이 판결 선고일인 2014. 3. 17.까지는 상법에서 정한 연 6%, 그 다음날부터 다 갚는 날까지는 소송촉진 등에 관한 특례법에서 정한 연 20%의 각 비율로 계산한 지연손해금을 지급할 의무가 있다.

6) 피고의 이 부분 상계항변 및 반소청구는 이유 있다.

3. 결론

그렇다면, 원고의 피고에 대한 본소 청구는 이유 없으므로 이를 기각하고, 피고의 원고에 대한 반소 청구는 이유 있으므로 이를 인용하기로 하여 주문과 같이 판결한다.

판사　　장민준　**장 민 준** (인)

정본입니다.

2014. 3. 18.
서울중앙지방법원

법원주사 최 화 석

[인: 서울중앙지방법원 법원주사]

확 정 증 명

사건번호: 서울중앙지방법원 2013가단266521(본소) 손해배상(기) 등, 2014가단
42412(반소) 물품대금
원고(반소피고): 강상민
피고(반소원고): 박호동

증명신청인 : 박호동

위 사건의 판결이 2014. 4. 1.자로 확정되었음을 증명합니다. 끝.

2020.   5.   12.

서 울 중 앙 지 방 법 원

법원주사 한 시 현   [서울중앙지방법원 법원주사 인]

지 불 각 서

채무자: 강상민 (701210-1158663)
　　　　서울 용산구 한남동 강서맨숀 102동 104호
연대보증인: 정중동 (791009-1058730)
　　　　　성남시 분당구 캐슬아파트 5동 2201호
채권자: 박호동
　　　　서울 강남구 언주로30길 74

2014. 4. 1. 확정된 서울중앙지방법원 2013가단266521(본소) 2014가단42412(반소) 사건의 판결문에서 선언된 금전과 관련하여 채권자와 채무자, 연대보증인은 다음과 같이 약정한다.

- 다　　음 -

1. 채무자는 2014. 4. 1. 확정된 판결문에 따라 계산한 채무원리금 5,600만원(10만원이하 단위 절사)을 2015. 2. 28.을 변제기로 하여 지급한다.
2. 위 기한까지 지급하지 않을 시에는 위 채무원리금에 연 20%의 비율로 계산한 지연손해금을 추가로 지급한다.
3. 연대보증인은 채무자의 위 채무를 연대보증한다.

2015. 2. 1.

채권자　박호동 (印)

채무자　강상민 (印)

연대보증인　정중동 (印)

통지문

정중동 귀하

1. 귀하의 사업의 일익번창을 기원합니다.

2. 아시는 바와 같이 2014년 4월 확정된 판결에 기하여 채무자 강상민은 저에게 금 4,640만원 및 지연손해금을 지급할 의무가 있고, 2015년 2월 1일 그에 관하여 다시 금액을 명확히 하여 저에게 각서도 작성해주었습니다.

3. 귀하는 같은 날 연대보증을 서겠다고 하고 위 각서에 기명 날인을 하였습니다.

4. 그런데 채무자 강상민은 시간이 이토록 지났건만 변제는커녕 아무런 연락도 하지 않고 있습니다. 귀하의 사업이 매우 잘되고 있다는 소문이 있지만 귀하 역시 아무런 관심도 없어 보입니다. 귀하는 연대보증인으로서 강상민이 발신인에 대하여 부담하는 채무를 갚아야 할 것입니다.

5. 이에 귀하에게 약정 내용에 따라 연대보증인으로서 어서 빨리 보증채무를 이행해 줄 것을 요청합니다.

2020. 1. 25.

발신인: 박호동 (朴浩印)

서울 강남구 언주로30길 74

이 우편물은 2020년 1월 25일 등기 제1517호에 의하여 내용증명 우편물로 발송하였음을 증명함

서울강남우체국장 (서울강남우체국장인)

우 편 물 배 달 증 명 서

수취인의 주거 및 성명 　　성남시 분당구 정자로 20, 5동 2201호 (정자동, 캐슬아파트) 　　정중동 귀하			
접 수 국 명	서울 강남	접수연월일	2020년 1월 25일
접 수 번 호	제1517호	배달연월일	2020년 1월 27일
적 요 　　　본인수령 　　　정중동 ㊞		서울강 남우체 국장인	서울강남우체국

채무이행요청

강상민 귀하

우선, 우리의 관계가 어떻게 이렇게까지 되었는지 마음이 아픕니다. 다시 이런 요청을 보낼 수밖에 없는 마음을 헤아려주십시오.

귀하는 2014년 4월 확정된 판결에 기하여 저에게 금 4,640만 원 및 지연손해금을 지급할 의무가 있고, 2015년 2월 1일 그에 관하여 다시 금액(5,600만원)과 이자(연 20퍼센트)를 명확히 하여 저에게 2015년 2월 28일까지 갚기로 각서도 작성해주었습니다. 그러나 그 시간까지 변제한 바가 없으므로 귀하는 5,600만 원에다가 약정한 이율에 따른 이자를 나에게 지급하여야 합니다. 또 2013년에는 저의 자동차를 부수어서 제가 800만 원을 지출하였고 귀하는 그에 대하여 2019년 유죄 판결도 받았습니다. 그 금액도 저에게 주어야 합니다.

그럼에도 불구하고 귀하는 아직까지 사죄도 하지 않고 있으며 일원 한 푼도 줄 태도를 보이지 않고 있습니다. 귀하의 사정이 좋지 않다는 것은 알고 있으나 어서 귀하의 의무를 이행해줄 것을 요청합니다. 저도 사업이 어려워서 그 금액을 어서 빨리 받지 않으면 안 되는 사정에 있습니다.

오랜 시간 동안 귀하가 스스로 해결해주기를 기다리고 또 기다렸습니다. 참다 참다 못해 다시 요청하는 바입니다.

이제 와서는 귀하의 사과도 바라지 않습니다. 위 물품대금과 자동차 수리비만 어서 갚아주시면 좋겠습니다. 그렇지 않으면 저도 다시 법적 절차를 취할 수밖에 없습니다.

2020. 5. 8.

발신인: 박호동 ㊞(動朴印浩)

서울 강남구 언주로30길 74

서울강남우체국
2020. 5. 8.
20 - 4545

이 우편물은 2020년 5월 8일 등기 제4545호에 의하여 내용증명 우편물로 발송하였음을 증명함

서울강남우체국장 ㊞(서울강남우체국장인)

	우 편 물 배 달 증 명 서		
수취인의 주거 및 성명 　　서울 용산구 한남동 강서맨숀 102동 104호 　　강상민 귀하			
접 수 국 명	서울 강남	접수연월일	2020년 5월 8일
접 수 번 호	제4545호	배달연월일	2020년 5월 10일
적 요 　　　　본인수령 　　　　강상민 ㊞			[서울강남우체국장인] 서울강남우체국

자 동 차 수 리 비 청 구 서

__박 호 동__ 귀하
　(47가1678 차량)

내 역	단 가	금 액(단위:원) (부가가치세 포함)	비 고
부품비		5,500,000	
공임		2,500,000	
합 계		8,000,000	(신성 領收畢)

　　　　2013. 11. 2.

　　　　신성 카센타
　　　　서울 서초구 서초동 23
　　　　대표자 윤 보 수

답 변 서

발 신 : 정중동 성남시 분당구 캐슬아파트 5동 2201호

수 신 : 박호동 서울 강남구 언주로30길 74

1. 귀하의 사업이 번창하기를 기원합니다.
2. 제가 확인해 본 바에 의하면, 귀하의 권리는 소멸시효 완성으로 이미 소멸하였습니다.
3. 저는 연대보증인인데 강상민의 주채무는 물품대금 채무로 발생한지 3년이 지나 아주 오래되었고, 저의 채무도 이미 3년 또는 5년이 경과하여 소멸시효가 완성되었습니다.
4. 이에 답신 드리니 참고하시기 바랍니다.

2020. 5. 25.
발신인 정중동 (정중동인)

성남우체국
2020. 5. 25.
20 - 4835

이 우편물은 2020년 5월 25일 등기 제4835호에 의하여 내용증명 우편물로 발송하였음을 증명함

성남우체국장 (성남우체국장인)

통 지 서

발 신 : 강상민 서울 용산구 독서당로 77, 102동 104호 (강서맨숀)

수 신 : 박호동 서울 강남구 언주로30길 74

1. 귀하의 끈질긴 요구에 저는 밤잠을 이루지 못하고 있습니다. 이번에 요구하신 것도 법률전문가에게 확인한 결과 모두 소멸한 권리를 청구하는 것이라 들었습니다.

2. 물품대금도 시간이 5년 이상 지나 다 소멸하였고, 자동차와 관련된 건도 오래된 일이라 이제 청구할 수 없는 것이라 합니다. 특히 귀하가 2013년 말경에 자동차를 망가뜨린 범인으로 본인을 고소하여 본인이 벌금까지 낸 것도 억울한데, 이제 와서 또다시 손해배상을 구하는 것은 소멸한 권리를 행사하는 것에 불과합니다.

3. 더군다나 귀하가 주장하는 자동차와 관련한 불법행위 채권은 2014년경 선고된 본인과 귀하 사이의 소송에서 귀하가 손해배상 채권이 있다고 주장하였으나 이미 배척되어 판결이 확정된 것으로 알고 있습니다. 판결로 배척된 채권을 귀하가 다시 주장하는 것은 이해하기 어렵습니다.

4. 저도 현재 사업이 어렵습니다. 더 이상 저에게 불필요한 연락을 하지 말아주시기 바랍니다.

2020. 6. 1.

발신인 강상민

용산우체국
2020. 6. 1.
20 - 5115

이 우편물은 2020년 6월 1일 등기 제5115호에 의하여 내용증명 우편물로 발송하였음을 증명함

용산우체국장

기록이면표지

확 인 : 법학전문대학원협의회

민사법

기록형

2020년도 **제1차**
법전협 모의시험

문제해결 TIP

기록 1면

【문 제】

귀하는 서울 서초구 사평대로40길 5, 605호(서초동, 방소빌딩)에서 개업을 한 변호사 김시혁이다. 귀하는 2020. 6. 20. 박호동에게 【의뢰인 상담일지】에 기재된 내용과 같이 상담을 해주고 사건을 수임하면서 첨부서류를 자료로 받았다. 의뢰인 박호동을 위하여 법원에 제출할 본안의 소 소장을 아래의 작성요령에 따라 작성하시오.

【작성요령】 ← 작성기준일자로 소멸시효 및 제척기간의 기준시점이 된다.

1. 소장 작성일 및 소 제기일은 2020. 7. 2.로 하시오.
2. 【의뢰인의 희망사항】을 존중하여 법령과 판례에 따라 의뢰인에게 가장 유리하게 작성하되, 기록 내에서 상대방이 입장을 명백히 밝히고 있어 장차 소송중에 주장, 항변 등으로 제출할 것으로 예상되는 것은 그것이 정당한 경우 청구에 미리 반영하여 기각 또는 각하되는 부분이 생기지 않도록 하고, 그것이 부당한 경우 '예상 가능한 상대방의 주장'에 대한 반박을 소장에 기재하시오. ⋯⋯ 부동산의 표시는 청구취지에 직접 기재할 것을 지시하였다.
3. 공동소송의 요건은 갖추어진 것으로 전제하여 하나의 소장으로 작성하고, (주관적이든 객관적이든) 예비적·선택적 병합청구는 하지 마시오.
4. 부동산 등 물건의 표시가 필요한 경우 별지로 목록을 만들지 말고 소장의 해당 부분에 직접 표기하시오.
5. 당사자는 반드시 소송상 자격(원고, 피고 등)으로 지칭하고, 원고 또는 피고가 여러 명인 경우에는 소송상 자격 및 이름으로 지칭하시오(예 '피고 홍길동').
6. 【의뢰인 상담일지】에 기재된 사실관계(작성자의 의견에 해당하는 사항은 제외)는 모두 진실한 것으로 간주하고, 첨부된 서류는 진정하게 작성된 것으로 전제하시오.
7. 청구원인은 피고별로 나누어 기재하되, 청구가 서로 관련된 경우에는 묶어서 기재하고, '증명방법' 및 '첨부서류'란 기재는 '생략'하시오.
8. 공휴일이나 휴일은 고려하지 마시오.
9. (생략)으로 표시되어 있는 부분은 원래 들어가야 할 내용들이 모두 제대로 기재되어 있는 것으로 보고, 각 문서의 서명·날인은 모두 적법한 것으로 전제하시오.

변호사 김 시 혁 법률사무소

서울 서초구 사평대로40길 5, 605호(서초동, 방소빌딩)
☎ : 533-5000, 팩스: 533-5001, e-mail: producerk@gmail.com

의뢰인상담일지

NO.0607   상담일시 : 2020. 6. 20.

수임번호	2020-0607	의뢰인	박호동	연락처	010-3765-1866
관할법원		사건 번호		제출 시한	
소 명		수임 경로	지인 소개	면담자	박호동

【상 담 내 용】

I. 상도동 토지 관련

1. 의뢰인은 2020. 1. 31. 서울 동작구 상도동 214 토지(이하 '상도동 토지')를 송우식으로부터 3억 원에 매수하는 계약을 체결하였다. 송우식은 의뢰인에게 상도동 토지에 설정되어 있는 근저당권설정등기는 이미 피담보채무가 모두 변제되어 언제든지 말소할 수 있다고 하면서 이를 중도금 기일까지 말소하고, 잔금 기일에 소유권이전등기 서류를 모두 교부하기로 하였다.
   (메모: 무효인 근저당권설정등기로 말소의 대상이다.)

2. 송우식은 2020. 2. 19. 의뢰인에게 위 매매계약을 해제하겠다고 내용증명우편을 보냈고, 2020. 2. 27. 1억 8,000만 원을 공탁하였다.
   (메모: 해제의 적법성의 검토가 필요하다.)

3. 의뢰인은 매매계약대로 이행할 것을 요구하며 2020. 4. 29. 송우식에게 잔금을 지급할테니 약속한 법무사 사무실에서 만나자고 하였는데, 송우식은 의뢰인의 요구에 응할 수 없다며 거절하고 다시 의뢰인에게 통지서를 보냈다.

4. 최근에 확인해 보니 상도동 토지에 설정되어 있는 근저당권설정등기는 말소되지 않았고, 오히려 제3자에게 이전되었다.
   (메모: 근저당권이전의 부기등기가 경료되었으므로, 판례에 따라 양수인을 상대로 주등기인 근저당권설정등기의 말소를 구하여야 한다.)

II. 물품대금, 손해배상금 청구 관련

1. 장난감 제조업을 하는 의뢰인은 2013. 6.경 강상민에게 납품한 장난감 대금을 지급받지 못하였다.

   > 원고는 상인.
   > 상인의 물품대금채권으로 소멸시효는 3년이 적용된다.

2. 의뢰인은 강상민이 위 물품대금 지급을 차일피일 미루자 이를 요구하기 위해 2013. 10. 30. 강상민을 찾아갔는데, 강상민은 오히려 의뢰인이 납품하기로 한 장난감 중 일부를 납품하지 않아 손해를 입었고, 이미 지급한 대금 중 초과 지급한 금액을 돌려받아야 한다는 주장을 하며 위 물품대금을 지급하지 못한다고 하여 서로 말다툼을 하였다.

   그 날 밤 누군가 의뢰인의 자동차를 손괴하였고, 의뢰인은 위 자동차를 수리하기 위하여 수리비 800만 원을 지급하였다. 의뢰인은 강상민이 앙심을 품고 저지른 일이라고 생각하여 강상민을 손괴 혐의로 고소하였으나, 강상민은 혐의를 부인하였고, 경찰은 결정적인 증거를 찾지 못하여 혐의 없음 의견으로 사건을 검찰에 송치하였다.

3. 강상민은 2013. 11.경 의뢰인을 상대로 부당이득금 3,000만 원, 손해배상금 2,000만 원 및 이에 대한 지연손해금의 지급을 청구하는 소를 제기하였다. 의뢰인은 이에 응소하여 강상민의 위 청구에 대하여 다투면서, 의뢰인의 강상민에 대한 손해배상채권 등을 주장하며 상계 항변하였고, 그 중 물품대금 채권 부분을 반소로 청구하였다. 위 소송에서 결국 강상민의 본소는 기각되고, 의뢰인의 반소가 인용된 판결이 선고되었으며, 위 판결은 그대로 확정되었다.

   > 2개의 자동채권에 기한 상계항변의 기판력의 인정범위가 문제되고, 판결문을 보고 기판력을 미치는 범위를 확정하여야 한다.

4. 강상민은 의뢰인에게 위 판결에서 인정된 물품대금과 지연손해금을 지급하겠다고 지불각서를 작성하였고, 강상민의 지인 정중동은 위 채무를 연대보증하였다.

   > 주채무는 판결이 확정된 물품대금채권이고, 보증채무는 위 판결이 확정된 채권에 대한 채무로서 그 성질에 따라 시효기간이 결정된다.

5. 의뢰인은 2018. 6.경 강상민이 의뢰인의 자동차를 손괴하는 것이 촬영된 블랙박스 영상과 이를 본 증인을 확보하여 그 영상과 진술을 수사기관에 제출하였고, 2018. 11.경 강상민은 손괴 혐의로 기소되었으며, 2019. 6.경 유죄 취지의 제1심 판결이 선고되어 확정되었다.

   > 상계항변의 기판력, 전소 확정판결의 증명효, 소멸시효 등이 문제된다.

【의뢰인 희망사항】

1. 상도동 토지에 관하여 소유권을 이전받고 싶고, 완전한 소유권 확보를 위하여 그에 설정된 근저당권도 말소하고 싶다.

2. 강상민에게 자동차 손괴와 관련한 손해배상청구를 하였으면 좋겠고, 정중동에게는 연대보증에 기초한 보증채무금청구를 해주기를 원한다.

> 피고의 항변을 극복하고, 손해배상청구를 할 것을 지시하였는데, 항변의 배척에 대해서는 적극적으로 해석하는 것이 적절하다.

기록 6면

부동산매매계약서

매도인과 매수인은 합의 하에 다음과 같이 부동산 매매 계약을 체결한다.

1. 부동산의 표시:
   서울 동작구 상도동 214 대지 200㎡

2. 계약 내용

제1조 매수인은 위 부동산을 대금 3억 원에 매수하되, 매매 대금은 다음과 같이 지불하기로 한다.

계약금	금 *3,000만* 원을 계약 당시 지불한다.
중도금	금 *1억 2,000만* 원을 *2020년 2월 29일* 지불한다.
잔금	금 *1억 5,000만* 원을 *2020년 4월 30일* 지불한다.

제2조 매도인은 2020. 4. 30. 잔금과 상환으로 위 부동산을 매수인에게 인도한다.
제3조 매도인은 매매 대금의 잔금을 수령함과 동시에 소유권이전등기에 필요한 모든 서류를 매수인에게 교부하여 소유권을 이전한다.
제4조 위 부동산에 관하여 발생한 수익과 공과금 등의 지출 부담은 부동산의 인도일을 기준으로 하여 그 전일까지는 매도인에게, 그 이후부터는 매수인에게 귀속한다.
제5조 본 계약을 매도인이 위약시는 계약금의 배액을 변상하고, 매수인이 위약시는 계약금을 포기하고 반환 청구를 하지 않기로 한다.
특약- 매도인은 중도금 기일까지 근저당권자 김태만의 명의로 설정된 근저당권설정등기를 말소한다. …● 매도인의 완전한 소유권의 이전의무

본 계약에 대하여 계약 당사자가 이의 없음을 확인하고 각 서명 날인한다.
2020년 1월 31일

3. 계약당사자 및 중개인의 인적사항

	주 소	서울 서초구 서초대로 1189 11동 210호 (우리아파트)			
매도인	주민등록번호	620111-1067883	성 명	송 우 식	(宋友植)
매수인	주 소	서울 강남구 언주로30길 74			
	주민등록번호	670311-1036692	성 명	박 호 동	(動朴印浩)
중개인	주 소	서울 동작구 상도로34길 12 1층	상호	삼오공인중개사	신고번호 제2006호
	주민등록번호		성 명	이 규 영	(李奎英)

기록 7면

領 收 證

수신인: 박 호 동
　　　　서울 강남구 언주로30길 74

서울 동작구 상도동 214 대지 200㎡ 매매계약과 관련하여 2020. 1. 31. 계약금 3,000만 원과 중도금 1억 2,000만 원, 총 1억 5,000만 원을 본인의 신기은행 계좌로 입금 받았음을 확인합니다.
이에 영수증을 작성해 드립니다. ┈┈┈ 계약금 및 중도금이 일괄지급되었고, 이행의 착수가 인정되므로, 해약금에 기한 해제는 할 수 없다.

　　　　　　　　2020. 1. 31.

　　　　　　　　송 우 식 (宋友植)

通 知 書

발신인: 송 우 식　　서울 서초구 서초동 우리아파트 11동 210호
수신인: 박 호 동　　서울 강남구 언주로30길 74

1. 귀하와 2020. 1. 31. 서울 동작구 상도동 214 대지 200㎡에 관하여 매매대금 3억 원에 매매계약을 체결하였습니다. 계약 당일에 계약금도 모두 교부 받은 사실은 인정합니다.

2. 그런데 아시겠지만 상도동의 땅값은 어제오늘 달라지고 있습니다. 우리나라의 부동산이 다 주춤하고 있지만, 동작구, 그 중에서도 상도동만은 앞으로도 계속 오를 것으로 모두들 예상하고 있습니다. 요사이는 동작구를 강남4구로 포함시킨다지요. 주변의 모든 사람들이 마음 좋은 제가 성급하게 싸게 팔았다고 질타하는 바람에 저는 밤잠을 이루지 못하고 있습니다.

3. 이런 사정을 뻔히 알면서도 그 가격에 거래를 중개한 공인중개사에게 책임을 묻고, 착오를 이유로 계약을 취소해버리고 싶은 심정이지만, 아직 중도금 지급기일도 지나지 않은 상태이므로 비록 제가 피해를 보더라도 원만히 마무리하고자 합니다. 따라서 귀하가 지급한 계약금 두 배를 지불하고 계약을 물리는 것으로 생각하고 있습니다.

4. 귀하의 은행계좌 번호를 주면 곧바로 계약금의 두 배와 미리 받은 중도금을 모두 송금할테니 그 돈을 수령함으로써 이와 같이 하여 계약을 없었던 것으로 합시다. 그렇게 하면 피차 손해 없이 원만히 계약이 해제될 수 있을 것으로 생각합니다. 손해가 아니라 가만히 앉아서 3,000만 원을 버는 격으로 귀하에게도 큰 이익이 되는 것이니 기분 나쁘게 생각하지 마시고 이렇게 마무리하는 것이 좋을 것 같습니다.

> 해약금 해제의 주장이고, 이행의 착수 이후이므로 효력이 없다.

기록 10면

금전 공탁서(변제 등)

공 탁 번 호	2020년 금 제7748호		2020년 2월 27일 신청	법령조항	민법 제487조
공 탁 자	성 명 (상호, 명칭)	송 우 식	피 공 탁 자	성 명 (상호, 명칭)	박 호 동
	주민등록번호 (법인등록번호)	620111-1067883		주민등록번호 (법인등록번호)	670311-1036692
	주 소 (본점, 주사무소)	서울 서초구 서초동 우리아파트 11동 210호		주 소 (본점, 주사무소)	서울 강남구 언주로30길 74
	전화번호	543-5775		전화번호	010-3765-1866
공 탁 금 액	한글 일억팔천만원 숫자 금180,000,000원		보 관 은 행	신기은행 서초동지점 법원출장소	
공탁원인사실	공탁자는 피공탁자에게 매매계약 해제에 따른 계약금 배액 및 중도금을 변제하려 하였으나, 피공탁자가 수령을 거부하므로 그 변제를 위하여 공탁함				
비고(첨부서류 등)	매매계약서 사본 1부, 영수증 사본 1부, 통지서 사본 1부 ■ 계좌납입신청 (기록의 편의상 실제 첨부는 생략)				
1. 공탁으로 인하여 소멸하는 질권, 전세권 또는 저당권 2. 반대급부 내용			없음	계약금의 배액 현실제공.	

위와 같이 신청합니다.   대리인 주소
                                  전화번호
    공탁자 성명   송우식 송우식   성명   인(서명)

위 공탁을 수리합니다.
공탁금을 2020년 2월 27일까지 위 보관은행의 공탁관 계좌에 납입하시기 바랍니다.
위 납입기일까지 공탁금을 납입하지 않을 때는 이 공탁 수리결정의 효력이 상실됩니다.

                2020년 2월 27일
           서울중앙지방법원   공탁관 이태리   [서울중앙지법공탁관 인]

(영수증) 위 공탁금이 납입되었음을 증명합니다.
                2020년 2월 27일
     공탁금 보관은행(공탁관) 신기은행 서초동지점 법원출장소
                지점장대리 손 보 관   [신기은행지점장대리 인]

통 지 서

발 신 : 송 우 식 [서울 서초구 서초동 우리아파트 11동 210호]
수 신 : 박 호 동 [서울 강남구 언주로30길 74]

1. 귀하의 사업이 번창하기를 기원합니다.

2. 귀하는 지난 번에 계약한 상도동 토지와 관련하여 잔금지급일에 부동산중개사무소에서 만나자고 하나, 아시는 바와 같이 저는 이미 매매계약을 모두 해제하고 귀하가 은행 계좌번호를 주지 않아서 부득이 계약금의 두 배와 중도금까지 모두 공탁하였으므로 상도동 토지와 관련된 계약은 적법하게 해제되었습니다.

3. 또한 발신인은 오장원이라는 사람이 소유권이전등기청구권을 가압류하였다는 첨부 결정문을 받았습니다. 그에 따르면 채무자인 귀하에게 상도동 토지에 관한 소유권이전등기절차 이행이 금지되므로 발신인은 상도동 토지를 소유권이전등기 해달라는 귀하의 요구에 더더욱 응할 수 없습니다. ……• 소유권이전등기청구권 가압류 항변. 적법한 피고의 항변이 있으므로, 가압류집행 해제조건부로 이행청구를 하여야 한다.

4. 귀하가 이러한 법적 상황을 조속히 인정하고 원만하게 계약을 마무리하기를 바랍니다.

2020. 4. 30.

발신인 송우식

이 우편물은 2020년 4월 30일 등기 제7835호에 의하여 내용증명 우편물로 발송하였음을 증명함

서울서초우체국장

[기록 12면]

서 울 중 앙 지 방 법 원
결   정

사　　건	2020카단45009　소유권이전등기청구권가압류
채 권 자	오장원(750312-1045623)
	부산 해운대구 해안로77, 1203동 1203호(해운대동, 해운대팰리스)
채 무 자	박호동
	서울 강남구 언주로30길 74
제 3 채무자	송우식
	서울 서초구 서초대로 1189, 11동 210호(서초동, 우리아파트)

주　　문

1. 채무자의 제3채무자에 대한 별지 목록 기재 부동산의 소유권이전등기청구권을 가압류한다.

2. 제3채무자는 채무자에게 위 부동산에 관한 소유권이전등기절차를 이행하여서는 아니 된다.

3. 채무자는 위 소유권이전등기청구권을 양도하거나 그 밖의 처분을 하여서는 아니 된다.

4. 채무자는 다음 청구금액을 공탁하고 가압류의 집행정지 또는 그 취소를 신청할 수 있다.

청구채권의 내용　　2018. 12. 25.자 대여금
청구금액　　　　　금 150,000,000원

> 피보전권리(보전처분의 경우 청구채권 또는 피보전권리라는 용어를 사용함을 유의할 것. 피보전채권이라는 용어는 지양할 것).

이　　유

등기사항전부증명서 (말소사항 포함) - 토지 [제출용]

[토지] 서울특별시 동작구 상도동 214   고유번호 1150-1996-145554

【 표 제 부 】 (토지의 표시)

표시번호	접 수	소재지번	지 목	면 적	등기원인 및 기타사항
1 (전 2)	1984년 1월 12일	서울특별시 동작구 상도동 214	대	200㎡	
					부동산등기법 제177조의 6 제1항의 규정에 의하여 1999년 06월 23일 전산이기

【 갑 구 】 (소유권에 관한 사항)

순위번호	등 기 목 적	접 수	등 기 원 인	권리자 및 기타사항
1 (전 5)	소유권이전	1986년 2월 1일 제7894호	1985년 1월 1일 매매	소유자 박병구 670505-1041998 서울 강남구 삼성동 21
				부동산등기법 제177조의 6 제1항의 규정에 의하여 1999년 06월 23일 전산이기
2	소유권이전	2008년 10월 11일 제34111호	2008년 10월 3일 매매	소유자 송우식 620111-1067883 서울 동작구 상도동 209-17 거래가액 금 170,000,000원

【 을 구 】 (소유권 이외의 권리에 관한 사항)

순위번호	등 기 목 적	접 수	등 기 원 인	권리자 및 기타사항
1	근저당권설정	2008년 11월 1일 제35217호	2008년 11월 1일 설정계약	채권최고액 금 150,000,000원 채무자 송우식 근저당권자 김태만 650918-1045321 서울 서초구 서초동 263-1
1-1	1번근저당권이전	2020년 5월 20일 제13217호	2020년 5월 15일 확정채권양도계약	근저당권자 이대박 550315-2274565 서울 서초구 반포대로23길 84(서초동)

설정등기일로부터 10년이 도과되었으므로 소멸시효 완성의 가능성이 있다.

부기등기의 등기번호 기재방식을 반드시 기억할 것.

근저당권의 양수인이고, 이대박만이 피고적격이 있다.

*실선으로 그어진 부분은 말소사항을 표시함. *등기기록에 기록된 사항이 없는 갑구 또는 을구는 생략함.
*증명서는 컬러 또는 흑백으로 출력 가능함.

[인터넷 발급] 문서 하단의 바코드를 스캐너로 확인하거나, 인터넷등기소(http://www.iros.go.kr)의 발급확인 메뉴에서 발급확인번호를 입력하여 위.변조 여부를 확인할 수 있습니다. 발급확인번호를 통한 확인은 발행일로부터 3개월까지 5회에 한하여 가능합니다.

발행번호 12389234789452836718934082939023444   발급확인번호 BAIK-VPTF-3295   발행일 2020/06/08

기록 17면

차 용 증 서

김태만 귀하
주민등록번호 650918-1045321
주소 서울 서초구 서초동 263-1

채무자: 송우식 (620111-1067883)
　　　　　서울 동작구 상도동 209-17

1. 채무자는 김태만님으로부터 1억원(100,000,000원)을 차용하였습니다.
2. 채무자는 위 원금에 대하여 이자를 연 10%로 하여, 3개월 후에 원금 및 이자를 변제하기로 약정합니다.

　　　　• 변제기는 2009. 1. 22.

　　　　　　　　　2008. 10. 23.

　　　　　　　　채무자　송우식 (宋友植)

이득금 30,000,000원 및 이에 대한 지연손해금을 구한다.

　　2) 갑 제8 내지 10호증의 각 기재와 증인 이경리의 증언 및 변론 전체의 취지를 종합하면, 피고는 2012. 6. 1. 원고에 대하여 물품대금 채권 25,000,000원을 가지고 있었던 사실, 원고의 직원 이경리는 피고에게 지급하여야 할 물품대금을 제대로 확인하지 않은 채 피고의 은행계좌로 50,000,000원을 송금한 사실이 인정된다.

　　3) 이에 대하여 피고는 2012. 2.경 원고에게 대여한 20,000,000원 및 이에 대한 지연손해금의 변제로 2012. 6. 1. 25,000,000원을 추가로 송금받은 것이라고 주장하나, 피고가 2012. 2.경 원고에게 20,000,000원을 대여한 사실을 인정할 아무런 증거가 없으므로, 피고의 이 부분 주장은 받아들이지 않는다.

　　4) 그렇다면 특별한 사정이 없는 한 피고는 원고에게 부당이득금 25,000,000원 및 이에 대한 이 사건 소장부본 송달 다음날인 2013. 11. 30.부터 피고가 이행의무의 존부 및 범위에 관하여 항쟁함이 상당한 이 판결 선고일인 2014. 3. 17.까지 민법에서 정한 연 5%, 그 다음날부터 다 갚는 날까지 소송촉진 등에 관한 특례법에서 정한 연 20%의 각 비율로 계산한 지연손해금을 지급할 의무가 있다.

　　5) 원고의 이 부분 부당이득반환청구는 위 인정범위 내에서 이유 있고, 나머지 청구는 이유 없다.

> 본소 중 부당이득반환청구는 인용되었다.

2. 피고의 상계항변 및 반소 청구에 관한 판단

　가. 손해배상 채권 상계항변에 관한 판단

　　1) 피고는, 원고가 2013. 10. 30. 피고 소유의 자동차를 손괴하였고, 이로 인하여 피고는 위 자동차 수리비 8,000,000원 상당의 손해를 입었다고 주장하면서, 피고의 원고에 대한 손해배상채권 8,000,000원 및 이에 대한 지연손해금 채권으로 위 부당이득금 채권과 상계한다고 항변한다.

> 손해배상채권의 상계항변이 배척되었다. 손해배상채권은 반소청구를 하지 않았음을 유의할 것.

2) 을 제4 내지 7호증의 각 기재만으로는, 원고가 2013. 10. 30. 피고 소유의 자동차를 손괴한 사실을 인정하기에 부족하고, 달리 이를 인정할 증거가 없다.

3) 오히려 을 제8, 9호증의 각 기재에 변론 전체의 취지를 종합하면, 피고는 2013. 11.경 원고를 손괴 혐의로 고소한 사실, 용산경찰서는 2014. 2.경 원고에 대하여 증거 불충분을 이유로 혐의 없음 의견으로 검찰에 송치한 사실이 인정될 뿐이다.

4) 피고의 이 부분 상계 항변은 이유 없다.

나. 물품대금 채권 상계 항변 및 반소 청구에 관한 판단

1) 피고는, 원고에 대한 물품대금채권 70,000,000원 및 이에 대한 지연손해금 채권으로 위 부당이득금 채권과 상계한다고 항변함과 아울러 반소로써 나머지 물품대금 46,400,000원과 이에 대한 지연손해금의 지급을 구한다.

2) 을 제10 내지 14호증의 각 기재와 변론 전체의 취지를 종합하면, 피고는 원고와 2013. 6.경 체결한 장난감 납품계약에 따라 2013. 6. 30.까지 원고에게 장난감(품번 AOA-102) 7,000개를 납품한 사실, 원고는 위 납품계약에 따라 2013. 7. 31.까지 피고에게 70,000,000원을 지급하기로 약정한 사실을 인정할 수 있고, 달리 반증이 없다.

3) 그렇다면 피고는 원고에 대하여 물품대금 70,000,000원 및 이행기 다음날인 2013. 8. 1.부터 다 갚는 날까지 상법에 따른 연 6%의 비율로 계산한 지연손해금 채권이 있음을 인정할 수 있고, 위 부당이득금 채권의 변제기가 2013. 11. 30. 도래함으로써 위 양 채권은 모두 변제기에 도달하여 같은 날 상계적상에 있었다 할 것이며, 피고가 2014. 1. 18. 이 사건 제3차 변론기일에서 원고에 대하여 위 양 채권을 대등액에서 상계한다는 의사를 표시한 사실은 기록상 분명하다.

4) 이로써 원고의 위 부당이득금 채권 25,000,000원은 위 상계적상일인 2013. 11. 30.에 소급하여 피고의 물품대금 채권의 위 상계적상일까지 지연손해금 1,400,000원(=

물품대금 채권 70,000,000원에 대한 2013. 8. 1.부터 2013. 11. 30.까지 연 6%의 지연손해금) 및 물품대금 채권 원금 23,600,000원과 대등액의 범위에서 소멸하였다.

　　5) 따라서 원고는 피고에게 나머지 물품대금 46,400,000원(= 70,000,000원 - 23,600,000원)과 이에 대하여 상계적상일 다음날인 2013. 12. 1.부터 이 판결 선고일인 2014. 3. 17.까지는 상법에서 정한 연 6%, 그 다음날부터 다 갚는 날까지는 소송촉진 등에 관한 특례법에서 정한 연 20%의 각 비율로 계산한 지연손해금을 지급할 의무가 있다. ········• 기존의 물품대금채권의 상계항변 및 반소청구가 모두 인정되었다.

　　6) 피고의 이 부분 상계항변 및 반소청구는 이유 있다.

3. 결론

그렇다면, 원고의 피고에 대한 본소 청구는 이유 없으므로 이를 기각하고, 피고의 원고에 대한 반소 청구는 이유 있으므로 이를 인용하기로 하여 주문과 같이 판결한다.

　　　　　　　판사　　　장민준　　장 민 준 (인)

기록 25면

> 확정된 판결채권에 대한 지급약정이고, 약정금채권이 된다. 또한 확정된 판결채권에 대한 보증채무이므로, 보증채무의 법적 성질에 따라 시효기간이 결정된다.

지 불 각 서

채무자: 강상민 (701210-1158663)
       서울 용산구 한남동 강서맨숀 102동 104호
연대보증인: 정중동 (791009-1058730)
       성남시 분당구 캐슬아파트 5동 2201호
채권자: 박호동
       서울 강남구 언주로30길 74

2014. 4. 1. 확정된 서울중앙지방법원 2013가단266521(본소) 2014가단42412(반소) 사건의 판결문에서 선언된 금전과 관련하여 채권자와 채무자, 연대보증인은 다음과 같이 약정한다.

> 약정금채권의 변제기로 소멸시효의 기산점.

- 다   음 -

1. 채무자는 2014. 4. 1. 확정된 판결문에 따라 계산한 채무원리금 5,600만원(10만원이하 단위 절사)을 2015. 2. 28.을 변제기로 하여 지급한다.
2. 위 기한까지 지급하지 않을 시에는 위 채무원리금에 연 20%의 비율로 계산한 지연손해금을 추가로 지급한다.
3. 연대보증인은 채무자의 위 채무를 연대보증한다.

2015. 2. 1.

채권자 박호동 (朴浩 印)

채무자 강상민 (강상민)

연대보증인 정중동 (정중동 인)

통지문

정중동 귀하

1. 귀하의 사업의 일익번창을 기원합니다.

2. 아시는 바와 같이 2014년 4월 확정된 판결에 기하여 채무자 강상민은 저에게 금 4,640만원 및 지연손해금을 지급할 의무가 있고, 2015년 2월 1일 그에 관하여 다시 금액을 명확히 하여 저에게 각서도 작성해주었습니다.

3. 귀하는 같은 날 연대보증을 서겠다고 하고 위 각서에 기명 날인을 하였습니다.

4. 그런데 채무자 강상민은 시간이 이토록 지났건만 변제는커녕 아무런 연락도 하지 않고 있습니다. 귀하의 사업이 매우 잘되고 있다는 소문이 있지만 귀하 역시 아무런 관심도 없어 보입니다. 귀하는 연대보증인으로서 강상민이 발신인에 대하여 부담하는 채무를 갚아야 할 것입니다.

5. 이에 귀하에게 약정 내용에 따라 연대보증인으로서 어서 빨리 보증채무를 이행해 줄 것을 요청합니다. ……● 보증채무의 시효소멸전 이행의 최고에 해당한다.

2020. 1. 25.

발신인: 박호동 (動朴印浩)

서울 강남구 언주로30길 74

이 우편물은 2020년 1월 25일 등기 제1517호에 의하여 내용증명 우편물로 발송하였음을 증명함

서울강남우체국장 (서울강남우체국장인)

기록 27면

우 편 물 배 달 증 명 서

수취인의 주거 및 성명 성남시 분당구 정자로 20, 5동 2201호 (정자동, 캐슬아파트) 정중동 귀하			
접 수 국 명	서울 강남	접수연월일	2020년 1월 25일
접 수 번 호	제1517호	배달연월일	2020년 1월 27일
적 요 본인수령 정중동 ㊞		[서울강남우체국장인] 서울강남우체국	

최고서의 도달일자로 효력발생일.

기록 28면

채무이행요청

강상민 귀하

우선, 우리의 관계가 어떻게 이렇게까지 되었는지 마음이 아픕니다. 다시 이런 요청을 보낼 수밖에 없는 마음을 헤아려주십시오.

> 가해자 및 손해를 안 때로 볼 수 있고, 불법행위에 기한 손해배상채권의 소멸시효의 기산점이 된다.

귀하는 2014년 4월 확정된 판결에 기하여 저에게 금 4,640만 원 및 지연손해금을 지급할 의무가 있고, 2015년 2월 1일 그에 관하여 다시 금액(5,600만원)과 이자(연 20퍼센트)를 명확히 하여 저에게 2015년 2월 28일까지 갚기로 각서도 작성해주었습니다. 그러나 그 시간까지 변제한 바가 없으므로 귀하는 5,600만 원에다가 약정한 이율에 따른 이자를 나에게 지급하여야 합니다. 또 2013년에는 저의 자동차를 부수어서 제가 800만 원을 지출하였고 귀하는 그에 대하여 2019년 유죄 판결도 받았습니다. 그 금액도 저에게 주어야 합니다.

그럼에도 불구하고 귀하는 아직까지 사죄도 하지 않고 있으며 일원 한 푼도 줄 태도를 보이지 않고 있습니다. 귀하의 사정이 좋지 않다는 것은 알고 있으나 어서 귀하의 의무를 이행해줄 것을 요청합니다. 저도 사업이 어려워서 그 금액을 어서 빨리 받지 않으면 안 되는 사정에 있습니다.

오랜 시간 동안 귀하가 스스로 해결해주기를 기다리고 또 기다렸습니다. 참다 참다 못해 다시 요청하는 바입니다.

이제 와서는 귀하의 사과도 바라지 않습니다. 위 물품대금과 자동차 수리비만 어서 갚아주시면 좋겠습니다. 그렇지 않으면 저도 다시 법적 절차를 취할 수밖에 없습니다.

기록 32면

답 변 서

발 신 : 정중동 성남시 분당구 캐슬아파트 5동 2201호

수 신 : 박호동 서울 강남구 언주로30길 74

1. 귀하의 사업이 번창하기를 기원합니다.
2. 제가 확인해 본 바에 의하면, 귀하의 권리는 소멸시효 완성으로 이미 소멸하였습니다.
3. 저는 연대보증인인데 강상민의 주채무는 물품대금 채무로 발생한지 3년이 지나 아주 오래되었고, 저의 채무도 이미 3년 또는 5년이 경과하여 소멸시효가 완성되었습니다. ·········• 주채무의 시효소멸에 따른 부종성 항변, 보증채무의 소멸시효 항변
4. 이에 답신 드리니 참고하시기 바랍니다.

2020. 5. 25.
발신인 정중동 (정중동인)

성남우체국
2020. 5. 25.
20 - 4835

이 우편물은 2020년 5월 25일 등기 제4835호에 의하여 내용증명 우편물로 발송하였음을 증명함

성남우체국장 (성남우체국장인)

통 지 서

발 신 : 강상민 서울 용산구 독서당로 77, 102동 104호 (강서맨숀)

수 신 : 박호동 서울 강남구 언주로30길 74

1. 귀하의 끈질긴 요구에 저는 밤잠을 이루지 못하고 있습니다. 이번에 요구하신 것도 법률전문가에게 확인한 결과 모두 소멸한 권리를 청구하는 것이라 들었습니다.

2. 물품대금도 시간이 5년 이상 지나 다 소멸하였고, 자동차와 관련된 건도 오래된 일이라 이제 청구할 수 없는 것이라 합니다. 특히 귀하가 2013년 말경에 자동차를 망가뜨린 범인으로 본인을 고소하여 본인이 벌금까지 낸 것도 억울한데, 이제 와서 또다시 손해배상을 구하는 것은 소멸한 권리를 행사하는 것에 불과합니다. ·········• *약정금채권 및 손해배상금 채권의 소멸시효 항변*

3. 더군다나 귀하가 주장하는 자동차와 관련한 불법행위 채권은 2014년경 선고된 본인과 귀하 사이의 소송에서 귀하가 손해배상 채권이 있다고 주장하였으나 이미 배척되어 판결이 확정된 것으로 알고 있습니다. 판결로 배척된 채권을 귀하가 다시 주장하는 것은 이해하기 어렵습니다.

4. 저도 현재 사업이 어렵습니다. 더 이상 저에게 불필요한 연락을 하지 말아주시기 바랍니다. ·········• *기판력 항변. 확정판결의 증명력 항변이 포함되었는지는 다소 불분명하나, 포함된 것으로 해석하는 것이 적절하다.*

2020. 6. 1.

발신인 강상민 (인)

[용산우체국 2020. 6. 1. 20-5115]

이 우편물은 2020년 6월 1일 등기 제5115호에 의하여 내용증명 우편물로 발송하였음을 증명함

용산우체국장 (용산우체국장인)

민사법

기록형

2020년도 **제1차**
법전협 모의시험

답안

민사법 기록형 채점기준표

평가대상	논점		배점	배점설명 등
당사자(6)	원고		1	
	소송대리인		1	
	피고		4	김태만을 피고로 하면 1점 감점
사건명(1)			1	
청구취지 (50)	피고 송우식	소유권이전등기청구	16	해제조건부- 8점 동시이행- 5점
	피고 이대박	근저당권말소등기청구	12	김태만을 피고로 하면 2점 감점
	피고 강상민	손해배상청구	12	
	피고 정중동	보증금청구	7	
	소송비용		1	
	가집행		2	불필요한 조항 추가시 각 1점 감점
청구원인 - 소유권이전등기 청구 및 근저당권 말소등기청구 (41)	소유권이전등기청구 (27)	매매계약의 체결	6	
		해제주장	9	
		가압류주장	9	
		소결	3	
	근저당권설정등기의 말소등기청구 (14)	설정 및 소멸	10	
		채권자대위	4	

청구원인 - 손해배상청구 /보증채무금청구 (63)	손해배상청구(38)	불법행위책임	8	
		기판력 주장	17	
		소멸시효 주장	13	
	보증채무금청구(25)	연대보증계약 체결	7	
		주채무 소멸시효 완성의 항변	8	
		보증채무 소멸시효 완성의 항변	10	
결어			1	
관할, 작성일, 대리인			3	
전체적인 체계, 구성 및 논리전개(10)			10	재량 점수 부여
총 점			175	

소 장

원 고   박호동
　　　　서울 강남구 언주로30길 74(신사동)
　　　　원고 소송대리인변호사 김시혁
　　　　서울 서초구 사평대로40길 5, 605호(서초동, 방소빌딩)
　　　　전화 02-533-5000, 팩스 02-533-5001, 전자우편 producerk@gmail.com

피 고   1. 송우식[1]
　　　　　　서울 서초구 서초대로 1189, 11동 210호(서초동, 우리아파트)

　　　　2. 이대박
　　　　　　서울 서초구 반도대로 23길 84(서초동)

　　　　3. 강상민
　　　　　　서울 용산구 독서당로 77, 102동 104호(한남동, 강서맨숀)

　　　　4. 정중동
　　　　　　성남시 분당구 정자로 20, 5동 2201호(정자동, 캐슬아파트)

소유권이전등기 등 청구의 소

청 구 취 지

1. 피고 송우식은 원고로부터 150,000,000원을 지급받음과 동시에, 원고에게 서울 동작구 상도동 214 대 200㎡에 관하여 원고와 소외 오장원 사이의 서울중앙지방법원 2020. 3. 16.자 2020카단45009 소유권이전등기청구권 가압류결정에 의한 집행이 해제되면 2020. 1. 31. 매매를 원인으로 한 소유권이전등기절차를 이행하라.

---

[1] 2018. 3. 26.자 재판서 양식에 관한 예규의 개정에 따라, (1) 금원청구, (2) 등기의 의사표시의 청구, (3) 공유물분할청구의 판결서에는 주민등록번호를 기재할 필요가 없게 되었다. 단, 대위소송에서 소외인에 대한 등기청구의 인용판결을 선고할 때에는 여전히 성명 옆에 주민등록번호를 기재하여야 한다.

2. 피고 이대박은 피고 송우식에게 제1항 기재 부동산에 관하여 서울중앙지방법원 2008. 11. 1. 접수 제35217호로 마친 근저당권설정등기에 대하여 2019. 1. 22. 시효소멸을 원인으로 한 말소등기절차를 이행하라.[2]
3. 피고 강상민은 원고에게 8,000,000원 및 이에 대한 2013. 10. 30.부터 이 사건 소장부본 송달일까지는 연 5%의, 그 다음날부터 다 갚는 날까지는 연 12%의 각 비율로 계산한 돈을 지급하라.
4. 피고 정중동은 (피고 강상민과 연대하여) 원고에게 56,000,000원 및 이에 대한 2015. 3. 1.부터 다 갚는 날까지 연 20% 비율로 계산한 돈을 지급하라.
5. 소송비용은 피고들이 부담한다.
6. 제3항 및 제4항은 가집행할 수 있다.
라는 판결을 구합니다.

청 구 원 인

1. 피고 송우식에 대한 소유권이전등기 청구

가. 부동산 매매계약의 체결

원고는 2020. 1. 31. 피고 송우식으로부터 서울 동작구 상도동 214 대 200㎡(이하 '이 사건 토지')를 3억 원에 매수하면서(이하 '이 사건 매매계약'), 매매대금 중 계약금 3,000만 원은 계약 당일, 중도금 1억 2,000만 원은 2020. 2. 29., 잔금 1억 5,000만 원은 2020. 4. 30. 소유권이전등기에 필요한 서류를 교부 받음과 동시에 각 지급하기로 정하였습니다.

그리고 원고는 위 약정한 계약금 및 중도금 지급일에 약정한 계약금 및 중도금을 모두 지급하였습니다.

따라서 피고 송우식은 일응 원고로부터 잔금 1억 5,000만 원을 지급 받음과 동시에 원고에게 이 사건 토지에 관하여 2020. 1. 31. 매매계약을 원인으로 한 소유권이전등기절차를 이행할 의무가 있습니다.

---

[2] 근저당권의 정확한 소멸원인이 기록상 다소 불분명하여, 시효소멸이 아닌 단순말소의 청구도 가능할 것으로 생각된다.

나. 피고 송우식의 예상주장 및 이에 대한 반박

(1) 매매계약의 해제 주장

피고 송우식은 2020. 2. 27. 원고로부터 수령한 계약금의 배액인 6,000만 원과 중도금 1억 2,000만 원 합계 1억 8,000만 원을 변제공탁하며 이 사건 매매계약을 해제하는 의사표시를 하였으므로 이 사건 매매계약이 해제되었다는 주장을 할 수 있습니다.

그러나, 민법 제565조 제1항은 '매매의 당사자일방이 계약당시에 금전 기타 물건을 계약금, 보증금 등의 명목으로 상대방에게 교부한 때에는 당사자간에 다른 약정이 없는 한 당사자의 일방이 이행에 착수할 때까지 교부자는 이를 포기하고 수령자는 그 배액을 상환하여 매매계약을 해제할 수 있다.'라고 규정하고 있고, 중도금의 지급은 이행의 착수에 해당하며, 또한 이행기전 이행의 착수와 관련하여 판례[3]는 '이행기의 약정이 있는 경우라 하더라도 당사자가 채무의 이행기 전에는 착수하지 아니하기로 하는 특약을 하는 등 특별한 사정이 없는 한 이행기 전에 이행에 착수할 수 있다.'고 판시하여 이행기 전 이행을 허용하고 있습니다.

위와 같이 이 사건 매매계약은 이미 이행의 착수가 되었으므로, 피고 송우식은 해약금에 기한 해제권을 행사할 수 없습니다.

(2) 소유권이전등기청구권 가압류 주장

피고 송우식은, 원고의 채권자인 소외 오장원이 원고에 대한 대여금 채권을 청구채권으로 하여 서울중앙지방법원 2020. 3. 16. 2020카단45009호로 소유권이전등기청구권 가압류를 신청하여, 법원이 이 사건 토지에 관한 원고의 피고 송우식에 대한 소유권이전등기청구권의 가압류결정을 하였고, 위 결정이 피고 송우식에게 송달되었으므로, 원고의 소유권이전등기청구에 응할 수 없다는 주장을 할 수 있습니다.

그러나 이와 관련하여 판례[4]는 '소유권이전등기를 명하는 판결은 의사의 진술을 명하는 판결로서 이것이 확정되면 채무자는 일방적으로 이전등기를 신청할 수 있고 제3채무자는 이를 저지할 방법이 없으므로 이와 같은 경우에는 가압류의 해제를 조건으로 하지 아니하는 한 법원은 이를 인용하여서는 안되고, 제3채무자가 임의로 이전등기의무를 이행하고자 한다면 구 민사소송법 제577조에 의하여 정하여진 보관인에게 권리이전을 하여야 할 것이고,

---

[3] 대판 2006. 2. 10. 2004다11599
[4] 대판 1992. 11. 10. 92다4680 전원합의체

이 경우 보관인은 채무자의 법정대리인의 지위에서 이를 수령하여 채무자 명의로 소유권이전등기를 마치면 된다.'고 판시하여 피고의 항변이 있는 경우 가압류집행의 해제조건부로 이행판결을 할 수 있다고 판단하였습니다. 따라서 원고는 가압류집행의 해제조건부로 소유권이전등기청구를 할 수 있습니다.

다. 소결

그렇다면 피고 송우식은 원고로부터 잔금 1억 5,000만 원을 지급받음과 동시에 원고에게 이 사건 토지에 관하여 원고와 소외 오장원 사이의 위 소유권이전등기청구권 가압류결정에 의한 집행이 해제되면 이 사건 매매를 원인으로 한 소유권이전등기절차를 이행하여야 합니다.

2. 피고 이대박에 대한 근저당권설정등기말소 청구

가. 근저당권의 설정 및 피담보채무의 소멸

피고 송우식은 2008. 10. 23. 소외 김태만으로부터 1억 원을 이자율 연 10%, 변제기 3개월 후로 정하여 차용하였고, 위 차용금 채무의 상환을 담보하기 위하여 본인 소유의 이 사건 토지에 관하여 소외 김태만에게 서울중앙지방법원 2008. 11. 1. 접수 제35217호로 채권최고액 1억 5,000만 원, 채무자 송우식으로 된 근저당권설정등기(이하 '이 사건 근저당권설정등기')를 경료해 주었습니다. 그리고 소외 김태만은 2020. 5. 15. 확정채권양도를 원인으로 같은 법원 2020. 5. 20. 접수 제13217호로 근저당권자를 피고 이대박으로 변경하는 근저당권이전의 부기등기를 경료해 주었습니다.

그러나 위 차용금 채무는 이 사건 매매계약이 체결된 2020. 1. 31. 이전에 피고 송우식의 변제로 인하여 모두 소멸하였습니다.

만약 피고 송우식이 위 차용금 채무를 모두 변제하지 않았다고 하더라도, 위 차용금 채무는 변제기인 2009. 1. 22.로부터 10년이 도과한 2019. 1. 22. 시효로 소멸하였습니다.

근저당권 이전의 부기등기가 경료된 경우와 관련하여 판례[5]는 '근저당권의 양도에 의한 부기등기는 기존의 근저당권설정등기에 의한 권리의 승계를 등기부상 명시하는 것뿐으로, 그 등기에 의하여 새로운 권리가 생기는 것이 아닌 만큼 근저당권설정등기의 말소등기청구는 양수인만을 상대로 하면 족하고, 양도인은 그 말소등기청구에 있어서 피고적격이 없다.

---

[5] 대판 1995. 5. 26. 95다7550

근저당권 이전의 부기등기는 기존의 주등기인 근저당권설정등기에 종속되어 주등기와 일체를 이루는 것이어서 피담보채무가 소멸된 경우 또는 근저당권설정등기가 당초 원인무효인 경우 주등기인 근저당권설정등기의 말소만 구하면 되고 그 부기등기는 별도로 말소를 구하지 않더라도 주등기의 말소에 따라 직권으로 말소된다.'고 판시하였습니다.

따라서 위 근저당권을 이전받은 피고 이대박은 이 사건 토지의 소유자인 피고 송우식에게 피담보채무의 시효소멸을 원인으로 이 사건 근저당권설정등기의 말소등기절차를 이행하여야 합니다.

나. 채권자대위권의 행사

위에서 말씀드린 바와 같이 원고는 피고 송우식에 대하여 이 사건 토지에 관한 소유권이전등기청구권을 보유하고 있고(피보전채권), 피고 송우식은 피고 이대박에 대하여 근저당권설정등기말소청구권을 보유하고 있으며(피대위채권), 피고 송우식은 위 근저당권설정등기말소청구권을 행사하지 않고 있습니다. 따라서 원고는 위 근저당권설정등기말소청구권을 대위행사합니다. 그리고 특정물채권의 보전을 위하여 대위권을 행사하는 경우 채무자의 무자력은 필요하지 않습니다.

3. 피고 강상민에 대한 손해배상청구

가. 피고 강상민의 불법행위

피고 강상민은 2013. 10. 30. 원고 소유의 자동차를 손괴하였고, 원고는 이로 인하여 위 자동차 수리비 800만 원 상당의 손해를 입었습니다.

따라서 피고 강상민은 원고에게 불법행위에 기한 손해배상금 800만 원 및 이에 대한 불법행위일인 2013. 10. 30.부터 이 사건 소장부본 송달일까지는 민법에 따른 연 5%, 그 다음날부터 다 갚는 날까지는 소송촉진 등에 관한 특례법에 따른 연 12%의 각 비율로 계산한 지연손해금을 지급하여야 합니다.

나. 피고 강상민의 예상주장 및 이에 대한 반박

(1) 기판력 항변 등

피고 강상민은, 원고가 구하는 손해배상채권이 이미 서울중앙지방법원 2014. 3. 17. 선고 2013가단266521(본소), 2014가단42412(반소) 판결(이하 '전소 판결')에서 상계

항변으로 주장되었다가 배척된 바 있으므로, 원고의 손해배상청구는 전소 판결의 기판력에 반하고, 또한 원고의 이 사건 청구는 법원은 이미 확정된 전소판결에서 인정된 사실과 모순된다고 주장할 수 있습니다.

그러나 2개의 자동채권에 기한 상계항변의 기판력의 인정요건과 관련하여 판례[6]는 '피고가 상계항변으로 2개 이상의 반대채권(또는 자동채권, 이하 '반대채권'이라고만 한다)을 주장하였는데 법원이 그중 어느 하나의 반대채권의 존재를 인정하여 수동채권의 일부와 대등액에서 상계하는 판단을 하고, 나머지 반대채권들은 모두 부존재한다고 판단하여 그 부분 상계항변은 배척한 경우에, 수동채권 중 위와 같이 상계로 소멸하는 것으로 판단된 부분은 피고가 주장하는 반대채권들 중 그 존재가 인정되지 않은 채권들에 관한 분쟁이나 그에 관한 법원의 판단과는 관련이 없어 기판력의 관점에서 동일하게 취급할 수 없으므로, 그와 같이 반대채권들이 부존재한다는 판단에 대하여 기판력이 발생하는 전체 범위는 위와 같이 상계를 마친 후의 수동채권의 잔액을 초과할 수 없다고 보아야 한다. 그리고 이러한 법리는 피고가 주장하는 2개 이상의 반대채권의 원리금 액수의 합계가 법원이 인정하는 수동채권의 원리금 액수를 초과하는 경우에도 마찬가지로 적용된다.'고 판시하였습니다.

위 판결에 따르면, 전소 판결의 기판력은 전소 판결의 본소에서 인정된 부당이득금 채권 2,500만 원의 범위 내에서만 인정되고, 전소 중 자동채권의 존재가 인정된 물품대금 채권 7,000만 원이 위 인정된 수동채권의 범위를 초과하여 수동채권의 잔액이 없으므로 전소에서 상계항변이 배척된 원고의 위 손해배상 채권에는 기판력이 미치지 않습니다.

또한 전소확정판결의 증명력과 관련하여 판례[7]는 '민사재판에 있어서 이와 관련된 다른 민·형사사건 등의 확정판결에서 인정된 사실은 특별한 사정이 없는 한 유력한 증거자료가 되지만, 당해 민사재판에서 제출된 다른 증거내용에 비추어 관련 민·형사사건의 확정판결에서의 사실판단을 그대로 채용하기 어렵다고 인정될 경우에는 이를 배척할 수 있고, 이 경우에 배척하는 구체적인 이유를 일일이 설시할 필요는 없다.'고 판시하였습니다.

위 판결에 따르면, 원고는 전소에서 제출할 수 없었던 새로운 증거인 블랙박스 영상과 목격자의 진술 등을 제출하였고, 위와 같은 새로운 증거를 근거로 피고 강상민에 대하여 유죄의 형사판결까지 확정되었으므로, 피고 강상민의 불법행위를 인정할 수 있습니다.

따라서 이와 배치되는 피고 강상민의 주장은 근거가 없습니다.

---

[6] 대판 2018. 8. 30. 2016다46338, 46345
[7] 대판 1997. 3. 14. 선고 95다49370

(2) 소멸시효 항변

피고 강상민은 원고가 주장하는 불법행위일인 2013. 10. 30.로부터 3년이 경과하여 민법 제766조 제1항에 따라 원고의 피고 강상민에 대한 손해배상채권이 시효로 소멸하였다고 주장할 수 있습니다.

그러나, 불법행위에 기한 손해배상청구권의 소멸시효와 관련하여 판례[8]는 '불법행위로 인한 손해배상청구권의 단기소멸시효의 기산점이 되는 민법 제766조 제1항 소정의 '손해 및 가해자를 안 날'이라 함은 손해의 발생, 위법한 가해행위의 존재, 가해행위와 손해의 발생과의 사이에 상당인과관계가 있다는 사실 등 불법행위의 요건사실에 대하여 현실적이고도 구체적으로 인식하였을 때를 의미한다고 할 것이고, 피해자 등이 언제 불법행위의 요건사실을 현실적이고도 구체적으로 인식한 것으로 볼 것인지는 개별적 사건에 있어서의 여러 객관적 사정을 참작하고 손해배상청구가 사실상 가능하게 된 상황을 고려하여 합리적으로 인정하여야 한다.'고 판시하였습니다.

위 판결에 따르면, 피고 강상민에 대하여 유죄판결이 확정된 2019. 6.경, 적어도 원고가 결정적 증거를 확보한 2018. 6.경 또는 수사기관에서 피고 강상민을 기소한 2018. 11.경에야 원고는 손해 및 가해자를 알았다고 할 수 있으므로, 원고가 그때로부터 3년이 도과하기 전 이 사건 소를 제기한 이상 소멸시효는 중단되었습니다. 따라서 이와 배치되는 피고 강상민의 주장은 근거가 없습니다.

4. 피고 정중동에 대한 보증채무의 청구

가. 연대보증계약의 체결

위 전소 판결에 따라 원고의 피고 강상민에 대한 물품대금 4,640만 원 및 이에 대한 지연손해금 채권이 2014. 4. 1. 확정되었습니다.

그리고, 피고 강상민은 원고와 2015. 2. 1. 전소 판결에 따른 채무원리금 5,600만 원을 2015. 2. 28.까지 지급하고, 이를 지체할 경우 연 20%의 비율로 계산한 지연손해금을 가산하여 지급할 것을 약정하였고, 피고 정중동은 같은 날 위 채무를 연대보증하였습니다.

---

[8] 대판 2009. 10. 15. 2008다88832

따라서 피고 정중동은 연대보증인으로서 (피고 강상민과 연대하여)[9] 원고에게 5,600만 원 및 이에 대한 변제기 다음날인 2015. 3. 1.부터 다 갚는 날까지 약정이율인 연 20%의 비율로 계산한 지연손해금을 지급할 의무가 있습니다.

나. 피고 정중동의 예상주장 및 이에 대한 반박

피고 정중동은, 피고 강상민의 채무가 상인이 판매한 물품대금채무이므로 민법 제163조 제6호에 따라 3년의 단기소멸시효가 적용되는데 3년이 경과하여 주채무가 이미 시효로 소멸하였고, 보증채무의 부종성에 따라 피고 정중동의 보증채무도 소멸하였다고 주장할 수도 있으나, 민법 제165조에 따르면 판결에 의하여 확정된 채권은 단기의 소멸시효에 해당한 것이라도 그 소멸시효는 10년으로 연장되고, 이 사건 소제기일 현재 전소 판결이 확정된 2014. 4. 1.로부터 10년이 도과하지 않았으므로, 원고의 판결금채권 및 이에 기한 약정금채권은 시효로 소멸하지 않았습니다.

또한, 피고 정중동은 자신의 연대보증채무도 물품대금을 연대보증한 것으로서 3년의 소멸시효가 적용되고 설령 5년의 소멸시효가 적용된다고 하더라도 이미 시효기간을 도과하여 소멸하였다고 주장할 수도 있습니다.

그러나 보증채무의 시효기간과 관련하여 판례[10]는 '보증채무는 주채무와는 별개의 독립한 채무이므로 보증채무와 주채무의 소멸시효기간은 채무의 성질에 따라 각각 별개로 정해진다. 그리고 주채무자에 대한 확정판결에 의하여 민법 제163조 각 호의 단기소멸시효에 해당하는 주채무의 소멸시효기간이 10년으로 연장된 상태에서 주채무를 보증한 경우, 특별한 사정이 없는 한 보증채무에 대하여는 민법 제163조 각 호의 단기소멸시효가 적용될 여지가 없고, 성질에 따라 보증인에 대한 채권이 민사채권인 경우에는 10년, 상사채권인 경우에는 5년의 소멸시효기간이 적용된다.'고 판시하였습니다.

위 판결에 따르면, 보증계약의 당사자는 채권자와 보증인이고, 원고는 장난감 제조업에 종사하는 상인이므로 피고 정중동과의 연대보증계약은 상행위에 해당하여 소멸시효기간은 5년입니다. 또한, 원고가 발송한 내용증명우편이 연대보증계약에 따른 변제기인 2015. 2. 28.로부터 5년이 경과하기 전인 2020. 1. 27. 피고 정중동에게 도달하여 최고의 효력이 발생하였고, 원고가 이로부터 6개월 내인 2020. 7. 2. 이 사건 소를 제기하였으므로, 2020. 1. 27. 소멸시효의 진행이 중단되어 시효가 완성되지 않았습니다. 따라서 이와 배치되는 피고 정중동의 주장은 모두 근거가 없습니다.

---

9) 기판력으로 인하여 피고 강상민에 대한 청구는 권리보호이익이 없으나, 피고 정중동의 채무는 연대보증채무이므로, 피고 강상민과의 연대채무임을 표시하는 것이 적절할 것으로 생각된다.
10) 대판 2014. 6. 12. 2011다76105

5. 결론

위와 같은 이유로 피고들에 대하여 청구취지의 기재와 같은 판결을 선고하여 주시기 바랍니다.

증 명 방 법

첨 부 서 류

2020. 7. 2.

원고 소송대리인
변호사 김시혁

서울중앙지방법원 귀중

민사법
기록형

2020년도 **제2차**
법전협 모의시험
문제

2020년도 제2차 변호사시험 모의시험 – 논술형(기록형)

시험과목	민사법(기록형)

응시자 준수사항

1. 시험 시작 전 문제지의 봉인을 손상하는 경우, 봉인을 손상하지 않더라도 문제지를 들추는 행위 등으로 문제 내용을 미리 보는 경우 모두 부정행위로 간주되어 그 답안은 영점 처리 됩니다.

2. 답안은 흑색 또는 청색 필기구(사인펜이나 연필 사용 금지) 중 한 가지 필기구만을 사용하여 답안 작성 난(흰색 부분) 안에 기재하여야 합니다.

3. 답안지에 성명과 수험 번호를 기재하지 않아 인적 사항이 확인되지 않는 경우에는 영점 처리 등 불이익을 받게 됩니다. 특히 답안지를 바꾸어 다시 작성하는 경우, 성명 등의 기재를 빠뜨리지 않도록 유의하여야 합니다.

4. 답안지에는 문제 내용을 기재할 필요가 없으며, 답안 내용 이외의 사항을 기재하거나 밑줄 기타 어떠한 표시도 하여서는 안 됩니다. 답안을 정정할 경우에는 두 줄로 긋고 다시 기재하여야 하며, 수정액 등은 사용할 수 없습니다.

5. 시험 종료 시각에 임박하여 답안지를 교체 요구한 경우라도 시험시간 종료 후 즉시 새로 작성한 답안지를 회수합니다.

6. 시험 종료 후에는 답안지 작성을 일절 할 수 없으며, 이에 위반하여 시험시간이 종료되었음에도 불구하고 **시험관리관의 답안지 제출 지시에 불응한 채 계속 답안을 작성하거나 답안지를 늦게 제출할 경우 그 답안은 영점 처리** 됩니다.

7. 답안은 답안지 쪽수 번호 순으로 기재하여야 하고, **배부받은 답안지는 백지 답안이라도 모두 제출**하여야 하며, **답안지를 제출하지 아니한 경우 그 시험시간 및 나머지 시험시간의 시험에 응시할 수 없습니다.**

8. 지정된 시간까지 지정된 시험실에 입실하지 아니하거나 시험관리관의 승인을 얻지 아니하고 시험시간 중에 그 시험실에서 퇴실한 경우 그 시험시간 및 나머지 시험시간의 시험에 응시할 수 없습니다.

9. 시험시간이 종료되기 전에는 어떠한 경우에도 문제지를 시험장 밖으로 가지고 갈 수 없고, 시험 종료 후 가지고 갈 수 있습니다.

법학전문대학원협의회
THE ASSOCIATION OF KOREAN LAW SCHOOLS

【문 제】

　귀하는 변호사 홍석광으로서, 의뢰인 박준서와의 상담을 통해 아래 【상담내용】과 같은 사실관계를 청취하고, 【의뢰인 희망사항】 기재사항에 관한 본안소송의 대리권을 수여받고, 첨부된 서류를 자료로 받았습니다.
　의뢰인을 위한 본안의 소를 제기하기 위한 소장을 작성하시오.

【작성요령】

1. 소장 작성일 및 소 제기일은 2020. 8. 6.로 하시오.
2. 일방 당사자가 여러 명인 경우 성명으로 특정하시오(예, '피고 홍길동').
3. 청구취지와 청구원인은 가급적 피고별로 나누어 기재하시오.
   [이하의 작성요령은 실무의 기준과 다를 수 있음]
4. 1건의 공동소송으로 제기하되, 공동소송의 요건은 갖추어진 것으로 전제하고, 전속관할이 있는 청구가 있으면 반드시 그 관할법원에 소를 제기하며, (주관적이든 객관적이든) 예비적·선택적 병합청구는 하지 마시오.
5. 【의뢰인 희망사항】 란에 기재된 희망사항에 부합하되, 현행법과 그 해석상 승소 가능한 최대한의 범위에서 청구하고, 소 각하나 청구기각 부분이 발생하지 않도록 하시오.
6. 상대방에게 항변사유가 있고 그 요건이 갖추어진 것으로 판단되면 이를 청구범위에 반영하되, 【사건관계인의 주장】으로 정리된 사항에 한하여 이유 있다고 판단되면 청구범위에 반영하며, 이유 없다고 판단되면 해당 청구원인 부분에서 배척의 이유를 기재하시오.
7. 【의뢰인 상담일지】와 첨부자료에 기재된 사실관계는 모두 사실에 부합한 것으로 보고(작성자의 의견에 해당하는 사항은 제외), 기재되지 않은 사실은 없는 것으로 전제하며, 첨부된 서류는 모두 진정하게 성립된 것으로 간주하시오.
8. <증명방법>과 <첨부서류>란 기재는 생략하고, 부동산의 표시는 아래 [목록(부동산의 표시)]을 소장 말미에 첨부함을 전제로 하여 작성하므로 소장 말미에 [목록(부동산의 표시)]을 기재하지 마시오.
9. 이자나 지연손해금, 차임에 대하여는 다시 지연손해금 청구를 하지 마시오.
10. 관련 증거자료를 제시하여 기술할 필요는 없습니다.
11. 기록상의 날짜가 공휴일인지 여부, 문서의 서식이 실제와 부합하는지 여부는 고려하지 마시오.

```
목  록  (부동산의 표시)

1. 서울 서초구 서운로 115, 102동 1202호(서초동, 풍산아파트)
2. 서울 서초구 방배동 30 대 400㎡
3. 서울 서초구 방배동 30(사평대로6길 15) 지상 경량철골조 스테인리스 판넬
   지붕 단층 250㎡. 끝.
```

[참고자료]

각급 법원의 설치와 관할구역에 관한 법률(일부)

제4조(관할구역) 각급 법원의 관할구역은 다음 각 호의 구분에 따라 정한다. 다만, 지방법원 또는 그 지원의 관할구역에 시·군법원을 둔 경우 「법원조직법」 제34조 제1항 제1호 및 제2호의 사건에 관하여는 지방법원 또는 그 지원의 관할구역에서 해당 시·군법원의 관할구역을 제외한다.
 1. 각 고등법원·지방법원과 그 지원의 관할구역: 별표 3
    (이하 제2호 내지 제7호는 생략)

[별표3] 고등법원·지방법원과 그 지원의 관할구역(일부)

고등법원	지방법원	지원	관할구역
서 울	서울중앙		서울특별시 종로구·중구·강남구·서초구·관악구·동작구
	서울동부		서울특별시 성동구·광진구·강동구·송파구
	서울남부		서울특별시 영등포구·강서구·양천구·구로구·금천구
	서울북부		서울특별시 동대문구·중랑구·성북구·도봉구·강북구·노원구
	서울서부		서울특별시 서대문구·마포구·은평구·용산구

의뢰인 상담일지

변호사 홍 석 광 법률사무소

서울 서초구 서초대로 22길 15, 1109호(서초동, 대성빌딩)
☎ : 02-532-3000, 팩스 : 02-532-3001, e-mail : hsk7212@hanmail.com

접수번호	2020-109	상담일시	2020. 7. 20.
상담인	박준서 010-4563-9600	내방경위	지인소개

【상 담 내 용】

1. 박준서는 2018. 2. 1. 김상호에게 금 2억 원을 이자 연 10%, 변제기 2018. 5. 31.로 정하여 대여하였으나 변제받지 못하였다. 이에 박준서는 김상호와 염경진 사이의 임대차계약에 기한 임차보증금반환채권에 대하여 압류 및 추심명령을 받았다. 김상호의 처인 백서현과 염경진 사이에 새로운 임대차계약서가 김상호의 동의를 받아 작성되었다. 염경진이 임대차계약 갱신을 거절하였으나 김상호와 백서현은 계속하여 임차목적물에 거주하고 있다.

2. 박준서는 방배동 토지의 2분의 1 지분을 소유하고 있다. 다른 공유자인 김상명이 음식점 장사를 위해 건물을 건축하겠다고 하여 허락하였는데, 최근에 가보니 전혀 모르는 최구한이 "제주보쌈"이라는 상호로 위 건물에서 음식점을 운영하고 있었다. 최구한에게 물어보니 차명호로부터 건물 전부를 임차하여 음식점을 운영하게 되었다고 한다. 박준서가 인근 부동산중개업소에 알아보니, 위 토지를 보증금 없이 임대할 경우 2019년 이후 현재까지 매월 600만 원을 받을 수 있다고 한다. 방배동 토지의 전부가 건물의 부지로 사용되고 있다.

3. 박준서는 주식회사 대원의 연대보증을 받아 닭고기 유통업을 하는 하림유통 홍서현 사장에게 1억 원을 대여하였다. 홍서현은 2019. 6. 19. 금 8천 2백만 원을 갚으면서 원금으로 처리해달라고 부탁하였으나 박준서는 전부 갚지도 않으면서 갚는 사람 맘대로 처리할 수는 없다고 말하였다. 최근에 알아보니 홍서현은 남편 양혁진, 아들 양진세, 양진수를 남기고 사망하였

고, 홍서현의 부모 중 모 김정자만 살아 있으며, 양진세, 양진수에게는 자녀가 없다.

4. 양혁진은 2020. 4. 9. 자신이 소유하고 있는 비상장 주식회사 기전의 주식 전부(5,000주)를 장모인 김정자에게 양도하였고, 같은 날 김정자의 명의로 주주명부 개서를 마쳤다. 양혁진은 2020. 7. 3. 주주총회에 참석하여 한빈을 이사로 선임하는 안에 의결권을 행사하였다.

【사건관계인의 주장】

1. 염경진은 추심명령을 송달받을 당시 임차인이 백서현으로 변경되었으므로 박준서의 추심명령은 무효이고, 설사 위 추심명령이 유효라고 하더라도 그 전에 가압류가 있으므로 가압류된 부분에 대해서는 청구할 수 없고, 이미 반환한 3,000만 원에 대해서도 청구할 수 없다고 주장한다.

2. 차명호는 법정지상권이 성립한다고 주장한다. 최구한은 차명호로부터 적법하게 임대차계약을 체결하여 상가건물 임대차보호법에 의하여 보호를 받고, 그렇지 않다고 하더라도 유치권이 성립하므로 자신에게 아무런 청구를 할 수 없다고 주장한다.

3. 홍서현의 상속인들은 홍서현이 8천 2백만 원을 갚았는데 이를 원금에 충당해야 한다고 주장한다. 주식회사 대원은 자신의 채무가 시효로 소멸하였고, 그렇지 않다고 하더라도 홍서현이 갚은 금원 범위 내에서 채무가 소멸하였다고 주장한다.

4. 주식회사 기전은 양혁진이 김정자에게 한 주식양도는 정관에 따라 무효이고, 그렇지 않다고 하더라도 주식회사 기전이 양혁진을 주주로 인정하였으므로 양혁진의 의결권행사는 적법하다고 주장한다. 또한, 임시주주총회에 출석하여 한빈을 이사로 선임하는 안에 관하여 찬성하였던 박준서가 이제 와서 주주총회 하자를 다투는 것은 신의칙에 반한다고 주장한다.

【의뢰인 희망사항】

1. 가능하다면 압류 및 추심명령에 기하여 추심금을 청구하고 싶다.

2. 자신과 아무런 관계가 없는 차명호나 최구한이 방배동 지상 건물을 사용하지 못하도록 방배동 토지를 나대지 상태로 만들어 자신이 직접 사용하고 싶고, 위 토지에 대한 사용이익을 반환받고 싶다. 만약 위 토지를 나대지 상태도 돌려놓을 수 없다면, 위 토지에 대한 사용이익만이라도 반환받기를 원한다.

3. 가능하다면 하림유통에 대여한 금원을 최대한 지급받고 싶고, 주식회사 대원에 대하여도 최대한의 이행청구를 하고 싶다.

4. 주식회사 기전의 주주로서, 임시주주총회에서 한빈을 이사로 선임한 점에 관하여 다투고 싶다.

부동산임대차계약서(전세/월세)

부동산의 표시: 서울 서초구 서운로 115, 102동 1202호(서초동, 풍산아파트)

제1조 위 부동산을 임대차함에 있어 임대인과 임차인은 쌍방 합의하에 아래 각 조항과 같은 조건으로 계약한다.

보 증 금	180,000,000원	월세금액	200만 원
계 약 금	일금 ~~원정을 계약당일 임대인에게 지불하고~~		
중 도 금	일금 ~~원정을 년 월 일 지불하고~~		
잔 액 금	일금 180,000,000 원정을 2018년 1월 29일 ~~소개인 입회하에 지불키로 함.~~ 전액 수령함. 염경진 (인)		

제2조 부동산은 2018년 1월 29일 인도하기로 한다.
제3조 임대기간은 2018년 1월 29일부터 2020년 1월 28일까지(2년)로 한다.

특약사항 :
1. 임차인은 임대차기간 동안 위 건물에 대한 제세공과금을 모두 책임지며, 법령을 위반하여 임대인이 여하한 불이익도 받게 해서는 아니 된다.

위 계약조건을 틀림없이 지키기 위하여 본 계약서를 2부 작성하여 각자 1부씩 보관한다.

2018년 1월 29일

	주소	서울 노원구 중계로4나길 19(중계동)		
임대인	성명	염 경 진 (인)	주민등록번호	550725-2357890
	주소	서울 동작구 동작대로3길 57(사당동)		
임차인	성명	김 상 호 (인)	주민등록번호	550209-1273697
중개인	주 소	서울 서초구 서초대로 75길 23	상호	삼호공인중개사	신고번호	제2004호
	주민등록번호	541103-1637058	성명	염 현 상 (인)		

부동산임대차계약서(전세/월세)

부동산의 표시: **서울 서초구 서운로 115, 102동 1202호(서초동, 풍산아파트)**
제1조 위 부동산을 임대차함에 있어 임대인과 임차인은 쌍방 합의하에 아래 각 조항과 같은 조건으로 계약한다.

보 증 금	150,000,000원	월세금액	220만 원
계 약 금	일금 원정을 계약당일 임대인에게 지불하고		
중 도 금	일금 원정을 년 월 일 지불하고		
잔 액 금	일금 원정을 년 월 일 소개인 입회하에 지불키로 함.		

제2조 부동산은 20 년 월 일 인도하기로 한다.
제3조 임대기간은 2019년 5월 25일부터 2020년 1월 28일까지로 한다.

특약사항:
1. 임차인은 임대차기간 동안 위 건물에 대한 제세공과금을 모두 책임지며, 법령을 위반하여 임대인이 여하한 불이익도 받게 해서는 아니 된다.
2. 보증금은 종전에 김상호가 지급한 1억 8천만 원으로 지급한 것으로 하되, 임대인은 보증금 차액 3,000만 원을 백서현의 신한은행 계좌(110-068-234321)로 입금한다.

위 계약조건을 틀림없이 지키기 위하여 본 계약서를 2부 작성하여 각자 1부씩 보관한다.

2019년 5월 25일

	주소	서울 노원구 중계로4나길 19(중계동)		
임대인	성명	염 경 진 (인)	주민등록번호	550725-2357890
	주소	서울 서초구 서운로 115, 102동 1202호(서초동, 풍산아파트)		
임차인	성명	배 서 현 (인)	주민등록번호	570311-2047912
중개인	주소	서울 서초구 서초대로 75길 23	상호	삼호공인중개사	신고번호	제2004호
	주민등록번호	541103-1637058	성명	염 현 상 (인)		

서 울 중 앙 지 방 법 원
결 정

사　　건　　2019타채34347　채권압류 및 추심
채 권 자　　박준서
　　　　　　서울 서초구 나루터로 37(잠원동)
채 무 자　　김상호
　　　　　　서울 서초구 서운로 115, 102동 1202호(서초동, 풍산아파트)
제3채무자　　염경진
　　　　　　서울 노원구 중계로4나길 19(중계동)

주　문

채무자의 제3채무자에 대한 별지 기재 채권을 압류한다.
채무자는 위 채권의 처분과 영수를 하여서는 아니 된다.
제3채무자는 채무자에 대하여 위 압류된 채권을 지급하여서는 아니 된다.
채권자는 위 압류한 채권을 추심할 수 있다.

청 구 금 액

금 180,000,000원(서울중앙지방법원 2018. 10. 13.자 2018차30165호 대여금)

이　유

채권자가 위 청구금액을 변제받기 위하여 이 법원 2018. 10. 13.자 2018차30165호 집행력 있는 지급명령 정본에 기하여 한 이 사건 신청은 이유 있으므로 주문과 같이 결정한다.

정본입니다
2019. 7. 20.　　　　　　　　2019. 7. 28.
　　　　　　　　　　　　법원주사　노용호

사법보좌관　　이 선 택

목 록

채무자가 2018. 1. 29.자 임대차계약에 기하여 제3채무자에 대하여 가지는 서울 서초구 서운로 115, 102동 1202호(서초동, 풍산아파트)에 대한 금 180,000,000원의 임차보증금반환채권. 끝.

송 달 증 명 원

사　　　건　　서울중앙지방법원 2019타채34347　채권압류 및 추심
채　권　자　　박준서
채　무　자　　김상호
제3채무자　　염경진
증명신청인　　박준서

위 사건에 관하여 서울중앙지방법원 2019타채34347 채권압류 및 추심명령이 채무자 및 제3채무자에 대하여 각 2019. 7. 23. 송달되었음을 증명하여 주시기 바랍니다.

위 증명합니다.

서울중앙지방법원

법원주사　(인)

본 증명(문서번호:전자제출제증명(민사) 92367)에 관하여 문의할 사항이 있으시면 02-533-6859로 문의하시기 바랍니다.

통고서

발신인: 박준서
　　　　서울 서초구 나루터로 37(잠원동)
수신인: 염경진
　　　　서울 노원구 중계로4나길 19(중계동)

1. 저는 귀하와 김상호 사이에 체결된 임대차계약에 기하여 발생한 임차보증금반환채권에 대하여 추심명령을 받은 사람입니다.
2. 귀하도 잘 아시겠지만, 임차보증금을 저에게 지급하시기 바라며 즉시 지급하지 않는 경우 소를 제기할 수밖에 없고 지연손해금도 지급하게 됨을 양지하시기 바랍니다.

　　　　　　　　　　　2020. 2. 20.

　　　　　　　　　　　박준서　(인)

본 우편물은 2020-02-20
제3621호에 의하여
내용증명우편물로 발송하였음을 증명함
서울서초우체국장

통고서에 대한 회신

발신인: 염경진
　　　　서울 노원구 중계로4나길 19(중계동)

수신인: 박준서
　　　　서울 서초구 나루터로 37(잠원동)

1. 귀하가 보낸 통고서는 2020. 2. 24. 잘 받아보았습니다.
2. 제가 추심명령을 받을 당시에 임차인은 이미 백서현으로 변경되었습니다. 김상호와 백서현이 저에게 찾아와 임차인을 처인 백서현으로 변경하면서 보증금은 1억 5천만 원으로, 월세금액은 220만 원으로 변경하고 싶다고 하였습니다. 제가 이에 동의하여 임차인을 백서현으로 변경하였고 백서현과 임대차계약을 체결하였으며 그 뒤로 백서현으로부터 월세 220만 원을 계속 지급받았습니다. 다만 종전 임대차계약서가 이미 확정일자를 갖춘 관계로 백서현은 새로운 계약서에는 확정일자를 받지는 않은 것으로 알고 있습니다. 귀하가 채무자를 김상호로 하여 추심명령을 받았으므로 귀하의 추심명령은 아무런 효력이 없다고 사료됩니다.
3. 설령 귀하의 추심명령이 효력이 있다고 하더라도 첨부와 같이 그 전에 이미 채권가압류가 있었습니다. 따라서 저는 가압류된 부분에 대해서는 귀하가 청구를 할 수 없다고 생각합니다.
4. 끝으로 보증금 차액 3,000만 원을 김상호가 시켜서 백서현의 신한은행 계좌(110-068-234321)로 입금하였으므로 이 부분도 고려가 되어야 합니다.

첨부 : 채권가압류, 입금증

　　　　　　　　　　　　2020. 2. 28.
　　　　　　　　　　　　염경진　(인)

　　　　　　　　　　본 우편물은 2020-02-28
　　　　　　　　　　제4021호에 의하여
　　　　　　　　　　내용증명우편물로 발송하였음을 증명함
　　　　　　　　　　서울노원우체국장

서 울 서 부 지 방 법 원
결 정

사　　건　　2019카단2729　채권가압류

채 권 자　　서울농업협동조합
　　　　　　서울 마포구 월드컵로 250(상암동)
　　　　　　대표자 이사장 조영남

채 무 자　　김상호
　　　　　　서울 서초구 서운로 115, 102동 1202호(서초동, 풍산아파트)

제3채무자　　염경진
　　　　　　서울 노원구 중계로4나길 19(중계동)

주 문

채무자의 제3채무자에 대한 별지 목록 기재 채권을 가압류한다.

제3채무자는 채무자에게 위 채권을 지급하여서는 아니 된다.

채무자는 다음 청구금액을 공탁하고 가압류의 집행정지 또는 그 취소를 신청할 수 있다.

청구채권의 내용　　2017. 12. 1.자 대출금
청구금액　　　　　　100,000,000원

이 유

이 사건 채권가압류신청은 이유 있으므로 담보로 별지 첨부의 지급보증위탁계약을 체결한 문서를 제출받고 주문과 같이 결정한다.(공탁보증보험증권의 첨부는 생략함)

정본입니다

2019. 5. 7.　　　　　　　2019. 5. 20.
　　　　　　　　　　　　법원주사 김상훈

판사　　김 태 호

목   록

채무자 김상호가 2018. 1. 29.자 임대차계약에 기하여 제3채무자 염경진에 대하여 가지는 서울 서초구 서운로 115, 102동 1202호(서초동, 풍산아파트)에 대한 금 180,000,000원의 임차보증금반환채권 중 100,000,000원. 끝.

송 달 증 명 원

사 건   서울서부지방법원 2019카단2729 채권가압류
채 권 자   서울농업협동조합
채 무 자   김상호
제3채무자   염경진
증명신청인   염경진

위 사건에 관하여 서울서부지방법원 2019카단2729호 가압류결정이 제3채무자에 대하여 2019. 5. 12. 송달되었음을 증명하여 주시기 바랍니다.

위 증명합니다.

서울서부지방법원

법원주사 (인)   [서울서부지방법원 법원주사 인]

본 증명(문서번호:전자제출제증명(민사) 51349)에 관하여 문의할 사항이 있으시면 02-3271-1234로 문의하시기 바랍니다.

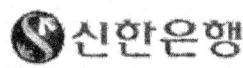 http://www.shinhan.com

인터넷뱅킹 이체확인증

입금일 : 2019. 5. 25.   시각 22:02:05   이용매체웹 인터넷 뱅킹

보내시는 분	염경진	받으시는 분	백서현
출금계좌번호	신한 110-***-110011	입금계좌번호	신한 110068234321
타행처리번호	061113460429	입금내역 (CMS코드)	
수수료	1,000원	금액	30,000,000원
내통장 메모	백서현	받는(입금)통장 메모	염경진

* 위의 내용이 정상적으로 이체되었음을 확인합니다.

등기사항전부증명서(말소사항 포함) - 토지

[토지] 서울 서초구 방배동 30   고유번호 1153-1973-231448

【 표 제 부 】 (토지의 표시)

표시번호	접 수	소재지번	지목	면적	등기원인 및 기타사항
1 (전 2)	1989년 10월 25일	서울 서초구 방배동 30	대	400m²	
					부동산등기법 제177조의6 제1항의 규정에 의하여 2000년 3월 22일 전산이기

【 갑 구 】 (소유권에 관한 사항)

순위번호	등기목적	접 수	등기원인	권리자 및 기타사항
1 (전 12)	소유권이전	1991년 10월 17일 제9805호	1991년 10월 2일 매매	소유자 김민수 380220-1327511 서울 강북구 미아동 534, 2층 부동산등기법 제177조의6 제1항의 규정에 의하여 2000년 3월 22일 전산이기
2	소유권이전	2019년 2월 3일 제11209호	2019년 2월 1일 매매	공유자 지분 2분의 1 김상명 611228-1226128 서울 종로구 사직로 28(사직동) 지분 2분의 1 박준서 610225-1226145 서울 서초구 나루터로 37(잠원동)

---- 이 하 여 백 ----

수수료 1,000원 영수함 관할등기소 서울중앙지방법원 등기국/발행등기소 법원행정처 등기정보중앙관리소

이 증명서는 등기기록의 내용과 틀림없음을 증명합니다.

서기 2020년 5월 30일

법원행정처 등기정보중앙관리소 전산운영책임관

*실선으로 그어진 부분은 말소사항을 표시함. *등기기록에 기록된 사항이 없는 갑구 또는 을구는 생략함.

[인터넷 발급] 문서 하단의 바코드를 스캐너로 확인하거나, 인터넷등기소(http://www.iros.go.kr)의 발급확인 메뉴에서 발급확인번호를 입력하여 위·변조 여부를 확인할 수 있습니다. 발급확인번호를 통한 확인은 발행일로부터 3개월까지 5회에 한하여 가능합니다.

발행번호 12445234789102367836718956882939003987   1/1   발급확인번호 ABIK-ZPKF-0002   발행일 2020/05/30

등기사항전부증명서(말소사항 포함) - 건물

[건물] 서울 서초구 방배동 30　　　　　　　　　고유번호 1253-2019-231337

【 표　제　부 】	(건물의 표시)			
표시번호	접 수	소재지번	건물내역	등기원인 및 기타사항
1	2019년 9월 15일	서울 서초구 방배동 30 [도로명 주소] 서울 서초구 사평대로 6길 15(방배동)	경량철골조 스테인리스 판넬지붕 단층 250㎡	

【 갑　　　구 】	(소유권에 관한 사항)			
순위번호	등기목적	접　수	등기원인	권리자 및 기타사항
1	소유권보존	2019년 9월 15일 제14534호		소유자 김상명 611228-1226128 　서울 종로구 사직로 28(사직동)
2	소유권이전	2020년 2월 5일 제5121호	2020년 2월 2일 매매	소유자 차명호 731212-1265413 　서울 서초구 반포로 25, 133동 1203호(반포동, 현대)

---- 이　하　여　백 ----

수수료 1,000원 영수함　관할등기소 서울중앙지방법원 등기국/발행등기소 법원행정처 등기정보중앙관리소

이 증명서는 등기기록의 내용과 틀림없음을 증명합니다.

서기 2020년 5월 30일

법원행정처 등기정보중앙관리소 전산운영책임관

*실선으로 그어진 부분은 말소사항을 표시함. *등기기록에 기록된 사항이 없는 갑구 또는 을구는 생략함.

[인터넷 발급] 문서 하단의 바코드를 스캐너로 확인하거나, 인터넷등기소(http://www.iros.go.kr)의 발급확인 메뉴에서 발급확인번호를 입력하여 위·변조 여부를 확인할 수 있습니다. 발급확인번호를 통한 확인은 발행일로부터 3개월까지 5회에 한하여 가능합니다.

발행번호 12445234789102367836718956882939039881　1/1　발급확인번호 ABIK-ZPKF-0003　발행일 2020/05/30

통고서에 대한 회신

발신인: 차명호
　　　　서울 서초구 반포로 25, 133동 1203호(반포동, 현대)

수신인: 박준서
　　　　서울 서초구 나루터로 37(잠원동)

1. 귀하가 보낸 2020. 6. 5.에 보낸 통고서(건물 사용중지 요구와 토지 사용 이익 반환 요구)는 2020. 6. 7. 잘 받았습니다.

2. 제가 알아본 바에 의하면, 귀하가 토지 공유자 김상명에게 건축을 허락하여 방배동 건물이 건축되었고, 그 후 제가 김상명으로부터 매수하였으므로 법정지상권이 성립한다고 들었습니다. 부디 무리한 요구를 그만두시고 원만한 대화를 통해 해결하기를 바랍니다.

2020. 6. 17.

차명호 (인)

본 우편물은 2020-06-17
제6321호에 의하여
내용증명우편물로 발송하였음을 증명함
서울반포우체국장

통고서에 대한 회신

발신인 : 최구한
　　　　서울 관악구 청림3다길 15, 103호(봉천동)

수신인 : 박준서
　　　　서울 서초구 나루터로 37(잠원동)

1. 귀하가 보낸 2020. 6. 5.에 보낸 통고서(건물 사용중지 요구와 토지 사용 이익 반환 요구)는 2020. 6. 7. 잘 받았습니다.
2. 저는 건물의 소유자인 차명호와 계약을 하여 2020. 4. 1.부터 위 건물을 사용하고, 사업자등록까지 마쳤으므로 상가건물임대차보호법에 의하여 보호를 받는다고 합니다. 따라서 저는 건물을 계속 사용할 수 있습니다.
3. 그리고 저는 위 건물에 입주하면서 건물 단열공사를 하였으므로, 유치권을 가지는 임차인입니다. 따라서 저에게 건물을 비워줄 것을 요구할 수 없습니다.

첨부 : 임대차계약서, 영수증, 사업자등록증

2020. 6. 20.

최구한　(인)

본 우편물은 2020-06-20
제7042호에 의하여
내용증명우편물로 발송하였음을 증명함
서울관악우체국장

임대차계약서

차명호 (이하 임대인이라 함)와/과
허구한 (이하 임차인이라 함)은/는
임대인 소유인 아래 물건에 대하여 다음과 같이 임대차계약을 체결한다.

제1조 (賃貸借 物件)
　　임대차 목적물은 **서울 서초구 사평대로6길 15(방배동) 지상 경량철골조 스테인리스 판넬지붕 단층 250㎡** 이다.

제2조 (目的物의 引渡와 賃貸借 期間)
　　임대인은 2020년 4월 1일 목적물을 임차인에게 인도하며, 임대차계약기간은 그 때부터 2022년 3월 31일까지 2년으로 한다.

제3조 (賃貸料)
　　임차인은 임대인에게 임대료를 월세로 매월 말일 2백만(2,000,000) 원을 지급한다.

제4조 (賃貸借保證金)
　① 임대차보증금은 5천만(50,000,000) 원으로 한다.
　② 임차인에게 임대료 연체, 기타 본 계약에 의한 채무의 불이행 또는 손해배상 채무가 있을 때는 임차인의 동의 없이 임대차보증금으로 충당할 수 있다.

제5조 (賃貸期間內 解約)
　　임대인 또는 임차인이 사정에 의하여 계약 제2조에 표시된 계약기간 중도에 해약하고자 할 때에는 최소한 해약 3개월 전에 해약의 의사를 상대방에게 서면으로 통지하여야 한다.

특약 : 임차인이 식당 영업을 위해 건물 내부에 단열공사를 하는 것을 허락하고, 이에 대해서는 임대인이 2020. 5. 1.까지 1백만 원 한도 내에서 지급하는 것으로 한다.

　　　　　　　　　　　　2020. 4. 1.

임대인 : 차명호 (731212-1265413) (인) 서울 서초구 반포로 25, 133동 1203호(반포동, 현대)

임차인 : 허구한(891225-1234566) (인) 서울 관악구 청룡3다길 15, 103호 (봉천동)

영수증

최구한(서울 서초구 사평대로6길 15(방배동) 제주보쌈) 귀하

공사내용 : 건물 내부 단열공사
공사대금 : 200만 원
공사대금 산정내역표 : 생략

위 건물 내부 단열공사를 2020. 4. 20. 완료하여 최구한으로부터 공사대금을 완납받았음

2020. 4. 20.

방배인테리어   구욱환   (인)

사 업 자 등 록 증

(일반과세자)

등록번호 : 170-94-83254

상　　　　호 : 제주보쌈
성　　　　명 : 최구한　　　생 년 월 일 : 1989년 12월 25일
개업 연월일 : 2020년 04월 21일
사업장소재지 : 서울 서초구 사평대로6길 15(방배동)

사업의 종류 :　업태 대중음식점　종목 한식

교 부 사 유 : 신규
공 동 사업자 :

사업자단위과세 적용사업자 여부: 여( ) 부(∨)

2020년 4월 21일

방배 세무서장

차 용 증

채권자   박준서
              서울 서초구 나루터로 37(잠원동)
채무자   홍서현(하림유통 사장)
              서울 은평구 통일로 866, 101동 1807호(불광동, 스타아파트)

  채무자 홍서현은 하림유통 영업자금으로 박준서로부터 1억 원을 아래와 같은 조건으로 차용하고 연대보증인 주식회사 대원은 이에 연대보증하며, 이를 확인하는 의미로 채무자와 연대보증인은 이 차용증을 작성하여 채권자에게 교부합니다.

- 아   래 -

1. 변제기는 2014. 5. 19.로 한다.
2. 이자는 월 1%로 한다.

              2013년   6월   20일

              채무자   하림유통 홍서현(550725-2357890) (인)
                          서울 은평구 통일로 866, 101동 1807호(불광동, 스타아파트)

              연대보증인 주식회사 대원
                          서울 강남구 테헤란로22길 20, 202호(역삼동, 상아빌딩)
                          대표이사 김수영 (인)

박준서 귀하

이행최고서에 대한 답신

발신인: 주식회사 대원 대표이사 김수영(서울 강남구 테헤란로22길 20, 202호 (역삼동, 상아빌딩))

수신인: 박준서(서울 서초구 나루터로 37(잠원동))

1. 귀하의 댁내 두루 평안하기를 기원합니다.
2. 귀하가 보낸 2020. 2. 12. 이행최고서(2013. 6. 20.자 연대보증채무의 이행을 구하는 내용)는 2. 20. 잘 받아 보았습니다.
3. 그런데 저희 회사가 확인한 바에 의하면, 저희 회사의 채무는 차용증에 서명한 날부터 많은 시간이 경과되어 이미 시효로 소멸하였다고 합니다. 그리고 홍서현도 귀하에게 채무를 부담하지 않아 저희 회사가 귀하에게 부담할 채무는 없습니다. 부디 이 점을 참작하시어 더는 저희 회사에 이행을 요구하지 않으셨으면 합니다.
4. 설령 귀하가 저희 회사에 청구할 금원이 있다고 하더라도 홍서현이 2019. 6. 19. 8천 2백만 원을 갚은 것을 참작해야 할 것입니다.

2020. 2. 24.

주식회사 대원
대표이사 김수영 (인)

본 우편물은 2020-02-24
제3888호에 의하여
내용증명우편물로 발송하였음을 증명함
서울강남우체국장

등기번호	0254314	**등기사항일부증명서[제출용]**	
등록번호	050354-2300265		

상 호	주식회사 대원	2005. 11. 04. 등기
본 점	서울 강남구 테헤란로22길 20, 202호(역삼동, 상아빌딩)	2010. 12. 14. 변경
		2010. 12. 16. 등기

공고방법, 1주의 금액, 발행 주식사항은 생략

목 적
1. 식품가공업
2. 식품판매업
3. 식품유통업
4. 기타 상기 사업에 부수되거나 관련되는 일체의 사업

임원에 관한 사항
이사 김정은 670408-2******
(이하 생략)
이사 이지국 650205-1******
(이하 생략)
대표이사 김수영 680101-2****** 서울 영등포구 선유서로17, 103호(문래동, 삼일빌라)
2008년 1월 3일 취임   2008년 1월 5일 등기
감사 김국선 580915-2******
(이하 생략)

--- 이 하 여 백 ---

수수료 1,000원 영수함
관할등기소 : 서울중앙지방법원 등기국 / 발행등기소 : 서울중앙지방법원 등기국

이 증명서는 등기기록의 내용과 틀림 없음을 증명합니다. [다만 신청이 없는 사항의 기재를 생략하였습니다.]

서기 2020년 6월 1일

법원행정처 등기정보중앙관리소 전산운영책임관

＊ 실선으로 그어진 부분은 말소(변경, 경정)된 등기사항입니다.

4010915313667289567922482064 1 1000 1 발행일 2020/06/01 1/1

이행최고서에 대한 답신

발신인: 1. 양혁진(서울 은평구 통일로 866, 101동 1807호(불광동, 스타아파트))
        2. 양진세(서울 서초구 효령로 41(방배동))
        3. 양진수(서울 강남구 선릉로 221, 104동 202호(도곡동, 도곡렉슬))
        4. 김정자(서울 은평구 통일로 866, 101동 1807호(불광동, 스타아파트))
수신인: 박준서(서울 서초구 나루터로 37(잠원동))

1. 귀하의 댁내 두루 평안하기를 기원합니다.
2. 귀하가 보낸 2020. 2. 12. 이행최고서(2013. 6. 20.자 차용금채무의 이행을 구하는 내용)는 2. 18. 잘 받아 보았습니다.
3. 추후에 자세히 말씀드리기로 하고 일단은 홍서현이 2019. 6. 19. 금 8천 2백만 원을 갚으면서 원금에 충당할 것을 말씀드린 것을 상기하고 싶습니다. 그리고 아실지 모르겠지만, 홍서현은 2019. 7. 3. 세상을 떠나고 말았습니다. 부디 원만하게 모든 것이 해결되었으면 하는 바람입니다.

2020. 2. 24.

양혁진 (인), 양진세 (인), 양진수 (인), 김정자 (인)

서울은평우체국
2020. 2. 24.
20 - 2261

본 우편물은 2020-02-24
제2261호에 의하여
내용증명우편물로 발송하였음을 증명함
서울은평우체국장

| 가 | 족 |

가족관계증명서   [폐쇄]

등록기준지	경기도 수원시 정자동 55

구 분	성 명	출생연월일	주민등록번호	성별	본
본 인	홍서현(洪瑞賢) 사망	1955년 07월 25일	550725-2357890	여	南陽

가 족 사 항

구 분	성 명	출생연월일	주민등록번호	성별	본
부	홍덕만(洪德萬) 사망	1927년 09월 25일	270925-1064912	남	南陽
모	김정자(金貞子)	1935년 05월 14일	350514-2212820	여	安東
배우자	양혁진(梁赫珍)	1952년 02월 25일	520225-1226145	남	濟州
자녀	양진세(梁眞世)	1980년 12월 23일	801223-1227324	남	濟州
자녀	양진수(梁眞秀)	1984년 01월 12일	840112-1326344	남	濟州

위 가족관계증명서는 가족관계등록부의 기록사항과 틀림없음을 증명합니다.

서기 2020년 02월 20일

서울특별시 은평구청장

서 울 가 정 법 원

심 판

사 건	2019느단2341 상속포기
청 구 인	1. 양진세 (801223-1227324)
	서울 서초구 효령로 41(방배동)
	2. 양진수 (840112-1326344)
	서울 강남구 선릉로 221, 104동 202호(도곡동, 도곡렉슬)
피 상 속 인	망 홍서현 (550725-2357890)
	2019. 7. 3. 사망
	최후주소 서울 은평구 통일로 866, 101동 1807호(불광동, 스타아파트)
	등록기준지 수원시 정자동 55

주 문

청구인들이 피상속인 망 홍서현의 재산상속을 포기하는 2019. 10. 11.자 신고는 이를 수리한다.

이 유

이 사건 청구는 이유 있으므로 주문과 같이 심판한다.

정본입니다

2019. 12. 29.   2020. 1. 29.

법원주사 황미애

[서울가정법원 주사인]

판사   박 사 랑

이행최고서에 대한 답신에 대한 회신

발신인: 박준서(서울 서초구 나루터로 37(잠원동))
수신인: 주식회사 대원 대표이사 김수영(서울 강남구 테헤란로22길 20, 202호 (역삼동, 상아빌딩))

1. 귀사의 발전을 기원합니다.
2. 귀사가 저의 채권에 대하여 시효 운운하나 제가 귀사의 부동산에 대하여 이미 조치를 취해 두었으므로 귀사의 주장은 말이 되지 않습니다.
3. 부디 조속히 연대보증채무를 이행하여 주시기 바랍니다.

[첨부] 등기부등본

2020. 4. 14.

박준서 (인)

본 우편물은 2020-04-14
제6254호에 의하여
내용증명우편물로 발송하였음을 증명함
서울서초우체국장

등기사항전부증명서(말소사항 포함) - 건물

[건물] 서울 서초구 신사동 63-7   고유번호 1152-2013-567227

【 표 제 부 】	(건물의 표시)		
표시번호	접 수	소재지번	건물내역	등기원인 및 기타사항
1	2013년 9월 1일	서울 서초구 신사동 63-7 [도로명 주소] 서울 서초구 신사로4길 22(신사동)	벽돌조 슬라브지붕 단층 300㎡	

【 갑 구 】	(소유권에 관한 사항)		
순위번호	등기목적	접 수	등기원인	권리자 및 기타사항
1	소유권보존	2013년 9월 1일 제36534호		소유자 주식회사 대원 050354-2300265 서울 강남구 테헤란로22길 20, 202호(역삼동, 상아빌딩)
2	가압류	2015년 5월 5일 제10121호	2015년 5월 5일 서울중앙지방법원의 가압류결정 (2015카단5413)	청구금액 100,000,000원 채권자 박준서 610225-1226145 서울 서초구 나루터로 37(잠원동)

---- 이 하 여 백 ----

수수료 1,000원 영수함 관할등기소 서울중앙지방법원 등기국/발행등기소 법원행정처 등기정보중앙관리소

이 증명서는 등기기록의 내용과 틀림없음을 증명합니다.

서기 2020년 3월 30일

법원행정처 등기정보중앙관리소 전산운영책임관

*실선으로 그어진 부분은 말소사항을 표시함. *등기기록에 기록된 사항이 없는 갑구 또는 을구는 생략함.

[인터넷 발급] 문서 하단의 바코드를 스캐너로 확인하거나, **인터넷등기소**(http://www.iros.go.kr)의 발급확인 메뉴에서 **발급확인번호**를 입력하여 위·변조 여부를 확인할 수 있습니다. 발급확인번호를 통한 확인은 발행일로부터 3개월까지 5회에 한하여 가능합니다.

발행번호 12445234789101367836718952882919030989   1/1   발급확인번호 ABOK-PSKF-0004   발행일 2020/03/30

등기번호	0035431
등록번호	200111-0000234

등기사항일부증명서[제출용]

상 호	주식회사 기전	2020. 3. 4. 등기
본 점	서울 동작구 노량진로 74, 901호(대방동, 기전빌딩)	2020. 3. 4. 등기
공고방법	서울시내에서 발행하는 일간신문 매일경제신문에 게재한다.	
1주의 금액	금 10,000 원	
발행할 주식의 총수	200,000주	

발행주식의 총수와 그 종류 및 각각의 수	자본의 총액	변경연월일
발행주식의 총수 100,000주 보통주식 100,000주	금 1,000,000,000원	2020. 3. 4. 2020. 3. 4.

목 적

1. 식품가공업
2. 식품판매업
3. 식품유통업
4. 기타 상기 사업에 부수되거나 관련되는 일체의 사업

임원에 관한 사항

이사 박영일 570404-1******
 (이하 생략)
이사 이성우 630208-1******
 (이하 생략)
이사 최영은 780622-2******
 (이하 생략)
이사 홍성욱 750816-1******
 (이하 생략)
대표이사 함옥자 680101-2****** 서울 강남구 남부순환로 25, 4동 105호(도곡동, 도곡아파트)
 2020년 3월 4일 취임   2020년 3월 6일 등기
감사 정성민 661015-2******
 (이하 생략)

--- 이 하 여 백 ---

수수료 1,000원 영수함
관할등기소 : 서울중앙지방법원 등기국 / 발행등기소 : 서울중앙지방법원 등기국

이 증명서는 등기기록의 내용과 틀림 없음을 증명합니다. [다만 신청이 없는 사항의 기재를 생략하였습니다.]

서기 2020년 7월 10일
법원행정처 등기정보중앙관리소 전산운영책임관

* 실선으로 그어진 부분은 말소(변경, 경정)된 등기사항입니다.

4010915313667289567922482064 1 1000 1   발행일 2020/07/10   1/1

정   관

주식회사 기전

제24조 ① 회사설립일부터 5년 동안, 회사의 어느 주주도 회사 주식의 전부 또는 일부를 다른 당사자 또는 제3자에게 매각, 양도할 수 없다.
단 법률상 또는 정부의 조치에 의하여 그 주식의 양도가 강제되는 경우 또는 당사자들 전원이 그 양도에 동의하는 경우는 예외로 한다.

(이하 생략)

주식양도계약서

양도인 양혁진과 양수인 김정자는 다음과 같이 주식양도계약을 체결한다.

1. 주식의 표시

주식회사 기전 보통주식 5,000주

2. 계약내용

제1조 : 양수인은 위 주식의 매매대금 5,000만 원을 본 계약 체결과 동시에 지급한다.
제2조 : 양도인은 위 매매대금을 받음과 동시에 주주명부에 양수인의 명의로 개서를 한다.
제3조 : 본 계약에 기재되지 않은 사항은 관련법과 관례에 의한다.

이 계약을 증명하기 위하여 계약당사자가 이의 없음을 확인하고 각자 서명, 날인하다.

2020년 4월 9일

양 도 인 : 양 혁 진 (520225-1226145)
　　　　　　서울 은평구 통일로 866, 101동 1807호 (불광동, 스타아파트)
양 수 인 : 김 정 자 (350514-2212820)
　　　　　　서울 은평구 통일로 866, 101동 1807호 (불광동, 스타아파트)

녹취록

대화자 : 양혁진, 김정자

대화일시 : 2020. 6. 24. 저녁

(중략)

양혁진 : 장모님, 7월 3일날 주식회사 기전 주주총회 열린다는 통지 받으셨죠?

김정자 : 맞아 그렇네. 그렇지 않아도 거기 가려고 약속도 바꾸고 그랬네.

양혁진 : 이번에 한빈이라는 사람이 이사로 나오는데, 그 사람에게 찬성표 던지셔야 해요.

김정자 : 무슨 말인가? 거기 내 친구 아들이 이사 후보로 나온다고 해서 난 그 사람 뽑으려 일부러 시간 내어 가는 것인데..

양혁진 : 아니 장모님이 뭘 아신다고 그러세요? 제가 시키는 대로 안 하실 꺼면 제가 가서 투표하고 올 거예요.

김정자 : 내가 자네에게 5천만 원을 주고 엄연히 주식을 산 것인데 이제 와서 자네가 무슨 권리로 주주총회에 간다는 건가?

양혁진 : 주식회사 기전이 회사설립일부터 5년간 주식거래를 금지하고 있어요. 그런데 장모님이 하도 주식양도해 달라고 해서 제가 거래한 거니까 2025년까지는 제가 주주권 행사할 수 있어요.

김정자 : 어어 자네가 어떻게 이런 식으로 나에게 말을 하지? 같이 살면서 정도 많이 들었는데 자네가 이럴 줄은 몰랐네..

(중략)

정한 녹취 사무소

녹취사 박수근 (인)

확 인 서

양혁진(서울 은평구 통일로 866, 101동 1807호(불광동, 스타아파트)) 귀하

양혁진이 2020. 4. 9.자로 김정자에게 주식 5,000주를 양도한 행위는 회사 정관상 무효이므로, 현재 양혁진이 위 주식의 주주이고, 2020. 7. 3.자 임시주주총회에 참석하여 의결권을 행사할 적법한 자격이 있음을 확인합니다.

2020. 7. 1.

주식회사 기전
대표이사 함 옥 자 (인)

질의에 대한 회신

발신인: 주식회사 기전 대표이사 함옥자(서울 동작구 노량진로 74, 901호(대방동, 기전빌딩))

수신인: 박준서(서울 서초구 나루터로 37(잠원동))

1. 귀하의 댁내 두루 평안하기를 기원합니다.
2. 귀하가 보낸 2020. 7. 5. 질의서(2020. 7. 3.자 주주총회 결의 하자 관련)는 7. 6. 잘 받아 보았습니다.
3. 저희 회사 정관에 따르면 회사 설립 후 5년간 주식양도를 금지하고 있음에도 불구하고 양혁진과 김정자가 거래를 한 것이므로, 현재 저희 회사의 적법한 주주는 양혁진입니다. 따라서 2020. 7. 3.자 주주총회 결의에는 아무 하자가 없음을 알려드립니다.
4. 저희 회사 법무팀 의견에 따르면, 주주명부상의 주주가 회사에 대하여 주주권을 행사하는 것이 원칙이나, 실질적 주주와 주주명부상의 주주가 다를 경우 회사는 실질적 주주에게 주주권 행사를 인정할 수 있다고 합니다.
5. 만약 위 결의에 하자가 있다 하더라도, 귀하는 위 주주총회 결의에 참석하여 한빈을 이사로 선임하는데 찬성 결의를 하였으므로, 이제 와서 이러한 점을 문제 삼고 주주총회 결의 하자를 다투는 것은 신의성실의 원칙에 어긋나는 행위임을 유념해 주시기 바랍니다.

2020. 7. 8.

주식회사 기전
대표이사 함옥자 (인)

본 우편물은 2020-07-08
제8538호에 의하여
내용증명우편물로 발송하였음을 증명함
서울동작우체국장

기록이면표지

확 인 : 법학전문대학원협의회

민사법 / 기록형

2020년도 **제2차** 법전협 모의시험

문제해결 TIP

기록 1면

【문　제】

귀하는 변호사 홍석광으로서, 의뢰인 박준서와의 상담을 통해 아래 【상담내용】과 같은 사실관계를 청취하고, 【의뢰인 희망사항】 기재사항에 관한 본안소송의 대리권을 수여받고, 첨부된 서류를 자료로 받았습니다.
　　의뢰인을 위한 본안의 소를 제기하기 위한 소장을 작성하시오.

【작성요령】

> 작성기준일자로 소멸시효 및 제척기간의 기준시점이 된다.

1. 소장 작성일 및 소 제기일은 2020. 8. 6.로 하시오.
2. 일방 당사자가 여러 명인 경우 성명으로 특정하시오(예, '피고 홍길동').
3. 청구취지와 청구원인은 가급적 피고별로 나누어 기재하시오.
　　[이하의 작성요령은 실무의 기준과 다를 수 있음]
4. 1건의 공동소송으로 제기하되, 공동소송의 요건은 갖추어진 것으로 전제하고, 전속관할이 있는 청구가 있으면 반드시 그 관할법원에 소를 제기하며, (주관적이든 객관적이든) 예비적·선택적 병합청구는 하지 마시오.
5. 【의뢰인 희망사항】 란에 기재된 희망사항에 부합하되, 현행법과 그 해석상 승소 가능한 최대한의 범위에서 청구하고, 소 각하나 청구기각 부분이 발생하지 않도록 하시오.

> 명시적 주장이 있는 항변에 대해서만 판단할 것을 지시하였다.

6. 상대방에게 항변사유가 있고 그 요건이 갖추어진 것으로 판단되면 이를 청구범위에 반영하되, 【사건관계인의 주장】으로 정리된 사항에 한하여 이유 있다고 판단되면 청구범위에 반영하며, 이유 없다고 판단되면 해당 청구원인 부분에서 배척의 이유를 기재하시오.
7. 【의뢰인 상담일지】와 첨부자료에 기재된 사실관계는 모두 사실에 부합한 것으로 보고(작성자의 의견에 해당하는 사항은 제외), 기재되지 않은 사실은 없는 것으로 전제하며, 첨부된 서류는 모두 진정하게 성립된 것으로 간주하시오.

> 부동산의 표시는 별지 목록을 원용할 것을 지시하였다.

8. <증명방법>과 <첨부서류>란 기재는 생략하고, 부동산의 표시는 아래 [목록(부동산의 표시)]을 소장 말미에 첨부함을 전제로 하여 작성하므로 소장 말미에 [목록(부동산의 표시)]을 기재하지 마시오.
9. 이자나 지연손해금, 차임에 대하여는 다시 지연손해금 청구를 하지 마시오.
10. 관련 증거자료를 제시하여 기술할 필요는 없습니다.
11. 기록상의 날짜가 공휴일인지 여부, 문서의 서식이 실제와 부합하는지 여부는 고려하지 마시오.

의뢰인 상담일지

변호사 홍 석 광 법률사무소

서울 서초구 서초대로 22길 15, 1109호(서초동, 대성빌딩)
☎ : 02-532-3000, 팩스 : 02-532-3001, e-mail : hsk7212@hanmail.com

접수번호	2020-109	상담일시	2020. 7. 20.
상담인	박준서 010-4563-9600	내방경위	지인소개

> 부당이득의 산정기준

> 임차권의 양도 또는 임대차 계약상 지위의 포괄적 양도가 문제되고, 현재 임대목적물을 임차인이 계속해서 점유하여 동시이행관계가 유지되고 있다.

1. 박준서는 2018. 2. 1. 김상호에게 금 2억 원을 이자 연 10%, 변제기 2018. 5. 31.로 정하여 대여하였으나 변제받지 못하였다. 이에 박준서는 김상호와 염경진 사이의 임대차계약에 기한 임차보증금반환채권에 대하여 압류 및 추심명령을 받았다. 김상호의 처인 백서현과 염경진 사이에 새로운 임대차계약서가 김상호의 동의를 받아 작성되었다. 염경진이 임대차계약 갱신을 거절하였으나 김상호와 백서현은 계속하여 임차목적물에 거주하고 있다.

> 건물의 소유권변동의 확인이 필요하다.

> 개인사업자인지 법인사업자인지 확인이 필요하다. 법인사업자라면 상행위성 인정에 유의하여야 한다.

2. 박준서는 방배동 토지의 2분의 1 지분을 소유하고 있다. 다른 공유자인 김상명이 음식점 장사를 위해 건물을 건축하겠다고 하여 허락하였는데, 최근에 가보니 전혀 모르는 최구한이 "제주보쌈"이라는 상호로 위 건물에서 음식점을 운영하고 있었다. 최구한에게 물어보니 차명호로부터 건물 전부를 임차하여 음식점을 운영하게 되었다고 한다. 박준서가 인근 부동산중개업소에 알아보니, 위 토지를 보증금 없이 임대할 경우 2019년 이후 현재까지 매월 600만 원을 받을 수 있다고 한다. 방배동 토지의 전부가 건물의 부지로 사용되고 있다.

> 무효인 지정충당에 해당하고, 묵시적 합의충당이 성립하지도 않았다. 따라서 법정충당의 법리에 따라 충당계산을 하여야 한다.

3. 박준서는 주식회사 대원의 연대보증을 받아 닭고기 유통업을 하는 하림유통 홍서현 사장에게 1억 원을 대여하였다. 홍서현은 2019. 6. 19. 금 8천 2백만 원을 갚으면서 원금으로 처리해달라고 부탁하였으나 박준서는 전부 갚지도 않으면서 갚는 사람 맘대로 처리할 수는 없다고 말하였다. 최근에 알아보니 홍서현은 남편 양혁진, 아들 양진세, 양진수를 남기고 사망하였

고, 홍서현의 부모 중 모 김정자만 살아 있으며, 양진세, 양진수에게는 자녀가 없다. …… 주채무자가 사망하였고, 상속인의 확정이 필요하다.   일응 주주권이 없는 자의 의결권 행사에 해당하고, 원칙적으로 주총결의취소사유에 해당한다.

4. 양혁진은 2020. 4. 9. 자신이 소유하고 있는 비상장 주식회사 기전의 주식 전부(5,000주)를 장모인 김정자에게 양도하였고, 같은 날 김정자의 명의로 주주명부 개서를 마쳤다. 양혁진은 2020. 7. 3. 주주총회에 참석하여 한빈을 이사로 선임하는 안에 의결권을 행사하였다.

【사건관계인의 주장】

임대차보증금반환채권의 양도로 인한 압류 및 추심명령의 무효 항변, 가압류로 인한 압류의 경합 항변, 변제항변

1. 염경진은 추심명령을 송달받을 당시 임차인이 백서현으로 변경되었으므로 박준서의 추심명령은 무효이고, 설사 위 추심명령이 유효라고 하더라도 그 전에 가압류가 있으므로 가압류된 부분에 대해서는 청구할 수 없고, 이미 반환한 3,000만 원에 대해서도 청구할 수 없다고 주장한다.

2. 차명호는 법정지상권이 성립한다고 주장한다. 최구한은 차명호로부터 적법하게 임대차계약을 체결하여 상가건물 임대차보호법에 의하여 보호를 받고, 그렇지 않다고 하더라도 유치권이 성립하므로 자신에게 아무런 청구를 할 수 없다고 주장한다. …… 관습법상 법정지상권 항변, 임차권의 대항력 항변, 유치권 항변

3. 홍서현의 상속인들은 홍서현이 8천 2백만 원을 갚았는데 이를 원금에 충당해야 한다고 주장한다. 주식회사 대원은 자신의 채무가 시효로 소멸하였고, 그렇지 않다고 하더라도 홍서현이 갚은 금원 범위 내에서 채무가 소멸하였다고 주장한다. …… 지정충당항변, 변제충당항변

4. 주식회사 기전은 양혁진이 김정자에게 한 주식양도는 정관에 따라 무효이고, 그렇지 않다고 하더라도 주식회사 기전이 양혁진을 주주로 인정하였으므로 양혁진의 의결권행사는 적법하다고 주장한다. 또한, 임시주주총회에 출석하여 한빈을 이사로 선임하는 안에 관하여 찬성하였던 박준서가 이제 와서 주주총회 하자를 다투는 것은 신의칙에 반한다고 주장한다. …… 주식양도 무효 항변, 의결권행사가 적법하다는 항변, 신의칙 항변

기록 5면

【의뢰인 희망사항】

1. 가능하다면 압류 및 추심명령에 기하여 추심금을 청구하고 싶다.

2. 자신과 아무런 관계가 없는 차명호나 최구한이 방배동 지상 건물을 사용하지 못하도록 방배동 토지를 나대지 상태로 만들어 자신이 직접 사용하고 싶고, 위 토지에 대한 사용이익을 반환받고 싶다. 만약 위 토지를 나대지 상태도 돌려놓을 수 없다면, 위 토지에 대한 사용이익만이라도 반환받기를 원한다. ……… ⟶ 건물철거, 토지인도, 퇴거, 부당이득반환청구를 지시하였다.

3. 가능하다면 하림유통에 대여한 금원을 최대한 지급받고 싶고, 주식회사 대원에 대하여도 최대한의 이행청구를 하고 싶다.

4. 주식회사 기전의 주주로서, 임시주주총회에서 한빈을 이사로 선임한 점에 관하여 다투고 싶다.

⟶ 대여금반환청구를 지시하였는데, 주식회사 대원의 채무는 후술하는 바와 같이 시효로 소멸하였다.

⟶ 주주총회결의 취소청구를 지시하였다.

부동산임대차계약서(전세/월세)

보증금, 월차임

부동산의 표시: 서울 서초구 서운로 115, 102동 1202호(서초동, 풍산아파트)
제1조 위 부동산을 임대차함에 있어 임대인과 임차인은 쌍방 합의하에 아래 각
  조항과 같은 조건으로 계약한다.

보 증 금	180,000,000원	월세금액	200만 원
계 약 금	일금 원정을 계약당일 임대인에게 지불하고		
중 도 금	일금 원정을 년 월 일 지불하고		
잔 액 금	일금 180,000,000 원정을 2018년 1월 29일 소개인 입회하에 지불키로 함. 전액 수령함. 염경진 (인)		

제2조 부동산은 2018년 1월 29일 인도하기로 한다.
제3조 임대기간은 2018년 1월 29일부터 2020년 1월 28일까지(2년)로 한다.
특약사항:
1. 임차인은 임대차기간 동안 위 건물에 대한 제세공과금을 모두 책임지며, 법령을 위반하여 임대인이 여하한 불이익도 받게 해서는 아니 된다.

임대기간

위 계약조건을 틀림없이 지키기 위하여 본 계약서를 2부 작성하여 각자 1부씩 보관한다.

2018년 1월 29일

임대인	주소	서울 노원구 중계로4나길 19(중계동)		
	성명	염 경 진 (인)	주민등록번호	550725-2357890
임차인	주소	서울 동작구 동작대로3길 57(사당동)		
	성명	김 상 호 (인)	주민등록번호	550209-1273697
중개인	주소	서울 서초구 서초대로 75길 23	상호	삼호공인중개사	신고번호	제2004호
	주민등록번호	541103-1637058	성명	염 현 상 (인)		

기록 7면

부동산임대차계약서(전세/월세)

부동산의 표시: 서울 서초구 서운로 115, 102동 1202호(서초동, 풍산아파트)

제1조 위 부동산을 임대차함에 있어 임대인과 임차인은 쌍방 합의하에 아래 각 조항과 같은 조건으로 계약한다.

보 증 금	150,000,000원	월세금액	220만 원
계 약 금	일금 ~~원정을 계약당일 임대인에게 지불하고~~		
중 도 금	일금 ~~원정을 년 월 일 지불하고~~		
잔 액 금	~~일금 원정을 년 월 일 소개인 입회하에 지불키로 함.~~		

> 임대차기간으로 소제기일 현재 임대차가 종료하였다.

~~제2조 부동산은 20 년 월 일 인도하기로 한다.~~

제3조 임대기간은 2019년 5월 25일부터 2020년 1월 28일까지로 한다.

특약사항:

1. 임차인은 임대차기간 동안 위 건물에 대한 제세공과금을 모두 책임지며, 법령을 위반하여 임대인이 여하한 불이익도 받게 해서는 아니 된다.

2. 보증금은 종전에 김상호가 지급한 1억 8천만 원으로 지급한 것으로 하되, 임대인은 보증금 차액 3,000만 원을 배서현의 신한은행 계좌(110-068-234321)로 입금한다.

위 계약조건을 틀림없이 지키기 위하여 본 계약서를 2부 작성하여 각자 1부씩 보관한다.

2019년 5월 25일

> 임차권의 포괄적 양도가 있었고, 보증금 중 3천만 원이 변제되었다.

임대인	주소	서울 노원구 중계로4나길 19(중계동)		
	성명	염 경 진 (인)	주민등록번호	550725-2357890
임차인	주소	서울 서초구 서운로 115, 102동 1202호(서초동, 풍산아파트)		
	성명	배 서 현 (인)	주민등록번호	570311-2047912
중개인	주소	서울 서초구 서초대로 75길 23	상호	삼호공인중개사	신고번호	제2004호
	주민등록번호	541103-1637058	성명	염 현 상 (인)		

송 달 증 명 원

사　　　건　　서울중앙지방법원 2019타채34347 채권압류 및 추심
채 권 자　　박준서
채 무 자　　김상호
제3채무자　　염경진
증명신청인　　박준서

위 사건에 관하여 서울중앙지방법원 2019타채34347 채권압류 및 추심명령이 채무자 및 제3채무자에 대하여 각 2019. 7. 23. 송달되었음을 증명하여 주시기 바랍니다.

······● 추심명령의 효력발생일

위 증명합니다.

서울중앙지방법원

법원주사 (인) [서울중앙지방법원 법원주사]

본 증명(문서번호:전자제출제증명(민사) 92367)에 관하여 문의할 사항이 있으시면 02-533-6859로 문의하시기 바랍니다.

통고서에 대한 회신

발신인: 염경진
　　　　서울 노원구 중계로4나길 19(중계동)
수신인: 박준서
　　　　서울 서초구 나루터로 37(잠원동)

1. 귀하가 보낸 통고서는 2020. 2. 24. 잘 받아보았습니다.

2. 제가 추심명령을 받을 당시에 임차인은 이미 백서현으로 변경되었습니다. 김상호와 백서현이 저에게 찾아와 임차인을 처인 백서현으로 변경하면서 보증금은 1억 5천만 원으로, 월세금액은 220만 원으로 변경하고 싶다고 하였습니다. 제가 이에 동의하여 임차인을 백서현으로 변경하였고 백서현과 임대차계약을 체결하였으며 그 뒤로 백서현으로부터 월세 220만 원을 계속 지급받았습니다. 다만 종전 임대차계약서가 이미 확정일자를 갖춘 관계로 백서현은 새로운 계약서에는 확정일자를 받지는 않은 것으로 알고 있습니다. 귀하가 채무자를 김상호로 하여 추심명령을 받았으므로 귀하의 추심명령은 아무런 효력이 없다고 사료됩니다. ……● 압류 및 추심명령의 무효 항변

3. 설령 귀하의 추심명령이 효력이 있다고 하더라도 첨부와 같이 그 전에 이미 채권가압류가 있었습니다. 따라서 저는 가압류된 부분에 대해서는 귀하가 청구를 할 수 없다고 생각합니다. ……● 가압류로 인한 압류의 경합 항변

4. 끝으로 보증금 차액 3,000만 원을 김상호가 시켜서 백서현의 신한은행 계좌(110-068-234321)로 입금하였으므로 이 부분도 고려가 되어야 합니다.

첨부 : 채권가압류, 입금증　　　　　　　　　……● 변제항변

　　　　　　　　2020. 2. 28.
　　　　　　　　염경진　(인)

본 우편물은 2020-02-28
제4021호에 의하여
내용증명우편물로 발송하였음을 증명함
서울노원우체국장

등기사항전부증명서(말소사항 포함) - 토지

[토지] 서울 서초구 방배동 30   고유번호 1153-1973-231448

【 표 제 부 】 (토지의 표시)

표시번호	접 수	소재지번	지목	면적	등기원인 및 기타사항
1 (전 2)	1989년 10월 25일	서울 서초구 방배동 30	대	400㎡	부동산등기법 제177조의6 제1항의 규정에 의하여 2000년 3월 22일 전산이기

【 갑 구 】 (소유권에 관한 사항)

순위번호	등기목적	접 수	등기원인	권리자 및 기타사항
1 (전 12)	소유권이전	1991년 10월 17일 제9805호	1991년 10월 2일 매매	소유자 김민수 380220-1327511 서울 강북구 미아동 534, 2층 부동산등기법 제177조의6 제1항의 규정에 의하여 2000년 3월 22일 전산이기
2	소유권이전	2019년 2월 3일 제11209호	2019년 2월 1일 매매	공유자 지분 2분의 1 김상명 611228-1226128 서울 종로구 사직로 28(사직동) 지분 2분의 1 박준서 610225-1226145 서울 서초구 나루터로 37(잠원동)

> 김상명과 박준서가 토지를 공유하고 있다.

---- 이 하 여 백 ----

수수료 1,000원 영수함 관할등기소 서울중앙지방법원 등기국/발행등기소 법원행정처 등기정보중앙관리소

이 증명서는 등기기록의 내용과 틀림없음을 증명합니다.

서기 2020년 5월 30일

법원행정처 등기정보중앙관리소 전산운영책임관

*실선으로 그어진 부분은 말소사항을 표시함. *등기기록에 기록된 사항이 없는 갑구 또는 을구는 생략함.

[인터넷 발급] 문서 하단의 바코드를 스캐너로 확인하거나, 인터넷등기소(http://www.iros.go.kr)의 발급확인 메뉴에서 발급확인번호를 입력하여 위·변조 여부를 확인할 수 있습니다. 발급확인번호를 통한 확인은 발행일로부터 3개월까지 5회에 한하여 가능합니다.

발행번호 12445234789102367836718956882939039871 1/1 발급확인번호 ABIK-ZPKF-0002 발행일 2020/05/30

기록 18면

등기사항전부증명서(말소사항 포함) - 건물

[건물] 서울 서초구 방배동 30   고유번호 1253-2019-231337

【 표 제 부 】		(건물의 표시)		
표시번호	접 수	소재지번	건물내역	등기원인 및 기타사항
1	2019년 9월 15일	서울 서초구 방배동 30 [도로명 주소] 서울 서초구 사평대로6길 15(방배동)	경량철골조 스테인리스 판넬지붕 단층 250㎡	

【 갑 구 】		(소유권에 관한 사항)		
순위번호	등기목적	접 수	등기원인	권리자 및 기타사항
1	소유권보존	2019년 9월 15일 제14534호		소유자 김상명 611228-1226128 서울 종로구 사직로 28(사직동)
2	소유권이전	2020년 2월 5일 제5121호	2020년 2월 2일 매매	소유자 차명호 731212-1265413 서울 서초구 반포로 25, 133동 1203호(반포동, 현대)

---- 이 하 여 백 ----

수수료 1,000원 영수함   관할등기소 서울중앙지방법원 등기국/발행등기소 법원행정처 등기정보중앙관리소

> 건물 소유권의 양도 / 2020. 2. 5. 이전등기가 경료되었다.

> 건물의 단독 소유

이 증명서는 등기기록의 내용과 틀림없음을 증명합니다.

서기 2020년 5월 30일

법원행정처 등기정보중앙관리소 전산운영책임관 [등기정보중앙관리소전산운영책임관 인]

*실선으로 그어진 부분은 말소사항을 표시함. *등기기록에 기록된 사항이 없는 갑구 또는 을구는 생략함.

[인터넷 발급] 문서 하단의 바코드를 스캐너로 확인하거나, 인터넷등기소(http://www.iros.go.kr)의 발급확인 메뉴에서 발급확인번호를 입력하여 위·변조 여부를 확인할 수 있습니다. 발급확인번호를 통한 확인은 발행일로부터 3개월까지 5회에 한하여 가능합니다.

발행번호 12445234789102367836718956882939039988   1/1   발급확인번호 ABIK-ZPKF-0003   발행일 2020/05/30

통고서에 대한 회신

발신인: 차명호
   서울 서초구 반포로 25, 133동 1203호(반포동, 현대)
수신인: 박준서
   서울 서초구 나루터로 37(잠원동)

1. 귀하가 보낸 2020. 6. 5.에 보낸 통고서(건물 사용중지 요구와 토지 사용 이익 반환 요구)는 2020. 6. 7. 잘 받았습니다.
2. 제가 알아본 바에 의하면, 귀하가 토지 공유자 김상명에게 건축을 허락하여 방배동 건물이 건축되었고, 그 후 제가 김상명으로부터 매수하였으므로 법정지상권이 성립한다고 들었습니다. 부디 무리한 요구를 그만두시고 원만한 대화를 통해 해결하기를 바랍니다.

  관습법상 법정지상권 항변. 토지 공유, 건물 단독 소유인 경우 법정지상권은 성립하지 않는다.

2020. 6. 17.

차명호 (인)

본 우편물은 2020-06-17
제6321호에 의하여
내용증명우편물로 발송하였음을 증명함
서울반포우체국장

통고서에 대한 회신

발신인: 최구한
　　　　서울 관악구 청림3다길 15, 103호(봉천동)

수신인: 박준서
　　　　서울 서초구 나루터로 37(잠원동)

1. 귀하가 보낸 2020. 6. 5.에 보낸 통고서(건물 사용중지 요구와 토지 사용 이익 반환 요구)는 2020. 6. 7. 잘 받았습니다. ······● 대항력 항변

2. 저는 건물의 소유자인 차명호와 계약을 하여 2020. 4. 1.부터 위 건물을 사용하고, 사업자등록까지 마쳤으므로 상가건물임대차보호법에 의하여 보호를 받는다고 합니다. 따라서 저는 건물을 계속 사용할 수 있습니다.

3. 그리고 저는 위 건물에 입주하면서 건물 단열공사를 하였으므로, 유치권을 가지는 임차인입니다. 따라서 저에게 건물을 비워줄 것을 요구할 수 없습니다.
　　　　　　　　　　　　　　　　　　　　　　　　　　　　　　유치권 항변 ●······

첨부 : 임대차계약서, 영수증, 사업자등록증

　　　　　　　　　　2020. 6. 20.

　　　　　　　　　　최구한　(인)

본 우편물은 2020-06-20
제7042호에 의하여
내용증명우편물로 발송하였음을 증명함
서울관악우체국장

기록 23면

사 업 자 등 록 증

(일반과세자)

등록번호 : 170-94-83254

상　　　　호 : 제주보쌈
성　　　　명 : 최구한　　　생 년 월 일 : 1989년 12월 25일
개업 연월일 : 2020년 04월 21일
사업장소재지 : 서울 서초구 사평대로6길 15(방배동)
사업의 종류 : 　업태　대중음식점　　종목　한식

교 부 사 유 : 신규
공동 사업자 :

사업자단위과세 적용사업자 여부: 여(　) 부(∨)

······• 일응 2020. 4. 22. 건물에 대한 대항력은 발생하였다.

2020년 4월 21일

방배 세무서장 　[방배세무서장의인 민원실용]

 국세청

기록 24면

차 용 증

채권자   박준서
              서울 서초구 나루터로 37(잠원동)
채무자   홍서현(하림유통 사장)
              서울 은평구 통일로 866, 101동 1807호(불광동, 스타아파트)

　　채무자 홍서현은 하림유통 영업자금으로 박준서로부터 1억 원을 아래와 같은 조건으로 차용하고 연대보증인 주식회사 대원은 이에 연대보증하며, 이를 확인하는 의미로 채무자와 연대보증인은 이 차용증을 작성하여 채권자에게 교부합니다.

- 아　　래 -

1. 변제기는 2014. 5. 19.로 한다.
2. 이자는 월 1%로 한다.

                        2013년   6월   20일

                        　　　　개인사업자인 상인으로 보이고, 따라서 차용금채무는 상사채무에 해당한다.
              채무자   **하림유통 홍서현(550725-2357890) (인)**
                        서울 은평구 통일로 866, 101동 1807호(불광동, 스타아파트)

              연대보증인 주식회사 대원
                          서울 강남구 테헤란로22길 20, 202호(역삼동, 상아빌딩)
                          대표이사 김수영 (인)

박준서 귀하

이행최고서에 대한 답신

수신인: 주식회사 대원 대표이사 김수영(서울 강남구 테헤란로22길 20, 202호
       (역삼동, 상아빌딩))
발신인: 박준서(서울 서초구 나루터로 37(잠원동))

. 귀하의 댁내 두루 평안하기를 기원합니다.
. 귀하가 보낸 2020. 2. 12. 이행최고서(2013. 6. 20.자 연대보증채무의 이행을 구하는 내용)는 2. 20. 잘 받아 보았습니다. ······ 소멸시효 완성이후의 이행최고
. 그런데 저희 회사가 확인한 바에 의하면, 저희 회사의 채무는 차용증에 서명한 날부터 많은 시간이 경과되어 이미 시효로 소멸하였다고 합니다. 그리고 홍서현도 귀하에게 채무를 부담하지 않아 저희 회사가 귀하에게 부담할 채무는 없습니다. 부디 이 점을 참작하시어 더는 저희 회사에 이행을 요구하지 않으셨으면 합니다.
. 설령 귀하가 저희 회사에 청구할 금원이 있다고 하더라도 홍서현이 2019. 6. 19. 8천 2백만 원을 갚은 것을 참작해야 할 것입니다.

> 소멸시효 항변이고, 주채무자 시효로 소멸하였으므로, 부종성에 따라 보증채무도 소멸한다. 이후 주채무자가 시효이익을 포기하더라도 민법 제433조 제2항에 따라 보증인에게는 그 효력이 없다.

2020. 2. 24.

주식회사 대원
대표이사 김수영 (인)

본 우편물은 2020-02-24
제3888호에 의하여
내용증명우편물로 발송하였음을 증명함
서울강남우체국장

이행최고서에 대한 답신

발신인: 1. 양혁진(서울 은평구 통일로 866, 101동 1807호(불광동, 스타아파트))
        2. 양진세(서울 서초구 효령로 41(방배동))
        3. 양진수(서울 강남구 선릉로 221, 104동 202호(도곡동, 도곡렉슬))
        4. 김정자(서울 은평구 통일로 866, 101동 1807호(불광동, 스타아파트))

수신인: 박준서(서울 서초구 나루터로 37(잠원동))

1. 귀하의 댁내 두루 평안하기를 기원합니다.
2. 귀하가 보낸 2020. 2. 12. 이행최고서(2013. 6. 20.자 차용금채무의 이행을 하는 내용)는 2. 18. 잘 받아 보았습니다.
3. 추후에 자세히 말씀드리기로 하고 일단은 홍서현이 2019. 6. 19. 금 8천 2백만 원을 갚으면서 원금에 충당할 것을 말씀드린 것을 상기하고 싶습니다. 그리고 아실지 모르겠지만, 홍서현은 2019. 7. 3. 세상을 떠나고 말았습니다. 보다 원만하게 모든 것이 해결되었으면 하는 바람입니다.

    지정충당 항변, 변제충당 항변, 동시에 시효완성 이후의 채무의 일부 변제에 해당하므로 시효이익의 포기에 해당한다.

2020. 2. 24.

양혁진 (인), 양진세 (인), 양진수 (인), 김정자 (인)

본 우편물은 2020-02-24
제2261호에 의하여
내용증명우편물로 발송하였음을 증명함
서울은평우체국장

서 울 가 정 법 원

심 판

사 건	2019느단2341 상속포기
청 구 인	1. 양진세 (801223-1227324)
	서울 서초구 효령로 41(방배동)
	2. 양진수 (840112-1326344)
	서울 강남구 선릉로 221, 104동 202호(도곡동, 도곡렉슬)
피상속인	망 홍서현 (550725-2357890)
	2019. 7. 3. 사망
	최후주소 서울 은평구 통일로 866, 101동 1807호(불광동, 스타아파트)
	등록기준지 수원시 정자동 55

> 피상속인의 사망일로부터 3개월이 도과하였으나, 상속이 개시되었음을 안날로부터 3개월이 도과하였는지 여부는 불분명하고, 포기신고가 법원에 의하여 수리되었으므로, 특별한 사정이 없는 한 유효하다(불필요한 오해의 여지가 있는 함정으로 생각된다).

주 문

청구인들이 피상속인 망 홍서현의 재산상속을 포기하는 2019. 10. 11. 자 신고는 이를 수리한다.

이 유

이 사건 청구는 이유 있으므로 주문과 같이 심판한다.

2019. 12. 29.

판사 박 사 랑

정본입니다
2020. 1. 29.
법원주사 황미애

서울가정법원 주사인

기록 32면

등기사항전부증명서(말소사항 포함) - 건물

[건물] 서울 서초구 신사동 63-7   고유번호 1152-2013-567227

【 표 제 부 】		(건물의 표시)		
표시번호	접 수	소재지번	건물내역	등기원인 및 기타사항
1	2013년 9월 1일	서울 서초구 신사동 63-7 [도로명 주소] 서울 서초구 신사로4길 22(신사동)	벽돌조 슬라브지붕 단층 300㎡	

【 갑 구 】		(소유권에 관한 사항)		
순위번호	등기목적	접 수	등기원인	권리자 및 기타사항
1	소유권보존	2013년 9월 1일 제36534호		소유자 주식회사 대원 050354-2300265 서울 강남구 테헤란로22길 20, 202호(역삼동, 상아빌딩)
2	가압류	2015년 5월 5일 제10121호	2015년 5월 5일 서울중앙지방법원의 가압류결정 (2015카단5413)	청구금액 100,000,000원 채권자 박준서 610225-1226145 서울 서초구 나루터로 37(잠원동)

---- 이 하 여 백 ----

수수료 1,000원 영수함   관할등기소 서울중앙지방법원 등기국/발행등기소 법원행정처 등기정보중앙관리소

이 증명서는 등기기록의 내용과 틀림없음을 증명합니다.

서기 2020년 3월 30일

법원행정처 등기정보중앙관리소 전산운영책임관

보증채무의 시효중단사유이나, 주채무가 시효로 소멸하였으므로, 보증인은 부종성을 원용할 수 있다.

*실선으로 그어진 부분은 말소사항을 표시함. *등기기록에 기록된 사항이 없는 갑구 또는 을구는 생략함.

[인터넷 발급] 문서 하단의 바코드를 스캐너로 확인하거나, 인터넷등기소(http://www.iros.go.kr)의 발급확인 메뉴에서 발급확인번호를 입력하여 위·변조 여부를 확인할 수 있습니다. 발급확인번호를 통한 확인은 발행일로부터 3개월까지 5회에 한하여 가능합니다.

발행번호 12445234789101367836718952882919039891   1/1   발급확인번호 ABOK-PSKF-0004   발행일 2020/03/30

제24조 ① **회사설립일부터 5년 동안, 회사의 어느 주주도 회사 주식의 전부 또는 일부를 다른 당사자 또는 제3자에게 매각, 양도할 수 없다.** ………• 주식양도금지규정
단 법률상 또는 정부의 조치에 의하여 그 주식의 양도가 강제되는 경우 또는 당사자들 전원이 그 양도에 동의하는 경우는 예외로 한다.

(이하 생략)

[기록 35면]

주식양도계약서

양도인 양혁진과 양수인 김정자는 다음과 같이 주식양도계약을 체결한다.

1. 주식의 표시

주식회사 기전 보통주식 5,000주

2. 계약내용

제1조 : 양수인은 위 주식의 매매대금 5,000만 원을 본 계약 체결과 동시에 지급한다.
제2조 : 양도인은 위 매매대금을 받음과 동시에 주주명부에 양수인의 명의로 개서를 한다.
제3조 : 본 계약에 기재되지 않은 사항은 관련법과 관례에 의한다.

이 계약을 증명하기 위하여 계약당사자가 이의 없음을 확인하고 각자 서명, 날인하다.

2020년   4월   9일

양 도 인 : 양 혁 진 (520225-1226145)
　　　　　서울 은평구 통일로 866, 101동 1807호(불광동, 스타아파트)
양 수 인 : 김 정 자 (350514-2212820)
　　　　　서울 은평구 통일로 866, 101동 1807호(불광동, 스타아파트)

> 주식이 양도되었고, 상담카드에 따르면 같은 날 명의개서가 이루어졌다.

기록 37면

확인서

양혁진(서울 은평구 통일로 866, 101동 1807호(불광동, 스타아파트)) 귀하

양혁진이 2020. 4. 9.자로 김정자에게 주식 5,000주를 양도한 행위는 회사 정관상 무효이므로, 현재 양혁진이 위 주식의 주주이고, 2020. 7. 3.자 임시주주총회에 참석하여 의결권을 행사할 적법한 자격이 있음을 확인합니다. ……• 주식양도인의 주주권행사로 위법하다.

2020. 7. 1.

주식회사 기전
대표이사 함 옥 자 (인)

질의에 대한 회신

발신인: 주식회사 기전 대표이사 함옥자(서울 동작구 노량진로 74, 901호(대방동, 기전빌딩))

수신인: 박준서(서울 서초구 나루터로 37(잠원동))

1. 귀하의 댁내 두루 평안하기를 기원합니다.
2. 귀하가 보낸 2020. 7. 5. 질의서(2020. 7. 3.자 주주총회 결의 하자 관련)는 7. 6. 잘 받아 보았습니다. ……● **주식양도 무효 항변**
3. 저희 회사 정관에 따르면 회사 설립 후 5년간 주식양도를 금지하고 있음에도 불구하고 양혁진과 김정자가 거래를 한 것으로, 현재 저희 회사의 적법한 주주는 양혁진입니다. 따라서 2020. 7. 3.자 주주총회 결의에는 아무 하자가 없음을 알려드립니다. **의결권행사가 적법하다는 항변** ●……
4. 저희 회사 법무팀 의견에 따르면, 주주명부상의 주주가 회사에 대하여 주주권을 행사하는 것이 원칙이나, 실질적 주주와 주주명부상의 주주가 다를 경우 회사는 실질적 주주에게 주주권 행사를 인정할 수 있다고 합니다.
5. 만약 위 결의에 하자가 있다 하더라도, 귀하는 위 주주총회 결의에 참석하여 한빈을 이사로 선임하는데 찬성 결의를 하였으므로, 이제 와서 이러한 점을 문제 삼고 주주총회 결의 하자를 다투는 것은 신의성실의 원칙에 어긋나는 행위임을 유념해 주시기 바랍니다. ……● **신의칙 항변**

2020. 7. 8.

주식회사 기전
대표이사 함옥자 (인)

본 우편물은 2020-07-08 제8538호에 의하여 내용증명우편물로 발송하였음을 증명함
서울동작우체국장

민사법

기록형

2020년도 **제2차**
법전협 모의시험

답안

민사법 기록형 채점기준표

평가대상		논점		배점	배점설명 등
당사자(6)		원고		1	
		소송대리인		1	
		피고들		4	
사건명(1)				1	
청구취지(51)		엄경진에 대한 추심금		10	
		차명호	건물 철거	4	
			토지 인도	4	
			부당이득	4	
		최구한에 대한 퇴거		4	
		양혁진에 대한 대여금		6	주식회사 대원에 청구시 -6
		김정자에 대한 대여금		6	
		주식회사 기전에 대한 주총결의 취소		10	
		소송비용		1	
		가집행		2	
청구원인(110)	추심금(30)	추심금청구의 요건사실		8	
		추심명령 무효 주장		8	
		가압류 주장		6	
		변제주장		6	
		소결		2	

		원고 토지 공유자, 피고 차명호 건물 소유	6
		공유물보존행위	4
		법정지상권 주장	8
	철거, 인도, 부당이득, 퇴거 (34)	부당이득반환의무의 범위	4
		원고 토지 공유자, 피고 최구한 건물 점유	4
		최구한의 상가건물 임대차보호법 주장	3
		최구한의 유치권 주장	3
		소결	2
	대여금 (24)	망 홍서현의 차용	6
		피고 양혁진, 김정자의 채무 상속	6
		변제충당	10
		소결	2
	주총결의 취소 (22)	주주총회 결의 취소 사유	6
		주식양도 무효 주장	4
		피고 회사가 피고 양혁진 주주권 행사 인정 주장	6
		신의칙 주장	4
		소결	2
	작성일, 대리인, 관할법원		3
	전체적인 체계, 구성 및 논리전개		4	재량 점수 부여
총 점			175

소 장

원 고   박준서
　　　　서울 서초구 나루터로 37(잠원동)

　　　　원고 소송대리인 변호사 홍석광
　　　　서울 서초구 서초대로 22길 15, 1109호(서초동, 대성빌딩)
　　　　전화 02-532-3000, 팩스 02-532-3001, 전자우편 hsk7212@hanmail.com

피 고   1. 염경진[1]
　　　　　서울 노원구 중계로4나길 19(중계동)

　　　　2. 차명호
　　　　　서울 서초구 반포로 25, 133동 1203호 (반포동, 현대)

　　　　3. 최구한
　　　　　서울 관악구 청림3다길 15, 103호(봉천동)

　　　　4. 양혁진
　　　　5. 김정자
　　　　　피고 4, 5의 주소 서울 은평구 통일로 866, 101동 1807호(불광동, 스타아파트)

　　　　6. 주식회사 기전
　　　　　서울 동작구 노량진로 74, 901호 (대방동, 기전빌딩)
　　　　　대표이사 함옥자

추심금 등 청구의 소

---

[1] 2018. 3. 26.자 재판서 양식에 관한 예규의 개정에 따라, (1) 금원청구, (2) 등기의 의사표시의 청구, (3) 공유물분할청구의 판결서에는 주민등록번호를 기재할 필요가 없게 되었다. 단, 대위소송에서 소외인에 대한 등기청구의 인용판결을 선고할 때에는 여전히 성명 옆에 주민등록번호를 기재하여야 한다.

청 구 취 지

1. 피고 염경진은 원고에게 150,000,000원을 지급하라.
2. 피고 차명호는 원고에게,
   가. 별지 목록 제3항 기재 건물을 철거하고, 별지 목록 제2항 기재 토지를 인도하고,
   나. 2020. 2. 5.[2]부터 별지 목록 제2항 기재 토지의 인도완료일까지 월 3,000,000원의 비율로 계산한 돈을 지급하라.
3. 피고 최구한은 원고에게 별지 목록 제3항 기재 건물에서 퇴거하라.
4. 원고에게 피고 양혁진은 54,000,000원, 피고 김정자는 36,000,000원 및 위 각 돈에 대한 2019. 6. 20.부터 다 갚는 날까지 월 1%[3]의 비율로 계산한 돈을 지급하라.
5. 피고 주식회사 기전의 2020. 7. 3. 임시주주총회에서 소외 한빈을 이사로 선임한 결의를 취소한다.
6. 소송비용은 피고들이 부담한다.
7. 제1항 내지 제4항은 가집행할 수 있다.
라는 판결을 구합니다.

청 구 원 인

1. 피고 염경진에 대한 청구

가. 추심명령에 따른 추심금의 청구

소외 김상호는 2018. 1. 29. 피고 염경진으로부터 별지 목록 제1항 기재 건물을 임대차보증금 1억 8천만 원, 월차임 200만 원, 임대기간 2018. 1. 29.부터 2020. 1. 28.까지로 정하여 임차하였고(이하 '기존 임대차계약'이라 합니다), 같은 날 피고 염경진에게 보증금 전액을 지급하여, 위 건물을 인도받았는데, 기존 임대차계약은 아래에서 말씀드리는 바와 같이 신규 임대차계약의 체결로 종료되었습니다.

---

[2] 피고 차명호의 건물 소유권 취득일
[3] 월 1%와 연 12%는 동일한 이율이 아니지만, 어떤 이율이 더 높다고는 확언할 수 없는데, 채점기준표에 따라 약정 이율인 월1%의 비율에 의한 지연손해금을 청구하는 것으로 청구취지를 구성하였다.

한편 원고는 서울중앙지방법원 2018. 10. 13. 2018차30165호 집행력있는 지급명령 정본에 기하여 2019. 7. 20. 서울중앙지방법원 2019타채34347호로 소외 김상호의 피고 염경진에 대한 임대차보증금반환채권 전액 1억 8천만 원에 대하여 채권압류 및 추심명령을 받았고, 이에 따른 채권압류 및 추심명령이 2019. 7. 23. 피고 염경진에게 송달되었습니다.

따라서 피고 염경진은 일응 원고에게 위 추심금 전액을 지급할 의무가 있습니다.

나. 피고 염경진의 예상주장 및 이에 대한 반박

(1) 채권압류 및 추심명령 무효 주장

피고 염경진은 소외 백서현에게 임차보증금 반환채권이 귀속된 이후 원고가 채무자를 김상호로 하여 임대차보증금 반환채권에 대하여 채권압류 및 추심명령을 받았으므로, 피압류채권이 존재하지 않아 채권압류 및 추심명령이 무효라고 주장할 수 있습니다.

그러나, 임대차계약상 지위의 포괄적 양도와 관련하여 판례[4]는 '임대차보증금 반환채권을 양도하는 경우에 확정일자 있는 증서로 이를 채무자에게 통지하거나 채무자가 확정일자 있는 증서로 이를 승낙하지 아니한 이상 양도로써 채무자 이외의 제3자에게 대항할 수 없으며(민법 제450조 참조), 이러한 법리는 임대차계약상의 지위를 양도하는 등 임대차계약상의 권리의무를 포괄적으로 양도하는 경우에 권리의무의 내용을 이루고 있는 임대차보증금 반환채권의 양도 부분에 관하여도 마찬가지로 적용된다. 따라서 위 경우에 기존 임차인과 새로운 임차인 및 임대인 사이에 임대차계약상의 지위 양도 등 권리의무의 포괄적 양도에 관한 계약이 확정일자 있는 증서에 의하여 체결되거나, 임대차보증금 반환채권의 양도에 대한 통지·승낙이 확정일자 있는 증서에 의하여 이루어지는 등의 절차를 거치지 아니하는 한, 기존의 임대차계약에 따른 임대차보증금 반환채권에 대하여 채권가압류명령, 채권압류 및 추심명령 등을 받은 채권자 등 임대차보증금 반환채권에 관하여 양수인의 지위와 양립할 수 없는 법률상의 지위를 취득한 제3자에 대하여는 임대차계약상의 지위 양도 등 권리의무의 포괄적 양도에 포함된 임대차보증금 반환채권의 양도로써 대항할 수 없다.'고 판시하였습니다.

한편, 김상호의 처인 백서현은 2019. 5. 25. 피고 염경진과 위 건물에 관하여 임대차보증금 1억 5천만 원, 차임 월 220만 원, 임대차기간 2019. 5. 25.부터 2020. 1. 28.까지로 정하여 새로운 임대차계약을 체결하였는데(이하 '신규 임대차계약'이라 합니다), 신규 임대차계약 체결이후에도 김상호는 위 건물에 계속해서 거주하면서 현재까지도 위 건물을 사용, 수익하고 있습니다.

---

[4] 대판 2017. 1. 25. 2014다52933

결국 위 판결에 따르면 신규 임대차계약은 기존 임대차계약의 임차인의 지위를 포괄적으로 양도하는 계약에 해당하는 것이고, 임대차보증금의 양도에 관하여 확정일자있는 채권양도의 통지절차를 거치지 않았으므로, 채권압류 및 추심명령을 받은 원고에게 대항할 수 없습니다. 따라서 이와 배치되는 피고 염경진의 주장은 근거가 없습니다.

(2) 가압류로 인한 압류의 경합 주장

또한 피고 염경진은 위 채권압류 및 추심명령에 앞서 서울농업협동조합이 기존 임대차계약에 기한 임대차보증금반환채권 중 1억 원에 대하여 채권가압류결정을 받았으므로, 이 부분에 대한 원고의 추심금청구가 제한된다고 주장할 수 있습니다.

그러나, 추심명령의 효력 및 범위에 대하여 판례[5]는 '같은 채권에 관하여 추심명령이 여러 번 발부되더라도 그 사이에는 순위의 우열이 없고, 추심명령을 받아 채권을 추심하는 채권자는 자기채권의 만족을 위하여서 뿐만 아니라 압류가 경합되거나 배당요구가 있는 경우에는 집행법원의 수권에 따라 일종의 추심기관으로서 압류나 배당에 참가한 모든 채권자를 위하여 제3채무자로부터 추심을 하는 것이므로 그 추심권능은 압류된 채권 전액에 미치며, 제3채무자로서도 정당한 추심권자에게 변제하면 그 효력은 위 모든 채권자에게 미치므로 압류된 채권을 경합된 압류채권자 및 또 다른 추심권자의 집행채권액에 안분하여 변제하여야 하는 것도 아니다.'고 판시하여 압류의 경합이 있더라도 추심명령은 피압류채권 전액에 대하여 그 효력이 미치는 것으로 판단하였습니다.

위 판결에 따르면 선행하는 서울농업협동조합의 채권가압류가 있다 하더라도 원고의 추심명령의 효력은 잔존하는 임대차보증금 반환채권의 전액에 미치므로, 이와 배치되는 피고 염경진의 주장은 근거가 없습니다.

(3) 변제 항변

또한 피고 염경진은 원고의 추심명령이 집행되기 이전 기존 임대차계약의 종료를 원인으로 2019. 5. 25. 임대차보증금 중 3천만 원을 백서현의 계좌에 이체하는 방법으로 변제하였으므로, 위 한도내에서는 채권압류 및 추심명령의 효력이 미치지 않는다고 주장할 수 있는데, 위 피고의 주장과 같이 임대차보증금 반환채권이 양도되거나 임대차보증금 반환채권에 대하여 채권가압류명령, 채권압류 및 추심명령 등(이하 '채권가압류명령 등'이라 한다)이 이루어지기에 앞서 임대차계약의 종료 등을 원인으로 한 변제, 상계, 정산합의 등에 의하여 임대차보증금 반환채권이 이미 소멸하였다면, 채권 양도나 채권가압류명령 등은 모두

---

[5] 대판 2001. 3. 27. 2000다43819

존재하지 아니하는 채권에 대한 것으로서 효력이 없고, 대항요건의 문제는 발생할 여지가 없으므로[6], 원고는 위 변제된 부분을 제외하고 추심금을 청구하고자 합니다.

다. 소결

그렇다면 피고 염경진은 원고에게 잔존한 임대차보증금 1억 5천만 원을 지급하여야 합니다.[7]

2. 피고 차명호, 최구한에 대한 청구

가. 피고 차명호에 대한 건물철거, 토지인도, 부당이득의 반환청구

(1) 피고 차명호의 토지의 불법점유

원고는 2019. 2. 3. 별지 목록 제2항 기재 토지 중 1/2 지분에 관하여 서울중앙지방법원 2019. 2. 3. 접수 제11209호로 소유권이전등기를 마친 공유자이고, 피고 차명호는 별지 목록 제2항 기재 토지의 지상에 별지 목록 제3항 기재 건물에 관하여 서울중앙지방법원 2020. 2. 5. 접수 제5121호로 소유권이전등기를 마친 후 위 건물을 소유하면서 위 토지를 점유, 사용하고 있습니다.

피고 차명호가 위 토지를 사용하는 것은 원고와의 관계에서 아무런 권원이 없는 것이므로, 원고는 공유물의 보존행위로써 피고 차명호에게 위 건물을 철거하고, 위 토지를 인도해 줄 것을 청구할 수 있습니다.

또한 피고 차명호는 적법한 권원없이 위 토지를 점유, 사용함으로써 이득을 얻고, 이로 인하여 토지의 공유자인 원고에게 동액 상당의 손해를 입히고 있으므로, 피고 차명호는 위 사용이득상당의 부당이득을 반환할 의무가 있습니다.

피고 차명호는 토지의 사용에 관한 적법한 권원이 없다는 사실을 알았으므로, 피고 차명호가 위 건물의 소유권을 취득한 2020. 2. 5.부터 위 토지의 인도완료일까지의 부당이득을 반환을 의무가 있고, 피고 차명호의 점유는 위 건물의 철거집행이 완료될 때까지 계속될 것으로 예상되므로 이를 미리 청구할 필요도 있습니다.

---

6) 대판 2017. 1. 25. 2014다52933
7) 피고 염경진이 임대목적물반환에 대하여 동시이행항변권을 행사하지 않았으므로, 지시사항에 따라 동시이행으로 청구하지 않았다. 한편, 동시이행항변권의 존재효로 인하여 동시이행관계가 유지되는 한 임대차보증금에 대한 지연손해금은 발생하지 않으므로, 지연손해금은 청구할 수 없다. 쌍무계약에서 쌍방의 채무가 동시이행관계에 있는 경우 일방의 채무의 이행기가 도래하더라도 상대방 채무의 이행제공이 있을 때까지는 그 채무를 이행하지 않아도 이행지체의 책임을 지지 않는 것이고, 이와 같은 효과는 이행지체의 책임이 없다고 주장하는 자가 반드시 동시이행의 항변권을 행사하여야만 발생하는 것은 아니다(대판 1998. 3. 13. 97다54604,54611).

한편, 부당이득의 액수는 위 토지의 보증금없는 월차임 상당액을 기준으로 산정하여야 하는데, 원고가 확인한 바에 따르면, 위 토지의 보증금없는 월차임은 2019년 이후 현재까지 월 600만 원입니다. 이에 피고 차명호는 원고에게 2020. 2. 5.부터 위 토지의 인도완료일까지 원고의 지분의 범위내인 월 300만 원의 비율로 계산한 돈을 지급하여야 합니다.

(2) 피고 차명호의 예상주장 및 이에 대한 반박

피고 차명호는, 위 토지의 공유자인 김상명이 다른 공유자인 원고의 동의를 얻어 위 건물을 신축하였고, 자신이 위 건물을 매수하여 이전등기를 마쳤으므로 관습법상 법정지상권을 취득한다고 주장할 수 있습니다.

그러나 이와 관련하여 판례[8]는 '토지공유자의 한 사람이 다른 공유자의 지분 과반수의 동의를 얻어 건물을 건축한 후 토지와 건물의 소유자가 달라진 경우 토지에 관하여 관습법상의 법정지상권이 성립되는 것으로 보게 되면 이는 토지공유자의 1인으로 하여금 자신의 지분을 제외한 다른 공유자의 지분에 대하여서까지 지상권설정의 처분행위를 허용하는 셈이 되어 부당하다.'고 판시하여 관습법상 법정지상권을 인정하지 않았습니다.

따라서 이에 관한 피고 차명호의 주장은 근거가 없습니다.

나. 피고 최구한에 대한 퇴거청구

(1) 피고 최구한의 건물의 점유

피고 최구한은 피고 차명호로부터 위 건물을 임차하여 현재 위 건물을 점유하고 있는데, 피고 최구한의 점유는 원고와의 관계에서 적법한 권원이 없는 점유이므로, 원고의 위 건물의 철거청구의 집행을 위하여 위 건물에서 퇴거하여야 합니다.

(2) 피고 최구한의 예상 주장 및 이에 대한 반박

피고 최구한은 ① 대항력있는 임차인에 해당하여 원고의 청구에 대항할 수 있고, ② 건물의 단열공사비용을 피담보채권으로 한 유치권이 성립한다고 주장할 수 있습니다.

그러나, ① 건물의 대항력과 관련하여 판례[9]는 '건물임차권의 대항력은 기본적으로 건물에 관한 것이고 토지를 목적으로 하는 것이 아니므로 이로써 토지소유권을 제약할 수 없고,

---

8) 대판 1993. 4. 13. 92다55756
9) 대판 2010. 8. 19. 2010다43801

토지에 있는 건물에 대하여 대항력 있는 임차권이 존재한다고 하여도 이를 토지소유자에 대하여 대항할 수 있는 토지사용권이라고 할 수는 없다. 바꾸어 말하면, 건물에 관한 임차권이 대항력을 갖춘 후에 그 대지의 소유권을 취득한 사람은 민법 제622조 제1항이나 주택임대차보호법 제3조 제1항 등에서 그 임차권의 대항을 받는 것으로 정하여진 '제3자'에 해당한다고 할 수 없다.'고 판시하였고, 또한 ② 유치권과 관련하여 판례[10]는 '건물점유자가 건물의 원시취득자에게 그 건물에 관한 유치권이 있다고 하더라도 그 건물의 존재와 점유가 토지소유자에게 불법행위가 되고 있다면 그 유치권으로 토지소유자에게 대항할 수 없다.'고 판시하였습니다.

위 각 판결에 따르면, 피고 최구한은 철거대상인 건물의 임차인으로서 건물의 대항력 및 건물에 대한 유치권으로 토지공유자인 원고에게 대항할 수 없습니다. 따라서 이에 관한 피고 최구한의 주장은 모두 근거가 없습니다.

3. 피고 양혁진, 김정자에 대한 청구

가. 소비대차 및 주채무자의 사망으로 인한 상속의 개시

원고는 2013. 6. 20. 유통업에 종사하는 상인인 망 홍서현(이하 '망인'이라고 합니다)에게 영업자금 명목으로 1억 원을, 변제기 2014. 5. 19., 이자 월 1%로 정하여 대여하였고, 주식회사 대원은 같은 날 위 채무를 연대보증하였습니다.

한편 망인은 2019. 7. 3. 사망하였는데, 유족으로는 남편 피고 양혁진, 아들 양진세, 양진수, 모친 피고 김정자가 있고, 아들인 양진세, 양진수는 서울가정법원 2019느단2341호로 적법하게 상속을 포기하였으며[11], 위 양진세와 양진수는 자녀가 없습니다.

위와 같은 상속포기의 효력과 관련하여 판례[12]는 '상속을 포기한 자는 상속개시된 때부터 상속인이 아니었던 것과 같은 지위에 놓이게 되므로, 피상속인의 배우자와 자녀 중 자녀 전부가 상속을 포기한 경우에는 배우자와 피상속인의 손자녀 또는 직계존속이 공동으로 상속인이 되고, 피상속인의 손자녀와 직계존속이 존재하지 아니하면 배우자가 단독으로 상속인이 된다.'고 판시하였는데, 위 판결에 따르면 망인의 남편인 양혁진과 망인의 모친인 김정자가 공동으로 상속하게 되고, 각 상속비율은 3/5, 2/5가 됩니다.

---

10) 대판 1989. 2. 14. 87다카3073
11) 기록상 사망일로부터 3개월이 도과하여 상속포기신고가 접수되었으나, 상속개시있음을 안 날이 기록상 불분명하고, 일단 수리심판이 되었기 때문에 적법한 상속포기신고로 보았다.
12) 대판 2015. 5. 14. 2013다48852

따라서 피고 양혁진, 김정자는 원고에게 자신의 상속비율에 따라 위 차용원리금을 지급하여야 합니다.

나. 지정충당항변 및 변제충당항변

피고 양혁진, 김정자는 망인이 2019. 6. 19. 원고에게 8천 2백만 원을 변제하면서 원금에 충당할 것으로 지정하였으므로, 위 금액의 한도내에서 원금이 소멸하였고, 위 지정의 효력이 없다면 법정충당의 법리에 따라 충당되어야 한다는 취지로 주장할 수 있습니다.

그러나, 이와 관련하여 판례[13]는 '비용, 이자, 원본에 대한 변제충당의 순서는 민법 제479조에 법정되어 있으므로 당사자 사이에 그와 다른 특별한 합의가 있었다거나 일방의 지정에 대하여 상대방이 지체 없이 이의를 제기하지 아니함으로써 표시적 합의가 되었다고 보여지는 경우 등 특단의 사정이 없는 한 위의 법정순서에 의하여 변제충당이 이루어져야 하는 것이며, 채무자는 물론 채권자라 할지라도 그와 다르게 일방적으로 충당의 순서를 지정할 수 없다.'고 판시하였는데, 위 판결에 따르면 망인의 지정충당은 그 효력이 없습니다. 그러나 변제로서의 효력은 인정되므로, 아래와 같이 법정충당의 법리에 따라 충당될 수는 있습니다.

변제충달일 기준 위 82,000,000원을 민법 제479조 제1항이 정한 순서에 따라 충당을 하면, 위 차용금에 대한 2013. 6. 20.부터 2019. 6. 19.까지의 72개월간 이자 및 지연손해금 72,000,000원(= 1억 X 1% X 72개월)에 먼저 충당되고, 나머지 10,000,000원이 원금에 충당되어, 위 변제일 기준 원금 90,000,000원이 잔존하게 됩니다.

다. 소결

따라서 원고에게 피고 양혁진은 자신의 상속분인 54,000,000원(=90,000,000 X 3/5), 피고 김정자는 자신의 상속분인 36,000,000원(=90,000,000 X 2/5) 및 위 각 돈에 대한 변제충당일의 다음날인 2019. 6. 20.부터 다 갚는 날까지 약정이율인 월 1%의 비율로 계산한 지연손해금을 지급하여야 합니다.[14]

---

13) 대판 1990. 11. 9. 90다카7262
14) 위 피고들은 소멸시효항변을 하지 않았고, 또한 소멸시효 완성이후에 채무의 일부를 변제하였으므로, 시효이익의 포기에 해당하여 여전히 채무를 부담하게 된다. 한편 연대보증인인 주식회사 대원은 자신의 보증채무의 시효중단이 있기는 하나, 주채무의 시효소멸에 기한 부종성을 주장할 수 있고, 주채무자가 시효이익을 포기하더라도 민법 제433조 제2항에 따라 그 효력이 연대보증인에게 미치지 않으므로, 주식회사 대원의 연대보증채무는 시효로 소멸하였다.

4. 피고 주식회사 기전에 대한 청구

가. 주주총회결의의 하자

원고는 주식회사 기전의 주주이고, 피고 주식회사 기전은 발행주식 총수 100,000주, 자본금 10억 원의 비상장회사입니다.

피고 양혁진은 2020. 4. 9. 자신이 소유하고 있는 피고 주식회사 기전의 주식 5,000주를 피고 김정자에게 양도하였고, 같은 날 피고 김정자 명의로 명의개서가 마쳐졌습니다. 그럼에도 불구하고 주주가 아닌 피고 양혁진이 피고 주식회사 기전의 2020. 7. 3. 임시주주총회에 출석하여 소외 한빈을 회사의 이사로 선임하는 안에 대하여 의결권을 행사하였는데, 이는 주주총회결의의 취소사유이므로, 위 결의는 취소되어야 합니다.[15]

나. 피고 주식회사 기전의 예상 주장 및 이에 대한 반박

피고 주식회사 기전은 ① 회사 정관에 주식양도금지규정이 있어 피고 양혁진과 피고 김정자 사이의 주식양도는 효력이 없고, ② 피고 주식회사 기전이 피고 양혁진의 주주권 행사를 인정하였으므로, 피고 양혁진의 주주권 행사는 적법하며, ③ 원고가 임시주주총회에서 찬성결의를 한 이상 주주총회결의취소 소송을 제기하는 것은 신의칙에 반한다는 취지로 주장할 수 있으나, 피고 주식회사 기전의 주장은 아래와 같은 이유로 근거가 없습니다.

① 주식양도금지규정의 효력과 관련하여 판례[16]는 '상법 제335조 제1항 단서는 주식의 양도를 전제로 하고, 다만 이를 제한하는 방법으로서 이사회의 승인을 요하도록 정관에 정할 수 있다는 취지이지 주식의 양도 그 자체를 금지할 수 있음을 정할 수 있다는 뜻은 아니기 때문에, 정관의 규정으로 주식의 양도를 제한하는 경우에도 주식양도를 전면적으로 금지하는 규정을 둘 수는 없다.'고 판시하여 그 효력을 부인하였고, ② 주주명의에 기재되지 않은 주주의 주주권행사와 관련하여 판례[17]는 '주식을 양수하였으나 아직 주주명부에 명의개서를 하지 아니하여 주주명부에는 양도인이 주주로 기재되어 있는 경우뿐만 아니라, 주식을 인수하거나 양수하려는 자가 타인의 명의를 빌려 회사의 주식을 인수하거나 양수하고 타인의 명의로 주주명부에의 기재까지 마치는 경우에도, 회사에 대한 관계에서는 주주명부상 주주만이 주주로서 의결권 등 주주권을 적법하게 행사할 수 있다.'고 판시하여 그 효력을 인정하지 않고 있으며, ③ 주총결의에 찬성한 주주의 주총결의취소의 소의 제기와 관련하여

---

15) 피고 양혁진의 의결권을 제외하면 의결정족수에 미달하여야 명확하게 주총결의취소사유에 해당하는데, 사안에서는 이 부분에 대한 사실관계가 불명확하다.
16) 대판 2000. 9. 26. 99다48429
17) 대판 2017. 3. 23. 2015다248342 전원합의체

판례[18]는 '회사 정관에 주주전원의 동의가 있으면 미리 주주에게 통지하지 아니한 목적 사항에 관하여도 결의할 수 있다고 되어 있는 때는 예외이나, 그 경우의 주주 전원이란 재적 주주 전원을 의미한다고 보아야 할 것이며, 미리 주주에게 통지하지 아니한 사항에 관한 결의에 가담한 주주가 그 결의의 취소를 구함이 곧 신의성실의 원칙 및 금반언의 원칙에 반한다고 볼 수 없다.'고 판시하였습니다.

위와 같이 피고 주식회사의 기전의 주장은 위 각 판례의 취지에 반하므로 근거가 없습니다.

5. 결론

위와 같은 이유로 피고들에 대하여 청구취지의 기재와 같은 판결을 선고하여 주시기 바랍니다.

증 명 방 법

첨 부 서 류

2020. 8. 6.

원고 소송대리인
변호사 홍석광

서울중앙지방법원[19] 귀중

별지

부동산목록

〈생략〉

---

18) 대판 1979. 3. 27. 79다19
19) 상법 제376조 및 제186조에 따라 회사의 본점소재지의 지방법원이 전속관할을 가지므로 주식회사 기전의 본점의 관할법원인 서울중앙지방법원이 관할법원이 된다.

민사법

기록형

2020년도 **제3차**
법전협 모의시험

문제

2020년도 제3차 변호사시험 모의시험 – 논술형(기록형)

시험과목	민사법(기록형)

응시자 준수사항

1. 시험 시작 전 문제지의 봉인을 손상하는 경우, 봉인을 손상하지 않더라도 문제지를 들추는 행위 등으로 문제 내용을 미리 보는 경우 모두 부정행위로 간주되어 그 답안은 영점 처리 됩니다.

2. 답안은 흑색 또는 청색 필기구(사인펜이나 연필 사용 금지) 중 한 가지 필기구만을 사용하여 답안 작성 난(흰색 부분) 안에 기재하여야 합니다.

3. 답안지에 성명과 수험 번호를 기재하지 않아 인적 사항이 확인되지 않는 경우에는 영점 처리 등 불이익을 받게 됩니다. 특히 답안지를 바꾸어 다시 작성하는 경우, 성명 등의 기재를 빠뜨리지 않도록 유의하여야 합니다.

4. 답안지에는 문제 내용을 기재할 필요가 없으며, 답안 내용 이외의 사항을 기재하거나 밑줄 기타 어떠한 표시도 하여서는 안 됩니다. 답안을 정정할 경우에는 두 줄로 긋고 다시 기재하여야 하며, 수정액 등은 사용할 수 없습니다.

5. 시험 종료 시각에 임박하여 답안지를 교체 요구한 경우라도 시험시간 종료 후 즉시 새로 작성한 답안지를 회수합니다.

6. 시험 종료 후에는 답안지 작성을 일절 할 수 없으며, 이에 위반하여 시험시간이 종료되었음에도 불구하고 **시험관리관의 답안지 제출지시에 불응한 채 계속 답안을 작성하거나 답안지를 늦게 제출할 경우 그 답안은 영점 처리** 됩니다.

7. 답안은 답안지 쪽수 번호 순으로 기재하여야 하고, **배부받은 답안지는 백지 답안이라도 모두 제출**하여야 하며, **답안지를 제출하지 아니한 경우 그 시험시간 및 나머지 시험시간의 시험에 응시할 수 없습니다.**

8. 지정된 시간까지 지정된 시험실에 입실하지 아니하거나 시험관리관의 승인을 얻지 아니하고 시험시간 중에 그 시험실에서 퇴실한 경우 그 시험시간 및 나머지 시험시간의 시험에 응시할 수 없습니다.

9. 시험시간이 종료되기 전에는 어떠한 경우에도 문제지를 시험장 밖으로 가지고 갈 수 없고, 시험 종료 후 가지고 갈 수 있습니다.

법학전문대학원협의회
THE ASSOCIATION OF KOREAN LAW SCHOOLS

【문 제】

귀하는 변호사 김명변으로서, 의뢰인 추성남과의 상담을 통해 아래 【상담내용】과 같은 사실관계를 청취하고, 【의뢰인 희망사항】 기재사항에 관한 본안소송의 대리권을 수여받고, 첨부된 서류를 자료로 받았습니다.

의뢰인을 위한 본안의 소를 제기하기 위한 소장을 작성하시오.

【작성요령】

1. 소장 작성일 및 소 제기일은 2020. 10. 19.로 하시오.
2. 일방 당사자가 여러 명인 경우 성명으로 특정하시오(예, '피고 홍길동').
3. 청구취지와 청구원인은 가급적 피고별로 나누어 기재하시오.
   [이하의 작성요령은 실무의 기준과 다를 수 있음]
4. 1건의 공동소송으로 제기하되, 공동소송의 요건은 갖추어진 것으로 전제하고, 전속관할이 있는 청구가 있으면 반드시 그 관할법원에 소를 제기하며, (주관적이든 객관적이든) 예비적·선택적 병합청구는 하지 마시오.
5. 【의뢰인 희망사항】란에 기재된 희망사항에 부합하되, 현행법과 그 해석상 승소 가능한 최대한의 범위에서 청구하고, 소 각하나 청구기각 부분이 발생하지 않도록 하시오.
6. 상대방에게 항변사유가 있고 그 요건이 갖추어진 것으로 판단되면 이를 청구범위에 반영하되, 【사건관계인의 주장】으로 정리된 사항에 한하여 이유 있다고 판단되면 청구범위에 반영하며, 이유 없다고 판단되면 해당 청구원인 부분에서 배척의 이유를 기재하시오.
7. 【의뢰인 상담일지】와 첨부자료에 기재된 사실관계는 모두 사실에 부합한 것으로 보고(작성자의 의견에 해당하는 사항은 제외), 기재되지 않은 사실은 없는 것으로 전제하며, 첨부된 서류는 모두 진정하게 성립된 것으로 간주하시오.
8. <증명방법>과 <첨부서류>란 기재는 생략하고, 부동산과 도면의 표시는 아래 [목록(부동산의 표시)] 및 [도면]을 소장 말미에 첨부함을 전제로 하여 작성하므로, 소장 말미에 [목록(부동산의 표시)] 및 [도면]을 기재하지 마시오.
9. 발생 이자나 차임에 관한 지연손해금은 청구하지 마시오.
10. 관련 증거자료를 제시하여 기술할 필요는 없습니다.
11. 기록상의 날짜가 공휴일인지 여부, 문서의 서식이 실제와 부합하는지 여부는 고려하지 마시오.

별지 1

목　록　(부동산의 표시)

1. 서울 동작구 사당동 450 대 540㎡.
2. 서울 동작구 사당동 451 대 430㎡
3. 서울 동작구 사당동 451(사당로 12길 14) 지상 철근콘크리트조 슬래브지붕 단층 영업소 400㎡. 끝.

별지 2

도 면

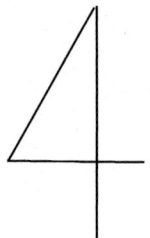

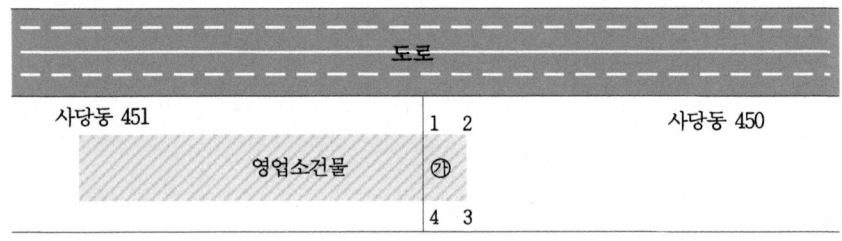

[참고자료]

각급 법원의 설치와 관할구역에 관한 법률(일부)

제4조(관할구역) 각급 법원의 관할구역은 다음 각 호의 구분에 따라 정한다. 다만, 지방법원 또는 그 지원의 관할구역에 시·군법원을 둔 경우 「법원조직법」 제34조 제1항 제1호 및 제2호의 사건에 관하여는 지방법원 또는 그 지원의 관할구역에서 해당 시·군법원의 관할구역을 제외한다.
 1. 각 고등법원·지방법원과 그 지원의 관할구역: 별표 3
  (이하 제2호 내지 제7호는 생략)

[별표3] 고등법원·지방법원과 그 지원의 관할구역(일부)

고등법원	지방법원	지원	관할구역
서울	서울중앙		서울특별시 종로구·중구·강남구·서초구·관악구·동작구
	서울동부		서울특별시 성동구·광진구·강동구·송파구
	서울남부		서울특별시 영등포구·강서구·양천구·구로구·금천구
	서울북부		서울특별시 동대문구·중랑구·성북구·도봉구·강북구·노원구
	서울서부		서울특별시 서대문구·마포구·은평구·용산구

의뢰인 상담일지

변호사 김 명 변 법률사무소
서울 서초구 서초대로 123, 701호(서초동)
☎ : 02-535-1089, 팩스 : 02-535-1090, e-mail : shy@korea.co.kr

접수번호	2020-109	상담일시	2020. 10. 12.
상담인	추성남 010-4563-9600	내방경위	지인소개

【상 담 내 용】

1. 추성남은 원재우에 대하여 대여금채권이 있는데 서울중앙지방법원에서 확정판결을 받았다. 추성남은 위 대여금채권 2억 원을 청구금액으로 하여 원재우가 김재삼에 대하여 갖는 물품대금 채권에 대하여 압류 및 추심명령을 받았다. 추성남은 김재삼에게 추심금을 지급하라는 통고서를 보냈더니, 이에 대한 회신서를 보내와 2020. 8. 28. 이를 수령하였다.

2. 이대철이 우방캐피탈 주식회사로부터 대출을 받았는데, 추성남은 이대철의 부탁을 받아 이를 연대보증하였다. 변제기에 이르러 추성남은 우방캐피탈 주식회사의 양해를 얻어 원금 8,000만 원을 대위변제한 후 이대철의 재산관계를 조사해보니 이대철이 유일한 재산인 박정삼에 대한 정산금채권을 사촌인 이양순에게 양도한 것을 알게 되었다.

3. 추성남이 자신 소유의 토지를 최근 측량해보니 인접 토지의 지상건물이 추성남의 토지 일부(이하 '침범 부분'이라 한다)를 침범하고 있음을 알게 되었다. 추성남은 인접 토지 지상건물의 소유자인 한명수에게 침범 부분을 원상회복시켜주고 그동안의 사용이익을 돌려달라고 통고하였으나, 한명수가 이를 거부하고 있다. 추성남이 인근 부동산중개업소에 알아보니 자신이 소유한 토지를 보증금 없이 임대할 경우 2018년부터 현재까지 ㎡당 매월 5만 원을 받을 수 있다고 한다.

【사건관계인의 주장】

1. 김재삼은 (1) 원재우의 물품대금 채권이 시효로 소멸하였고, (2) 원재우가 추성

남에 대한 위 대여금채무를 변제하였으므로 소멸 한도에서 추심금을 지급할 수 없으며, (3) 원재우에 대한 대여금채권으로 원재우의 물품대금 채권과 상계하므로 그 범위 내에서 추심금을 지급할 수 없다고 주장한다.
2. 이양순은 이대철의 다른 채권자 강권자가 자신을 상대로 위 채권양도에 관하여 이미 사해행위취소의 소를 제기하였는바, 추성남이 동일한 내용으로 소를 제기한다면 이는 중복한 소 제기라고 주장한다.
3. 한명수는
 (1) 1999. 8. 11. 최건주로부터 인접 토지와 그 지상건물의 각 공유지분 1/2을 매수하고 소유권이전등기를 받으면서 최건주의 양해 아래 지상건물 전체를 단독으로 사용하였으므로 침범 부분 전부에 대하여 한명수가 전부 점유한 것으로 보아야 하는바 침범 부분 전부에 대한 취득시효가 완성되었고,
 (2) 설사 그렇지 않더라도 2002. 10. 17. 최건주로부터 인접 토지와 그 지상 건물의 각 공유지분 1/2을 추가로 매수하고 소유권이전등기를 받았는데, 전 점유자 최건주의 점유를 아울러 주장하여 최건주의 최초 점유시 또는 그 이후인 2000년 초경을 점유개시 시점으로 잡을 경우 취득시효가 완성되므로
 추성남에게 침범 부분을 원상회복할 의무가 없고 사용이익도 반환할 수 없다고 다툰다.

【의뢰인 희망사항】

1. 김재삼에 대하여 압류 및 추심명령에 기한 추심금 및 이에 대한 지연손해금을 청구하고 싶다.
2. 이대철의 채무를 대신 변제해 주었으므로, 이대철로부터 구상금 및 이에 대한 법정이자 또는 지연손해금을 모두 받고 싶고, 이대철이 이양순에게 양도한 정산금채권도 원상회복시키고 싶다. 정산금채권의 채무자 박정삼에 대하여 이대철을 대위한 이행청구가 동시에 가능하다면 그 판결도 받아두고 싶다.
3. 가능하다면 침범 부분을 나대지 상태로 만들고 싶고, 침범 부분에 대한 사용이익을 반환받고 싶다. 만약 침범 부분을 나대지 상태로 돌려놓을 수 없다면, 침범 부분에 대한 사용이익만이라도 반환받기를 원한다.

供 給 契 約 書

매도인 한서스포츠
    대 표 원 재 우
    서울 마포구 마포대로 246, 807호(아현동, 아현아이파크)
매수인 서초피트니스 센터
    대 표 김 재 삼
    서울 서초구 서운로 226, 202호(서초동, 서초오피스텔)

한서스포츠(대표 원재우)는 서초피트니스 센터(대표 김재삼)에게 스포츠기구 '러닝머신, 워킹머신' 100점을 합계 300,000,000원에 공급하기로 하고, 그 구체적 조건을 아래와 같이 정한다.

-아 래-

1. 원재우는 2017. 7. 20. 러닝머신, 워킹머신 100점을 김재삼의 영업장소인 서울 강남구 삼성동 278 서초피트니스 센터로 배달하여 준다.
2. 김재삼은 위 대금 300,000,000원을 2017. 8. 15.까지 원재우의 신한은행 통장(110-084-109374)으로 송금하여 지급한다.
3. 기타 사항은 법률과 상관례에 따른다.

2017년 7월 16일

매 도 인 원 재 우 ㊞
      590324-1110321

매 수 인 김 재 삼 ㊞
      750311-1930675

서 울 중 앙 지 방 법 원
결 정

사　　건　　2020타채26789　채권압류 및 추심명령
채 권 자　　추성남 (650311-1930675)
　　　　　　서울 강남구 영동대로 230, 2동 402호(대치동, 우성1차아파트)
채 무 자　　원재우
　　　　　　서울 마포구 마포대로 246, 807호(아현동, 아현아이파크)
제3채무자　　김재삼
　　　　　　서울 서초구 서운로 226, 202호(서초동, 서초오피스텔)

주 문
채무자의 제3채무자에 대한 별지 기재 채권을 압류한다.
채무자는 위 채권의 처분과 영수를 하여서는 아니 된다.
제3채무자는 채무자에 대하여 위 압류된 채권을 지급하여서는 아니 된다.
채권자는 위 압류한 채권을 추심할 수 있다.

청 구 금 액
금 200,000,000원(서울중앙지방법원 2018가합3456 대여금 확정판결에 기한 대여금)

이 유
채권자가 위 청구금액을 변제받기 위하여 이 법원 2018가합3456 대여금 청구사건의 집행력 있는 판결 정본에 기하여 한 이 사건 신청은 이유 있으므로 주문과 같이 결정한다.

정본입니다
2020. 6. 26.　　　　　2020. 6. 27.
　　　　　　　　법원주사 김호용

사법보좌관　　김 수 영

목   록

채무자가 제3채무자에 대하여 가지는 "2017. 7. 16. 스포츠기구 100점을 매도하고 지급받을 300,000,000원의 물품대금 채권과 2017. 8. 16.부터 다 갚는 날까지 지연손해금" 중 청구금액에 이르기까지의 금액. 끝.

송 달 증 명 원

사　　건　　2020타채26789 채권압류 및 추심명령
채 권 자　　추성남
채 무 자　　원재우
제3채무자　 김재삼
증명신청인　 추성남

위 사건에 관하여 서울중앙지방법원 2020타채26789 채권압류 및 추심명령이 채무자 및 제3채무자에 대하여 각 2020. 6. 30. 송달되었음을 증명하여 주시기 바랍니다.

위 증명합니다.

2020. 10. 1.
서울중앙지방법원
법원주사　노희복　[서울중앙지방법원 법원주사 인]

본 증명(문서번호:전자제출제증명(민사) 92367)에 관하여 문의할 사항이 있으시면 02-533-6859로 문의하시기 바랍니다.

통고서

발신인: 추성남
　　　　서울 강남구 영동대로 230, 2동 402호(대치동, 우성1차아파트)
수신인: 김재삼
　　　　서울 서초구 서운로 226, 202호(서초동, 서초오피스텔)

1. 저는 귀하와 원재우 사이의 스포츠기구 판매 채권에 대하여 추심명령을 받은 사람입니다.
2. 귀하도 잘 아시겠지만, 물품대금 채권을 저에게 지급하시기 바라며 즉시 지급하지 않는 경우 소를 제기할 수밖에 없고 지연손해금도 지급하게 됨을 양지하시기 바랍니다.

　　　　　　　　　　2020. 8. 20.

　　　　　　　　　발신인 추성남　(인)

　　　　　　　　　　　　본 우편물은 2020-08-20
　　　　　　　　　　　　제73548호에 의하여
　　　　　　　　　　　　내용증명우편물로 발송하였음을 증명함
　　　　　　　　　　　　서울강남우체국장

통고서에 대한 회신서

발신인: 김재삼 (750311-1930675)
   서울 서초구 서운로 226, 202호(서초동, 서초오피스텔)
수신인: 추성남
   서울 강남구 영동대로 230, 2동 402호(대치동, 우성1차아파트)

1. 추성남씨가 보낸 통고서는 2020. 8. 21. 잘 받아보았습니다.
2. 저는 2017. 7. 16. 원재우와 계약을 체결하고 2017. 7. 20. 물건을 공급받았습니다. 그 때로부터 상당한 시간이 흘렀는데 아직도 그 물품대금을 지급해야 하는지 의문입니다. 다시 한 번 잘 생각해 주시기 바랍니다.
3. 추성남씨의 추심명령을 통지받은 다음에 원재우씨에게 어찌된 일인지 연락해 보았더니, 원재우씨가 말하기를 추성남씨에 대한 대여금 채무는 이미 모두 변제하였는데, 왜 위와 같은 압류 및 추심명령 신청을 한 것인지 모르겠다며, 저에게 추성남씨로부터 받은 영수증을 보내주었습니다. 추성남씨는 위와 같이 대여금 채무를 모두 변제받았으면서 저에게 왜 물품대금까지 달라고 하는지 모르겠습니다.
4. 마지막으로, 저도 2020. 5. 15. 원재우에게 1억 원을 빌려준 사실이 있습니다. 원재우가 급하게 영업자금이 필요하다며 석달만 쓰고 돌려주겠다고 하여 빌려주었는데, 원재우가 아직까지 이를 변제하지 않고 있습니다.
   이에 이 회신서에 의해 저는 원재우에 대한 대여금 채권으로 원재우의 물품대금 채권과 상계하고자 합니다.

첨부 : 영수증, 차용증

2020. 8. 26.
김재삼 (인)

본 우편물은 2020-08-26
제82651호에 의하여
내용증명우편물로 발송하였음을 증명함
서울서초우체국장

領 收 證

추성남은 원재우로부터 채무원리금을 영수함

2020. 2. 5.

영수인   추성남 ㉑

원재우 귀하

借 用 證

金 1억 (100,000,000)원

원재우는 김재삼으로부터 위 돈을 무이자로 차용하며, 2020. 8. 15.까지 이를 변제하기로 하되, 이때까지 이를 변제하지 못할 경우 연 12%의 비율에 의한 돈을 가산하여 지급하기로 합니다.

2020. 5. 15.

차용인   원재우 ㉑

김재삼 귀하

	계	대리과장	차장부부점장	부점장

인지생략

대출거래약정서

(개 인 용)

2017. 09. 03.
년 월 일

본　　　　　인　　이 대 철　　㊞
주　　　　　소　　서울 노원구 마들로 127, 33동 902호(월계동, 월계삼호아파트)
주민등록번호　　690415-1307392

서초동 지점

연대보증인　　추 성 남　　㊞
주　　　　　소　　서울 강남구 영동대로 230, 2동 402호(대치동, 우성1차아파트)
주민등록번호　　650311-1930675

연대보증인　　　　　　　　　㊞
주　　　　　소
주민등록번호

본인은 우방캐피탈 주식회사(이하 "우방캐피탈"이라한다)와 대출거래를 함에 있어 은행여신거래기본약관(통장한도거래대출 및 가계당좌대출의 경우 관련 수신거래약관 포함)이 적용됨을 승인하고 (단, 아래에서 명시적으로 그 적용을 배제하는 부분은 제외) 다음 각 조항을 확약한다.

1. 제1조 거래조건

거래조건은 다음과 같다
(거래방식이 수 개로 되어있는 경우 우방캐피탈 직원의 설명을 듣고 해당되는 "□"내에 "∨"표시 한다.)

대출과목	(생략)		
대출(한도)금액	금 貳億(2억) 원		
대출개시일	2017년09월03일	대출기간 만료일	2018년09월02일
이 자 율	월 1 % 단, 기간연장으로 대출기간이 2년을 초과하게 되는 경우에는 은행이 정한 기간 가산 금리를 적용할 수 있다.	지연배상금률	월 2 %
		이자 및 지연배상금 계산방법	월 단위로 계산하되, 월 미만의 날은 해당 월의 일수를 기준으로 일할 계산한다.
대출실행방법	☑ 대출개시일에 전액 실행한다 □ 대출개시일로부터 증빙서류나 현물 등에 의하여 은행이 필요 금액을 확인하고 분할 실행한다. □ 본인의 청구가 있는 대로 실행한다.		

상환방법	☑ 대출기간 만료일에 전액 상환한다 ☐ 대출개시일로부터 ( )년 ( )개월 동안 거치하고, ( )년 ( )월 ( )일부터 매( )개월마다 분할 상환한다. ☐ 거치기간 없이 ( )년 ( )월 ( )일로부터 매( )개월마다 분할 상환한다. ☐ 대출 실행 후 매월 대출개시 해당일에 분할 상환한다.
이자지급방법	☐ 최초이자는 대출개시일로부터 ( )개월 이내에, 그후의 이자는 지급한 이자의 계산 최종일 익일부터 ( )개월 이내에 지급한다. ☐ 분할상환금 상환일 또는 월적립금 납입일에 지급한다. ☑ 매 1월마다 매월 (말)일에 후납한다. ☐ 대출기간 만료일에 지급한다.
상계특약	별도로 규정하지 않는다.
변제충당특약	변제충당에 관해서는 은행여신거래기본약관을 적용하지 않고, 민법의 규정에 따른다.

2. 제2조 지연배상금

① 대출기간 만료일에 채무를 이행하지 아니하는 경우, 또는 매월 정한 이자납입일에 이자를 납입하지 아니할 때에는 그 즉시 기한의 이익을 상실하고, 대출기간 만료일 또는 미지급된 이자의 기산일부터 대출금잔액에 대하여, 곧 지연배상금을 지급하기로 한다.

② 재형저축자금대출 중 소액자금대출 및 적립식 신탁대출 등 부금관련대출의 경우, 상계전일까지는 지급하여야 할 이자에 대하여, 상계후에는 대출금 잔액에 대하여 곧 지연배상금을 지급하기로 한다.

③ 통장한도거래대출 및 가계당좌대출의 경우, 한도초과지급 및 이자원가 등으로 한도금액을 초과한 금액에 대하여, 곧 지연배상금을 지급하기로 한다.

④ "근로자의 주거안정과 목돈마련지원에 관한 법률"에 의한 주택자금대출의 경우, 분할상환원(리)금의 상환을 6개월 이상 계속하여 지체한 때에는 그때부터 대출금 잔액에 대하여 곧 지연배상금을 지급하기로 한다.

3. 제3조 연대보증인의 책임

연대보증인은 민법의 규정에 따라 본인의 채무를 연대하여 이행하여야 한다.

중간 부분 생략

본인 및 연대보증인은 은행여신거래기본약관 및 이 약정서 사본을 확실히 수령하고, 중요한 내용에 대하여 충분한 설명을 듣고 이해하였음.	본 인	이 대 철 ㊞
	연대보증인	추 성 남 ㊞
	연대보증인	㊞

자서 및 인감 확인함

책임자 직명:
성 명: 代理 최 일 수 ㊞

변제확인서

우방캐피탈이 2017. 9. 3.자 대여금(주채무자 이대철, 연대보증인 추성남)에 관하여 연대보증인 추성남으로부터 2018. 9. 2. 금 80,000,000원을 원금으로 변제받았음을 확인합니다.

2018. 9. 2.
우방캐피탈 주식회사
지점장 강 호 동 ㊞

추 성 남 귀하

정산합의서

1. 박정삼은 2018. 10. 1.부터 2019. 4. 30.까지 이대철로부터 육가공제품 500kg을 납품받고 물품대금을 정산하였음.
2. 박정삼이 2019. 4. 30. 현재 이대철에게 지급할 물품대금을 5,000만 원으로 정함.
3. 박정삼이 2019. 8. 31.까지 이대철에게 위 물품대금을 지급하지 아니하는 경우 2019. 9. 1.부터 위 물품대금에 대한 연 10% 비율에 의한 약정지연손해금을 가산하여 지급하기로 약정함.

2019. 04. 30.

채무자 : 조아식품 대표 박 정 삼 ㊞
채권자 : 이 대 철 ㊞

채권양도약정서

양도인   이 대 철
          서울 노원구 마들로 127, 33동 902호(월계동, 월계삼호아파트)

양수인   이 양 순 (710801-2430930)
          서울 종로구 자하문로36길 16-14, 6동 622호(청운동, 청운벽산빌리지)

양도인은 양수인에게 아래 채권을 양도합니다.

- 아래 -

양도인이 박정삼에 대하여 가지는 2019. 4. 30.자 정산금 채권 (5,000만 원과 지연손해금)

2020. 1. 8.

양도인   이 대 철   ㉘

양수인   이 양 순   ㉘

채권양도통지서

채권의 표시
이대철이 박정삼에 대하여 가지는 2019. 4. 30.자 정산금 채권(5,000만 원과 지연손해금)

양도인 이대철은 2020. 1. 8. 양수인 이양순에게 위 채권 전액을 양도하기로 하고 양수인은 이를 수락하였습니다.

따라서 귀하께서는 양도인 이대철에게 지급할 위 돈을 양수인 이양순에게 지급하여 주시기 바랍니다.

2020. 1. 8.

발신인 : 이대철 ㉑
  서울 노원구 마들로 127, 33동 902호(월계동, 월계삼호아파트)

박정삼 귀하
서울 관악구 관악로38길 13(봉천동)

서울노원우체국
2020. 01. 08.
20 - 1925

본 우편물은 2020-01-08
제1925호에 의하여
내용증명우편물로 발송하였음을 증명함
서울노원우체국장

우 편 물 배 달 증 명 서				
수취인의 주거 및 성명 　　서울 관악구 관악로38길 13(봉천동) 　　박정삼 귀하				
접 수 국 명	서울 노원	접수연월일	2020년 1월 8일	
접 수 번 호	제1925호	배달연월일	2020년 1월 12일	
적 요 　　본인 수령 　　박정삼 ㊞		서울노원우체국		

질의서에 대한 답신

발신인: 이양순(서울 종로구 자하문로36길 16-14, 6동 622호(청운동, 청운벽산빌리지))

수신인: 추성남(서울 강남구 영동대로 230, 2동 402호(대치동, 우성1차아파트))

1. 귀하의 댁내 두루 평안하기를 기원합니다.
2. 귀하가 보낸 2020. 7. 4. 질의서(이대철이 박정삼에 대한 정산금 채권을 이양순에게 양도한 것이 사해행위에 해당한다는 취지)는 2020. 7. 9. 잘 받아 보았습니다.
3. 귀하가 질의한 것과 같이 제가 이대철의 사촌 동생으로서 박정삼에 대한 위 정산금 채권을 양수한 것은 인정합니다. 그러나 저는 박정삼으로부터 아직 정산금을 한푼도 지급받지 못했습니다.
4. 그런데 이대철의 또 다른 채권자 강권자가 이대철의 정산금 채권 양도 행위에 대하여 2020. 6. 14. 서울중앙지방법원 2020가단100234 사해행위취소 소송을 제기하여 위 법원에 계속중입니다. 그렇다면 귀하가 본인을 상대로 위 정산금채권의 양도에 대하여 사해행위 취소 소송을 제기하는 것은 중복제소에 해당할 수 있으니, 가급적 먼저 제기된 위 소송의 결과를 지켜봄이 타당합니다.

첨부 : 소송계속 증명원 1부

2020. 7. 20.

이양순 ㊞

본 우편물은 2020-07-20
제6788호에 의하여
내용증명우편물로 발송하였음을 증명함
서울종로우체국장

소 송 계 속 증 명 원

| 수입인지 |
| 첨부 |

원고 강권자
피고 이양순

위 당사자간 귀원 2020가단100234호 사건이 2020. 7. 19. 현재 귀원에 계속 중임을 증명하여 주시기 바랍니다.

위 증명합니다

2020년 7월 19일
서 울 중 앙 지 방 법 원
법원주사보 김증안 ㊞

2020년   7월   19일

피고 이양순 ㊞

등기사항전부증명서 (말소사항 포함) - 토지 [제출용]

[토지] 서울 동작구 사당동 450   고유번호 1102-1965-111495

【 표 제 부 】		(토지의 표시)			
표시번호	접 수	소 재 지 번	지 목	면 적	등기원인 및 기타사항
1 (전 1)	1980년 12월 1일	서울 동작구 사당동 450	대	540m²	부동산등기법시행규칙부칙 제3조 제1항의 규정에 의하여 1998년 6월 15일 전산이기

【 갑 구 】		(소유권에 관한 사항)		
순위번호	등 기 목 적	접 수	등 기 원 인	권리자 및 기타사항
1 (전 4)	소유권이전	1983년 7월 11일 제96754호	1983년 7월 10일 매매	소유자 김전주 491123-1****** 김포시 고촌읍 신곡리 82
				부동산등기법시행규칙부칙 제3조 제1항의 규정에 의하여 1998년 6월 15일 전산이기
2	소유권이전	2018년 5월 12일 제92361호	2018년 5월 12일 매매	소유자 추성남 650311-1****** 서울 강남구 영동대로 230, 2동 402호 (대치동, 우성1차아파트)

---- 이 하 여 백 ----

수수료 1,000원 영수함   관할등기소 서울중앙지방법원 등기국/ 발행등기소 법원행정처 등기정보중앙관리소

이 증명서는 등기기록의 내용과 틀림없음을 증명합니다.

서기 2020년10월02일

법원행정처 등기정보중앙관리소 전산운영책임관

*실선으로 그어진 부분은 말소사항을 표시함. *등기기록에 기록된 사항이 없는 갑구 또는 을구는 생략함. *증명서는 컬러 또는 흑백으로 출력 가능함.

[인터넷 발급] 문서 하단의 바코드를 스캐너로 확인하거나, 인터넷등기소(http://www.iros.go.kr)의 발급확인 메뉴에서 **발급확인번호**를 입력하여 **위·변조 여부를** 확인할 수 있습니다. 발급확인번호를 통한 확인은 발행일로부터 3개월까지 5회에 한하여 가능합니다.

발행번호 12389234789102367836718934082939023467   **1/1**   발급확인번호 AAIK-VPTF-0000   발행일 2020/10/02

등기사항전부증명서 (말소사항 포함) - 토지 [제출용]

[토지] 서울 동작구 사당동 451   고유번호 1102-1981-111495

【 표 제 부 】 (토지의 표시)

표시번호	접 수	소재지번	지목	면 적	등기원인 및 기타사항
1 (전 1)	1981년 2월 10일	서울 동작구 사당동 451	대	430㎡	부동산등기법시행규칙부칙 제3조 제1항의 규정에 의하여 1998년 6월 15일 전산이기

【 갑 구 】 (소유권에 관한 사항)

순위번호	등기목적	접 수	등기원인	권리자 및 기타사항
1 (전 4)	소유권이전	1985년 10월 13일 제41259호	1985년 9월 20일 매매	소유자 최건주 550815-1****** 서울 서초구 잠원동 367 태양아파트 102동 1801호
2	소유권일부 이전	1999년 8월 11일 제32591호	1999년 8월 11일 매매	공유자 지분 2분의 1 한명수 640520-1****** 서울 강동구 상일동 345-2
3	1번 최건주 지분 전부이전	2002년 10월 17일 제83576호	2002년 10월 17일 매매	공유자 지분 2분의 1 한명수 640520-1****** 서울 강동구 상일동 345-2

---- 이 하 여 백 ----

수수료 1,000원 영수함 관할등기소 서울중앙지방법원 등기국/ 발행등기소 법원행정처 등기정보중앙관리소

이 증명서는 등기기록의 내용과 틀림없음을 증명합니다.

서기 2020년10월02일

법원행정처 등기정보중앙관리소 전산운영책임관

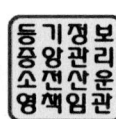

*실선으로 그어진 부분은 말소사항을 표시함. *등기기록에 기록된 사항이 없는 갑구 또는 을구는 생략함. *증명서는 컬러 또는 흑백으로 출력 가능함.

[인터넷 발급] 문서 하단의 바코드를 스캐너로 확인하거나, **인터넷등기소(http://www.iros.go.kr)**의 발급확인 메뉴에서 **발급확인번호**를 입력하여 **위·변조 여부**를 확인할 수 있습니다. 발급확인번호를 통한 확인은 발행일로부터 3개월까지 5회에 한하여 가능합니다.

발행번호 12389234789102367836718934082939023448 **1/1** 발급확인번호 AAIK-VPTF-0001 발행일 2020/10/02

등기사항전부증명서 (말소사항 포함) - 건물 [제출용]

[건물] 서울 동작구 사당동 451   고유번호 1102-1992-060375

【 표 제 부 】 (건물의 표시)

표시번호	접 수	소 재 지 번	건물내역	등기원인 및 기타사항
1	1992년 1월 28일	서울 동작구 사당동 451 [도로명 주소] 서울 동작구 사당로 12길 14(사당동)	철근콘크리트조 슬래브지붕 단층 영업소 400㎡	부동산등기법시행규칙부칙 제3조 제1항의 규정에 의하여 1998년 6월 15일 전산이기

【 갑 구 】 (소유권에 관한 사항)

순위번호	등기목적	접 수	등기원인	권리자 및 기타사항
1	소유권보존	1992년 1월 28일 제2302호		소유자 최건주 550815-1****** 서울 서초구 잠원동 367 태양아파트 102동 1801호
2	소유권일부이전	1999년 8월 11일 제32592호	1999년 8월 11일 매매	공유자 지분 2분의 1 한명수 640520-1****** 서울 강동구 상일동 345-2
3	1번 최건주 지분 전부이전	2002년 10월 17일 제83577호	2002년 10월 17일 매매	공유자 지분 2분의 1 한명수 640520-1****** 서울 강동구 상일동 345-2

---- 이 하 여 백 ----

수수료 1,000원 영수함   관할등기소 서울중앙지방법원 등기국/ 발행등기소 법원행정처 등기정보중앙관리소

이 증명서는 등기기록의 내용과 틀림없음을 증명합니다.

서기 2020년10월02일

법원행정처 등기정보중앙관리소 전산운영책임관

*실선으로 그어진 부분은 말소사항을 표시함. *등기기록에 기록된 사항이 없는 갑구 또는 을구는 생략함. *증명서는 컬러 또는 흑백으로 출력 가능함.

[인터넷 발급] 문서 하단의 바코드를 스캐너로 확인하거나, 인터넷등기소(http://www.iros.go.kr)의 발급확인 메뉴에서 발급확인번호를 입력하여 위·변조 여부를 확인할 수 있습니다. 발급확인번호를 통한 확인은 발행일로부터 3개월까지 5회에 한하여 가능합니다.

발행번호 12389234789102367836718934082939023490 1/1 발급확인번호 AAIK-VPTF-0002 발행일 2020/10/02

통고서

발신인: 추성남
　　　　서울 강남구 영동대로 230, 2동 402호(대치동, 우성1차아파트)
수신인: 한명수
　　　　서울 강동구 상일로 261(상일동)

1. 저는 귀하 소유의 서울 동작구 사당동 451 토지에 인접한 사당동 450 토지를 2018. 5. 12. 매수하여 이전등기를 받았습니다.
2. 저는 사당동 450 토지에 공장건물을 신축할 생각으로 측량을 하던 중 귀하 소유의 사당동 451 토지 지상의 건물 일부가 저의 토지를 침범하고 있다는 사실을 알게 되었습니다.
3. 건물의 일부만이 침범하고 있어서 귀하도 그동안 이를 알지 못하였을 것이라고 생각은 합니다만, 더 이상 이러한 상태를 방치할 수는 없기에 이번 기회에 정리를 하였으면 합니다.
4. 제가 의뢰한 측량감정서를 첨부하오니 확인하시고 침범 부분을 원상회복시켜 주시고 그동안의 사용이익도 돌려주길 바랍니다.
5. 아무쪼록 원만하게 마무리되길 바랍니다.

첨부 : 측량감정서

　　　　　　　　　　　　2020. 2. 20.
　　　　　　　　　　　　　추성남　(인)

본 우편물은 2020-02-20
제548호에 의하여
내용증명우편물로 발송하였음을 증명함
서울강남우체국장

측 량 감 정 서

감정대상물	서울 동작구 사당동 450 대 540㎡
번 호	가람 2020-0132

가람 측량감정 사무소

도 면

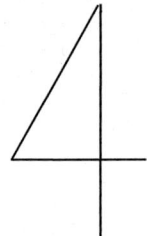

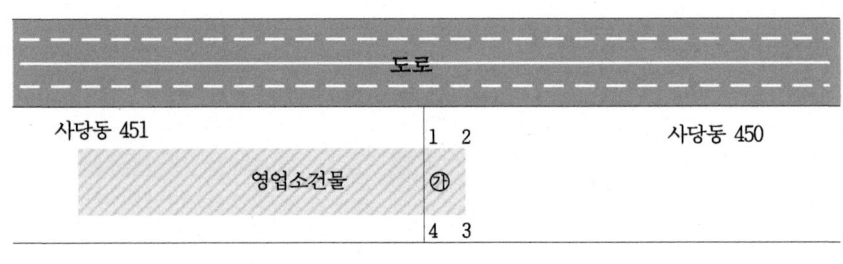

 서울특별시 동작구 사당동 451 지상의 영업소 건물 중 위 도면 표시 1, 2, 3, 4, 1의 각 점을 차례로 연결한 선내 ㉮ 부분 20㎡가 사당동 450번지의 토지 위에 걸쳐 있고, 450번지 토지 중 위 20㎡ 외에는 영업소 건물의 부지로 사용되는 부분이 없음

그 외 기재 생략

통고서에 대한 회신

발신인: 한명수 (640520-1258236)
        서울 강동구 상일로 261(상일동)

수신인: 추성남
        서울 강남구 영동대로 230, 2동 402호(대치동, 우성1차아파트)

1. 추성남씨가 보낸 통고서는 2020. 2. 21. 잘 받아보았습니다.
2. 저도 위 통고서를 보고 나서야 저의 건물 일부가 귀하의 토지를 침범하고 있다는 사실을 알게 되었습니다. 귀하도 인정하다시피 이를 알았다면 진작에 조치를 취하였을 것입니다.
3. 등기부를 보시면 아시겠지만 저는 두 번에 나누어서 사당동 451 토지와 건물을 매수하였는데(각 "1차 지분매수", "2차 지분매수"라 합니다), 1차 지분매수를 한 것은 벌써 20년이 지났고, 1차 지분매수시부터 최건주의 허락을 받고 위 건물을 영업소로 단독으로 전부 사용하고 있었습니다. 이러한 경우 사실상 제가 귀하의 토지 일부인 침범부분을 단독으로 점유, 사용한 것이라고 보아야 합니다.
4. 또한, 2차 지분매수와 관련하여 제가 매수하기 이전부터 이미 최건주가 건물을 소유하고 있었는데 최건주가 건물을 짓고 소유한 때부터, 또는 최소한 지금으로부터 20년 전인 2000년 초경부터 계산하면 토지 점유기간이 이미 20년이 지났습니다.
5. 주변에 물어보니 위 3, 4항에 따라 침범부분의 전부 또는 최소한 1/2 지분에 관하여 취득시효를 주장할 수 있고, 어느 경우이든 침범부분의 원상회복을 할 의무는 없다고 하는데, 추성남씨도 조금 더 알아보시기 바랍니다.

첨부: 확인서

                            2020. 2. 24.
                              한명수 (인)

                                      본 우편물은 2020-02-24
                                      제7153호에 의하여
                                      내용증명우편물로 발송하였음을 증명함
                                      서울강동우체국장

확 인 서

진술인의 인적사항

이름 : 최건주

주소 : 서울 서초구 잠원동 367 태양아파트 102동 1801호

전화번호 : 02) 515-7832

1. 진술인은 한명수에게 서울 동작구 사당동 451 토지 및 지상건물을 매도한 사람입니다.
2. 진술인은 위 토지의 지상건물을 소유할 당시 사당동 450 토지의 경계를 침범하였다는 사실을 알지 못했습니다. 한명수도 진술인으로부터 사당동 451 토지와 지상건물의 지분을 매수할 때 위 지상건물 일부가 사당동 450 토지를 침범하고 있었다는 것을 알지 못했습니다. 침범 면적도 불과 20㎡ 정도인데 제가 전혀 알 수 없었습니다.
3. 이상의 내용은 모두 진실임을 약속합니다.

2020. 2. 23.

진술인 최건주 ㊞

기록이면표지

확 인 : 법학전문대학원협의회

민사법
기록형

2020년도 **제3차**
법전협 모의시험

문제해결 TIP

【문 제】

　귀하는 변호사 김명변으로서, 의뢰인 추성남과의 상담을 통해 아래 【상담내용】과 같은 사실관계를 청취하고, 【의뢰인 희망사항】 기재사항에 관한 본안소송의 대리권을 수여받고, 첨부된 서류를 자료로 받았습니다.
　의뢰인을 위한 본안의 소를 제기하기 위한 소장을 작성하시오.

【작성요령】   작성기준일자로 소멸시효 및 제척기간의 기준시점이 된다.

1. 소장 작성일 및 소 제기일은 2020. 10. 19.로 하시오.
2. 일방 당사자가 여러 명인 경우 성명으로 특정하시오(예, '피고 홍길동').
3. 청구취지와 청구원인은 가급적 피고별로 나누어 기재하시오.
　　　　　[이하의 작성요령은 실무의 기준과 다를 수 있음]
4. 1건의 공동소송으로 제기하되, 공동소송의 요건은 갖추어진 것으로 전제하고, 전속관할이 있는 청구가 있으면 반드시 그 관할법원에 소를 제기하며, (주관적이든 객관적이든) 예비적·선택적 병합청구는 하지 마시오.
5. 【의뢰인 희망사항】란에 기재된 희망사항에 부합하되, 현행법과 그 해석상 승소 가능한 최대한의 범위에서 청구하고, 소 각하나 청구기각 부분이 발생하지 않도록 하시오.
6. 상대방에게 항변사유가 있고 그 요건이 갖추어진 것으로 판단되면 이를 청구범위에 반영하되, 【사건관계인의 주장】으로 정리된 사항에 한하여 이유 있다고 판단되면 청구범위에 반영하며, 이유 없다고 판단되면 해당 청구원인 부분에서 배척의 이유를 기재하시오.   별지 목록 및 별지 도면을 원용할 것을 지시하였다.
7. 【의뢰인 상담일지】와 첨부자료에 기재된 사실관계는 모두 사실에 부합한 것으로 보고(작성자의 의견에 해당하는 사항은 제외), 기재되지 않은 사실은 없는 것으로 전제하며, 첨부된 서류는 모두 진정하게 성립된 것으로 간주하시오.
8. <증명방법>과 <첨부서류>란 기재는 생략하고, 부동산과 도면의 표시는 아래 [목록(부동산의 표시)] 및 [도면]을 소장 말미에 첨부함을 전제로 하여 작성하므로, 소장 말미에 [목록(부동산의 표시)] 및 [도면]을 기재하지 마시오.
9. 발생 이자나 차임에 관한 지연손해금은 청구하지 마시오.
10. 관련 증거자료를 제시하여 기술할 필요는 없습니다.
11. 기록상의 날짜가 공휴일인지 여부, 문서의 서식이 실제와 부합하는지 여부는 고려하지 마시오.   이자 및 차임에 대한 지연손해금을 청구할 필요가 없다.

기록 3면

의뢰인 상담일지

변호사 김 명 변 법률사무소
서울 서초구 서초대로 123, 701호(서초동)
☎ : 02-535-1089, 팩스 : 02-535-1090, e-mail : shy@korea.co.kr

접수번호	2020-109	상담일시	2020. 10. 12.
상담인	추성남 010-4563-9600	내방경위	지인소개

【상 담 내 용】

1. 추성남은 원재우에 대하여 대여금채권이 있는데 서울중앙지방법원에서 확정판결을 받았다. 추성남은 위 대여금채권 2억 원을 청구금액으로 하여 원재우가 김재삼에 대하여 갖는 물품대금 채권에 대하여 압류 및 추심명령을 받았다. 추성남은 김재삼에게 추심금을 지급하라는 통고서를 보냈더니, 이에 대한 회신서를 보내와 2020. 8. 28. 이를 수령하였다.

2. 이대철이 우방캐피탈 주식회사로부터 대출을 받았는데, 추성남은 이대철의 부탁을 받아 이를 연대보증하였다. 변제기에 이르러 추성남은 우방캐피탈 주식회사의 양해를 얻어 원금 8,000만 원을 대위변제한 후 이대철의 재산관계를 조사해보니 **이대철이 유일한 재산인 박정삼에 대한 정산금채권을 사촌인 이양순에게 양도한 것을 알게 되었다.** ········· ● 유일한 재산의 처분으로 사해행위에 해당함.

3. 추성남이 자신 소유의 토지를 최근 측량해보니 인접 토지의 지상건물이 추성남의 토지 일부(이하 '침범 부분'이라 한다)를 침범하고 있음을 알게 되었다. 추성남은 인접 토지 지상건물의 소유자인 한명수에게 침범 부분을 원상회복시켜주고 그동안의 사용이익을 돌려달라고 통고하였으나, 한명수가 이를 거부하고 있다. 추성남이 인근 **부동산중개업소에 알아보니 자신이 소유한 토지를 보증금 없이 임대할 경우 2018년부터 현재까지 ㎡당 매월 5만 원을 받을 수 있다고 한다.**
········ ● 부당이득의 산정기준

【사건관계인의 주장】
········ ● 피압류채권의 소멸시효 항변

1. 김재삼은 (1) 원재우의 물품대금 채권이 시효로 소멸하였고, (2) 원재우가 추성

기록 6면

··●·· 집행채권의 소멸항변

남에 대한 위 대여금채무를 변제하였으므로 소멸 한도에서 추심금을 지급할 수 없으며, (3) 원재우에 대한 대여금채권으로 원재우의 물품대금 채권과 상계하므로 그 범위 내에서 추심금을 지급할 수 없다고 주장한다. ··●·· 상계항변

2. 이양순은 이대철의 다른 채권자 강권자가 자신을 상대로 위 채권양도에 관하여 이미 사해행위취소의 소를 제기하였는바, 추성남이 동일한 내용으로 소를 제기한다면 이는 중복한 소 제기라고 주장한다. ··●·· 중복제소 항변

3. 한명수는   ··●·· 건물의 단독점유에 근거한 토지 전부의 취득시효 항변

 (1) 1999. 8. 11. 최건주로부터 인접 토지와 그 지상건물의 각 공유지분 1/2을 매수하고 소유권이전등기를 받으면서 최건주의 양해 아래 지상건물 전체를 단독으로 사용하였으므로 침범 부분 전부에 대하여 한명수가 전부 점유한 것으로 보아야 하는바 침범 부분 전부에 대한 취득시효가 완성되었고,

 (2) 설사 그렇지 않더라도 2002. 10. 17. 최건주로부터 인접 토지와 그 지상 건물의 각 공유지분 1/2을 추가로 매수하고 소유권이전등기를 받았는데, 전 점유자 최건주의 점유를 아울러 주장하여 최건주의 최초 점유시 또는 그 이후인 2000년 초경을 점유개시 시점으로 잡을 경우 취득시효가 완성되므로 ··●·· 추성남에게 침범 부분을 원상회복할 의무가 없고 사용이익도 반환할 수 없다고 다툰다. ··●·· 점유의 승계를 전제로 한 최초 점유시 또는 2000년 초순경을 기산점으로 한 각 취득시효 항변. 토지의 소유권 변동과 취득시효 기산점의 고정시설이 각 문제된다.

··●·· 추심금 및 이에 대한 지연손해금의 청구를 지시하였고, 지연손해금 청구의 기산점이 문제됨.

··●·· 수탁보증인의 구상금을 청구할 것을 지시하였고, 구상금의 청구범위가 문제됨.

1. 김재삼에 대하여 압류 및 추심명령에 기한 추심금 및 이에 대한 지연손해금을 청구하고 싶다.   ··●·· 사해행위 취소 및 원상회복 청구를 지시함.

2. 이대철의 채무를 대신 변제해 주었으므로, 이대철로부터 구상금 및 이에 대한 법정이자 또는 지연손해금을 모두 받고 싶고, 이대철이 이양순에게 양도한 정산금 채권도 원상회복시키고 싶다. 정산금채권의 채무자 박정삼에 대하여 이대철을 대위한 이행청구가 동시에 가능하다면 그 판결도 받아두고 싶다.

3. 가능하다면 침범 부분을 나대지 상태로 만들고 싶고, 침범 부분에 대한 사용이익을 반환받고 싶다. 만약 침범 부분을 나대지 상태로 돌려놓을 수 없다면, 침범 부분에 대한 사용이익만이라도 반환받기를 원한다. ··●·· 철거 및 부당이득반환청구를 지시함.

··●·· 대판 2015.11.17. 2012다2743에 따라 채권양도가 사해행위로 취소 및 원상회복 되더라도 상대효에 따라 채권자는 채무자를 대위하여 원상회복된 채권의 이행청구를 할 수는 없다. 따라서 이는 함정이다.

기록 7면

供 給 契 約 書

매도인   한서스포츠
         대표 원 재 우   • 모두 개인사업자인 상인이다.
         서울 마포구 마포대로 246, 807호(아현동, 아현아이파크)
매수인   서초피트니스 센터
         대표 김 재 삼
         서울 서초구 서운로 226, 202호(서초동, 서초오피스텔)

한서스포츠(대표 원재우)는 서초피트니스 센터(대표 김재삼)에게 스포츠기구 '러닝머신, 워킹머신' 100점을 합계 300,000,000원에 공급하기로 하고, 그 구체적 조건을 아래와 같이 정한다.

-아 래-

1. 원재우는 2017. 7. 20. 러닝머신, 워킹머신 100점을 김재삼의 영업장소인 서울 강남구 삼성동 278 서초피트니스 센터로 배달하여 준다.
2. 김재삼은 위 대금 300,000,000원을 2017. 8. 15.까지 원재우의 신한은행 통장 (110-084-109374)으로 송금하여 지급한다.   • 물품대금채권의 변제기
3. 기타 사항은 법률과 상관례에 따른다.

2017년 7월 16일

매 도 인   원 재 우 ㊞
              590324-1110321

매 수 인   김 재 삼 ㊞
              750311-1930675

기록 9면

목 록

채무자가 제3채무자에 대하여 가지는 "2017. 7. 16. 스포츠기구 100점을 매도하고 지급받을 300,000,000원의 물품대금 채권과 2017. 8. 16.부터 다 갚는 날까지 지연손해금" 중 청구금액에 이르기까지의 금액. 끝.

· 원금 및 지연손해금 전부가 추심되었다.

기록 10면

송 달 증 명 원

사　　건　　2020타채26789　채권압류 및 추심명령
채 권 자　　추성남
채 무 자　　원재우
제3채무자　　김재삼 ······• 압류 및 추심명령의 효력발생일이고, 피압류채권의 소멸시효 완성이전에 추심명령이 집행되었다. 따라서 6개월이내에 추심금청구소송이 제기되면 추심금의 소멸시효는 중단된다.
증명신청인　　추성남

위 사건에 관하여 서울중앙지방법원 2020타채26789 채권압류 및 추심명령이 채무자 및 제3채무자에 대하여 각 2020. 6. 30. 송달되었음을 증명하여 주시기 바랍니다.

위 증명합니다.

2020. 10. 1.
서울중앙지방법원
법원주사　노희복　　[서울중앙지방법원 법원주사 인]

본 증명(문서번호:전자제출제증명(민사) 92367)에 관하여 문의할 사항이 있으시면 02-533-6859로 문의하시기 바랍니다.

통고서

발신인: 추성남

　　　　서울 강남구 영동대로 230, 2동 402호(대치동, 우성1차아파트)

수신인: 김재삼

　　　　서울 서초구 서운로 226, 202호(서초동, 서초오피스텔)

1. 저는 귀하와 원재우 사이의 스포츠기구 판매 채권에 대하여 추심명령을 받은 사람입니다.
2. 귀하도 잘 아시겠지만, 물품대금 채권을 저에게 지급하시기 바라며 즉시 지급하지 않는 경우 소를 제기할 수밖에 없고 지연손해금도 지급하게 됨을 양지하시기 바랍니다. ······● 추심금의 지급청구

　　　　　　　　　　2020. 8. 20.

　　　　　　　　발신인 추성남 (인)

서울강남우체국
2020. 8. 20.
20 - 73548

본 우편물은 2020-08-20
제73548호에 의하여
내용증명우편물로 발송하였음을 증명함
서울강남우체국장

통고서에 대한 회신서

발신인: 김재삼 (750311-1930675)
　　　　서울 서초구 서운로 226, 202호(서초동, 서초오피스텔)
수신인: 추성남
　　　　서울 강남구 영동대로 230, 2동 402호(대치동, 우성1차아파트)

● 소멸시효 항변
1. 추성남씨가 보낸 통고서는 2020. 8. 21. 잘 받아보았습니다.
2. 저는 2017. 7. 16. 원재우와 계약을 체결하고 2017. 7. 20. 물건을 공급받았습니다. 그 때로부터 상당한 시간이 흘렀는데 아직도 그 물품대금을 지급해야 하는지 의문입니다. 다시 한 번 잘 생각해 주시기 바랍니다.
● 집행채권의 소멸항변
3. 추성남씨의 추심명령을 통지받은 다음에 원재우씨에게 어찌된 일인지 연락해 보았더니, 원재우씨가 말하기를 추성남씨에 대한 대여금 채무는 이미 모두 변제하였는데, 왜 위와 같은 압류 및 추심명령 신청을 한 것인지 모르겠다며, 저에게 추성남씨로부터 받은 영수증을 보내주었습니다. 추성남씨는 위와 같이 대여금 채무를 모두 변제받았으면서 저에게 왜 물품대금까지 달라고 하는지 모르겠습니다.
4. 마지막으로, 저도 2020. 5. 15. 원재우에게 1억 원을 빌려준 사실이 있습니다. 원재우가 급하게 영업자금이 필요하다며 석달만 쓰고 돌려주겠다고 하여 빌려주었는데, 원재우가 아직까지 이를 변제하지 않고 있습니다.
　이에 이 회신서에 의해 저는 원재우에 대한 대여금 채권으로 원재우의 물품대금 채권과 상계하고자 합니다. ● 상계항변

첨부 : 영수증, 차용증

2020. 8. 26.
김재삼 (인)

본 우편물은 2020-08-26
제82651호에 의하여
내용증명우편물로 발송하였음을 증명함
서울서초우체국장

기록 14면

借 用 證

金 1억 (100,000,000)원

원재우는 김재삼으로부터 위 돈을 무이자로 차용하며, 2020. 8. 15.까지 이를 변제하기로 하되, 이때까지 이를 변제하지 못할 경우 연 12%의 비율에 의한 돈을 가산하여 지급하기로 합니다.

> 자동채권의 변제기. 압류의 효력발생이후에 자동채권의 변제기가 도래하였고, 수동채권의 변제기보다 뒤에 도래하였다.

2020. 5. 15.

차용인   원재우   ㉑

김재삼 귀하

상환방법	☑ 대출기간 만료일에 전액 상환한다 ☐ 대출개시일로부터 ( )년 ( )개월 동안 거치하고, ( )년 ( )월 ( )일부터 매( )개월마다 분할 상환한다. ☐ 거치기간 없이 ( )년 ( )월 ( )일로부터 매( )개월마다 분할 상환한다. ☐ 대출 실행 후 매월 대출개시 해당일에 분할 상환한다.
이자지급방법	☐ 최초이자는 대출개시일로부터 ( )개월 이내에, 그후의 이자는 지급한 이자의 계산 최종일 익일부터 ( )개월 이내에 지급한다. ☐ 분할상환금 상환일 또는 월적립금 납입일에 지급한다. ☑ 매 1월마다 매월 (말)일에 후납한다. ☐ 대출기간 만료일에 지급한다.
상계특약	별도로 규정하지 않는다.
변제충당특약	변제충당에 관해서는 은행여신거래기본약관을 적용하지 않고, 민법의 규정에 따른다.

2. 제2조 지연배상금

① 대출기간 만료일에 채무를 이행하지 아니하는 경우, 또는 매월 정한 이자납입일에 이자를 납입하지 아니할 때에는 그 즉시 기한의 이익을 상실하고, 대출기간 만료일 또는 미지급된 이자의 기산일부터 대출금잔액에 대하여, 곧 지연배상금을 지급하기로 한다.

② 재형저축자금대출 중 소액자금대출 및 적립식 신탁대출 등 부금관련대출의 경우, 상계전일까지는 지급하여야 할 이자에 대하여, 상계후에는 대출금 잔액에 대하여 곧 지연배상금을 지급하기로 한다.

③ 통장한도거래대출 및 가계당좌대출의 경우, 한도초과지급 및 이자원가 등으로 한도금액을 초과한 금액에 대하여, 곧 지연배상금을 지급하기로 한다.

④ "근로자의 주거안정과 목돈마련지원에 관한 법률"에 의한 주택자금대출의 경우, 분할상환원(리)금의 상환을 6개월 이상 계속하여 지체한 때에는 그때부터 대출금 잔액에 대하여 곧 지연배상금을 지급하기로 한다.

3. 제3조 연대보증인의 책임

연대보증인은 민법의 규정에 따라 본인의 채무를 연대하여 이행하여야 한다.

중간 부분 생략

본인 및 연대보증인은 은행여신거래기본약관 및 이 약정서 사본을 확실히 수령하고, 중요한 내용에 대하여 충분한 설명을 듣고 이해하였음.	본 인	이 대 철 ㊞
	연대보증인	추 성 남 ㊞
	연대보증인	㊞

연대보증계약을 체결함.

자서 및 인감 확인함

책임자 직명 :
성   명 : 代理 최 일 수 ㊞

변제확인서

우방캐피탈이 2017. 9. 3.자 대여금(주채무자 이대철, 연대보증인 추성남)에 관하여 연대보증인 추성남으로부터 2018. 9. 2. 금 80,000,000원을 원금으로 변제받았음을 확인합니다.

2018. 9. 2.
우방캐피탈 주식회사
지점장 강 호 동 ㊞

> 원고가 수탁보증인으로서 대위변제하였고, 대위변제일에 구상권을 취득하였으며, 구상권의 범위는 면책된 날 이후의 이자 및 지연손해금이 모두 포함된다.

추 성 남 귀하

정산합의서

> 채무자인 이대철의 정산금채권으로 이대철의 책임재산을 구성한다.

1. 박정삼은 2018. 10. 1.부터 2019. 4. 30.까지 이대철로부터 육가공제품 500kg을 납품받고 물품대금을 정산하였음.
2. 박정삼이 2019. 4. 30. 현재 이대철에게 지급할 물품대금을 5,000만 원으로 정함.
3. 박정삼이 2019. 8. 31.까지 이대철에게 위 물품대금을 지급하지 아니하는 경우 2019. 9. 1.부터 위 물품대금에 대한 연 10% 비율에 의한 약정지연손해금을 가산하여 지급하기로 약정함.

2019. 04. 30.

채무자 : 조아식품 대표 박 정 삼 ㊞
채권자 : 이 대 철 ㊞

채권양도약정서

양도인   이 대 철
         서울 노원구 마들로 127, 33동 902호(월계동, 월계삼호아파트)

양수인   이 양 순 (710801-2430930)
         서울 종로구 자하문로36길 16-14, 6동 622호(청운동, 청운벽산빌리지)

양도인은 양수인에게 아래 채권을 양도합니다. ········ • 유일한 재산의 처분행위로 사해행위에 해당한다.

- 아래 -

양도인이 박정삼에 대하여 가지는 2019. 4. 30.자 정산금 채권 (5,000만 원과 지연손해금)

                         2020. 1. 8.

                 양도인   이 대 철   ㊞

                 양수인   이 양 순   ㊞

질의서에 대한 답신

발신인: 이양순(서울 종로구 자하문로36길 16-14, 6동 622호(청운동, 청운벽산빌리지))

수신인: 추성남(서울 강남구 영동대로 230, 2동 402호(대치동, 우성1차아파트))

1. 귀하의 댁내 두루 평안하기를 기원합니다.
2. 귀하가 보낸 2020. 7. 4. 질의서(이대철이 박정삼에 대한 정산금 채권을 이양순에게 양도한 것이 사해행위에 해당한다는 취지)는 2020. 7. 9. 잘 받아 보았습니다.
3. 귀하가 질의한 것과 같이 제가 이대철의 사촌 동생으로서 박정삼에 대한 위 정산금 채권을 양수한 것은 인정합니다. 그러나 저는 박정삼으로부터 아직 정산금을 한푼도 지급받지 못했습니다.
4. 그런데 이대철의 또 다른 채권자 강권자가 이대철의 정산금 채권 양도 행위에 대하여 2020. 6. 14. 서울중앙지방법원 2020가단100234 사해행위취소 소송을 제기하여 위 법원에 계속중입니다. 그렇다면 귀하가 본인을 상대로 위 정산금채권의 양도에 대하여 사해행위 취소 소송을 제기하는 것은 중복제소에 해당할 수 있으니, 가급적 먼저 제기된 위 소송의 결과를 지켜봄이 타당합니다. …… • 중복제소 항변

첨부 : 소송계속 증명원 1부

2020. 7. 20.

이양순 ㊞

본 우편물은 2020-07-20
제6788호에 의하여
내용증명우편물로 발송하였음을 증명함
서울종로우체국장

등기사항전부증명서 (말소사항 포함) - 토지 [제출용]

[토지] 서울 동작구 사당동 450   고유번호 1102-1965-111495

【 표 제 부 】 (토지의 표시)

표시번호	접 수	소재지번	지목	면적	등기원인 및 기타사항
1 (전 1)	1980년 12월 1일	서울 동작구 사당동 450	대	540㎡	부동산등기법시행규칙부칙 제3조 제1항의 규정에 의하여 1998년 6월 15일 전산이기

【 갑 구 】 (소유권에 관한 사항)

순위번호	등기목적	접 수	등기원인	권리자 및 기타사항
1 (전 4)	소유권이전	1983년 7월 11일 제96754호	1983년 7월 10일 매매	소유자 김전주 491123-1****** 김포시 고촌읍 신곡리 82
				부동산등기법시행규칙부칙 제3조 제1항의 규정에 의하여 1998년 6월 15일 전산이기
2	소유권이전	2018년 5월 12일 제92361호	2018년 5월 12일 매매	소유자 추성남 650311-1****** 서울 강남구 영동대로 230, 2동 402호 (대치동, 우성1차아파트)

---- 이 하 여 백 ----

수수료 1,000원 영수함   관할등기소 서울중앙지방법원 등기국/ 발행등기소 법원행정처 등기정보중앙관리소

이 증명서는 등기기록의 내용과 틀림없음을 증명합니다.

서기 2020년10월02일

법원행정처 등기정보중앙관리소 전산운영책임관

*실선으로 그어진 부분은 말소사항을 표시함. *등기기록에 기록된 사항이 없는 갑구 또는 을구는 생략함. *증명서는 컬러 또는 흑백으로 출력 가능함.

[인터넷 발급] 문서 하단의 바코드를 스캐너로 확인하거나, 인터넷등기소(http://www.iros.go.kr)의 발급확인 메뉴에서 **발급확인번호**를 입력하여 **위·변조 여부를 확인**할 수 있습니다. 발급확인번호를 통한 확인은 발행일로부터 3개월까지 5회에 한하여 가능합니다.

발행번호 12389234789102367836718934082939023472   1/1   발급확인번호 AAIK-VPTF-0000   발행일 2020/10/02

기록 25면

등기사항전부증명서 (말소사항 포함) - 토지 [제출용]

[토지] 서울 동작구 사당동 451   고유번호 1102-1981-111495

【 표 제 부 】 (토지의 표시)

표시번호	접 수	소재지번	지목	면적	등기원인 및 기타사항
1 (전 1)	1981년 2월 10일	서울 동작구 사당동 451	대	430㎡	부동산등기법시행규칙부칙 제3조 제1항의 규정에 의하여 1998년 6월 15일 전산이기

【 갑   구 】 (소유권에 관한 사항)

순위번호	등기목적	접 수	등기원인	권리자 및 기타사항
1 (전 4)	소유권이전	1985년 10월 13일 제41259호	1985년 9월 20일 매매	소유자 최건주 550815-1****** 서울 서초구 잠원동 367 태양아파트 102동 1801호
2	소유권일부 이전	1999년 8월 11일 제32591호	1999년 8월 11일 매매	공유자 지분 2분의 1 한명수 640520-1****** 서울 강동구 상일동 345-2
3	1번 최건주 지분 전부이전	2002년 10월 17일 제83576호	2002년 10월 17일 매매	공유자 지분 2분의 1 한명수 640520-1****** 서울 강동구 상일동 345-2

---- 이 하 여 백 ----

수수료 1,000원 영수함 관할등기소 서울중앙지방법원 등기국/ 발행등기소 법원행정처 등기정보중앙관리소

이 증명서는 등기기록의 내용과 틀림없음을 증명합니다.

서기 2020년 10월 02일

법원행정처 등기정보중앙관리소 전산운영책임관

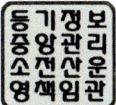

별지 1 목록 제2토지의 각 1/2지분이 순차적으로 매각되었고, 취득시효의 범위에 영향을 미치게 된다.

*실선으로 그어진 부분은 말소사항을 표시함. *등기기록에 기록된 사항이 없는 갑구 또는 을구는 생략함. *증명서는 컬러 또는 흑백으로 출력 가능함.

[인터넷 발급] 문서 하단의 바코드를 스캐너로 확인하거나, 인터넷등기소(http://www.iros.go.kr)의 발급확인 메뉴에서 발급확인번호를 입력하여 위·변조 여부를 확인할 수 있습니다. 발급확인번호를 통한 확인은 발행일로부터 3개월까지 5회에 한하여 가능합니다.

발행번호 12389234789102367836718934082939023478 1/1 발급확인번호 AAIK-VPTF-0001 발행일 2020/10/02

등기사항전부증명서 (말소사항 포함) - 건물 [제출용]

[건물] 서울 동작구 사당동 451   고유번호 1102-1992-060375

【 표 제 부 】 (건물의 표시)

표시번호	접 수	소 재 지 번	건물내역	등기원인 및 기타사항
1	1992년 1월 28일	서울 동작구 사당동 451 [도로명 주소] 서울 동작구 사당로 12길 14(사당동)	철근콘크리트조 슬래브지붕 단층 영업소 400㎡	부동산등기법시행규칙부칙 제3조 제1항의 규정에 의하여 1998년 6월 15일 전산이기

【 갑 구 】 (소유권에 관한 사항)

순위번호	등 기 목 적	접 수	등 기 원 인	권리자 및 기타사항
1	소유권보존	1992년 1월 28일 제2302호		소유자 최건주 550815-1****** 서울 서초구 잠원동 367 태양아파트 102동 1801호
2	소유권일부이전	1999년 8월 11일 제32592호	1999년 8월 11일 매매	공유자 지분 2분의 1 한명수 640520-1****** 서울 강동구 상일동 345-2
3	1번 최건주 지분 전부이전	2002년 10월 17일 제83577호	2002년 10월 17일 매매	공유자 지분 2분의 1 한명수 640520-1****** 서울 강동구 상일동 345-2

---- 이   하   여   백 ----

수수료 1,000원 영수함   관할등기소 서울중앙지방법원 등기국/ 발행등기소 법원행정처 등기정보중앙관리소

이 증명서는 등기기록의 내용과 틀림없음을 증명합니다.

서기 2020년10월02일

법원행정처 등기정보중앙관리소 전산운영책임관

> 별지 1 목록 제3건물의 각 1/2지분이 순차적으로 매각되었음. 건물이 공유상태임

*실선으로 그어진 부분은 말소사항을 표시함. *등기기록에 기록된 사항이 없는 갑구 또는 을구는 생략함. *증명서는 컬러 또는 흑백으로 출력 가능함.

[인터넷 발급] 문서 하단의 바코드를 스캐너로 확인하거나, 인터넷등기소(http://www.iros.go.kr)의 발급확인 메뉴에서 발급확인번호를 입력하여 위·변조 여부를 확인할 수 있습니다. 발급확인번호를 통한 확인은 발행일로부터 3개월까지 5회에 한하여 가능합니다.

발행번호 12389234789102367836718934082939023499 1/1 발급확인번호 AAIK-VPTF-0002 발행일 2020/10/02

통고서

발신인: 추성남
　　　　서울 강남구 영동대로 230, 2동 402호(대치동, 우성1차아파트)
수신인: 한명수
　　　　서울 강동구 상일로 261(상일동)

1. 저는 귀하 소유의 서울 동작구 사당동 451 토지에 인접한 사당동 450 토지를 2018. 5. 12. 매수하여 이전등기를 받았습니다.
2. 저는 사당동 450 토지에 공장건물을 신축할 생각으로 측량을 하던 중 귀하 소유의 사당동 451 토지 지상의 건물 일부가 저의 토지를 침범하고 있다는 사실을 알게 되었습니다.
3. 건물의 일부만이 침범하고 있어서 귀하도 그동안 이를 알지 못하였을 것이라고 생각은 합니다만, 더 이상 이러한 상태를 방치할 수는 없기에 이번 기회에 정리를 하였으면 합니다.
4. 제가 의뢰한 측량감정서를 첨부하오니 확인하시고 침범 부분을 원상회복시켜 주시고 그동안의 사용이익도 돌려주길 바랍니다. ……● 건물철거 및 부당이득반환청구
5. 아무쪼록 원만하게 마무리되길 바랍니다.

첨부 : 측량감정서

　　　　　　　　　　　2020. 2. 20.
　　　　　　　　　　　　추성남　(인)

본 우편물은 2020-02-20
제548호에 의하여
내용증명우편물로 발송하였음을 증명함
서울강남우체국장

통고서에 대한 회신

발신인: 한명수 (640520-1258236)
　　　　서울 강동구 상일로 261(상일동)

수신인: 추성남
　　　　서울 강남구 영동대로 230, 2동 402호(대치동, 우성1차아파트)

1. 추성남씨가 보낸 통고서는 2020. 2. 21. 잘 받아보았습니다.
2. 저도 위 통고서를 보고 나서야 저의 건물 일부가 귀하의 토지를 침범하고 있다는 사실을 알게 되었습니다. 귀하도 인접하다시피 이를 알았다면 진작에 조치를 취하였을 것입니다. ← 건물의 단독점유에 근거한 토지 전부의 취득시효 항변
3. 등기부를 보시면 아시겠지만 저는 두 번에 나누어서 사당동 451 토지와 건물을 매수하였는데(각 "1차 지분매수", "2차 지분매수"라 합니다), 1차 지분매수를 한 것은 벌써 20년이 지났고, 1차 지분매수시부터 최건주의 허락을 받고 위 건물을 영업소로 단독으로 전부 사용하고 있었습니다. 이러한 경우 사실상 제가 귀하의 토지 일부인 침범부분을 단독으로 점유, 사용한 것이라고 보아야 합니다.
4. 또한, 2차 지분매수와 관련하여 제가 매수하기 이전부터 이미 최건주가 건물을 소유하고 있었는데 최건주가 건물을 짓고 소유한 때부터, 또는 최소한 지금으로부터 20년 전인 2000년 초경부터 계산하면 토지 점유기간이 이미 20년이 지났습니다. ← 점유의 승계를 전제로 한 최초 점유시 또는 2000년 초순경을 기산점으로 한 각 취득시효 항변
5. 주변에 물어보니 위 3, 4항에 따라 침범부분의 전부 또는 최소한 1/2 지분에 관하여 취득시효를 주장할 수 있고, 어느 경우이든 침범부분의 원상회복을 할 의무는 없다고 하는데, 추성남씨도 조금 더 알아보시기 바랍니다.

첨부: 확인서　　　　　　　　　　　　　　← 토지의 1/2지분의 취득시효 항변

　　　　　　　　　　　　2020. 2. 24.
　　　　　　　　　　　　　한명수 (인)

　　　　　　　　　　　　　본 우편물은 2020-02-24
　　　　　　　　　　　　　제7153호에 의하여
　　　　　　　　　　　　　내용증명우편물로 발송하였음을 증명함
　　　　　　　　　　　　　서울강동우체국장

(서울강동우체국 2020. 2. 24. 20 - 7153)

기록 31면

확 인 서

진술인의 인적사항

이름 : 최건주

주소 : 서울 서초구 잠원동 367 태양아파트 102동 1801호

전화번호 : 02) 515-7832

1. 진술인은 한명수에게 서울 동작구 사당동 451 토지 및 지상건물을 매도한 사람입니다.
2. 진술인은 위 토지의 지상건물을 소유할 당시 사당동 450 토지의 경계를 침범하였다는 사실을 알지 못했습니다. 한명수도 진술인으로부터 사당동 451 토지와 지상건물의 지분을 매수할 때 위 지상건물 일부가 사당동 450 토지를 침범하고 있었다는 것을 알지 못했습니다. 침범 면적도 불과 20㎡ 정도인데 제가 전혀 알 수 없었습니다. ········• 악의의 무단점유가 아니고, 자주점유임을 표시함.
3. 이상의 내용은 모두 진실임을 약속합니다.

2020. 2. 23.

진술인 최건주 ㊞

민사법

기록형

2020년도 제3차
법전협 모의시험

답안

민사법 기록형 채점기준표

평가대상		논점		배점
당사자(6)		원고 이름, 주소		1
		소송대리인 이름, 주소, 전화, 팩스, 전자우편		1
		피고들 이름, 주소 각 1점		4
사건명(1)		추심금 등 청구		1
청구취지 (50)		피고 김재삼에 대한 추심금 청구		9
		피고 이대철에 대한 구상금 청구		7
		피고 이양순에 대한 사해행위 취소 청구		14
		피고 한명수	건물 철거 청구	9
			부당이득반환 청구	8
		소송비용		1
		가집행		2
청구원인 (110)	피고 김재삼에 대한 추심금 (35)	추심금 청구 요건사실		7
		소멸시효 완성 주장		10
		집행채권 소멸 주장		6
		상계 주장		9
		소결론		3
	피고 이대철 (8)	연대보증계약 체결, 대위변제		3
		면책일 이후의 법정이자, 지연손해금		5

피고 이양순 (22)	사해행위 성립	4	
	원상회복의 방법	6	
	중복제소 주장	10	
	소결	2	
피고 한명수 (45)	건물철거, 부당이득반환의무 발생	8	
	취득시효 완성	20	
	공유물에 대한 방해상태 제거	9	
	부당이득반환의 범위	6	
	소결	2	
작성일, 대리인, 관할법원(3)		3	
전체적인 체계, 구성 및 논리전개(5)		5	재량 점수 부여
총 점		175	

소 장

원 고   추성남
　　　　서울 강남구 영동대로 230, 2동 402호(대치동, 우성1차아파트)

　　　　원고 소송대리인 변호사 김명변
　　　　서울 서초구 서초대로 123, 701호(서초동)
　　　　전화 02-535-1089, 팩스 02-535-1090, 전자우편 shy@korea.co.kr

피 고   1. 김재삼[1)]
　　　　서울 서초구 서운로 226, 202호(서초동, 서초오피스텔)

　　　　2. 이대철
　　　　서울 노원구 마들로 127, 33동 902호(월계동, 월계삼호아파트)

　　　　3. 이양순
　　　　서울 종로구 자하문로 36길 16-14, 6동 622호(청운동, 청운벽산빌리지)

　　　　4. 한명수
　　　　서울 강동구 상일로 261(상일동)

추심금 등 청구의 소

---

1) 2018. 3. 26.자 재판서 양식에 관한 예규의 개정에 따라, (1) 금원청구, (2) 등기의 의사표시의 청구, (3) 공유물분할청구의 판결서에는 주민등록번호를 기재할 필요가 없게 되었다. 단, 대위소송에서 소외인에 대한 등기청구의 인용판결을 선고할 때에는 여전히 성명 옆에 주민등록번호를 기재하여야 한다.

청 구 취 지

1. 피고 김재삼은 원고에게 200,000,000원 및 이에 대한 2017. 8. 16.[2])부터 이 사건 소장부본 송달일까지는 연 6%의, 그 다음날부터 다 갚는 날까지는 연 12%의 각 비율로 계산한 돈을 지급하라.

2. 피고 이대철은 원고에게 80,000,000원 및 이에 대한 2018. 9. 2.부터 이 사건 소장부본 송달일까지는 연5%의, 그 다음날부터 다 갚는 날까지는 연12%의 각 비율로 계산한 돈을 지급하라.

3. 가. 피고 이대철과 피고 이양순 사이에 2019. 4. 30.자 정산금채권에 관하여 2020. 1. 8. 체결된 채권양도약정을 취소한다.

   나. 피고 이양순은 소외 박정삼[주소:서울 관악구 관악로 38길 13(봉천동)]에게 위 채권양도약정이 취소되었다는 취지의 통지를 하라.[3])

4. 피고 한명수는 원고에게,

   가. 별지 1 목록 제1기재 토지 지상 별지 2 도면 표시 1, 2, 3, 4, 1의 각 점을 차례로 연결한 선내 ㉮ 부분 건물 20㎡를 철거하고,

---

2) 채점기준표는 대판 2012.10.25. 2010다47117(추심명령은 압류채권자에게 채무자의 제3채무자에 대한 채권을 추심할 권능을 수여함에 그치고, 제3채무자로 하여금 압류채권자에게 압류된 채권액 상당을 지급할 것을 명하거나 그 지급 기한을 정하는 것이 아니므로, 제3채무자가 압류채권자에게 압류된 채권액 상당에 관하여 지체책임을 지는 것은 집행법원으로부터 추심명령을 송달받은 때부터가 아니라 추심명령이 발령된 후 압류채권자로부터 추심금 청구를 받은 다음날부터라고 하여야 한다.)는 판결을 근거로 추심금 청구의 의사표시가 도달한 다음날인 2020. 8. 22.부터 지연손해금이 발생한다고 보았다. **그러나 위 판결은 원칙적으로 지연손해금이 발생할 수 없는 장래 발생할 수 있는 예금채권에 대하여 추심명령이 발부된 사안이어서 사안과 사실관계를 달리한다. 따라서 추심명령의 효력의 범위에 관한 기본법리가 적용되어야 할 것으로 생각된다. 그리고 사안에서 피압류채권의 원금 중 2억 원 및 이에 대한 지연손해금이 모두 추심되었으므로, 피압류채권의 변제기 다음날부터 지연손해금을 청구할 수 있을 것으로 생각된다.**

3) 이대철과 이양순 사이의 채권양도약정이 사해행위로 취소되었다 하더라도, 사해행위취소의 상대효에 따라 원고는 이대철을 대위하여 박정삼에게 직접 정산금채권의 지급을 구할 수는 없다. 대판 2015.11.17. 2012다2743. 채무자의 수익자에 대한 채권양도가 사해행위로 취소되는 경우, 수익자가 제3채무자에게서 아직 채권을 추심하지 아니한 때에는, 채권자는 사해행위취소에 따른 원상회복으로서 수익자가 제3채무자에게 채권양도가 취소되었다는 취지의 통지를 하도록 청구할 수 있다. 그런데 사해행위의 취소는 채권자와 수익자의 관계에서 상대적으로 채무자와 수익자 사이의 법률행위를 무효로 하는 데에 그치고, 채무자와 수익자 사이의 법률관계에는 영향을 미치지 아니한다. 따라서 채무자의 수익자에 대한 채권양도가 사해행위로 취소되고, 그에 따른 원상회복으로서 제3채무자에게 채권양도가 취소되었다는 취지의 통지가 이루어지더라도, 채권자와 수익자의 관계에서 채권이 채무자의 책임재산으로 취급될 뿐, 채무자가 직접 채권을 취득하여 권리자로 되는 것은 아니므로, 채권자는 채무자를 대위하여 제3채무자에게 채권에 관한 지급을 청구할 수 없다.

나. 2018. 5. 12.부터 위 가항 기재 건물 20㎡의 철거 완료일[4]까지 월 500,000원의 비율로 계산한 돈을 지급하라.
5. 소송비용은 피고들이 부담한다.
6. 제1항, 제2항 및 제4항은 가집행할 수 있다.
라는 판결을 구합니다.

청 구 원 인

1. 피고 김재삼에 대한 청구

가. 추심명령에 따른 추심금의 청구

스포츠용품 판매점을 운영하는 상인 원재우는 2017. 7. 16. 체육관을 운영하는 상인인 피고 김재삼에게 스포츠기구인 러닝머신, 워킹머신 100점을 3억 원에 매도하면서, 2017. 7. 20. 위 스포츠기구를 인도하고, 대금의 변제기를 2017. 8. 15.로 정하였습니다(이하 위 대금채권을 '이 사건 물품대금 채권'이라 합니다). 그리고 원재우는 위 약정에 따라 2017. 7. 20. 위 스포츠기구를 인도하였습니다.

그리고 원고는 원재우에 대한 서울중앙지방법원 2018가합3456호 대여금청구사건의 판결정본을 집행권원으로 2020. 6. 26. 서울중앙지방법원 2020타채26789호로 원재우의 김재삼에 대한 이 사건 물품대금 채권 중 2억 원 및 이에 대한 지연손해금에 대하여 채권압류 및 추심명령을 받았고, 이에 따른 채권압류 및 추심명령이 2020. 6. 30. 피고 김재삼에게 송달되었습니다.

따라서 피고 김재삼은 원고에게 추심금 2억 원 및 이 사건 물품대금 채권의 변제기인 2017. 8. 16.부터 이 사건 소장부본송달일까지는 상법에 따른 연 6%의, 그 다음날부터 다 갚는 날까지는 소송촉진등에 관한 특례법에 따른 연 12%의 각 비율로 계산한 지연손해금을 지급하여야 합니다.

---

[4] 대판 2020.5.21. 2018다287522 전원합의체에 따라 토지의 소수지분권자는 방해배제만을 청구할 수 있고, 토지의 인도를 청구할 수 없게 되었다. 결국 이에 따르면, 토지사용으로 인한 부당이득의 종기는 토지의 인도완료일로 기재할 수 없고, 건물의 철거완료일 또는 토지의 사용종료일로 기재되어야 할 것으로 생각된다.

나. 피고 김재삼의 예상주장 및 이에 대한 반박

(1) 소멸시효 항변

피고 김재삼은 이 사건 물품대금 채권의 변제기로부터 3년이 도과하여 위 채권이 시효로 소멸하였다고 주장할 수 있으나, 위 주장은 아래와 같은 이유로 근거가 없습니다.

추심명령으로 인한 소멸시효의 중단과 관련하여 판례[5]는 '채권자가 확정판결에 기한 채권의 실현을 위하여 채무자의 제3채무자에 대한 채권에 관하여 압류 및 추심명령을 받아 그 결정이 제3채무자에게 송달이 되었다면 거기에 소멸시효 중단사유인 최고로서의 효력을 인정하여야 한다.'고 판시였습니다.

위 판결에 따르면, 이 사건 물품대금 채권의 변제기인 2017. 8. 15.로부터 3년이 도과하기 이전인 2020. 6. 30. 추심명령이 제3채무자인 피고 김재삼에게 송달되었고, 위 송달일로부터 6개월이 도과하기 이전인 2020. 10. 19. 이 사건 소가 제기되었으므로, 이 사건 물품대금 채권은 적법하게 소멸시효가 중단되었습니다.

(2) 집행채권의 소멸 항변

피고 김재삼은 원재우가 원고에 대한 서울중앙지방법원 2018가합3456 대여금사건의 채무를 모두 변제하였으므로, 집행채권이 소멸하여 추심금을 청구할 수 없다고 주장할 수 있으나, 위 주장은 아래와 같은 이유로 근거가 없습니다.

이와 관련하여 판례[6]는 '집행채권의 부존재나 소멸은 집행채무자가 청구이의의 소에서 주장할 사유이지 추심의 소에서 제3채무자가 이를 항변으로 주장하여 집행채무의 변제를 거절할 수 있는 것이 아니다.'라고 판시하였습니다. 따라서 원고는 피고 김재삼에게 추심금을 청구할 수 있습니다.

(3) 상계항변

피고 김재삼은 원재우에 대한 2020. 5. 15.자 대여금 채권을 자동채권으로 상계권을 행사한다고 주장할 수 있으나, 위 주장은 아래와 같은 이유로 근거가 없습니다.

---

[5] 대판 2003.5.13. 2003다16238
[6] 대판 1994.11.11. 94다34012

지급금지명령을 받은 수동채권에 대한 상계와 관련하여, 판례[7]는 '민법 제498조는 "지급을 금지하는 명령을 받은 제3채무자는 그 후에 취득한 채권에 의한 상계로 그 명령을 신청한 채권자에게 대항하지 못한다."라고 규정하고 있다. 위 규정의 취지, 상계제도의 목적 및 기능, 채무자의 채권이 압류된 경우 관련 당사자들의 이익상황 등에 비추어 보면, 채권압류명령 또는 채권가압류명령(이하 채권압류명령의 경우만을 두고 논의하기로 한다)을 받은 제3채무자가 압류채무자에 대한 반대채권을 가지고 있는 경우에 상계로써 압류채권자에게 대항하기 위하여는, 압류의 효력 발생 당시에 대립하는 양 채권이 상계적상에 있거나, 그 당시 반대채권(자동채권)의 변제기가 도래하지 아니한 경우에는 그것이 피압류채권(수동채권)의 변제기와 동시에 또는 그보다 먼저 도래하여야 한다.'고 판시하였습니다.

위 판결에 따르면, 2020. 6. 30. 수동채권에 대한 압류의 효력이 발생하였고, 수동채권인 이 사건 물품대금 채권의 변제기는 2017. 8. 15.인데 반하여 자동채권인 위 대여금 채권의 변제기는 2020. 8. 15. 도래하였으므로, 압류의 효력발생이후 상계적상이 도래하였으나, 자동채권의 변제기가 수동채권의 변제기보다 뒤에 도래한 것이어서 위 대여금 채권으로는 상계를 할 수 없습니다. 따라서 이와 배치되는 피고 김재삼의 주장은 근거가 없습니다.

2. 피고 이대철에 대한 청구

피고 이대철은 2017. 9. 3. 우방캐피탈 주식회사로부터 2억 원을 변제기 2018. 9. 2., 이자율 월1%로 정하여 대출하였고, 원고는 피고 이대철의 부탁을 받고 같은 날 위 대출금 채무를 연대보증하였습니다.

그리고 원고는 2018. 9. 2. 연대보증인으로서 위 대출금채무 중 8천만 원을 대위변제하면서 우방캐피탈 주식회사와 위 금원을 원금에 충당하기로 합의하였습니다.

따라서 피고는 수탁보증인으로서 민법 제441조 및 제425조 제2항에 정한 바에 따라 피고 이대철에게 위 변제금 8천만 원 및 이에 대한 면책된 날인 2018. 9. 2.부터 이 사건 소장부본송달일까지는 민법에 따른 5%의 법정이자를, 그 다음날부터 다 갚는 날까지는 소송촉진등에 관한 특례법에 따른 연 12%의 지연손해금을 청구할 수 있습니다.

---

7) 대판 2012.2.16. 2011다45521 전원합의체

3. 피고 이양순에 대한 사해행위취소청구

가. 사해행위취소청구

원고는 위에서 말씀드린 바와 같이 피고 이대철에 대하여 구상금채권을 보유하고 있습니다(피보전채권).

피고 이대철은 2019. 4. 30. 원고 및 우방캐피탈 주식회사에 대한 채무를 부담하고 있는 상태에서 유일한 재산인 소외 박정삼에 대한 2020. 1. 8.자 5천만 원 상당의 정산금채권을 피고 이양순에게 양도하고, 같은 날 박정삼에게 채권양도의 통지를 하였으며, 위 채권양도통지는 2020. 1. 12. 박정삼에게 도달하였습니다(사해행위).

채무자인 피고 이대철이 유일한 재산인 정산금채권을 처분하는 것은 명백히 사해행위에 해당하고, 위 채권양도가 사해행위에 해당하는 이상 피고 이대철의 사해의사는 추정되며, 채무자의 사해의사가 인정되면 수익자인 피고 이양순의 악의는 추정됩니다.

따라서 피고 이대철과 피고 이양순 사이에 2019. 4. 30.자 정산금채권에 관하여 2020. 1. 8. 체결된 채권양도약정은 사해행위로써 취소되어야 합니다.

나. 원상회복의 청구

채무자의 수익자에 대한 채권양도가 사해행위로 취소되는 경우, 수익자가 제3채무자에게서 아직 채권을 추심하지 아니한 때에는, 채권자는 사해행위취소에 따른 원상회복으로서 수익자가 제3채무자에게 채권양도가 취소되었다는 취지의 통지를 하도록 청구할 수 있습니다.

따라서, 피고 이양순은 소외 박정삼[주소:서울 관악구 관악로 38길 13(봉천동)]에게 위 채권양도약정이 취소되었다는 취지의 통지를 하여야 합니다.

다. 피고 이양순의 예상주장 및 이에 대한 반박

피고 이양순은 피고 이대철에 대한 다른 채권자인 강권자가 서울중앙지방법원 2020가단100234호로 위 채권양도의 취소 및 원상회복을 구하는 소를 제기하였으므로, 원고의 이 사건 소는 중복제소에 해당한다고 주장할 수 있습니다.

그러나 이와 관련하여 판례[8]는 '채권자취소권의 요건을 갖춘 각 채권자는 고유의 권리로서 채무자의 재산처분 행위를 취소하고 그 원상회복을 구할 수 있는 것이므로 여러 명의 채권자가 동시에 또는 시기를 달리하여 사해행위취소 및 원상회복청구의 소를 제기한 경우 이들 소는 중복제소에 해당하지 아니한다.'라고 판시하였습니다. 따라서 이와 배치되는 피고 이양순의 주장은 근거가 없습니다.

4. 피고 한명수에 대한 청구

가. 건물의 철거청구 및 부당이득반환청구

원고는 별지 1 목록 제1기재 토지(이하 '1토지'라 합니다)의 소유자이고, 피고 한명수는 위 토지에 인접한 별지 1목록 제2기재 토지(이하 '2토지'라 합니다) 및 위 지상건물인 별지 1목록 제3기재 건물(이하 '이 사건 건물'이라 합니다)의 소유자입니다.

이 사건 건물의 일부가 별지 2 도면 표시 1, 2, 3, 4, 1의 각 점을 차례로 연결한 선내 ㉮ 부분(이하 '침범부분'이라 합니다)의 지상에 건축되어 위 침범부분을 건물의 부지로 사용하고 있습니다(이하 '침범부분'의 지상에 건축된 건물을 '침범건물'이라 합니다).

원고는 침범건물로 인하여 침범부분의 사용을 방해받고 있으므로, 일응 피고 한명수에게 침범건물의 철거 및 침범부분의 사용으로 인한 부당이득의 반환을 청구할 수 잇습니다. 그리고 침범건물의 철거시까지 침범부분의 점유는 계속될 것이 예상되므로, 원고는 이를 미리 청구할 필요도 있습니다.

나. 피고 한명수의 예상주장 및 이에 대한 반박

(1) 침범부분 전부의 시효취득 주장

피고 한명수는 20년간 침범부분을 소유의 의사로, 평온, 공연하게 점유해 왔으므로, 침범부분 전부를 시효취득하였다고 주장할 수 있으나, 피고 한명수의 주장은 아래와 같은 이유로 근거가 없습니다.

---

[8] 대판 2008.4.24. 2007다84352

별지 1 목록의 각 부동산의 소유권 변동을 살펴보면, ① 1토지는 김전주의 소유였는데, 원고가 2018. 5. 12. 김전주로부터 이를 매수하면서 같은 날 소유권이전등기를 마쳤고, ② 별지 2는 최건주의 소유였는데, 피고 한명수는 최건주로부터 1999. 8. 11. 1/2의 지분을 매수하고 같은 날 소유권이전등기를, 그리고 2002. 10. 17. 1/2의 지분을 매수하고 같은 날 소유권이전등기를 각 마쳤으며, ③ 별지 3은 최건주가 1992. 1. 28. 이를 신축하여 보존등기를 마친 후 피고 한명수가 위 별지 2의 각 지분매수시에 별지 3의 각 1/2의 지분을 같이 매수하여 같은 날 각 소유권이전등기를 마쳤습니다(이하 위 지분매수를 '1차 및 2차 지분매수'라 합니다).

한편, 지분권자의 시효취득과 관련하여 판례[9]는 '건물 공유자 중 일부만이 당해 건물을 점유하고 있는 경우라도 그 건물의 부지는 건물 소유를 위하여 공유명의자 전원이 공동으로 이를 점유하고 있는 것으로 볼 것이며, 건물 공유자들이 건물부지의 공동점유로 인하여 건물부지에 대한 소유권을 시효취득하는 경우라면 그 취득시효 완성을 원인으로 한 소유권이전등기청구권은 당해 건물의 공유지분비율과 같은 비율로 건물 공유자들에게 귀속된다.'고 판시하였습니다.

위 판결에 따라 사안을 보면, 침범부분에 대한 점유는 최건주가 이 사건 건물을 신축한 1992. 1. 28. 단독점유가 개시되었고, 1차 지분매수시점에는 최건주와 피고 한명수의 공동점유가, 2차 지분매수시점부터 피고 한명수의 단독점유가 개시되었습니다. 2차 지분매수시점부터의 점유기간이 20년이 되지 않으므로, 피고 한명수는 침범부분의 1/2지분만을 시효취득하였습니다.

(2) 2000년 초순경 또는 최초 점유시를 기산점으로 한 취득시효 주장

또한 피고 한명수는 최건주의 점유를 승계한 것을 전제로, 2000년 초순경 또는 최초 점유시를 기산점으로 하면 자신의 단독 취득시효가 완성되었다는 취지로 주장할 수 있으나, 피고 한명수의 주장은 아래와 같은 이유로 근거가 없습니다.

---

[9] 대판 2003.11.13. 2002다57935

취득시효의 기간점과 관련하여 판례[10]는 '점유가 순차로 승계된 경우에 취득시효의 완성을 주장하는 자는 자기의 점유만을 주장하거나 또는 자기의 점유와 전점유자의 점유를 아울러 주장할 수 있는 선택권이 있으나, 다만 그러한 경우에도 점유의 개시시기를 전점유자의 점유기간 중의 임의시점을 택하여 주장할 수 없다.'고 판시하였고, 취득시효완성 후 소유권의 변동과 관련하여, 판례[11]는 '부동산에 대한 점유취득시효가 완성되었다고 하더라도 이를 등기하지 아니하고 있는 사이에 그 부동산에 관하여 제3자에게 소유권이전등기가 마쳐지면 점유자는 그 제3자에게 대항할 수 없다.'고 판시하였습니다.

위 각 판결에 따르면, 피고 한명수는 1/2지분에 관한 최건주의 점유의 승계를 주장할 수는 있으나, 취득시효기간 진행 중의 임의의 시점인 2000년 초순경을 기산점으로 한 취득시효를 주장할 수 없고, 또한 최건주의 최초 점유개시시점인 1992. 1. 28.을 기산점으로 하더라도 시효취득이 완성된 이후인 2018. 5. 12. 원고가 1토지에 관한 소유권이전등기를 마쳤으므로, 역시 원고에 대하여 취득시효를 주장할 수 없습니다. 따라서 이와 배치되는 피고 한명수의 주장은 모두 근거가 없습니다.

(3) 침범부분 1/2 지분의 시효취득 주장

위에서 말씀드린 바와 같이 피고 한명수는 침범부분의 1/2 지분만을 시효취득하였으므로, 이 부분 주장은 이유가 있습니다. 따라서 침범부분은 현재 원고와 피고 한명수가 각 1/2 지분의 범위내에서 이를 사용, 수익할 수 있는 공유관계에 있습니다.

다. 소결

공유물의 소수지분권자가 다른 공유자와 협의 없이 공유물의 전부 또는 일부를 독점적으로 점유·사용하고 있는 경우 다른 소수지분권자는 공유물의 보존행위로서 그 인도를 청구할 수는 없으나, 다만 자신의 지분권에 기초하여 공유물에 대한 방해 상태를 제거하거나 공동 점유를 방해하는 행위의 금지 등을 청구할 수 있습니다.[12] 따라서 원고는 침범건물의 철거를 청구할 수 있습니다.

한편, 피고 한명수는 침범부분의 1/2지분의 범위내에서 법률상 원인없이 이를 사용하여 원고에게 차임상당의 손해를 입히고 있으므로, 원고가 1토지의 소유권을 취득한 날부터 침범건물의 철거완료일까지의 차임상당의 부당이득을 반환하여야 합니다. 그리고 원고가 확인한 바에 따르면, 1토지의 월 차임은 2018년이후 현재까지 1㎡당 5만 원 상당입니다.

---

10) 대판 1992.12.11. 92다9968,9975(반소)
11) 대판 1998.4.10. 97다56495
12) 대판 2020.5.21. 2018다287522 전원합의체

따라서 피고 한명수는 원고에게 원고가 1토지의 소유권을 취득한 2018. 5. 12.부터 침범건물의 철거완료일까지 1/2 지분의 차임상당액인 월 50만 원의 비율로 계산한 부당이득금을 지급하여야 합니다.

5. 결론

위와 같은 이유로 피고들에 대하여 청구취지의 기재와 같은 판결을 선고하여 주시기 바랍니다.

증 명 방 법

첨 부 서 류

2020. 10. 19.

원고 소송대리인
변호사 김명변

서울중앙지방법원 귀중

별지 1

부동산의 목록
〈생략〉

별지 2

도면
〈생략〉